पुस्तकालय एवं प्रसार सेवा

पुस्तकालय एवं प्रसार सेवा

डॉ० अजय कुमार सिंह

अर्जुन पब्लिशिंग हाऊस

पुस्तकालय एवं प्रसार सेवा

प्रथम संस्करण, 2011

ISBN 978-81-8330-284-5

प्रकाशक :

अर्जुन पब्लिशिंग हाउस

4831/24, प्रह्लाद गली,

अंसारी रोड, दरियागंज,

नई दिल्ली—110002

फोन : 23272541, 23257835

फैक्स : 91-011-23257835

e-mail : arjunbooks2001@gmail.com

टाइपसेटिंग :

डिम्पल कम्प्यूटर्स

दिल्ली—110092

प्रिन्टर्स :

रोशन आफसेट प्रिंटर्स

दिल्ली - 53

प्रस्तावना

प्रसार सेवा सूचना प्रसारण का ही एक रूप होता है। इस सेवा का उपयोग अधिक प्रश्नों का जवाब देने के लिए होता है। आधुनिक युग में इस सेवा के प्रमुख स्रोत पारम्परिक पुस्तकें तथा समाचार-पत्र, पत्रिकाएँ आदि होती हैं। वर्तमान समय में इसका महत्त्व काफी बढ़ गया है। इसकी वजह यह है कि यह कठिन सवालों को अपनी सेवा के तहत हल करने की कोशिश करता है। दिनोंदिन इसके स्वरूपों में निरन्तर वृद्धि हो रही है। फलतः सूचना प्राप्ति की दृष्टि से यह ज्यादा महत्त्वपूर्ण होता जा रहा है।

प्रसार सेवा उच्च शिक्षा और शोध कार्यों में भी बहुमूल्य भूमिका निभाती है। समाज में बौद्धिक चेतना बनाये रखने का दायित्व भी इस पर रहता है। इसलिए अप्रत्यक्ष रूप से वह अन्य शैक्षणिक संस्थाओं का मार्गदर्शन करती है। अपने प्रसार कार्यों के द्वारा वह उच्च शिक्षा के द्वार सबके लिए खोल देती है। उसके इस कार्य में पुस्तकालय उसे पूरा सहयोग देता है। यह सहयोग पुस्तकालय की प्रसार सेवा का एक भेद है। अपने उद्देश्य तथा आदर्शों को क्रियान्वित करने के लिए पुस्तकालय स्वयं भी अपनी सेवाओं को विश्वविद्यालय से साक्षात् असंबद्ध लोगों के लिए यथा संभव उपलब्ध कराने का प्रयास करता है। हर क्षेत्र में सामाजिक जागृति और सांस्कृतिक स्तर को ऊँचा बनाये रखने के लिए बौद्धिक सेवा के रूप में प्रसार सेवा की आवश्यकता है।

पुस्तकालयों में विभिन्न प्रकार की प्रसार सेवाएं उपलब्ध कराई जाती हैं। जैसे–परिचय पुस्तिका, मुद्रित पुस्तकालय सूची, संयोजन व्यवस्था एवं संदर्शिकाएँ, आवरण तथा नवीन पुस्तकों का प्रदर्शन, प्रतिवेदन और वृत्त पट्ट, पुस्तक नुमाइश, विवरण पत्रिका तथा नवीन पुस्तकों की तालिका, वार्षिक सूचना एवं

व्याख्यान आदि। इनके अलावा भी बाल पुस्तकालय सेवा आकस्मिक पाठकों की सेवा, पुराने छात्रों की सेवा, सांस्कृतिक कार्यक्रमों में सहायता प्रदान करने की सेवा, अध्ययन के लिए पुस्तकों का प्रबंध करने की सेवा, संग्रह पुस्तकालय व अध्ययन की रूपरेखा आदि प्रसार सेवाएँ पुस्तकालय में उपलब्ध होती है।

प्रस्तुत पुस्तक में पुस्तकालय प्रसार सेवा के विविध पक्षों को तार्किक व क्रमबद्ध ढंग से प्रस्तुत किया गया है। पुस्तक की उपादेयता का मूल्यांकन आप विज्ञ पाठकों द्वारा किया जाना है। आशा है आप अपने सुझाव हमें प्रेषित कर पुस्तक के अगले संस्करण को और अधिक उपयोगी बनाने में हमारी मदद करेंगे। अन्त में, मैं पुस्तक प्रकाशन में प्रत्यक्ष व परोक्ष रूप से सहयोग करने वाले सभी सहयोगियों के प्रति अपनी कृतज्ञता प्रकट करता हूँ।

लेखक

अनुक्रम

1

पुस्तकालय : परिचय

पुस्तकालय एक ऐसी संस्था है जो विद्यालयों या स्कूलों में छात्रों को खाली समय में अध्ययन के लिए होती है। पुस्तकालय अंग्रेजी के Library का हिन्दी रूपान्तर है। लाइब्रेरी शब्द लैटिन भाषा के शब्द लाइब्रेरिया से लिया गया है जिसका तात्पर्य पुस्तकों को रखने का स्थान वैसे तो पुस्तकों को कई स्थानों पर रखा जाता हैं पर सभी स्थान पुस्तकालय नहीं होते हैं। पुस्तकालय एक ऐसा स्थान है जहां पढ़ने के लिए पुस्तकें इकट्ठी की जाती हैं। आज के आधुनिक युग में इसकी सीमाएं विस्तृत हुई हैं और यह ज्ञानार्जन की कार्यशाला के रूप में उभर कर सामने आया है। आज के पुस्तकालय मात्र पुस्तकों का ही संग्रह नहीं करते बल्कि अन्य परम्परागत पाठ्य-सामग्रियों जैसे-पत्र-पत्रिकाएँ, समाचार-पत्र, शोधपत्र, हस्तलिखित पुस्तक, नक्शे, चार्ट, फिल्म आदि के साथ-साथ नवीनतम प्रलेखों तथा आधुनिकतम पाठ्य-सामग्रियों जैसे—डिस्क, टेप्स, मैगनेटिक टेप्स, फ्लापी, सीडी रोम, डेटाबेस आदि का भी संग्रह करते हैं। इस तरह वर्तमान पुस्तकालय असीम सूचना एवम् नवीन ज्ञान के कोष होते हैं जो आधुनिक समाज में विभिन्न योगदान देते हैं जो निम्नवत हैं।

1. पुस्तकालयों का शोध में योगदान—किसी भी अनुसंधान से सम्बन्धित नये तथ्यों की जानकारी पुस्तकालयों में उपलब्ध नये सामयिक धारावाहिकों एवं पत्रिकाओं में मिलती हैं जो पुस्तकालयों में ही उपलब्ध होते हैं। इस तरह अनुसंधानों

को प्रोत्साहित करने में पुस्तकालयों की मुख्य भूमिका होती है। इसलिए सभी तरह के अनुसंधान केन्द्र अपने यहाँ पुस्तकालयों की व्यवस्था अवश्य करते हैं।

2. सांस्कृतिक संबंधी योगदान—प्राचीन पुस्तकों एवं महान विद्वानों की पाण्डुलिपियों में तत्कालीन समाज के ऐतिहासिक एवं सांस्कृतिक तथ्य उल्लिखित होते हैं। इस तरह इन पुस्तकों में विद्यमान ज्ञान पीढ़ी दर पीढ़ी आगे बढ़ता रहता है।

3. आध्यात्मिक क्षेत्र में पुस्तकालय का योगदान—पुस्तकालयों में समाज के हितार्थ अनेक उद्देश्यों को ध्यान में रखकर पुस्तकों का संग्रह किया जाता है, जिनमें समाज के लाभार्थ ईश्वर प्रेरणा सम्बन्धी पुस्तक भी होते हैं जिनमें आध्यात्मिक एवं भावनात्मक विचारों को प्रतिपादित करने वाले पुस्तक तथा उच्च कोटि के स्थायी महत्त्व के पुस्तक आदि आते हैं। इस तरह समाज के आध्यात्मिक क्षेत्र में पुस्तकालय अपनी भूमिका निभाते हैं।

4. शिक्षा के क्षेत्र में पुस्तकालय का योगदान—शिक्षार्थी अपनी कक्षाओं में पढ़ाये गये पाठ्यक्रम के अलावा पुस्तकालयों में उपलब्ध पुस्तकों से ज्ञान प्राप्त करते हैं। पुस्तकालयों में शैक्षिक पाठ्यक्रमों के अतिरिक्त मानव-ज्ञान से सम्बन्धित अनेक विषयों के पुस्तक संकलित किए जाते हैं जिससे परिचय होने पर छात्रों में प्रेरणा तथा जिज्ञासा पैदा होती है। अतः वे पुस्तकालय से अपने ज्ञान में वृद्धि करते हैं।

5. व्यवसाय के क्षेत्र में महत्त्वपूर्ण—कुछ व्यवसाय ऐसे होते हैं जिनसे सम्बन्धित ज्ञान पुस्तकों में ही विद्यमान होता है, जो पुस्तकालयों में ही उपलब्ध होता है। इस तरह के व्यवसायों में वकील, डाक्टर, इन्जीनियर, पुस्तकालयी आदि तरह के व्यवसाय आते हैं। इसीलिए इन व्यवसायों से सम्बन्धित प्रसिद्ध व्यवसायी इसी उद्देश्य की पूर्ति हेतु अपने व्यक्तिगत पुस्तकालय स्थापित करते हैं।

6. उद्योग एवं व्यापार के क्षेत्र में सहयोगी—उद्योग एवं व्यापार में संलग्न बड़ी-बड़ी कम्पनियाँ अपने यहाँ सुसज्जित आधुनिक पुस्तकालयों की व्यवस्था करती है क्योंकि उन कम्पनियों में उनके स्वयं के वैज्ञानिक अनुसंधान कार्य में रत रहते हुए उन पुस्तकालयों से पुस्तकों की सहायता प्राप्त करते हैं। इस तरह के पुस्तकालयों में NTPC, ONGC, BHEL, SAIL, BEL भारत पेट्रोलियम आदि प्रमुख हैं।

प्रणाली विश्लेषण

यह एक ऐसा विश्लेषण है जो प्रत्येक पद्धति के कार्यों से संबंधित संपूर्ण गतिविधियों का अध्ययन करता है। प्रणाली विश्लेषण मात्रात्मक तथा गुणात्मक दो

रूपों में आवश्यकतानुसार प्रयुक्त होता है। इस प्रकार हम संक्षेप में कह सकते हैं कि प्रणाली विश्लेषण प्रबन्धीय समस्याओं के प्रति वह दृष्टिकोण है जिसके अधीन परम्परागत क्रियाओं को आँख बन्द कर स्वीकार करने की अपेक्षा उन पर प्रयोग एवं विश्लेषण किए जाते हैं।

पुस्तकालय प्रणाली

किसी कार्य को सुसंगठित व योजनाबद्ध ढंग से संपन्न करना ही प्रणाली है। किसी प्रणाली के सही ढंग से संचालन के लिए यह आवश्यक है कि उस प्रणाली का समय-समय पर अध्ययन किया जाए अर्थात् प्रणाली विश्लेषण किया जाए जिससे पद्धति की कमियों या अनुपयोगी घटकों को हटाया या रूपान्तरित किया जा सके।

इस प्रकार परस्पर आधारित घटनाओं का संचयन होता है। जिससे एक जटिल समग्र का निर्माण होता है। प्रणाली के अधीन निहित घटनाओं का भौतिक एवं सैद्धान्तिक दोनों रूप हो सकता है। किसी भी प्रणाली को सीमाओं के बीच बाँधा जा सकता है जिससे उसका विश्लेषण किया जा सके। इस तरह प्रणाली एक दूसरे पर निर्भर उप-प्रणालियों के नेटवर्क से निर्मित होती है। इस नेटवर्क में शामिल हर इकाई का कार्य स्पष्टतः विशिष्ट होता है तथा साथ ही उसमें सम्पन्न होने वाली प्रक्रियाओं के क्रियान्वयन के लिए एक विशिष्ट केन्द्र होता है, जो अपने विशेष गुणों के कारण तथा उन विशेष कार्यों के द्वारा जो एक उप-प्रणाली के अधीन सम्पन्न किये जाते हैं। एक व्यवस्था के अधीन होते हुए भी वह एक दूसरी प्रणाली का रूप ले लेता है। अतः स्पष्ट होता है कि एक प्रणाली में उप-प्रणाली भी निहित होती हैं।

जैसा कि स्पष्ट किया जा चुका है कि पुस्तकालय एक संस्था है जो पद्धति तथा उप-पद्धति दोनों रूपों में कार्यों को कार्य करती है। पुस्तकालय चाहे पद्धति के रूप में कार्य करे अथवा उप-पद्धति के रूप में, उसे दोनों ही रूपों में समाज की सेवा करना है। चूँकि वर्तमान में पुस्तकों का स्थान प्रलेखों ने तथा प्रलेखों का स्थान सूचना ने ले लिया है इसलिए पुस्तकालय अब पुस्तकालय मात्र न रहकर, विशिष्ट पुस्तकालय, प्रलेखन केन्द्र, सूचना केन्द्र, सूचना विश्लेषण केन्द्र, डेटा केन्द्र के रूप में उभरकर सामने आ रहे हैं।

पुस्तकालय का एक पद्धति विश्लेषण

पुस्तकालय के क्षेत्र में पुस्तकालयी कला के कार्यों की प्रकृति को देखते हुए इसमें विभिन्न प्रकार की उप-पद्धन्यिां संचालित रहती हैं जैसे–1. अधिग्रहण

उप-पद्धति 2. परिसंचरण उप-पद्धति 3. प्रशासन उप-पद्धति 4. सूचीकरण उप-पद्धति 5. धारावाहिक नियन्त्रण उप-पद्धति 6. संदर्भ उप-पद्धति आदि।

यदि प्रणाली सम्बन्धी कार्यों का संचालन एक ही उप-प्रणाली में केन्द्रित कर दिया जाए तो वह प्रणाली नहीं कहलायेगी। किसी प्रणाली का संचालन सीधे या अप्रत्यक्ष रूप से अपने गुणों के आधार पर अन्य प्रणाली को प्रभावित करता है। यही वह जटिलता है जिसके कारण पुस्तकालय में सम्पूर्ण विचारधारा का जन्म हुआ है।

पुस्तकालय की संपूर्ण पद्धति प्राचीन ही हैं इसमें कोई नवीन अवधारणा को शामिल नहीं किया गया है। पुस्तकालय में बड़ा संरचनात्मक निर्माण होने के कारण यह स्पष्ट नहीं हो पाता है साथ ही तकनीकी ज्ञान न होने के कारण यह पिछड़ा रहता है, जबकि इसमें डाटाओं का भरपूर संग्रहण एवं नियंत्रण होता है। आधुनिक व्यावसायिक विधियाँ या तकनीकियाँ जो विभिन्न तरह के डाटाओं को नियंत्रित करने के लिए प्रयोग में लाई जाती हैं उनका उपयोग किसी भी एक मध्यम आकार के पुस्तकालय हेतु आवश्यक है।

पुस्तकालयों के विभिन्न स्वरूप

आज का युग सूचना एवं प्रौद्योगिक का युग है इस युग में ज्ञान के विकास के विस्तार में अत्यधिक वृद्धि हुई है। अतः पुस्तकालय भी एक प्रकार के न होकर कई प्रकार के होने लगे हैं। जिनका चयन कई आधारों पर होता है जैसे—पठन-सम्बन्धी अभिरुचि, शैक्षणिक स्तर, आयु सीमा, वितीय संसाधन आदि इसीलिए पाठकों की प्रकृति में पायी जाने वाली विभिन्नता उद्देश्यों की पृथकता के आधार पर विभिन्न प्रकार के पुस्तकालय स्थापित हो रहे हैं। यह बिन्दु अधिक स्पष्ट करने के आधार पर तय होता है, जिसको दृष्टि में रखकर पुस्तकालय की स्थापना की जाती है। अतः एकीकरण की विषमता और पाठकों की विषमता श्रेणियों के आधार पर पुस्तकालय को विभिन्न स्वरूपों में विभाजित किया जाता है। इस तरह प्रत्येक स्थानों पर पुस्तकालयों के विभिन्न स्वरूप हैं जिनके अंतर्गत विद्यालय पुस्तकालय, महाविद्यालय पुस्तकालय, विश्वविद्यालय पुस्तकालय, शोध पुस्तकालय, सार्वजनिक पुस्तकालय एवं विशिष्ट पुस्तकालय मुख्य हैं। सभी प्रकार के पुस्तकालयों के उद्देश्य सामान्य हैं। यहाँ विश्व के लिपिबद्ध विचार को संग्रहित तथा सुरक्षित रखा जाता है ताकि उन्हें वर्तमान और भविष्य के पाठकों के लिए उपलब्ध कराया जा सके।

शैक्षणिक पुस्तकालय—1. शोध संस्थान 2. विद्यालय पुस्तकालय 3. महाविद्यालय पुस्तकालय 4. विश्वविद्यालय पुस्तकालय।

सार्वजनिक पुस्तकालय—1. राष्ट्रीय पुस्तकालय 2. राज्य केन्द्रीय पुस्तकालय तथा सम्भागीय पुस्तकालय 3. जिला केन्द्रीय पुस्तकालय 4. प्रखण्डीय पुस्तकालय 5. पंचायत पुस्तकालय 6. ग्रामीण पुस्तकालय 7. ग्रामीण वितरण केन्द्र अथवा ग्राम पेटिकाएँ।

पुस्तकालय सलाहकार समिति—भारत सरकार ने भारत में सार्वजनिक पुस्तकालयों के निम्न स्वरूप बताएं हैं। 1. राष्ट्रीय पुस्तकालय 2. राज्य पुस्तकालय 3. जिला पुस्तकालय 4. प्रखण्ड पुस्तकालय 5. पंचायत पुस्तकालय।

विशिष्ट पुस्तकालय—विशिष्ट पुस्तकालयों के अंतर्गत जैसे—1. शोध पुस्तकालय 2. वाणिज्य पुस्तकालय 3. विभागीय पुस्तकालय 4. चिकित्सा पुस्तकालय 5. चिकित्सालय पुस्तकालय 6. नेत्रहीनों का पुस्तकालय 7. कारागार या जेल पुस्तकालय 8. नाविकों हेतु पुस्तकालय 9. दृश्य-श्रव्य पुस्तकालय 10. समाचार-पत्र पुस्तकालय (वाचनालय) 11. बाल पुस्तकालय 12. संगीत पुस्तकालय 13. अन्य पुस्तकालय

सार्वजनिक पुस्तकालय

यह एक ऐसा पुस्तकालय होता है जहाँ पर प्रत्येक को समान अधिकार प्राप्त होता होता है। यह पुस्तकालय किसी भी भेदभाव से स्वतंत्र होता है। इन पुस्तकालयों को जनता द्वारा जनता के हित में संचालित, जनता को अथवा प्रजातंत्र की शिक्षण शालाओं के नाम से जाना जाता है। आम जनता को ज्ञान उपलब्ध कराने के ये जीवंत उदाहरण है। यहां प्रत्येक वर्ग के लोग आकर निःशुल्क विभिन्न प्रकार की पुस्तकों को एक ही स्थान पर पा सकते हैं। स्पष्ट है कि प्रजातन्त्र को सुदृढ़ बनाने हेतु सफल पुस्तकालय-प्रणाली अति आवश्यक है। पुस्तकालय जनता को नवीनतम सूचनाएँ प्रदान कर, स्वस्थ जनमत बनाने में योग देते हैं तथा पाठकों में अध्ययन के प्रति रुचि पैदा करते हैं। ऐसे पुस्तकालयों के सामने विभिन्न उद्देश्य होते हैं। जिन्हें निम्न पंक्तियों द्वारा स्पष्ट किया जा सकता है।

1. प्रत्येक पाठक वर्गों को सामूहिक तथा व्यक्तिगत सहायता प्रदान करना तथा आय रुचि के आधार पर उनको लाभदायी सामग्री प्रदान करना।
2. ज्ञान अन्वेषण एवं शोधकार्य में रत पाठकों को विशेष सहयोग प्रदान करना।
3. पाठकों की मदद हेतु पुस्तक, पत्र-पत्रिका, नक्शे, मानचित्र, ग्रामोफोन रिकार्ड, माइक्रोफिल्म आदि के रूप में उपलब्ध सामग्री पुस्तकालय में जमा करना। इकट्ठा की गयी सामग्री व्यवस्थित रूप में पाठकों के प्रयोग के लिए पेश करना तथा उनके अर्जित ज्ञान में उत्तरोत्तर बढ़ोत्तरी की दिशा में प्रयत्न करना।

4. प्रत्येक वर्ग, धर्म, लिंग आदि के नागरिकों को स्वशिक्षा व ज्ञान के अवसर देना।
5. समुदायों एवं नागरिकों हेतु आयोजित शैक्षणिक तथा सांस्कृतिक कार्यक्रमों क्रियाकलापों में हाथ बँटाना।
6. विविध प्रचार कार्यक्रमों एवं प्रसार कार्यक्रमों हेतु पुस्तकालय सेवाओं को उपयोगी और सार्वजनिक बनाना। पिछले वर्षों में दिल्ली सार्वजनिक पुस्तकालयों को उनका विविध प्रसार कार्यक्रमों द्वारा पुस्तकालय सेवाओं को अत्यधिक लोकप्रिय बनाया है।
7. राष्ट्र की गतिविधियों के सम्बन्ध में पाठकों को उचित जानकारी प्रदान कर उन्हें बताना, तथा इस प्रकार राष्ट्र अथवा राज्य के लिए स्वस्थ जनमत तैयार करने में सहायता करना।
8. जनता के हित को ध्यान में रखते हुए उनकी सभ्यता संस्कृति तथा साहित्य का ज्ञान उपलब्ध कराना।
9. ज्ञान के क्षेत्र में आविष्कार, अन्वेषण, शोधों पर प्रकाश डालने वाली समसामयिकी का विशेष रूप में संचयन करना तथा जिज्ञासु पाठकों को ज्ञान के विविध नवीनदिशाओं से परिचित कराना।
10. छुट्टियों व खाली समय में विद्यार्थियों को प्रेरित करना जिससे वे पुस्तकों के महत्त्व को समझ सकें।

उपर्युक्त वर्णित उद्देश्यों को रार्बट डी. ली ने संक्षेप में इस प्रकार प्रकट किया है—

1. प्रबुद्ध नागरिकों तथा जन-जीवन की उन्नति के लिए पुस्तकों तथा अन्य सम्बन्धित अध्ययन-सामग्री का संग्रह, संरक्षण तथा संचालन कर आवश्यक मदद प्रदान करना।
2. जन-समुदाय की सेवा करना।
3. बालक, युवक, नर-नारियों में स्व-शिक्षा की भावना उत्पन्न जागृत करना।

उपर्युक्त तथ्यों के आधार पर सार्वजनिक पुस्तकालयों की परिभाषा इस प्रकार दी जा सकती है—

सार्वजनिक पुस्तकालय परिभाषा—

"सार्वजनिक पुस्तकालय वह है जिसके द्वारा क्षेत्र-विशेष में रहने वाले (समय-समय पर अन्य लोगों को भी) प्रत्येक व्यक्तियों को निःशुल्क सेवा उपलब्ध

हो तथा जिसके पास व्यक्तियों तथा समुदाय के विभिन्न व्यापक हितों को यथासम्भव पूर्ण करने हेतु पुस्तक संग्रह हो, जिसे वे प्रत्येक व्यक्ति को बिना किसी धार्मिक राजनीतिक तथा अन्य भेद-भाव के निःशुल्क उपलब्ध करा सकें।"

यह पुस्तकालय उन छोटे-छोटे क्षेत्रों तक स्थापित हो चुके हैं जहाँ साक्षरता की प्रतिशत दर बहुत कम हैं व इनका प्रभाव भी उल्लेखनीय है। इस प्रकार सम्पूर्ण राष्ट्र को पुस्तकालय सेवा उपलब्ध कराने का प्रयत्न हो रहा है। सार्वजनिक पुस्तकालयों को नियोजित बढ़ोत्तरी करने का सुझाव दिया, जिससे कि वे एक प्रणाली के रूप में संगठित होकर सम्पूर्ण देश को पुस्तकालय सेवा प्रदान करने में समर्पित हो सके। अन्य पुस्तकालयों की तुलना में इनका महत्त्व अधिक है। वे शासन एवं समाज दोनों के द्वारा चलाये जा सकते हैं। साधनों की प्रचुरता एवं पाठकों की माँग के आधार पर ये अपनी सेवाओं में उल्लेखनीय बढ़ोत्तरी कर सकते हैं। अनेक सार्वजनिक पुस्तकालय प्रौढ़ ग्रामीण, महिला आदि पाठकों को पुस्तकालय सेवा प्रदान कर रहें हैं।

ग्रामीण पुस्तकालय

साक्षरता अभियान की सफलता के लिए यह आवश्यक है कि ग्रामीण क्षेत्रों में लोगों को साक्षार बनाने के साथ शिक्षा के प्रति उनका रुझान बढ़ाया जाए, ताकि पुस्तकालयों का महत्त्व सार्थक हो सकें। जिससे वे राष्ट्र के विकास में अपनी भूमिका को पहचान सकें एवं उन्नत कृषि के भिन्न-भिन्न साधनों को अपना सकें। ग्रामीण पुस्तकालयों का संचालन पंचायत पुस्तकालय, अथवा खण्ड पुस्तकालय के माध्यम से किया जाता है। पुस्तकालय पद्धति के ढाँचे में यह पुस्तकालय सबसे छोटी संस्था है। इस क्षेत्र में कुछ अभिनव प्रयोग हुए हैं जैसे—भ्रमणशील ग्रामीण पेटिकाओं का परिभ्रमण, वितरण केन्द्रों की स्थापना।

भ्रमणशील ग्रामीण पेटिकाएँ मध्य प्रदेश के 1300 से ज्यादा ग्रामों में रखी गयी हैं, जिससे वे उन्नत कृषि के विभिन्न साधनों को अपना सकें। ग्रामीण पेटिकाओं का परिभ्रमण। ग्राम में किसी पेटिका में रखे साहित्य का उपयोग हो जाने परं अन्य पेटिका के माध्यम से उसे बदला जाता है।

शैक्षिक पुस्तकालय

किसी भी विद्यालय का पुस्तकालय एक महत्त्वपूर्ण अंग होता है। जिस विद्यालय में पुस्तकालय की स्थापना नहीं की गयी है वह विद्यालय संपूर्ण रूप से पूर्ण

नहीं है। **श्री फ्रांसिस केपल** के शब्दों में, "राष्ट्र को उच्च शिक्षा प्रदान करने वाली संस्थाओं का स्तर कुल संस्थाओं में कार्यरत पुस्तकालयों में पुस्तकों, पत्र-पत्रिकाओं तथा शोध-सामग्री की पर्याप्तता के आधार पर तय किया जाता है।"

एक पुस्तकालयाध्यक्ष के दृष्टिकोण से "किसी भी शैक्षणिक संस्था का महत्त्वपूर्ण अंग है पुस्तकालय। उसे उसका हृदय कहा जा सकता है, क्योंकि उसकी शक्ति एवं प्रभाव सम्बन्धित संस्था के सामान्य स्वास्थ्य, उत्पादन शक्ति तथा उत्तरोत्तर विकास पर प्रत्यक्ष रूप से अपना प्रभाव डालते हैं।"

शैक्षिक पुस्तकालयों के संपर्क में उपयुक्त प्रस्तुत दोनों दृष्टिकोण से यह ज्ञात होता है कि शिक्षण-संस्थाओं में पुस्तकालयों की उपयोगिता विवाद से परे हैं। ये छात्रों के ज्ञान व चिन्तन की वृद्धि में सहायक हैं। इन पुस्तकालयों से छात्रों तथा प्राध्यापकों को लाभ होता है। इस प्रकार ऐसे पुस्तकालय में उन्हीं विषयों से जुड़ी सामग्री होती है, जिनका पठन-पाठन संस्था में होता है, अथवा जिनका सम्बन्ध पाठ्यचर्या सम्बन्धी विषयों को सशक्त करने से होता है। इसलिए जनरुचि विषयों पर कम ही सामग्री संकलित की जाती है।

शोध-संस्थान पुस्तकालय

शोध-संस्थान पुस्तकालय के संदर्भ में प्रसिद्ध विद्वान **क्लैप** का कहना है कि "ये वे पुस्तकालय हैं, जो जिज्ञासुओं को उनकी इच्छित सामग्री मुहैय्या कराते हैं तथा उस सामग्री को उपयोग के लिए उन्हें प्रदान करते हैं।" इन पुस्तकालय को मात्र कुछ ही गिने-चुने व्यक्तियों द्वारा किया जाता है, किन्तु इससे इनका महत्त्व और बढ़ जाता है। ये पुस्तकालय इस उद्देश्य से तैयार किए जाते हैं, ताकि शोधकर्ता अपने गहन अध्ययन के लिए इनसे मदद ले सकें। शोधकर्ता को सामग्री के चयन की सुविधा हो, इसका सूचीकरण एवं वर्गीकरण बारीकी से किया जाता है। पृथक्-पृथक् शोध-संस्थानों के पुस्तकालय राष्ट्रीय एवं विश्व स्तर पर कार्य करते हैं, जिससे शोधकर्ताओं के कार्य में व्यवधान न पड़े। इन पुस्तकालयों में सन्दर्भ सेवा प्रदान करने की व्यवस्था होती है। इसी प्रकार से प्रसिद्ध पुस्तकालयों की ग्रंथसंदर्भ सूचियाँ, कई प्रकाशित शोधपत्रों की माइक्रोफिल्म सामग्री भी उपलब्ध रहती है। भारत में इण्डियन स्टेटिस्टीकल इन्स्टीट्यूट, कोलकाता, इन्स्टीट्यूट मेडिकल एजुकेशन एण्ड रिसर्च, चंडीगढ़; बिड़ला इन्स्टीट्यूट ऑफ कोलकाता एण्ड साइन्स; एग्रीकल्चरल रिसर्च इन्स्टीटयूट दिल्ली; इण्डियन इन्स्टीट्यूट ऑफ साइन्सेज बंगलौर; इण्डियन ऑफ साइन्स, धनबाद; टाटा इंस्टीट्यूट ऑफ सोशल

साइन्सेज मुम्बई आदि संस्थाओं से जुड़े है, जो विशेष पाठ्यक्रमों का संचालन भी करते हैं। अतः इन पुस्तकालयों का शैक्षणिक महत्त्व भी है।

विश्वविद्यालय पुस्तकालय

प्रत्येक विश्वविद्यालय के अंतर्गत एक सुव्यवस्थित तथा विशाल पुस्तकालय होता है, जहाँ पर शोध से जुड़ी वस्तु अधिक मात्रा में उपलब्ध होती हैं। विश्वविद्यालय पुस्तकालय को उसकी उपादेयता के आधार पर, विश्वविद्यालय शिक्षा अधिनियम 1949 में प्रस्तुत अपने प्रतिवेदन में विश्वविद्यालय के समस्त कार्यों का हृदय निरूपित किया है। आयोग ने भी विश्वविद्यालय एवं महाविद्यालय में पुस्तकालय की महत्त्वपूर्ण भूमिका को स्वीकार करते हुए, मत व्यक्त किया था कि विश्वविद्यालय एवं महाविद्यालयों में अध्ययनार्थ नूतन विषय प्रारम्भ की अनुमति तब तक प्रदान नहीं की जानी चाहिए, जब तक पुस्तकालय के लिए कर्मचारी, पत्र-पत्रिकाओं की संख्या के सम्बन्ध में यूनिवर्सिटी असंतुष्ट हो। इसके साथ पुस्तकालय का स्थान भी होना आवश्यक है। पुस्तकालयों को कम महत्त्व देना अथवा महत्त्व न देने विश्वविद्यालय अथवा महाविद्यालय का उद्देश्य तनिक भी पूर्ण नहीं हो सकता। पुस्तकालय, महाविद्यालय या विश्वविद्यालय में आर्कषण का प्रमुख केन्द्र होना चाहिए। एक अच्छे विद्यालय की पहचान उसका पुस्तकालय ही होता है।

राउण्ड विल्सनलुई तथा **मारिस एफ टावर** की दृष्टिकोण से विश्वविद्यालय अपने लक्ष्यों की पूर्ति के विषय में पुस्तकालय पर आश्रित रहती है। पुस्तकालय पर प्रकाश डालते हुए उन्होंने कहा है कि विश्वविद्यालय पुस्तकालय पुस्तकों, मूल प्रतियों, पत्रिकाओं, अन्य सामग्रियों को संग्रह तथा व्यवस्थित कर विश्वविद्यालय के प्रसार कार्यक्रम में भी हाथ बंटाता है। सन्दर्भ सेवाओं तथा वाङ्मय सूचियों के द्वारा प्राध्यापकों एवं शोधार्थियों हेतु सामग्री जुटाने में सहायता करता है।

विश्वविद्यालय पुस्तकालय के विषय में कोठारी शिक्षा आयोग को विभिन्न कार्य बतायें हैं जिनमें से कुछ प्रमुख कार्यों को निम्न पंक्तियों में स्पष्ट किया गया है—

1. पुस्तको विद्यार्थियों और विद्वानों को निकट लाना तथा ऐसी परिस्थितियाँ उत्पन्न करना, जिनमें बौद्धिक जिज्ञासा उत्पन्न हो, अन्वेषण की प्रवृत्ति जागृत हो, एवं अध्ययन रूचिपूर्ण हो सके।

2. शिक्षण संस्था में पढ़ाये जाने वाले विभिन्न विषयों के विभागाध्यक्षों के सहयोग से पुस्तकालय के विकास के लिए समन्वित कार्यक्रम बनाना, जिससे उसका ठीक ढंग से प्रयोग हो सके।
3. केन्द्रीय पुस्तकालय के विभागीय पुस्तकालय एवं अध्ययन-गोष्ठी पुस्तकालयों के बीच सम्पर्क-सूत्र का कार्य करना, शोधार्थियों को यथेष्ट मदद देना।
4. विश्वविद्यालय के जरिए विशेष अध्ययन हेतु आवश्यक या क्षेत्रीय महत्त्व के विषयों में शोधकार्य करने हेतु आवश्यक साधन तथा सुविधाएँ उपलब्ध करना।
5. पुस्तकालय में ऐसा साहित्य संगृहीत करना जिसका प्रयोग शैक्षणिक कार्यक्रमों एवं प्रयोगशील शोध में किया जा सके। ऐसे साहित्य के द्वारा ही प्राध्यापकों एवं छात्रों की आवश्यकताओं की पूर्ति की जा सकती है।
6. विश्वविद्यालयों से सम्बद्ध प्राध्यापकों को सम्बन्धित विषय क्षेत्रों में हुए विकास के सम्बन्ध में सूचित करना।
7. विश्वविद्यालयों द्वारा चयनित विशिष्ट अध्ययन क्षेत्रों में हुए विकास के सम्बन्ध में सूचित करना।

महाविद्यालय पुस्तकालय

महाविद्यालय पुस्तकालय, विश्वविद्यालय पुस्तकालय से काफी छोटा है, परंतु दोनों पुस्तकालयों का उद्देश्य एक ही है फिर भी दोनों में उतना ही अन्तर है, जितना कि विश्वविद्यालय एवं महाविद्यालय में। विश्वविद्यालय पुस्तकालय का प्रमुख कार्य शोध की प्रवृत्ति विकसित करना एवं शोध के लिए जरूरी साधन जुटाना तथा महाविद्यालय पुस्तकालय का प्रमुख कार्य शैक्षणिक कार्य को सहायता प्रदान करना है।

वास्तविक रूप से महाविद्यालय पुस्तकालय भी विश्वविद्यालय पुस्तकालय की तरह महाविद्यालय की समस्त शैक्षणिक गतिविधियों का मुख्य केन्द्र होता है। **लायल** के मतानुसार—महाविद्यालय पुस्तकालय का कार्य सन्दर्भ सेवा द्वारा शैक्षणिक कार्यों में मदद प्रदान करना, उनके विकास में योगदान देना एवं शैक्षणिक स्तर को उन्नत करने के लक्ष्य से विभागीय सदस्यों में पुस्तकालय सेवा मुहैया कराना एवं छात्रों को उपयोगी तथा ज्यादा किताबें पढ़ने के लिए उत्साहित करना है। अमेरीका के विद्यालय एवं शोध पुस्तकालयों द्वारा महाविद्यालय के निर्धारित कार्यक्रम के अनुसार महाविद्यालय पुस्तकालय का कार्य विद्यार्थियों में साहित्य के अध्ययन एवं शोध के

प्रति इस प्रकार रुचि जागृत करना है, जो आजीवन बनी रहे। इसके अलावा उन्हें शैक्षणिक समुदायों के लिए सिद्धान्त तथा व्यवहार में बौद्धिक सामग्री के प्रमुख केन्द्र के रूप में कार्य करना चाहिए।

विलियम एम. रेडल तथा फ्रांसिस एल.डी. गुडरिच ने महाविद्यालय पुस्तकालय के विभिन्न कार्य बताये है जो निम्नवत हैं–

1. विद्यार्थियों द्वारा अध्ययनार्थ चुने हुए पाठ्यक्रमों हेतु पुस्तकें तथा प्राध्यपकों को अध्यापन कार्य के लिए अध्ययन सामग्री मुहैया कराना।
2. सहायक अध्ययन हेतु पुस्तकें उपलब्ध कराना एवं इस प्रकार की पुस्तकों के उपयोग के लिए प्रेरित करना।
3. अध्ययन के सम्पूर्ण क्षेत्रों से जुड़े स्तरीय पुस्तकों का विशाल संग्रह करना एवं पाठक के प्रयोग हेतु उन्हें सुविधापूर्वक उपलब्ध कराना।
4. छात्र पुस्तकालय सामग्री का उचित प्रयोग कर सकें, इस कार्य में उन्हें प्रशिक्षित करना तथा शैक्षणिक कार्यक्रमों में पूर्णतया भाग लेना।

राज्य पुस्तकालय

प्रत्येक प्रांत में इस प्रकार के पुस्तकालय स्थापित है। इस पुस्तकालय को स्थापित करने का दायित्व राज्य शासन का होता है। राज्य का प्रधान पुस्तकालय होने के कारण इसको राज्य की सीमा में कार्य करने वाले सार्वजनिक पुस्तकालयों में सर्वोच्च स्थान प्राप्त होता है। इन सभी का प्रमुख कार्य राज्य के प्रत्येक सार्वजनिक पुस्तकालयों का मार्गदर्शन करना तथा राज्य के सभी पाठकों को पुस्तकालय सेवा प्रदान करना है।

सार्वजनिक पुस्तकालय सलाहकार समिति (भारत सरकार) के आधार पर राज्य पुस्तकालय के विभिन्न कार्य बतलाये है जिनमें से कुछ प्रमुख कार्यों को निम्न पंक्तियों में स्पष्ट किया गया है।

1. राष्ट्र की पंचवर्षीय योजनाओं से जुड़ी सूचनाओं के सम्बन्ध में प्रचार-केन्द्र के रूप में कार्य करना।
2. पुस्तक प्रदर्शनियाँ तथा (पुस्तकालयाध्यक्षों के) व्यावसायिक सम्मेलनों का आयोजन करना।
3. राज्य के पुस्तकालयों में उपलब्ध रचना के आधार पर एक संघ-सूची बनाना।
4. राज्य के शासकीय, अशासकीय प्रकाशनों को व्यापक पैमाने पर जमा करना।

5. विद्वानों एवं शोधकर्ताओं के उपयोगार्थ सामान्य, एवं विशिष्ट वाङ्मय सूचियों का प्रस्तुतीकरण।
6. जिला व अन्य पुस्तकालयों को समय समय पर नयी तथा प्रारंभिक सामग्री उपलब्ध कराना।
7. संदर्भ सामग्री रचना रूप से संगृहित करना तथा उच्चकोटि की पुस्तकालय सेवाएँ उपलब्ध करना।
8. राज्य की सीमा में तथा बाहर पुस्तकों के लेन-देन हेतु अन्तः पुस्तकालीन केन्द्र के रूप में कार्य करना।
9. बालकों से संबंधित पुस्तकालय कार्यों को अग्रसर करना।
10. राज्य के जिला व अन्य पुस्तकालयों द्वारा अपेक्षित सभी तकनीकी और दूसरी सूचनाएँ देने वाले केन्द्र के रूप में कार्य करना।

राष्ट्रीय पुस्तकालय

राष्ट्रीय पुस्तकालय सार्वजनिक पुस्तकालय की तुलना में अत्यधिक प्रभावशाली हैं। मैकॉलविन ने इसे पुस्तकालयों का पुस्तकालय (Library of Libraries) निरूपित किया है।

राष्ट्रीय पुस्तकालय समूचे राष्ट्र को पुस्तकालय सेवा उपलब्ध कराते हैं। बड़े देशों में राष्ट्रीय पुस्तकालय की कुछ क्षेत्रीय इकाइयाँ भी होती हैं। उदाहरणार्थ–भारत में कोलकाता स्थित राष्ट्रीय पुस्तकालय की तीन क्षेत्रीय इकाईयाँ चेन्नई, मुम्बई और दिल्ली में स्थित हैं।

एशिया तथा पैसिफिक क्षेत्र में राष्ट्रीय पुस्तकालयों के विकास के सम्बन्ध में मनीला में 1964 में आयोजित गोष्ठी में राष्ट्रीय पुस्तकालय के निम्नलिखित कार्य दर्शाये गये हैं–

1. राष्ट्र में प्रकाशित प्रत्येक स्थायी संग्रहागार के रूप में कार्य करना।
2. राष्ट्र के पुस्तकालयों का मार्गदर्शन।
3. ग्रन्थसन्दर्भ सूची सम्बन्धी सेवाएँ प्रदान करना।
4. अन्य प्रकार की सामग्री एकत्रित करना।
5. शासन को हर प्रकार की पुस्तकालय सेवाएँ प्रदान करना।
6. पुस्तकालय सहयोग सम्बन्धी गतिविधियों हेतु संगठन-केन्द्र का कार्य करना।

इन कार्यों के अलावा राष्ट्रीय पुस्तकालय के कुछ अन्य कार्य हैं, जो निम्नवत हैं–

1. कापीराइटर अधिनियम के पालन में राष्ट्र के प्रकाशनों से प्रत्येक प्रकाशन की बिना शुल्क वाली तीन प्रतियाँ प्राप्त करना।
2. प्रकाशनों एवं प्रचार-प्रसार कार्यक्रमों के माध्यम से राष्ट्र में पुस्तकालयों के प्रति रुचि जागृत करने का प्रयत्न करना तथा राष्ट्र में प्रकाशित समस्त साहित्य की मासिक या वार्षिक सूची का प्रकाशन करना।

जिला पुस्तकालय

यह पुस्तकालय नगरीय क्षेत्रों के साथ-साथ ग्रामीण क्षेत्रों को भी पुस्तकालय सेवा मुहैया करवाता है। ग्रामीण क्षेत्रों को पुस्तकालय सेवा प्रदान करने के उद्देश्य से जिला पुस्तकालय कुछ विशेष व्यवस्थाएँ प्रदान करता है। उदाहरण के तौर पर चलित पुस्तक इकाइयाँ अथवा वितरण केन्द्रों की स्थापना करता है। शहरी क्षेत्रों में पुस्तकालय सेवा को विशाल बनाने के उद्देश्य से मुख्य नगरों में जिला पुस्तकालय की शाखाएँ भी कार्य करती हैं।

संभागीय पुस्तकालय

संभागीय पुस्तकालय राज्य पुस्तकालय के अधीन या उनके विकल्प के रूप में कार्य करते हैं। जैसे मध्य प्रदेश में राज्य पुस्तकालय न होकर पाँच संभागीय पुस्तकालय हैं, जिसे केन्द्रीय पुस्तकालय कहा जाता है। ये भोपाल, इन्दौर, ग्वालियर, जबलपुर एवं रीवा में स्थित हैं। पुस्तकालयों के अधीन जिला पुस्तकालय कार्य करते हैं।

पंचायत पुस्तकालय

पंचायत पुस्तकालय, पंचायत स्तर पर सेवा उपलब्ध कराता है। यह पुस्तकालय किसी पंचायत-विशेष की सीमा में न रहकर पाठक-वर्ग को पुस्तकालय सेवाएँ प्रदान करने का कार्य करता है। प्रखण्डीय पुस्तकालयों की भाँति इनका उद्देश्य भी पाठ्यसामग्री के प्रति पाठकों में रुचि जागृत करना है। रुचि को जागृत करने के लिए उपयोगी प्रसार सेवाओं की मदद लेते हैं।

प्रखण्ड पुस्तकालय

इस पुस्तकालय का स्थान जिला पुस्तकालय के बाद आता है। पुस्तकालय सेवा से दूरवर्ती क्षेत्रों के लोग इसका लाभ ले सकें, इस लक्ष्य से सभी प्रखण्ड में

पुस्तकालय शुरू किये जाते हैं। ये पुस्तकालय साधारणतया प्रखण्ड विकास अधिकारी तथा जिला पुस्तकालयाध्यक्ष की देख-रेख में अपना कार्य करते हैं। इन पुस्तकालयों का कार्य अपने क्षेत्र के पाठकों में पुस्तकों के प्रति रुचि जागृत करना एवं उन्हें पुस्तक, पत्र-पत्रिकाओं आदि के रूप में साहित्य प्रदान करना होता है। ये पुस्तकालय प्रचार एवं प्रसार कार्यक्रमों के द्वारा पुस्तकालय सेवा को लोकप्रिय बनाते हैं। विशिष्ट पाठक वर्गों को विशिष्ट सेवाएँ प्रदान करते हैं। इस पुस्तकालय का विशेष उद्देश्य पाठकों को राष्ट्र में एवं विशेषकर उनके अपने क्षेत्र में हो रहे विकास कार्यक्रमों से अवगत कराना होता है।

विद्यालय पुस्तकालय

यह एक ऐसा पुस्तकालय होता है जो छात्रों के प्राथमिक जीवन में जागृत पैदा करते हैं। विद्यालय पुस्तकालय द्वारा उपयोगी सेवाएँ आदि प्राप्त होती रहें तो विद्यार्थी एवं अध्यापक दोनों अपना अधिकांश समय रचनात्मक या सृजनात्मक कार्यों में लगा सकते हैं। विद्यालय के पुस्तकालय को किसी ने द्वितीय अध्ययन कक्षा का दर्जा दिया है, जो बड़ा ही उपयुक्त है। अपने इस रूप में पुस्तकालय विद्यार्थियों में मौलिक चिन्तन की प्रवृत्ति विकसित करने, अपनी शक्तियों का राष्ट्र निर्माण में प्रयोग करने, आत्म निरीक्षण करने, जीवन उद्देश्य में किस सीमा तक सफल हो सकता है, यह उससे सम्बद्ध पुस्तकालय को देखकर बताया जा सकता है। यदि पुस्तकालय साधन सम्पन्न होगा, तो विद्यालय के छात्र अपना सामान्य ज्ञान बढ़ा सकेंगे एवं राष्ट्र के इतिहास और संस्कृति के विषय में भी यथेष्ट जानकारी प्राप्त कर सकेंगे। यह एक चिंता व रूकावट का विषय है कि भारतीय विद्यालयों में आज भी पुस्तकालयों की स्थापना संतोषजनक नहीं है। वास्तव में विद्यालयों में अच्छे पुस्तकालयों का न होना उच्च शिक्षा अधिकारियों की रूढ़िवादिता एवं अदूरदर्शिता का द्योतक है। इन पुस्तकालयों को न तो समुचित आर्थिक सहायता उपलब्ध होती है और नहीं इन्हें कुशल तथा प्रशिक्षित कर्मचारी ही उपलब्ध होते हैं। पुस्तकालय विद्यालय के किसी एक सीलन भरे कमरे में स्थित होता है। उसके लिए उचित स्थान तथा सामग्री नहीं होती।

प्रमुख रूप से पुस्तकालय की उपयोगिता की दृष्टिकोण से हर विद्यालय में पुस्तकालय भवन का निर्माण होना चाहिए। जो नयनाभिराम फर्नीचर से युक्त हो। पुस्तकें काँचदार आलमारियों में इस प्रकार नियोजित हों कि दूर से ही छात्र आकर्षित होकर पुस्तकालय में चला आये। इन पुस्तकालयों का दायित्व छात्रों में प्रारम्भ से ही

अध्ययन के प्रति रुचि पैदा करना है, अतएव अच्छे जीवन, साज-सज्जा का महत्त्व काफी अधिक है। पठन-सामग्री के अलावा विद्यालय पुस्तकालय में दृश्य-श्रव्य संसाधन सुन्दर चित्रावलियों एवं अन्य उपकरणों को भी स्थान मिलना चाहिए। विद्यालय पुस्तकालय के निम्नलिखित कार्य निरुपित किये गये हैं–

1. आधुनिक दृश्य श्रव्य सामग्री का संकलन करना तथा राष्ट्र की संस्कृति व धरोहर के ज्ञान से पाठकों को अवगत कराना।
2. समय-समय पर सामयिक विषयों पर प्रकाशित साहित्य को विशेष रूप से प्रदर्शित विभिन्न तरह की प्रतियोगिताओं का आयोजन करके तथा सन्दर्भ सेवा द्वारा, छात्रों में पढ़ने के प्रति रुचि पैदा की जा सकती है।
3. छात्रों में उद्देश्यपूर्ण एवं अध्ययन की प्रवृत्ति में वृद्धि करना। विद्यालय में पढ़ाये गये पहलुओं पर रोचक सामग्री यदि छात्रों को पुस्तकालय से प्राप्त होती रहे तो उनकी अध्ययन प्रवृत्ति में वृद्धि हो सकती है। छात्रों में लाभकारी साहित्य चयन करने की आदत डालनी चाहिए। यह कार्य निजी कार्य सम्पर्क द्वारा सम्भव हो सकता है।
4. छात्रों में समाज एवं राष्ट्र के प्रति जागृति पैदा करना तथा समाज और राष्ट्र के प्रति उनके क्या कर्तव्य हैं, इससे उन्हें अवगत कराना।
5. विद्यार्थियों को पुस्तकालय द्वारा दी जाने वाली सेवाओं से परिचित कराना तथा उनमें जिज्ञासा की प्रवृत्ति उत्पन्न करना।
6. विद्यालय के पाठ्यक्रमों को दृष्टिकोण में रखते हुए लाभकारी तथा रोचक पूर्ण सामग्री मुहैया करना, जिससे छात्रों की पाठ्यक्रम में रुचि उत्पन्न हो सके तथा उन्हें आन्तरिक ज्ञान भी मिल सके।

विद्यालय पुस्तकालय अपने जिम्मेदारियों को अच्छी प्रकार से निर्वाहन कर सके इस हेतु निम्नलिखित निर्देश दिये हैं–

1. प्रभारी को केवल पुस्तकालय कार्य ही दिया जाए। इस कार्य को अध्यापन कार्य के समान ही महत्त्व देना चाहिए।
2. प्रभारी को पर्याप्त जन कर्मचारी, वित तथा संग्रहणीय सामग्री दी जानी चाहिए। इनके अभाव में पुस्तकालय को अत्याधुनिक नहीं बनाया जा सकता है।
3. अंशकालिक शिक्षक पुस्तकालयाध्यक्ष के स्थान पर पूर्णकालिक प्रशिक्षित पुस्तकालयाध्यक्ष की नियुक्ति की जा सके, तो यह अच्छा होगा।

4. पुस्तकालय को स्वतन्त्र कक्ष या भवन प्रदान किया जाए। यदि कक्ष उपलब्ध हो तो वह विद्यालय भवन में सबसे बड़ा होना चाहिए।
5. पुस्तकालय कार्य में प्रशिक्षित अध्यापक को पुस्तकालय का प्रभारी बनाया जाए।

विशिष्ट पुस्तकालय

यह पुस्तकालय पाठक को ऐसी विशिष्ट पुस्तक मुहैया कराती है जो पुस्तक पाठक या विद्यार्थी को अन्य पुस्तकालयों में देखने को नहीं मिलती है। पाठकों की सामान्य जरूरतों को सार्वजनिक या शैक्षणिक पुस्तकालय ही पूर्ण कर पाते हैं। उनमें कई विषयों पर साहित्य संग्रहित किया जाता है। इसलिए ऐसे पाठकों के लिए जिन्हें कुछ विषयों पर आधुनिक साहित्य चाहिए, ये विशेष पुस्तकालय ही उसे पूरा करते हैं। कई बार जानकारी न होने पर पाठक साधारण पुस्तकालयों का उपयोग नहीं कर पाते। इन पाठकों को विशेष तरह की अध्ययन सामग्री तथा सेवाएँ विशिष्ट पुस्तकालयों द्वारा प्रदान की जाती है। कई बार कुछ सार्वजनिक पुस्तकालय विशेष अनुभाग की स्थापना कर कुछ वर्गों को सेवाएँ प्रदान करने की कोशिश करते हैं। किन्तु पुस्तकालय की सेवाओं को वर्ग-विशेष से अधिक अनुकूल तब ही बनाया जा सकता है, जबकि उनके लिए स्वतन्त्र पुस्तकालय हो। विशिष्ट पुस्तकालयों के अन्तर्गत निम्नलिखित पुस्तकालय शामिल होते हैं–

औद्योगिक पुस्तकालय–इस प्रकार के पुस्तकालय लगभग बड़े औद्योगिक संस्थानों से जुड़े रहते है अतएव उसका कार्य सम्बन्धित उद्योगों के विकास तथा विस्तार के लिए सभी जरूरी सूचनाएँ और सामग्रियों का संग्रह करना और आवश्यकतानुसार सम्बन्धित व्यक्तियों को प्रदान करना है। इस प्रकार के पुस्तकालय लगभग बड़े औद्योगिक प्रतिष्ठानों से सम्बद्ध रहते हैं। भारत में कुछ उद्योगों से सम्बन्धित प्रलेखन केन्द्र भी कार्य कर रहे हैं, जो विविध देशों में हुए शोध एवं नवीन सिद्धान्तों के सम्बन्ध में उद्योगपतियों को सूचनाएँ प्रदान करते हैं। इन सूचनाओं के आधार पर ही विविध उद्योगों के स्वामी अपने उद्योगों में चल रही अन्तर्राष्ट्रीय स्तर की प्रतियोगिता में सफल हो सकते हैं। इन पुस्तकालयों से प्राप्त होने वाली सूचनाओं के द्वारा प्रबन्धकों को कच्चे माल स्थानान्तरित करने, स्थानापन्न माल की खोज करने, माल की किस्म में गुणात्मक सुधार करने आदि में मदद मिलती है। औद्योगिक क्षेत्र के वैज्ञानिकों को इन पुस्तकालयों से बड़ी मदद मिलती है। भारत में लोहा और इस्पात, वस्त्र-उद्योग, चीनी उद्योग, जूट उद्योग आदि में ये पुस्तकालय कार्य कर रहे हैं।

चिकित्सालय पुस्तकालय—चिकित्सालय पुस्तकालय, चिकित्सालय में इलाज करा रहे मरीजों के मनोरंजन के लिए खोले जाते हैं। आमतौर पर यह चिकित्सालय से ही सम्बन्ध रहते हैं। ब्रिटिश रेड क्रास की तरफ से जएसलम में सेंट-जान द्वारा इस तरह की सेवा उपलब्ध की जाती है। ब्रिटिश रेड क्रास बीमारों के लिए पुस्तकें लाना काफी लोकप्रिय हुआ। प्रथम विश्वयुद्ध इस प्रकार की उपचार पुस्तकालय के सुप्रसिद्ध हो जाने से चिकित्सालय पुस्तकालयों की संख्या बहुत बढ़ गयी। चिकित्सालय प्रणाली द्वारा रोगी को विशिष्ट प्रकार की पुस्तकें पढ़ने के लिए दिया जाता है। इस तरह उसके ठीक होने में यह चिकित्सा पद्धति सहयोग देती है। आजकल इस बात का ध्यान रखा जाता है कि चिकित्सालय में जिस प्रकार के मरीजों की चिकित्सा के लिए प्रबन्ध हो, उन्हीं के अनुकूल पुस्तकें रची जायें। ऐसे पुस्तकालयों में चिकित्सा-मनोचिकित्सा की मदद से किया है। इलाज की प्रक्रिया अप्रत्यक्ष होती है।

विभागीय पुस्तकालय—विभागीय पुस्तकालय केंद्र, राज्य अथवा क्षेत्रीय सरकार के सरकारी विभागों से जुड़े होते हैं। इनका प्रमुख लक्ष्य विभाग के अधिकारियों तथा कर्मचारियों को सुचारु रूप से प्रशासन चलाने में मदद करना है। भारत सरकार के योजना आयोग का पुस्तकालय, वित्त-विभाग का पुस्तकालय, लोकसभा या सरकार के विभिन्न मन्त्रालयों से सम्बद्ध पुस्तकालय, विभागीय पुस्तकालय की श्रेणी में आते हैं। इन पुस्तकालयों में ऐसी सामग्री संग्रहित की जाती है, जो विभाग विशेष को उचित निर्णय लेने में सुविधा हो तथा वह विविध समस्याओं का अध्ययन एवं विश्लेषण भली प्रकार से कर सके। इसलिए यह पुस्तकालय विभागीय अधिकारियों को नीति निर्धारित करने में सहायता प्रदान करते हैं। भारत में इस तरह के पुस्तकालय ज्यादा नहीं हैं, किन्तु जो विभाग राष्ट्रीय महत्त्व के हैं, उनमें पुस्तकालय जरूरी है।

जेल पुस्तकालय—जेल या कारागार पुस्तकालय सजायुक्त व बंदियों को पुस्तकें मुहैया करवाती है। जेलों व कारागारों के अतिरिक्त सुधार-गृहों में भी पुस्तकालय होते हैं। इनका उदेश्य कल्याणकारी होता है तथा इसमें ऐसा साहित्य संग्रहित किया जाता है, जिसके द्वारा कैदियों का स्वस्थ व्यक्तित्व निर्मित हो सके तथा उनसे छूटने के बाद आदर्श नागरिक बन सकें।

नेत्रहीन पुस्तकालय—ये पुस्तकालय पूर्णतया ब्रेल लिपि पर आधारित पुस्तकों से संग्रहित होते हैं। इन पुस्तकालयों द्वारा अन्धों के ज्ञानवर्द्धन के लिए साहित्य प्रदान किया गया है। कई स्थानों पर धार्मिक प्रतिष्ठान, चर्च तथा नेत्रहीनों हेतु स्थापित कल्याणकारी संगठनों में ये पुस्तकालय विशेष रूप से चलाये जाते हैं। अमेरिका जैसे

कुछ राष्ट्रों में सार्वजनिक पुस्तकालय ही नेत्रहीन पुस्तकालय सेवा का संचालन करते हैं। भारत में राष्ट्रीय स्तर पर नेत्रहीन शिक्षा विभाग एक विशेष पुस्तकालय सेवा मुहैया कराता है। भारत में नेत्रहीनों के लिए ऐसे कई पुस्तकालय है।

व्यावसायिक पुस्तकालय—विश्व का सबसे पहला व्यावसायिक पुस्तकालय 1914 में इंग्लैण्ड में स्थापित हुआ। इस पुस्तकालय का उद्देश्य किसी व्यवसाय विशेष के विकास तथा विस्तार में योगदान देना होता है। इन पुस्तकालयों में व्यवसाय व उनसे संबंधित जानकारी होती है, जो व्यवसाय विशेष की वृद्धि में सहायक होती है। इन पुस्तकालयों से व्यवसाय विशेष पर हो रही खोजों से जुड़ी पूरी जानकारी प्राप्त हो सकती है। भारत में इस तरह के पुस्तकालयों की संख्या काफी कम है। सुप्रीम कोर्ट और उच्च न्यायालयों के कानून विषयक पुस्तकालय, अखिल भारतीय पुस्तकालय संघ का ग्रंथालय, चैम्बर ऑफ कॉमर्स का पुस्तकालय व्यावसायिक पुस्तकालय की कोटि में आते हैं।

चिकित्सा पुस्तकालय—ऐसे पुस्तकालयों के अंतर्गत उपचार से जुड़ी पुस्तक, पत्र-पत्रिकाएँ आदि संचय की जाती है। पाठकों के आधार पर इसमें निम्न वर्ग हो सकते हैं—विश्वविद्यालय एवं उपचार महाविद्यालयों के पुस्तकालय, चिकित्सा विभाग का पुस्तकालय, व्यावसायिक चिकित्सा पुस्तकालय, औद्योगिक चिकित्सा पुस्तकालय, चिकित्सालय पुस्तकालय, चिकिसा विषय सम्बन्धी शोध पुस्तकालय, मेडिकल कौंसिल तथा मेडिकल सोसाइटियों के पुस्तकालय।

शोध पुस्तकालय—विशिष्ट पुस्तकालयों के वर्ग में हम शोध पुस्तकालयों को शामिल कर सकते हैं। यह किसी ऐसी शोध संस्था के अंग के रूप में कार्य करते हैं, जिसका उद्देश्य वैज्ञानिक रिसर्च बढ़ाना हैं। ये पुस्तकालय अपने विषय से जुड़ें अन्य पुस्तकालयों का पथ प्रदर्शन करते हैं। उन्हें प्रलेखन जैसी उल्लेखनीय सेवाएँ देते हैं। कई विशिष्ट शोध-पुस्तकालय ऐसे भी होते हैं, जिसका लाभ सीमित व्यक्ति ही उठा सकते हैं। परमाणु ऊर्जा अनुसन्धान केन्द्र, बम्बई का पुस्तकालय एक उदाहरण है।

बाल पुस्तकालय—इन पुस्तकालयों के अंतर्गत ऐसी पुस्तकों का संग्रह किया जाता है, जिसे पढ़ने के लिए बालक स्वयं प्रभावित हो। कुछ बाल पुस्तकालयों में कौतुकालय भी होते हैं, ताकि बालकों की कल्पना शक्ति बढ़ सके। पुस्तकालय स्वतन्त्र रूप से भी कार्य करते हैं और किसी सार्वजनिक पुस्तकालय के भाग के रूप में भी, भारत में दिल्ली सार्वजनिक पुस्तकालय में स्वतन्त्र बाल पुस्तकालय विभाग है। इन पुस्तकालयों में बालकों को साहित्य प्रदान करने के अलावा कई सामुदायिक कार्यक्रमों द्वारा प्रेरणा दी जाती है।

स्पष्टतयाः इन पुस्तकालयों का लगभग 19वीं शताब्दी में महत्त्व स्थापित हो गया था। यहीं से बच्चों की आवश्यकताओं, रुचियों, योग्यताओं एवं क्षमताओं के अनुकूल साहित्य, पुस्तकालयों में संचित किया जाने लगा। पश्चिमी देशों में बाल पुस्तकालयों में बढ़ोत्तरी हुई है।

संगीत पुस्तकालय—इन पुस्तकालयों में संगीत से जुड़ी विभिन्न सामग्रियों की विषय की पुस्तकों पर बड़ी बारीकी से ध्यान दिया जाता है। जिससे कि छात्रों को संगीत के बारे में सम्पूर्ण जानकारी मिल सके।

व्यापारिक पुस्तकालय—इस प्रकार के विद्यालय को प्रमुख उद्देश्य व्यापार जगत से जुड़े ज्ञान एकत्रित करना ताकि सम्बन्धित व्यापारियों को उनसे फायदा मिल सके। इन सूचनाओं के आधार पर व्यापारी को भविष्य में अपने व्यापार को नियोजित करने तथा सम्भावित नुकसान से बचाने को मौका मिल जाता है, जिसका प्रयोग अब राष्ट्रीय एवं विश्व स्तर पर किया जाता है। इसलिए यह जरूरी है कि व्यापारी को व्यवसाय-विशेष से जुड़े देश-विदेश की घटनाओं के विषय में सूचनाएँ मिलती रहें। यह वर्णनीय है कि ये पुस्तकालय यदि उचित ढंग से अपनी सेवाएँ संचालित करें, तो कोई देश बड़ी मात्रा में विदेशी मुद्रा प्राप्त कर सकता है। बीमा निगम, फर्टिलाइजर कार्पोरेशन ऑफ इण्डिया आदि के पुस्तकालय व्यापारिक पुस्तकालयों की कोटि में आते हैं।

नाविक पुस्तकालय—विशिष्ट पुस्तकालयों में नाविक पुस्तकालय का भी प्रमुख स्थान है। यह पुस्तकालय नाविकों हेतु पुस्तक उपलब्ध करते हैं। इन पुस्तकालयों की नाविकों के जीवन में विशिष्ट भूमिका होती है, परंतु यदि उन्हें पुस्तकालय सेवा प्राप्त हो तो वे देश-विदेश से संबंधित ज्ञान प्राप्त कर सकते हैं। ये पुस्तकालय उन्हें सांसारिक गतिविधियों से अवगत कराते हैं तथा मानसिक विकास करने में योग देते हैं। इन पुस्तकालयों में मनोरंजक साहित्य के अतिरिक्त वस्त्र, जलपान, भोजन, देश-विदेश के स्वास्थ्य, रीति-रिवाज आदि से संदर्भित साहित्य उपलब्ध रहता है। डॉ. एस. आर. रंगनाथन ने *"फाइव लॉज ऑफ लाइब्रेरी साइंस"* में इन पुस्तकालयों का महत्त्वपूर्ण निरूपण किया है।

वाणिज्य पुस्तकालय—इस प्रकार के पुस्तकालय की प्रमुख तीन श्रेणियां क्रमशः व्यावसायिक व्यापारिक तथा औद्योगिक होती हैं। इन पुस्तकों को स्थापित करने का उद्देश्य राष्ट्र के औद्योगिक, व्यापारिक एवं वाणिज्यिक क्षेत्र में कार्य व्यक्तियों को उनके कार्यों में मदद देना होता है। पुस्तकालय के द्वारा उन्हें नवीन वैज्ञानिक उपलब्धियों के विषय में सूचना मिल जाती है, जिसका प्रयोग वे अपने

संस्थान के विकास से कर सकते हैं। पुस्तकालयों द्वारा मिली जानकारी के माध्यम से इन संस्थानों के संचालन का कार्य भी किया जाता है। उधर पुस्तकालयों द्वारा प्रदत्त साहित्य से यह पता चल जाता है कि किसी व्यवसाय उत्पादन की किस क्षेत्र में ज्यादा माँग है, अतएव उस उत्पादन को आवश्यकता वाले क्षेत्रों में बेचकर व्यापार बढ़ाया जा सकता है।

द्वितीय विश्वयुद्ध के पश्चात काफी तीव्र गति से बदलाव हुआ और परिणामस्वरूप सूचना व तकनीकी क्षेत्रों में परिवर्तनों की सूचना पुस्तकालय या सूचना सेवा द्वारा प्राप्त की जाने लगी। आज वैश्विक स्तर पर विभिन्न व्यापारिक संगठन व्यापार कर रहे हैं। तथा इन्होंने अपने संगठन पुस्तकालय एवं सूचना केन्द्र में स्थापित कर लिये हैं। अहमदाबाद स्थित आल इंडिया टेक्सटाइल इण्डस्ट्रीज रिसर्च एसोसिएशन, कोतकाता अवस्थित प्लाईवुड रिसर्च इन्स्टीट्यूट आदि इस प्रकार के राष्ट्रीय संगठन हैं।

समाचार पत्र-पुस्तकालय (वाचनालय)

इनमें प्रतिदिन के समाचार-पत्र अर्थात् प्रत्येक दिन की बड़ी या छोटी से छोटी खबर होती है। जिनसे किसी भी विषय से जुड़ी जानकारी दिनांक सहित। प्राप्त की जा सकती है

दृश्य-श्रव्य पुस्तकालय

इस तरह के पुस्तकालयों में चलचित्र, ग्रामोफोन रिकार्ड तथा इन विषयों से सम्बन्धित पत्र-पत्रिकाएँ संचित की जाती हैं। अमेरिका जैसे राष्ट्रों में सार्वजनिक पुस्तकालयों में भी दृश्य-श्रव्य विभाग होता है तथा वे चलचित्र, ग्रामोफोन रिकार्ड को प्रदान करते हैं।

अन्य पुस्तकालय

उपरोक्त वर्णित पुस्तकालयों के अलावा कुछ अन्य प्रकार के पुस्तकालय की भी स्थापना हुई है, परंतु उनकी संस्था न के समान है। उनका प्रयोग किसी वर्ग-विशेष के थोड़े से व्यक्ति ही करते हैं। अतः वे सेवाओं की दृष्टि से लोकप्रिय नहीं हैं। अतः उनका वर्णन यहाँ नहीं किया जा रहा है।

2

प्रसार सेवाएँ

प्रसार सेवा, सूचना प्रसार का एक प्रतिरूप है। वर्तमान समय में यह सेवा काफी प्रभावशाली हो गयी हैं। जो प्रसार सेवा के माध्यम से ज्यादा से ज्यादा प्रश्नों को हल दिया जा सकता है। समाचार बड़ी पत्रिकाएं तथा पारंपरिक पुस्तकें आदि प्रसार सेवा के महत्त्वपूर्ण स्रोत माने जाते हैं। आज प्रसार सेवा के रुबरू व विभिन्नताओं में काफी बदलाव आ रहा है। फलतः सूचना प्राप्ति की दृष्टि से यह ज्यादा महत्त्वपूर्ण होते जा रहे हैं। प्रसार सेवा उच्च शिक्षा और शोध कार्यों में भी बहुमूल्य भूमिका निभाता है। समाज में बौद्धिक चेतना बनाये रखने का दायित्व भी उस पर रहता है। इसलिए अप्रत्यक्ष रूप से वह अन्य शैक्षणिक संस्थाओं का मार्गदर्शन करता है। अपने प्रसार कार्यों के द्वारा वह उच्च शिक्षा के द्वार सबके लिए खोल देता है। उसके इस कार्य में पुस्तकालय उसे पूरा सहयोग देता है। यह सहयोग पुस्तकालय के प्रसार सेवा का एक भेद है। अपने उद्देश्य तथा आदर्शों को क्रियान्वित करने के लिए पुस्तकालय स्वयं भी अपनी सेवाओं को विश्वविद्यालय से साक्षात् असंबद्ध लोगों के लिए यथा संभव मौजूद करने का प्रयास करता है। हर क्षेत्र में सामाजिक जागृति और सांस्कृतिक स्तर को ऊंचा बनाये रखने के लिए बौद्धिक सेवा के रूप में प्रसार सेवा की आवश्यकता है।

विश्वविद्यालयों द्वारा उच्च शिक्षा एवं ज्ञान को सर्वसुलभ बनाने के लिए निम्नलिखित कार्यों को संपादित करता है—

1. प्रसार व्याख्यान,
2. पत्राचार पाठ्यक्रम;
3. विशिष्ट कार्यों और वर्गों के लिए समय-समय पर संक्षिप्त पाठ्यक्रम और अध्यापन की व्यवस्था;

विश्वविद्यालय द्वारा संचालित उपर्युक्त तीनों कार्यक्रमों में पुस्तकालय निम्नरूप से मदद करती है—

1. सम्बद्ध विषयों की वाङ्मय सूची बनाकर संबंधित व्यक्तियों और संस्थाओं को भेजना;
2. उसके उत्तर में माँग किये जाने पर अभीष्ट पुस्तकों को नियमानुसार उन्हें भेजना अथवा पुस्तकालय में उन्हें अध्ययन की सुविधा प्रदान करना; और
3. मांग के अनुसार उन्हें अनेक प्रकार की सूचनाएँ प्रदान करना। पत्राचार पाठ्यक्रम को उपयोगी बनाने के लिए पाठ्य विषयों से सम्बद्ध पुस्तकों की सूची तैयार कर निःशुल्क या नाममात्र के शुल्क पर सम्बद्ध छात्रों को भेजना चाहिए। उनके व्यय पर उन्हें पुस्तकें भी निश्चित समय के लिए उधार पर भेजी जा सकती है।

विश्वविद्यालय के अध्यापन विभाग प्रत्येक प्रसार व्याख्यान का आयोजन करते हैं। इन व्याख्यानों को अधिक प्रभावशाली और उपयोगी बनाने हेतु पुस्तकालय को व्याख्यान के विषय पर पुस्तकालय में मौजूद अध्ययन सामग्रियों की सूची तैयार करनी चाहिए। डॉ. रंगनाथन ने मद्रास विश्वविद्यालय पुस्तकालय विश्वप्रसिद्ध डॉ. सी. वी. रमन के व्याख्यान के मौके पर सन् 1930 में इस प्रकार की सूची तैयार कर देश में इस कार्य को प्रारम्भ किया था। सम्बद्ध विभागाध्यक्ष से मिलकर सन्दर्भ पुस्तकालयी को यह कार्य करना चाहिए। व्याख्यान प्रारम्भ होने से पहले श्रोताओं को यह सूची दे दी जाए और उसमें अंकित पुस्तकों को पुस्तकालय में कुछ दिनों तक अलग से प्रदर्शित किया जाए, जिससे व्याख्यान सुनने वाले पाठक उनसे लाभान्वित हो सके।

विशिष्ट प्रसार सेवा

पुस्तकालय विज्ञान अधिनियम के आधार पर पुस्तकालय के अंतर्गत सभी पुस्तक के लिए पाठक होने चाहिए। इसे क्रियान्वित करने की जिम्मेदारी पुस्तकालय

के कर्मचारियों पर है। प्रचार कार्यों के माध्यम से इस दायित्व को पूरा किया जाता है। विश्वविद्यालय से सम्बन्धित सब लोगों को पुस्तकालय की गतिविधियों से अवगत रखने के लिए उपयोग में लाए जाने वाले माध्यमों के बारे में पूर्व प्रकाश डाला जा चुका है। उनमें से कुछ उपायों पर प्रसंगतः यहा पुनः लिखा गया है।

पुस्तकालय विभिन्न प्रक्रियाओं जैसे– कार्यकाल, विभागों का संगठन चार्ट, पुस्तकालय सूची, संयोजन पद्धति का विस्तृत परिचय, सदस्यता सम्बन्धी सूचनाएँ प्रमुख कार्यकर्ता और उनका कार्यक्षेत्र, परिचालन पद्धति, पालनीय नियम तथा दण्ड विधान पर इसमें जरूरी सब सूचनाएँ दी जाती हैं। भूमिका में पुस्तकालय का संक्षिप्त इतिहास दिया जाना चाहिए। पुस्तक का मुख्यपृष्ठ आकर्षक व प्रभावशाली होना चाहिए। समस्त छात्र, अध्यापक एवं कर्मचारियों को पुस्तकालय का सदस्य बनते समय उसकी प्रति निःशुल्क दी जाती है। इसी प्रकार विशिष्ट अतिथियों तथा नागरिकों को जब वे पुस्तकालय का अवलोकन करने आते हैं, इसकी प्रति प्रदान की जाती है। अमेरिका के महाविद्यालय और विश्वविद्यालय पुस्तकालयों में शिक्षकों को एक दूसरी परिचय पुस्तिका देने की प्रथा है। उसमें पुस्तकालय के कार्यों के प्रति खासकर पुस्तक तथा पुस्तकालयोन्मुखी शिक्षा पद्धति के क्रियान्वयन के लिए उनके दायित्व पर प्रकाश डालता है, उसी में उनके लिए आवश्यक पुस्तकालय की अन्य सुविधाएँ भी दी जाती हैं। प्रत्येक शिक्षक को सदस्य बनते समय उसकी मुद्रित प्रति दी जाती है।

पुस्तकालय की मुद्रित सूची

एतद् विषयों पर पुस्तकालय में उपलब्ध प्रमुख पुस्तकों की परिचयात्मक सूची दस साल में एक बार प्रकाशित करनी चाहिए और उनकी प्रति विनिमय के आधार पर और कीमत पर अन्य संस्थाओं और पुस्तकालयों को दें, जिससे वे उन पुस्तकों का आवश्यकतानुसार उपयोग कर सकें।

संयोजन व्यवस्था एवं संदर्शिकाएँ

पुस्तक, पाठकों को तत्काल उपलब्ध कराने के लिए वैज्ञानिक विधि का प्रयोग करना चाहिए। जगह-जगह पर संदर्शिकाएँ लगी रहें। ये संदर्शिकएँ संयोजन व्यवस्था और विषयानुसार पुस्तकों का सही-सही स्थान सूचित करती है। कुछ रंग-बिरंगे आकर्षक अक्षरों में लिखे संदर्शिकाएँ आचरण परक साधारण सूचनाएँ देने के लिए पुस्तकालय के प्रत्येक विभाग में निम्नलिखित संदर्शिकाएँ लगायी जाती है–

1. भूमि संदर्शिका;
2. निधानी संदर्शिका;
3. फलक संदर्शिका;
4. सम्पूर्ण संयोजन व्यवस्था की संदर्शिका;
5. सोपान या भूमिदर्शक संदर्शिका;
6. अन्तमार्गदर्शक संदर्शिका;
7. सामान्य निर्देश संदर्शिकाएँ, जैसे, धूम्रपान निषिद्ध है, कृपया फलकों पर पुस्तकें स्वयं नहीं रखें, कृपया शांत रहे, कृपया फर्श पर कलम नहीं झाड़ें।

उपरोक्त के अलावा कुछ अन्य प्रकार की संदर्शिकाएं पाठकों की सुविधा के लिए आज उपयोग में लायी जा रही हैं। संदर्शिकाएँ लगाना ही पर्याप्त नहीं है। स्थान संकोच को दूर करने के लिए जब फलकों पर किताबों को खिसकाया अथवा सरकाया जाता है, तब संदर्शिकाओं को तद्नुसार ठीक लगाना चाहिए। पुराने तथा अस्पष्ट होने पर उन्हें परिवर्तित कर दे। पुस्तकों के पृष्ठभाग पर लगी लेबल निकल गई है, तो नया लगाएँ। इसी प्रकार जिस पुस्तक के पृष्ठभाग पर कम चौड़ा होने से क्रमांक संख्या सूचक लेबुल नहीं लगा है, उस पर शीर्ष अक्षरों का लेखन करना उपयोगी होता हैं। संदर्शिकाओं की व्यवस्था सम्बन्धी सभी कार्य अनुरक्षण विभाग के कर्मचारी करते हैं इन कार्यों के दैनिक निरीक्षण का दायित्व सम्बद्ध प्रभारी और उप-पुस्तकालयी पर रहता है।

आवरण तथा नवीन पुस्तकों का प्रदर्शन

नवीन पुस्तकों के आवरणकों को पुस्तकालय में प्रमुख स्थान पर प्रदर्शित करना चाहिए। इसी प्रकार नवीन पुस्तकों को एक सप्ताह तक प्रदर्शन फलकों पर सजा कर रखें।

सूचना एवं वृत्त पट्ट

पुस्तकालय के विभिन्न सूचनाओं को ब्लैक बोर्ड या वृत्त पट्ट पर दर्शाया जाता है। विशेष व्यक्ति, लेखक, विशिष्ट दिन, राष्ट्रीय और धार्मिक पर्व, सामयिक, वैज्ञानिक, शैक्षणिक और आर्थिक घटनाओं से सम्बद्ध विशिष्ट अध्ययन सामग्री, जैसे, शासकीय प्रकाशन, पुस्तिका, खास लेकर आदि की ओर पाठकों का ध्यान आकृष्ट करने के लिए वृत्त पट्ट उपयोग में लाये जाते हैं। विश्व के मनीषियों तथा विद्वानों के वचन तथा सुभाषित भी इन पट्टों पर सुन्दर अक्षरों में उद्धृत किए जाते हैं। इसके लिए ऐसे वाक्य विचार तथा वचन संग्रह रख लिए जाते हैं। वत्त पट्टों को आकर्षक

बनाने के लिए स्वच्छता, अंकित सूचनाओं की लघुता, रंग तथा चित्रों को उपयोग में लाना चाहिए।

पुस्तक प्रदर्शनी

पुस्तक प्रदर्शनी के द्वारा विभिन्न प्रकार की पुस्तकों को पाठकों के लिए प्रदर्शित की जाती हैं। विश्वविद्यालय पुस्तकालय में पुस्तकों की प्रदर्शनी तीन प्रकार से आयोजित की जाती है। वर्ष में एक दो बार विशेष मौकों पर विशिष्ट विषय या विविध विषयों पर पुस्तकालय स्वयं पुस्तकों की प्रदर्शनी आयोजित करता है। प्रदर्शित पुस्तकों की चित्रालेखित या मुद्रित रूप में अलग से सूची प्रकाशित कर वितरित की जाती है। नवीन प्रकाशनों की ओर पाठकों का ध्यान आकृष्ट करने के लिए शासकीय संस्था यथा– द नेशनल बुक ट्रस्ट आफ इंडिया और प्रमुख प्रकाश एवं विक्रेता समय-समय पर प्रदर्शनी आयोजित करते हैं। विदेशी संस्थाएँ जैसे, अमेरिका की सूचना केन्द्र और ब्रिटिश कौंसिल अपने देश की विचारधारा के प्रचार के लिए समय-समय पर देश के प्रमुख पुस्तकालयों मे अपने देश के प्रकाशनों को प्रदर्शित करते है। इसके अलावा पुस्तकालय में उपलब्ध अप्राप्त एवं महत्त्वपूर्ण मुद्रित एवं हस्तलिखित पुस्तकों, चित्रों व कला सम्बन्धी साहित्य और सामग्री काँच की ढक्कन वाली प्रदर्शन मंजूषाओं में प्रदर्शित की जाती हैं पुस्तकालय के प्रदर्शन कक्ष में या अन्यत्र इन मंजूषाओं को रखा जाता है। उनमें ताला लगा रहता है। माँग किए जाने पर विशिष्ट पाठकों को नियमानुसार उनका उपयोग करने दिया जाता है।

नवीन पुस्तकों एवं कार्यक्रमों की सूची

नई नवीन पुस्तकों एवं विभिन्न प्रकार के कार्यक्रमों के विषय में सूचना प्रदान करने हेतु बड़े-बड़े विश्वविद्यालय पुस्तकालय पाक्षिक अथवा मासिक वृत्त पत्रिका प्रकाशित करते हैं। जैसे–(i) Library Chronicle of University of Texas (ii) Haryed Library Bulletin (iii) Yale's University Library Gazattee

इन पत्रिकाओं के अन्तर्गत पुस्तकों की सूची के साथ-साथ महत्त्वपूर्ण व प्रभावशाली लेख (फीचर आर्टिकल्स), पत्रिकाओं में प्रकाशित प्रमुख लेखों की विषयानुसार सूचनाए, पुस्तकालय जगत की सामयिक गतिविधि, जैसे– प्रमुख सन्दर्भ प्रश्न और उनके उत्तर जो हाल में दिये गये हैं, अध्ययन के प्रति छात्रों की अभिरुचि, पुस्तकालय, पुस्तक, शिक्षा, शोध कार्यों के बारे में इधर–उधर की बाते, आँकड़े, आदि प्रकाशित किए जाते हैं। पाठकों में पुस्तकालय चेतना जागृत रखना इन सबका मुख्य उद्देश्य है।

ऐसी पत्रिकाओं का जो पुस्तकालय नहीं छपवाते या प्रकाशित करते हैं। वे नवीन पुस्तकों की मासिक सूची मुद्रित या चित्रालेखित रूप से प्रकाशित करते हैं। कुछ पुस्तकालय नई पुस्तकों की सूची दैनिक पत्रों के साप्ताहिक विशेषांकों में प्रकाशित कराते हैं, ताकि प्रबुद्ध नागरिक भी उनसे परिचित हो सकें।

वार्षिक प्रतिवेदना

ऐसी सूचनाओं से विभिन्न पाठकों व जनता को संतुष्टि मिलती है। इसके अवलोकन से विश्वविद्यालय के नये और पुराने सदस्य व गणमान्य नागरिकों को यह ज्ञात होता है कि किस प्रकार पुस्तकालय अपना सारा काम सन्तोषपद तरीके से कर रहा है पुस्तकालय की ओर जनता का ध्यान आकर्षित करने और इसके लिए धनी वर्ग से आर्थिक मदद प्राप्त करने के लिए वार्षिक प्रतिवेदन का प्रकाशन और प्रमुख लोगों में उसका वितरण पुस्तकालय प्रचार का एक भेद है।

व्याख्यान

विभिन्न विषयों को नवीन जानकारियों तथा उनके संगठन व विकेन्द्रीकरण के लिए विदेशों में किये जा रहे प्रयासों व नवीनतम उपायों पर प्रकाश डालने हेतु गुस्तकालयों में व्याख्यान अवश्य आयोजित होने चाहिए। व्याख्यान देने के लिए उनके प्रमुख कर्मचारियों के अलावा शिक्षकों और प्रख्यात विद्वानों, वैज्ञानिकों व पुस्तकालयों को आमन्त्रित करें। पुस्तकालय प्रचार की यह एक प्रभावशाली पद्धति है।

अध्ययन के प्रति रुचि पैदा करना

आज विद्यार्थियों में अध्ययन के प्रति विशेष कार्य किये जा रहे हैं। इस कार्य के लिए पुस्तकालय एक प्रभावशाली स्रोत है। शिक्षार्थियों में अध्ययन की प्रवृत्ति बढ़ाने के लिए पुस्तकालय विविध उपायों को कार्यरूप देता है। यू. जी.सी. पुस्तकालय समिति ने इस विषय पर अपना अभिमत अंकित किया है। उनका संक्षिप्त परिचय आगे दिया गया है।

मुक्त प्रवेश प्रणाली

इस प्रणाली में विद्यार्थियों एवं शिक्षकों को अपनी पसन्द की पुस्तक का चुनाव करने के लिए उनके प्रवेश को स्वतंत्रता प्रदान करनी चाहिए। संग्रहगार में पुस्तकें खुले फलकों पर वर्गीकृत क्रम से रखी हों। किसी प्रकार की बाधा या कठिनाई के

बिना पाठकों को वहाँ पुस्तकें देखने और चुनने की सुविधा होनी चाहिए। उनके मार्गदर्शन के लिए उसके आस-पास में सन्दर्भ पुस्तकालयी विद्यमान हो। सेवापरक पुस्तकालय के सन्दर्भ में पुस्तकालय विज्ञान के द्वितीय तथा तृतीय सूत्रों की यह खास माँग है। इस व्यवस्था को प्रभावी बनाने हेतु विभिन्न प्रकार की व्यवस्थाएँ की जानी चाहिए जो निम्नलिखित हैं–

1. स्वतंत्र प्रवेश पद्धति को प्रभावी बनाने के लिए समय-समय पर संग्रहगार के विषयों के स्थान को परिवर्तित कर दे। इससे पाठकों में अप्रत्याशित पुस्तकों को देखने की उत्सुकता बढ़ेगी।
2. पाठकों की विशेषतः छात्रों की पुस्तक सम्बन्धी माँग समय पर पूरा करने की कारगर व्यवस्था हो।
3. इस व्यवस्था से होने वाले लाभों की दृष्टि में रखते हुए इससे होने वाली कुछ क्षति हो अपरिहार्य मानना चाहिए।
4. पूर्वोपाधि और स्नातकोत्तर स्तर पर छात्रों के लिए प्रारंभिक परिचय अनिवार्य किया जाए।
5. फलकों पर से निकाली गई अनभीष्ट पुस्तकों को रखने के लिए जगह-जगह पर छोटी टेबुल या तिपाई की व्यवस्था हो, जिससे पाठक उन्हें फलक पर गलत स्थान पर न रखें।
6. इस व्यवस्था को उपयोगी करने के लिए पुस्तकों का वर्गीकृत संयोजन जरूरी है। स्थान-स्थान पर संदर्शिकाएँ लगाएँ। पुस्तकों का दोबारा स्थापन स्वयं न करने के लिए संग्रहार में दो-तीन स्थानों पर बड़े-बड़े और आकर्षक अक्षरों में निर्देश अंकित करें।
7. पूर्वोपरि स्तर के छात्रों को पाठ्य तथा संस्तुत पुस्तकें प्राप्त करने के लिए संकाय या विभागीय स्तर पर शाखा पुस्तकालय की व्यवस्था की जाए। उन छात्रों को जो विशेष अध्ययन करने के लिए केन्द्रीय पुस्तकालय में आना चाहते हैं, उनके लिए विशेष सुविधा हो।
8. दुर्लभ, बहुमूल्य कला सम्बन्धी पुस्तकों, हस्तलिखित पुस्तकों, अभिलेखों और विशिष्ट संग्रहों के लिए बन्द प्रणाली या आवश्यक पद्धति अपनाएँ।
9. पुस्तकालय की सब खिड़कियों में मजबूत तथा बारीक जाली लगाएँ जिससे कोई बाहर पुस्तक फेक न सके।
10. आगमन एवं निगमन हेतु पुस्तकालय में एक ही द्वार हो और उसे सिर्फ आधा खोल रखें।

11. संग्रहगार में पुस्तकों के रख-रखाव करने वाले कर्मचारी व सन्दर्भ सहायक पाठकों की गतिविधियों पर विशेष ध्यान रखें।
12. अपराधी और असहयोगी पाठकों के दुष्कार्यों को विश्वविद्यालय में प्रचारित करें व आवश्यकतानुसार उन्हें सजा दें।
13. चोरी-छिपे पुस्तक बाहर ले जाने वाले पाठकों को पकड़ने के लिए जहाँ संभव हो, वहाँ उपलब्ध यांत्रिक तरीकों को उपयोग में लाएँ; यथा–
    (i) Santronic-thief catching device General Nuclionics, Colum bus, Ohio, USA
    (ii) The Book Detective Bro-Dart Industries, New York, New Jer II sey.
14. गलत रखी हुई पुस्तकों को यथास्थान रखने हेतु नियमित रूप से फलकों की जाँच की जानी चाहिए।
15. सेवा परक पुस्तकालयों में मुक्त प्रवेश की व्यवस्था न होने से सेवा की भावना व उसके द्वारा पाठकों में अध्ययन की प्रवृत्ति प्रभावशाली तरीके से बढ़ाना संभव नहीं है।

वास्तविक रूप से उपर्युक्त तथ्यों के आधार पर यह कहा जा सकता है कि मुक्त प्रवेश प्रणाली अथवा पद्धति में पुस्तकों का समुचित रूप से प्रयोग नहीं किया जा रहा है। अतः पुस्तकों को बर्बाद होने से बचाने के लिए पुस्तकालय अध्यक्ष के साथ-साथ सभी कर्मचारियों का यह दायित्व बनता है कि वह इस पद्धति पर निगाह रखें। कहने का तात्पर्य यह है कि प्रवेश पद्धति में पाठक तथा पुस्तकों में सम्पर्क स्थापित करने के लिए पाठकों को पुस्तकालय के अन्दर पूरी आजादी दें। लेकिन पुस्तकों को लाते और ले जाते समय द्वार पर कड़ी नजर रखें। मुक्त प्रवेश प्रणाली का यही अर्थ है। भारत में सम्प्रति अनेक विश्वविद्यालय पुस्तकालयों में मुक्त प्रवेश प्रणाली है और कुछ में बन्द प्रवेश प्रणाली है। जहाँ पहली पद्वति है, वहाँ उसके लिए जरूरी व्यवस्था और सम्बद्ध नियमों पर अव्यवस्था देखने में आती है और इससे पाठकों को बहुत असुविधा होती है। इन परेशानियों से बचने के लिए कुछ पुस्तकालय अर्ध प्रवेश पद्वति जरूरी उपायों के क्रियान्वयन के साथ शैक्षणिक पुस्तकालय में मुक्त प्रवेश प्रणाली को अपनाना सार्वजनिक शिक्षा की माँग है। मुक्त प्रवेश प्रणाली के नये आलोचकों को विशेषकर शैक्षणिक पुस्तकालयों के विषय में उपरोक्त वर्णित प्रत्येक तथ्यों पर पुनः ध्यान देना चाहिए।

लोकप्रिय विभाग

पुस्तकालय में दैनिक पाठकों हेतु मनोरंजन के लिए कुछ विशेष विभागों की स्थापना की जाती है। महाविद्यालय पुस्तकालयों में इस प्रकार के तीन लोकप्रिय विभाग स्थापित किये जाते हैं। जैसे–1. दैनिक पत्र विभाग 2. उत्साहवर्द्धक विभाग 3. पाठय पुस्तक विभाग।

दैनिक पत्र विभाग

दैनिक पत्र के द्वारा व्यक्ति अपने घर बैठे ही विभिन्न प्रकार की देश-विदेश की सूचनाओं से अवगत होता है। लेकिन संख्या में ये बहुत हैं और विविध उद्देश्यों के लिए उनमें से अनेक का अवलोकन जरूरी होता है। इसलिए अन्य पुस्तकालयों के जैसे विश्वविद्यालय पुस्तकालय में भी स्थानीय, राष्ट्रीय और प्रमुख विदेशी दैनिक पत्रों का रहना आवश्यक है। उन्हें पढ़ने के लिए पुस्तकालय के दूसरे खण्ड में व्यवस्था करें। चार-पाँच स्थानीय तथा राष्ट्रीय पत्रों को एक साथ अनेक लोगों को पढ़ने के लिए उनके लिए विहित कक्ष में समाचार-पत्र धानी (स्टैण्ड) पर फैलाकर रखें। बाकी पत्रों को तदर्थ बनाये गये संचिकाओं (फाइल्स) में रखकर उक्त कक्ष में टेबलों पर उपलब्ध करें। शोध कार्य के लिए प्रमुख अखबारों की फाइल सुरक्षित रखनी चाहिए। इसके लिए ऐसे दैनिक पत्रों की अन्य प्रतियाँ क्रय कर लेनी चाहिए।

उत्साहवर्द्धक विभाग

वर्तमान समय में पुस्तकालय ज्ञानार्जन का प्रमुख केंद्र हैं। छुट्टी का सदुपयोग और परिश्रान्त मानसिक स्थिति को आकर्षक, मनोमुग्धकारी व सूचनाप्रद साहित्य के अवलोकन से ताजा और उत्साहवर्द्धक बनाने के लिए पुस्तकालय में एक अलग कक्ष रहता है। उसे स्वच्छन्दानुशीलन कक्ष कहते हैं। उसका नाम ही स्पष्ट करता है कि वह आराम कुर्सी पर बैठे अथवा मसनद पर पैर फैलाये तकिये के सहारे बैठकर जब तक चाहे तब तक मनोम्रुग्धकारी एवं ज्ञानवर्द्धक पुस्तक का अध्ययन कर सकते हैं। ऐसी पुस्तकों का अध्ययन के लिए अलग से कक्ष बने होते हैं। ऐसे अध्ययनों के लिए जी. आर लिली महोदय ने प्रमुख तीन उद्देश्य बताएं हैं जो निम्नलिखित हैं–

1. अध्ययन काल में छात्रों को अपना व्यक्तिगत पुस्तकालय बनाने हेतु प्रोत्साहित करना।
2. मनोरंजक अध्ययन के लिए पुस्तक प्रदान करना तथा संस्करण, मुद्रण, जिल्दबंदी, चित्र एवं विवेचित विषयों के अलंकरण पक्ष का मूल्याँकन करना।

3. छात्रों में अध्ययन के प्रति रुचि उत्पन्न करना और उन्हें अवकाश के समय आनन्द की प्राप्ति के स्रोत के रूप में पुस्तकों की ओर स्वभावतः आकृष्ट करना।

पुस्तकालय में उत्साहवर्धक कक्ष विभाग के नीचे हिस्से में बनाना चाहिए तथा इसके अंतर्गत प्रभावशाली तथा छोट-छोटे पुस्तक आधार एवं निधानियों पर भव्य सम्पुटों में प्रकाशित पुस्तकों एवं लोकप्रिय पत्रिकाओं को प्रदर्शित कर रखें। आराम से कुर्सी पर बैठने और भारतीय ढंग से तकिये की व्यवस्था, सोफा सेट्स, अध्ययन दीप, (टेबुल लाइट), प्राकृतिक तथा अप्राकृतिक प्रकाश और हवा की सुन्दर व्यवस्था हो। कक्ष में वातायनों से प्राकृतिक छटा अन्दर की ओर झांकती रहे। इस कक्ष में पदार्पण करते ही पाठकों एक स्वच्छता एवं शान्त वातावरण का अनुभव होना चाहिए। यहाँ साहित्य, संस्कृति, इतिहास, धर्म, दर्शन, अर्थशास्त्र, विज्ञान, मनोविज्ञान, जीवनी और यात्रा पर अंग्रेजी और प्रादेशिक भाषाओं में प्रकाशित साहित्यिक कृतियाँ अलंकृत ढंग से रखी रहें। उन विषयों पर उपलब्ध नई और पुरानी पुस्तकों को संग्रहगार से चुनकर समय-समय पर इस कक्ष में रखे गये पुस्तकों में परिवर्तन करते रहे। यह कक्ष हमेशा नये पुस्तकों से सजा रहना चाहिए। दीवारों पर नवीन पुस्तकों के चित्रों को प्रदर्शित करें। सन्दर्भ सहायक बीच-बीच में इस कक्ष में आये, पाठकों की जिज्ञासा को समझें और उसे पूरा करें। प्रतिदिन पर्याप्त समय तक इस कक्ष को खोल कर रखना चाहिए।

पाठ्य पुस्तक विभाग

पाठ्य-पुस्तक विभाग विद्यार्थियों का सबसे प्रिय विभाग होता है। इस विभाग में छात्रों का ही बहुमत होता है। इनकी पहली माँग पाठ्य एवं संस्तुत पुस्तकों की होती है। ये पुस्तक यदि इन्हें मिल जाते हैं, तो इनके सन्तोष की सीमा नहीं रहती। ऐसी स्थिति में भारतीय विश्वविद्यालय पुस्तकालयों में आजकल परिव्याप्त अशान्ति बहुत कुछ दूर हो जाएगी। उल्लेखित है कि परिचालन के लिए संकाय अथवा विभागीय स्तर पर पाठ्य पुस्तक पुस्तकालय की व्यवस्था की जानी चाहिए। संकाय पुस्तकालय के वाचन कक्ष में पूर्वोधि स्तर के पाठ्य तथा संस्तुत पुस्तकों की कम से कम दो-दो प्रतियाँ विमर्श हेतु रखें। केन्द्रीय पुस्तकालय में अधिकांश पाठक केवल गंभीर अध्ययन एवं शोध कार्य के लिए ही आएँ। स्नातकोत्तर पाठ्य एवं संस्तुत पुस्तकों के अध्ययन हेतु यहाँ प्रभावशाली व्यवस्था होनी चाहिए। इसके लिए पुस्तकालय के निचले खण्ड में दो महाकक्ष हों। एक में विज्ञान और प्रौद्यगिक विधा

तथा दूसरे में सामाजिक विज्ञान तथा मानवी के पुस्तकों को रखें। स्नातकोत्तर स्तर की हर पाठ्य तथा संस्तुत पुस्तकों की कम से कम दो-दो प्रतियाँ यहाँ उपलबध रहें और छात्र-छात्राओं को उन्हें यही पढने के लिए दिए जाए। दोनों कमरों में पर्याप्त स्थान हो। एक साथ कम से कम पचास शिक्षार्थी अध्ययन कर सकें। इसके लिए जरूरी कुर्सी और टेबुल लगे रहे। कुर्सियाँ बिल्कुल मजबूत हों। छात्र अक्सर उनका गलत तरीके उपयोग करते हैं। पुस्तकें यहाँ बन्द अलमारियों में रखें। परिचय पत्र के आधार पर विद्यार्थियों को अभीष्ट पुस्तक निकालकर देने की व्यवस्था हो। यह व्यवस्था मुक्त पद्धति के विरुद्ध जरूर है। लेकिन पुस्तकों की प्रतियाँ कम होने से अधिकाधिक माँग को न्याय संगत तरीके से सन्तुष्ट करने के लिए यह व्यवस्था अधिक उपयोगी है।

निर्धारित पुस्तकों विषय में विद्यार्थी भलीभाँति परिचित होते हैं। इस कक्ष में उपस्थित पुस्तकों की लेखक एवं व्यय सूची यहाँ उपलब्ध रहे। साथ ही सम्बद्ध पाठ्यावली की दो-दो प्रतियाँ विमर्श के लिए रखी हों। इस विभाग को प्रतिदिन 10-12 घण्टे खुला रखना चाहिए। कुछ विश्वविद्यालय पुस्तकालयों में इसी कक्ष में पुराने प्रश्न पत्रों को रखने की व्यवस्था की जाती है। इसे बन्द करना चाहिए। विश्वविद्यालय उसे बेचने की व्यवस्था करे। यह उसके आमदनी का एक साधन है। सन्दर्भ के लिए उनकी एक-एक प्रति पुस्तकालय में रखी जा सकती है। पूर्वोपाधि स्तर के लिए पाठ्य पुस्तक इन कक्षों में न रखें। शिक्षक और कर्मचारियों के उपयोग के लिए उनकी एक दो प्रतियाँ संग्रहगार में रखी जा सकती हैं।

पुस्तक ऋण योजनाएँ

विश्वविद्यालय अनुदान आयोग ने वित्तीय सहायता प्रदान करके पुस्तकालयों में छात्रों का मन पसन्द पुस्तकें रखने के लिए नई योजना का कार्यान्वयन किया है।

इसके अन्तर्गत पाठ्य-पुस्तकों की कुछ अतिरिक्त संख्या उपलब्ध होती है, जो कि छात्रों की आवश्यकता पर उपलब्ध करायी जाती हैं। अधिक मांग होने पर भी स्थानीय पुस्तक विक्रेता से ऐसी पुस्तकें खरीदी जा सकती है। सिर्फ पाँच प्रतिशत मूल्य पर उनकी प्रतियाँ पूरे वर्ष के लिए छात्रों को दी जाती हैं। यह व्यवस्था बहुत उपयोगी है। अमेरिका के महाविद्यालय और विश्वविद्यालय पुस्तकालयों में 'रेण्टल कलेक्शन' के नाम से यह व्यवस्था उपयोग किया गया। इस संग्रह के लिए सिर्फ पाठ्य पुस्तकें ही नही हर प्रकार की पुस्तकें खरीदी जाती हैं और छात्र व अध्यापक दोनों को उधार पर दी जाती हैं। जब इन पुस्तकों की माँग कम हो जाती है, तब उन्हें

पुस्तकालय के मुख्य संग्रह में मिला दिया जाता है। मराठवाड़ा विश्वविद्यालय, महाराष्ट्र, ने अध्यापकों को शोध साहित्य क्रय करने के लिए अनुदान देने की एक नई व्यवस्था की है। यह योजना बहुत अच्छी है। इस योजना को शिक्षक और पुस्तकालय के माध्यम से दूसरों को भी उपयोगी बनाने के लिए अधोनिर्दिष्ट अनुबंध इसके साथ जोड़ना चाहिए :

1. इस योजना के अन्तर्गत शिक्षकों द्वारा खरीदी जाने वाली पुस्तकों की प्रतियाँ एवं लम्बी अवधि तक उन्हें देने के लिए पुस्तकालय में मौजूद न हो;
2. खरीदी गई पुस्तकें शोध कार्य अथवा अध्ययन समाप्त होने पर पुस्तकालय को दे दी जाएँ; और
3. शिक्षकों को इस कार्य के लिए नया अनुदान तब तक न दिए जाएँ, जब तक वेपहले के अनुदान से खरीदी गई पुस्तकें पुस्तकालय मे जमा नहीं कर देते हैं।

पुस्तकालय से सम्बन्धित योजनाएँ अन्ततः पुस्तकालय के लिए अधिक लाभकारी होती हैं। क्योंकि पुस्तकें पुस्तकालय की सम्पत्ति होती हैं। एक शिक्षक का कार्य समाप्त हो जाने पर दूसरे शिक्षक और अन्य लोग भी उन पुस्तकों से लाभ प्राप्त कर सकेंगे। इस ऋण योजना को स्थायी करने के लिए एक स्थायी धनराशि बनानी चाहिए। यू.जी.सी. अनुदान के अतिरिक्त विश्वविद्यालय के पुराने छात्र और धनी-मानी व्यक्तियों से धन अर्जित कर इस फण्ड को स्थायी बनाया जा सकता है। इस प्रकार की विशेष धनराशि के लिए कार्ल एम.व्हाइट ने भी संस्तुति की है।

दृश्य-श्रव्य विभाग

अध्ययन की प्रवृत्ति बढ़ाने में श्रव्य-दृश्य साधन कम उपयोगी नहीं होते हैं। विश्वविद्यालय पुस्तकालय में शैक्षणिक विषयों पर प्रमुख विद्वानों, नेताओं और मनीषियों के व्याख्यानों का टेपरिकार्ड्स रखने चाहिए। समय-समय पर श्रोतशाला में पाठकों को उन्हें सुनाने की व्यवस्था हो। इसी प्रकार शिक्षा और सूचनाप्रद विशेषतः पुस्तक, पुस्तकालय, उपयोगी वैज्ञानिक विषय, मनोरंजन आदि पर मौजूद चलचित्रों का प्रर्दशन आयोजित करें।

अध्ययन सूची का परिसंचरण

पश्चिमी देशों के उच्च शैक्षाणिक पुस्तकालयों में पाठ्य विषय तथा सामान्य अध्ययन के लिए समय-समय पर पुरानी और नवीन पुस्तकों की सूचियाँ संग्रहीत

की जाती हैं और छात्रों का ध्यान उनकी ओर आकर्षित किया जाता है। यू.जी.सी. पुस्तकालय समिति ने इसका अनुमोदन किया है।

पठन विभाग

पठन विभाग दो तरह का होता है। पहला अध्यापकों के लिए और दूसरा शोध छात्र व विशेष अध्ययन करने वाले स्नातकोत्तर छात्रों के लिए सुरक्षित रखा जाता है। पुस्तकालय में बाहर की दीवार की तरफ इस प्रकार के अध्ययन कक्ष बनाये जाते हैं। पुस्तक और पत्रिका दोनों के पुस्तकालय में इस प्रकार की व्यवस्था होनी चाहिए।

छात्र और अध्यापक दोनों को इस प्रकार के कक्ष में अभीष्ट पुस्तक और पत्रिकाएँ ले जाने से पहले उनके पुस्तक पत्रकों में अपना हस्ताक्षर और दिनांक अंकित कर सम्बद्ध कर्मचारी के पास उन्हें जमा करना और कार्य समाप्त होने पर वहीं उन्हें वापस करना चाहिए। इस व्यवस्था से उनके द्वारा संग्रहीत पुस्तकों के बारे में एक स्थान पर सूचना मौजूद रहेगी और दूसरे पाठकों और सन्दर्भ सहायकों को पुस्तकों के खोजने में अनावश्यक रूप से परेशानी उठानी नहीं पडेगी। दूसरी बात एक साथ एक व्यक्ति को आठ-दस से अधिक पुस्तकें और पत्रिकाओं के खण्डों को लेने की आज्ञा न दी जाए।

वाचन विभाग

सामान्य पुस्तकालय के पास विज्ञान और प्रौद्योगिक (टेक्नोलॉजी) व सामाजिक विज्ञान तथा मानविकी के लिए दो अलग-अलग कक्ष हों। प्रत्येक कक्ष में कम से कम पचास पाठक एक साथ अच्छी तरह बैठकर पढ़ सकें। इसी प्रकार शोध पत्रिका तथा सन्दर्भ पुस्तकों के अवलोकन के लिए स्वतन्त्र व्यवस्था हो।

छात्रावास पुस्तकालय

यह विश्वविद्यालय पुस्तकालय का संक्षिप्त रूप है, जो कि छुट्टी के समय छात्रावास के छात्रों के लिए उपयोगी साबित होते हैं। इस पुस्तकालय का दैनिक प्रशासन छात्रों के हाथ में दें। यहाँ निम्न तीन चार प्रकार के पाठ्य पुस्तक रखे जाएँ—

1. विशेष अध्ययन के लिए तत्तद विषयों के संस्तुत पुस्तक;
2. सूचनाप्रद तथा मृदु साहित्य-इस संग्रह के पुस्तकों को केन्द्रीय पुस्तकालय के संग्रह से बराबर परिवर्तित होता है;
3. एक-दो समाचार-पत्र और कुछ चुनी हुई लोकप्रिय पत्रिकाएँ;

4. पूर्वोपाधि स्तर के छात्रों के लिए पाठ्य पुस्तकों की प्रतियाँ।

इस पुस्तकालय को सुबह पांच बजे से नौ बजे तथा सांयकाल सात बजे से ग्यारह बजे तक खोलकर रखें।

विश्वविद्यालय परिसर में पुस्तक भंडार

पुस्तकों की उपलब्धता की दृष्टिकोण से यह आवश्यक है कि विश्वविद्यालय परिसर में पुस्तक भंडार अवश्य हो, जिसके पुरानी तथा नई दोनों प्रकार की पुस्तकों को प्राप्त किया जा सके। क्योंकि इस दुकान में नये और पुराने दोनों तरह के पुस्तकें उपलब्ध रहते हैं। इस दुकान में पाठ्य-पुस्तकों के अलावा कई तरह के पुस्तकें उपलब्ध रहती हैं अतः यह दुकान छात्रों के सुविधानुसार खोलना चाहिए। छात्रों में अध्ययन की प्रवृत्ति बढ़ाने तथा पुस्तक खरीदने के लिए किए जाने वाले इन उपायों के अलावा अमेरिका के महाविद्यालय और विश्वविद्यालय में चुने हुए पुस्तकों का अपना व्यक्तिगत पुस्तकालय बनाने के लिए छात्रों को पारितोषिक, उन्हें कम मूल्य पर पुस्तकें उपलब्ध कराना, आदि अनेक उत्साहवर्धक कार्य किये जाते हैं।

प्रवेश और संवाहन

पंजीयन-पुस्तकालय का सम्पूर्ण लाभ उठाने के लिए विश्वविद्यालय के हर सदस्य को उसका सदस्य बनाना आवश्यक है। पुस्तकालय की दृष्टि से पुस्तकों की सुरक्षा और पाठक को अधिक से अधिक लाभ प्रदान करने के लिए प्रत्येक सदस्य का पूरा विवरण पुस्तकालय में मौजूद रहना चाहिए। इसके लिए एक आवेदन पत्र 4" 8" आकार के पत्रक के रूप में मुद्रित कराकर रखना उपयोगी होता है। उसमें कुछ स्तम्भ सदस्यों को स्वयं भरना रहता है और कुछ पुस्तकालय के कर्मचारी भरते हैं। शिक्षार्थी और विश्वविद्यालय के कर्मचारी दोनों के लिए अलग-अलग आवेदन पत्र हों। आवेदक को सदस्य बनाने के बाद इन पत्रकों को सदस्य के उपनाम अथवा कुलनाम के अनुसार वर्णानुक्रम से पत्रक (ट्रे) में संयोजित कर रखें।

प्रवेश पत्र

छात्रों को पुस्तकालय में परिचय व प्रवेश हेतु प्रवेश पत्र आवश्यक होता है। छात्रों के लिए यह परिचय पत्र के आकार का पत्रक हो। प्रवेश पत्र के प्रथम पृष्ठ पर छात्र-छात्राओं का विवरण जैसे—सदस्यता क्रमांक, छात्र का पूरा नाम, स्थानीय पता, कक्षा या अध्ययन स्तर और वर्ष, प्रवेश तिथि और समाप्ति तिथि, शुल्क और

अवधान धन जमा करने की रसीद संख्या और दिनांक, प्रवेश पत्र देने की तिथि, छात्र का हस्ताक्षर तथा नियम और सूचनाएँ होनी चाहिए।

प्रवेश के अगले पृष्ठ पर नियम सूचनाओं तथा आदान-प्रदान का विवरण होना चाहिए। पुस्तकालय में पुस्तक आदान-प्रदान का ब्योरा अग्रिम पृष्ठ पर विद्यार्थियों द्वारा लिखा जाता है। प्रवेश देते समय छात्रों के पास बुक आकार के फोटो लगे परिचय पत्र को ले लें। पुस्तकालय के प्रवेश पत्र को उसके अन्दर रखकर नत्थी कर दें और छात्रों को वापिस कर दे। वार्षिक परीक्षा के पहले 'अदेय प्रमाण पत्र' देने से पूर्व पुस्तकालय के प्रवेश पत्र को परिचय पत्र से निकाल लें, जिससे उसका दुरुपयोग न हो।

शिक्षकों और कर्मचारियों का प्रवेश पत्र 5"×3" आकार का पत्रक हो। उसमें क्रमशः सदस्यता क्रमांक, सदस्य का पूरा नाम, पद, विभाग का नाम, घर का पता, दूरभाष संख्या, पुस्तक प्राप्त करने की संख्या, प्रवेश पत्र देने की तिथि और पालनीय नियम तथा सूचनाएँ और पुस्तकालयी के हस्ताक्षर के लिए स्थान मुद्रित रहे।

सदस्यता क्रमांक

पुस्तकालय में सदस्या क्रमांक का बड़ा ही महत्त्व है। यह पुस्तकालय में सदस्यों की संख्या के बारे में दर्शाता है। यह पुस्तकालय में पाठकों का वर्गीकरण करने में काफी मदद करता है। पुस्तकालय की सदस्यता ग्रहण करने वालों में शिक्षक और कर्मचारी; शोध छात्र और पाठक होते हैं।

पुस्तकालयों में प्रचलित क्रमांश की विधि

क्रम संख्या एक से लेकर हजार अथवा दो हजार तक की संख्या शिक्षक, कर्मचारी और आकस्मिक पाठकों के लिए और दो हजार से तीन हजार तक शोध छात्रों व आगे की संख्याएँ छात्रों के लिए स्थिर कर ली जाती हैं। शुद्ध अंकन होने से यह विधि सब के लिए सुबोध होती है। डॉ. रंगनाथन ने द्विबिन्दु वर्गीकरण में प्रमुख विषयों के लिए प्रयुक्त चिन्हों के आधार पर इसके लिए एक वैज्ञानिक विधि सूचित की है।

प्रवेश केन्द्र

विश्वविद्यालय प्रांगण में छोटे-छोटे पुस्तकालय का संचालन मुख्य पुस्तकालय की देख-रेख में किया जाता है, इसलिए यह स्पष्ट करना चाहिए कि किस प्रकार

के पाठकों के प्रवेश पत्र किस केन्द्र में बनते हैं। संकाय, संघटक महाविद्यालय और अध्ययन केन्द्रों के स्वतन्त्र तथा सर्वांगीण पुस्तकालय के रहने पर उनसे साक्षात् सम्बद्ध पाठकों का प्रवेश पत्र वहीं बनना चाहिए। पूर्वोपाधि स्तर के छात्रों का प्रवेश पत्र संकाय पुस्तकालयों में बने। स्नातकोत्तर महाविद्यालय और अध्ययन केन्द्रों के शिक्षक, शोध छात्र और स्नातकोत्तर छात्रों को एक निश्चित संख्या में सामान्य पुस्तक केन्द्रीय पुस्तकालय से लेने और वहाँ पढ़ने की पूरी सुविधा प्राप्त हो। किन्तु दोनों पुस्तकालयों से ऐसे पाठकों के प्रदेय कुल पुस्तिकों की संख्या में वृद्धि नहीं होनी चाहिए। इन संस्थाओं के मुख्य विषयों में दिलचस्पी रखने वाले आकस्मिक पाठकों का प्रवेश पत्र भी वहीं बनें। शेष पाठकों के लिए केन्द्रीय पुस्तकालय में व्यवस्था हो।

अवधान, धन का प्रतिरूप

पुस्तकालय में कई तरह की बहुमूल्य पुस्तकें पाठकों की सेवा के लिए पुस्तकालयाध्यक्ष द्वारा उपलब्ध करायी जाती है। इस बहुमूल्य या कीमती पुस्तक को गुम या चोरी होने से बचाने के लिए पुस्तकालय में इसके अन्तर्गत पुस्तकालय पाठकों तथा उनके अभिभावकों से संयुक्त रूप से बॉण्ड भरवाये जाते हैं, जिसके इसका मूल्य आसानी से वसूल किया जा सकें। इससे प्रवेश के समय छात्रों को कुछ आर्थिक राहत मिलेगी। आकस्मिक पाठकों के लिए जरूरत के अनुसार अवधान धन अथवा अनुबंध पत्र की व्यवस्था की जा सकती है। प्रवेश पत्र देते समय यह कार्य किया जाता है। आवेदन पत्र और प्रवेश पत्र दोनों में अवधान की प्राप्ति या अनुबंध पत्र का उल्लेख विधिवत करना चाहिए।

सदस्यता शुल्क और अन्य आर्थिक स्वरूप

विश्वविद्यालय पुस्तकालय का बड़ा ही महत्त्व है। यह विश्वविद्यालय का मुख्य भाग माना जाता है। अतः पाठकों को विश्वविद्यालय की सदस्यता प्राप्त होने पर पुस्तकालय की सदस्यता निःशुल्क प्राप्त होनी चाहिए। **कार्ल एम व्हाइट** ने इसका समर्थन किया हैं। दूसरी बात, पुस्तकालय के सदस्यों से शुल्क लेना पुस्तकालय विज्ञान के मौलिक सिद्धान्तों और प्रजातान्त्रिक आदर्शों के खिलाफ है। ज्ञान का वितरण और विकेन्द्रीकरण निःशुल्क होना चाहिए। किन्तु इसके विरुद्ध देश के अनेक विश्वविद्यालय पुस्तकालयों में अभी भी धन लिये जाते हैं छात्रों से अग्रलिखित तीन प्रकार से अर्थ ग्रहण किया जाता है–

(i) वार्षिक शुल्क या अभियान;

(ii) अवधान धन या प्रतिभूति; तथा

(iii) कालातीत या अतिदेय दण्ड।

अवधान की प्रथा जहाँ भी है, उसे तत्काल बन्द करनी चाहिए।

अवधान धन के स्थान पर प्रदत्त पुस्तकों की सुरक्षित वापसी के लिए अन्य कोई व्यवस्था करनी चाहिए। सम्प्रति निम्नांकित सदस्यों से विविध मात्रा में यह धन जमा कराया जाता है :–

(i) पूर्वोपाधि स्तर के छात्र;

(ii) स्नातकोत्तर स्तर के छात्र;

(iii) शोध छात्र; एवं

(iv) आकस्मिक पाठक (केजुअल रीडर)।

विश्वविद्यालय पुस्तकालय से लाभ प्राप्त करने के लिए कई आकस्मिक पाठक भी आते रहते हैं। ये आकस्मिक पाठक निम्नलिखित हैं–

(i) अन्य शिक्षालयों के शिक्षक तथा नगर के लेखक;

(ii) दूसरे विश्वविद्यालय के शोध छात्र;

(iii) नगर के व्यावसायिक वर्ग–वकील, इंजीनियर, डॉक्टर, आदि;

(iv) विश्वविद्यालय के पुराने शिक्षक एवं छात्र; और

(v) अन्य लोग।

इन पाठकों को पुस्तकालय प्रबन्धक द्वारा अस्थायी प्रवेश पत्र दिया जाना चाहिए। पाठक को चाहिए कि वह इस अस्थायी प्रवेश पत्र को मुद्रित करा के रखें।

अतिदेय दण्ड

पुस्तकालय विद्या रूपी मन्दिर है। इस विद्या रूपी मन्दिर में पाठक अपना ज्ञान वृद्धि करने के लिए अक्सर जाते रहते हैं। अतः ज्ञान का बंटवारा अथवा दान के ख्याल से कालातीत दण्ड भी ठीक नहीं है। दूसरी बात यह व्यवस्था अनेक पुस्तकालयों में अभी एक पक्षीय या पक्षपात पूर्ण है। छात्रों पर यह व्यवस्था लागू होती है और अध्यापकों और कर्मचारियों पर नहीं। दण्ड का प्रावधान न होने से अधिकतर शिक्षक और कर्मचारी कालातीत अपराध करने के अभ्यस्त हो जाते हैं। इसलिए यह व्यवस्था समानता के सिद्धान्त के विपरीत है। इसलिए **डॉ. रंगनाथन** ने परिचालन पटल पर इसके लिए अन्तरात्मा की पेटी रखने की संस्तुति की है। लेकिन साम्प्रतिक भारत में यह व्यवस्था सफल नहीं हो सकती है। इसलिए किसी न किसी रूप में दण्ड

का प्रावधान रहना जरूरी है। उसका ध्येय सब पाठकों को समान रूप से लाभ उठाने के अधिकार को सुरक्षित रखना है। इसे आय का साधन नहीं बनाना चाहिए।

दण्ड का प्रावधान सबके लिए समान हो, चाहे वह पाठक छात्र हो, या विश्वविद्यालय का कोई कर्मचारी। अतः पश्चिमी देशों के अनेक शैक्षणिक पुस्तकालयों में समय पर पुस्तकें नहीं लौटाने पर दो तीन स्मरण पत्र भेजने की प्रथा है। इसके फलतः अनुकूल प्रतिक्रिया न होने पर असहयोगी पाठकों को आगे पुस्तकें देना बंद कर दिया जाता है और पुस्तक वापस लेने के लिए जरूरी कार्यवाही की जाती है। इसका तनिक भी प्रभाव यहाँ के अध्यापकों और कर्मचारियों पर नहीं पड़ता है। अतः भारत के सन्दर्भ में संज्ञा से संबंधित कानून आवश्यक प्रतीत होता है। इसके लिए निम्नलिखित प्रबन्ध किया जा सकता है–

1. इस व्यवस्था के अन्तर्गत छात्रों को समय निर्धारित कर पुस्तकें दी जाती है। हालांकि यह निर्धारित समय सात या पन्द्रह दिनों का होता है। विश्वविद्यालय में छात्रों की संख्या दिन-प्रतिदिन बढ़ती जा रही है। समय पर पुस्तकें नहीं लौटाने वालों की संख्या भी कम नहीं है। सबको समय पर स्मरण पत्र भेजना व्यवहारतः संभव नहीं होता है। इसलिए निर्धारित समय समाप्त होने पर पहले सात दिनों तक हर पाठ्य तथा संस्तुत पुस्तकों पर बीस पैसा और सामान्य पुस्तकों पर दस पैसे के हिसाब से दण्ड लगाये जाएँ।

2. इसके अन्तर्गत सामान्यतः एक महीने के लिए शिक्षकों को पुस्तकें दी जाती है। उनके लिए दण्ड का प्रावधान न होने से वे जब चाहें तब लौटाते हैं। दण्ड विधान का नियम पुस्तकालय समिति बनाती है। उसमें शिक्षकों का बहुमत रहता है। दूसरों के लिए वे दण्ड विधान बनाएँ और अनियमित कार्य करने पर भी स्वयं को दण्ड मुक्त रखें, यह समानता के खिलाफ है। इसलिए उनके लिए भी कुछ नियम होना चाहिए।

कार्ल एम व्हाइट ने समय का प्रावधान उनके लिए न रखने के लिए कहा है। भारत के प्रमुख पुस्तकालयी **एन एन गिडवानी** उन्हें अधिक समय के लिए पुस्तकें देने के लिए कहते हैं। उनके शोध और शैक्षणिक कार्यों को देखते हुए यह अभिमत मान्य है। लेकिन इससे दूसरे पाठकों को असुविधा नहीं होनी चाहिए। उसके पास उपस्थित पुस्तकालय के पुस्तकों की माँग अन्य पाठकों के द्वारा किए जाने पर कम से कम निर्धारित समय के पश्चात् उन्हें लौटा देना उनका उत्तरदायित्व है। उसके लिए उन्हें एक-दो स्मरण पत्र भेजना ठीक है। अनुकूल प्रतिक्रिया न होने पर छात्रों के समान कालातीत दण्ड का प्रावधान उन पर भी लागू हो। दूसरी बात छात्रों के लिए

सुरक्षित पाठ्य तथा संस्तुत पुस्तकों की प्रतियाँ शिक्षकों और कर्मचारियों को घर ले जाने के लिए न दिए जाएँ। इसी प्रकार अध्यापन तथा परीक्षा सम्बन्धी कार्य के लिए सुरक्षित प्रतियाँ छात्रों को निर्गम न करें। पुस्तकालय के नियमों में अग्रलिखित प्रावधान होना चाहिए—

आदान-प्रदान पर नियंत्रण

पुस्तकों का आदान-प्रदान निम्नवत तरीके से नियंत्रित किया जा सकता है—

1. शोध पत्रिकाओं के नये अंक आने पर पुराने अंक शिक्षकों को तीन दिनों के लिए दिए जाएँ। जिल्द बंद खण्ड किसी को न दें। पत्रिकाओं के नये अंक अग्रिम अंक आने तक सब लोगों के लिए अवलोकन के पत्रिका विभाग के वाचन कक्ष में प्रदर्शित किए जाएँ।

2. कभी-कभी आरक्षित पुस्तक शिक्षकों और अन्य पाठकों को रात भर या सार्वजनिक अवकाश के दिनों के लिए दिए जाते हैं। आरक्षित पुस्तकों में पाठ्य पुस्तक, सन्दर्भ पुस्तक और सामयिक महत्त्व की ऐसी पुस्तकें आती हैं, जिनकी एक दो प्रतियाँ ही मौजूद रहती है। उन्हें निश्चित समय पर लौटाना चाहिए। नहीं तो पचीस पैसा प्रतिदिन के हिसाब से दण्ड मूल्य जोड़कर लेना चाहिए

अनिर्गमनीय पुस्तकें

दुर्लभ, अप्राप्त, बहुखण्डात्मक पुस्तक, सन्दर्भ पुस्तक, विशिष्ट संग्रह की पुस्तकें और विशिष्ट पाठ्य सामग्री, जैसे, मानचित्र, विवरण आदि को परिसंचरण के क्षेत्र से बाहर रखना चाहिए।

पाठकों को प्रदेय पुस्तकों की संख्या

पुस्तकालय में प्रदेय पुस्तक की संख्या कितनी है। इसकी जानकारी पुस्तकालय कर्मचारी को होनी चाहिए। प्रदेय पुस्तकों से संबद्ध पालनीय नियमों में निम्नलिखित तीन उपनियमों का उल्लेख होना चाहिए;

1. निर्धारित अवधि से पहले किसी भी समय पुस्तकें वापस मंगाई जा सकती हैं;
2. विविध स्थानों पर स्थापित परिचालन विभाग की इकाइयाँ निर्धारित संख्या के अनुसार ही पाठकों को पुस्तकें प्रदान करेंगी। द्विपत्रक पद्धति से इस व्यवस्था को नियन्त्रित रखा जा सकता है। अगर शिक्षक व अन्य कर्मचारियों

के लिए पास बुक की व्यवस्था की जाती है, तो उनके लिए प्रत्येक इकाई पुस्तकालय के प्रदेय पुस्तकों की संख्या निर्धारित कर दी जाए। पाठक संकेत पत्र के खो जाने पर मूल्य लेकर दूसरा पत्र प्राप्त करने की व्यवस्था होनी चाहिए।

3. प्रदेय पुस्तकों की निर्धारित कुल संख्या में पुस्तक, पत्रिका और अन्य पाठ्य सामग्री सम्मिलित रहेगी;

विद्यमान अनिवार्यता

पुस्तकालय में पुस्तकालय संचालन के लिए प्रत्येक वर्ष नये सिरे से व्यवस्था शुरू करना चाहिए। इसके लिए सत्र के आखिर में शिक्षकों, कर्मचारियों, शोध छात्रों और आकस्मिक पाठकों को दो चार दिनों के लिए ग्रहीत सभी पुस्तकें लौटाना अनिवार्य किया जाए। जिन पाठकों द्वारा पुस्तक नहीं लौटाया जाता, उन्हें पुस्तकालय अध्यक्ष द्वारा सजा की व्यवस्था होनी चाहिए।

संवाहन

पुस्तकालय का विकास बहुत सीमा तक पुस्तक आदान-प्रदान पर निर्भर करता है। संवाहन पुस्तकालय का यह मुख्य कार्य है। इस कार्य का मुख्य उद्देश्य पाठकों को मनमुताबिक पुस्तकों की व्यास्था करना है। अतः संवाहन कार्य के अन्तर्गत ऐसे पुस्तकों का चयन किया जाना चाहिए, जो पाठकों के सेवा योग्य हों। ऐसी पुस्तकों के चयन करने में सहयोग प्रदान करना सन्दर्भ की सेवा का लक्ष्य है। चुने हुए पुस्तकों का सुविधापूर्वक उपयोग करने के लिए पाठकों को उन्हें घर ले जाने देना चाहिए। ऐसे पुस्तकों और पाठकों की संख्या प्रतिदिन मुख्यतः विश्वविद्यालय पुस्तकालयों में सैकड़ों और हजारों में होती है, इसलिए आदान-प्रदान के लिए प्रयुक्त पद्धति पाठक तथा कर्मचारी दोनों के लिए सुविधा जनक होना चाहिए। सम्बद्ध अभिलेखों की पूर्णता और सुरक्षा प्रबंध के दृष्टिकोण से कम खर्चीला हो। पाठकों को जितनी शीघ्र और सुविधापूर्वक पुस्तक घर ले जाने के लिए मिल जाता है, उन्हें उतना ही सन्तोष होता है और वे पुस्तकालय की प्रशंसा करने लगते हैं। इस कार्य में कर्मचारी को सन्तोष की अनुभूति तब होती है, जब वह इस कार्य को थोड़े समय में व्यवस्थित तरीके से कर पाता है और प्रयुक्त पद्धति से परिचालन की निम्नलिखित आँकड़ों और सूचनाओं को शीघ्र देने में समर्थ होता है–

1. समय अभिलेख

(अ)–कितने दिनों से अभीष्ट पुस्तक बाहर है?

(ब)—कितने दिनों तक पाठक पुस्तक को अपने पास रख सकता है।

2. पाठक अभिलेख

(अ)—पाठक कितनी पुस्तकें एक समय ले सकता है;

(ब)—किस पाठक के पास कौन सी कितनी पुस्तकें हैं और वह पाठक कौन है?

3. पुस्तक अभिलेख

(अ)—क्या अभीष्ट पुस्तक किसी को दी गई है?

(ब)—कौन सी पुस्तक समय पर नहीं लौटाई गई है?

(स)—क्या स्वीकृत परिसंचरण पद्धति आदान-प्रदान के दैनिक आँकड़े बताने में समर्थ है?

4. व्यवस्था और सुरक्षा

ब्रौन प्रणाली

1. पाठक हेतु—(i)—पाठक संकेत पत्र (रीडर्स टिकट)--यह थैले के समान मोटे गत्ते का बना 3"×2" या 75 मि.मी.×50 मि.मी. का होता है। उसके अग्र भाग पर पाठक का विवरण और पृष्ठ भाग पर पुस्तकालय का नाम दिया रहता है। प्रत्येक को एक समय जितनी पुस्तकें लेने की पात्रता होती हैं, उतने संकेत पत्र उसे दिए जाते हैं।

आवश्यक सामग्री—2. पुस्तक हेतु—(i)—पुस्तक पत्रक—यह 2" अथवा 3"×5" या 50 या 75 मि.मि.×125 मि.मि. आकार का होता है। उसके एक कोने पर क्रमांक संख्या, दूसरे पर परिग्रहण संख्या और नीचे क्रमशः लेखक तथा शीर्षक अंकित रहता है।

(ii) तिथि पर्णी (डेट स्लिप) यह भी 5"×3" अथवा 125×मि.मी. 75 मि. मी. आकार का होता है और उसे पुस्तक के आवरण गत्ते के सामने वाले पृष्ठ पर चिपकाया जाता है। उसमें निर्गम और आगम तिथि अंकित करने के लिए दो स्तम्भ रहते हैं और समय पर पुस्तक लौटाने के लिए उसके ऊपर निर्देश मुद्रित रहता है।

(iii) पुस्तक थैला (बुक पाकेट)—यह चौड़ाई में पुस्तक पत्रक के आकार का होता है और पुस्तक के अन्तिम गत्ते के अन्दर की ओर चिपका रहता है। उसमें पुस्तक पत्रक को लगाकर रखा जाता है। पाकेट के स्थान पर त्रिकोण आकार का चिट भी उपयोग में लाया जाता है।

3. लेखन सामग्री—पंजीयन पत्रक—इसमें पाठक का पूरा नाम, पता, संरक्षक का नाम और पता, अध्ययन विभाग अथवा शैक्षणिक स्तर, हस्ताक्षर आदि रहते हैं।

(i) निर्गम पत्रक (चार्जिंग ट्रे)—यह स्टील अथवा लकड़ी का बना 1"×1/2" या 300 मि.मी.×450 मी.मी. का होता है और इसमें चार खाने बने रहते हैं।

(ii) अन्य सामग्री—सीस पेन्सिल, स्मरण पत्रक (Reminder Card), दैनिक आँकड़े अंकित करने के लिए मुद्रित पंजी और गत्ते का बना दिनांक संदर्शिकाएँ (Date Quides) होती हैं।

(iii) तिथि अंकन मोहर (डेट स्टैम्प) और स्याही पैड।

प्रक्रिया—(i)—**निर्गम**—पुस्तकालय कर्मचारी इसके अन्तर्गत सबसे पहले विद्यार्थी के परिचय पत्रक को देखता है फिर पुस्तकों में से पुस्तक पत्रकों को बाहर निकालता है। दिनांक पर्णी पर रबर स्टाम्प से देय तिथि अंकित करता है और पुस्तकें पाठक को दे देता है। थैला सदृश पाठक संकेत पत्र में पुस्तक पत्रक को खोंसकर या लगाकर दोनों को निर्गम पत्रक (चार्जिंग ट्रे) में प्रत्यावर्तन तिथि संदर्शिका के पीछे वर्गीकृत क्रम से संयोजित करता है।

(ii) **आगम**—इस नियम के अन्तर्गत पाठकों से आर्थिक दण्ड तब लिया जाता है, जब उनके द्वारा निर्धारित समय पर पुस्तक नहीं लौटायी जाती है। उसे तत्काल लेकर पाठक को पावती और सम्बद्ध संकेत पत्र लौटाना चाहिए। इसके अलावा इस कार्य से भीड़ के समय दूसरे पाठकों को असुविधा न हो, इसलिए आगम एवं निर्गम दोनों के लिए विश्वविद्यालय पुस्तकालय के आस-पास और अलग-अलग हों। दूसरी बात लौटाई गई पुस्तक के पन्ने ठीक हैं कि नहीं, इसे अच्छी तरह देखकर पाठक को संकेत पत्र लौटाना चाहिए। अगर पन्ने फटे हैं, या निकाल लिए गये हैं, तो पाठक से लिखित स्पष्टीकरण प्राप्त कर उसे टिकिट वापस करें और बाद में इस संबंध में आवश्यक कार्यवाही करें। तीसरी बात, पुस्तक वापस करते समय, यदि किसी कारणवश प्रदत्त पुस्तक का अभिलेख भीड़ के समय नहीं मिलता है, तो अस्थाई संकेत पत्र और पुस्तक पत्रक बना लें। क्रमशः एक पाठक को दें और दूसरा पुस्तक के थैले में लगाकर अलग रख लें। बाद में पुराने अभिलेख को खोज निकालें। मिल जाने पर अस्थाई पत्र तथा पत्रक के स्थान पर इन्हें लगाकर अस्थाई पत्रक को समाप्त कर दें। संकेत पत्र को बाद में अस्थाई पत्र वापस लेकर लौटा दें।

ब्रौन प्रणाली में क्षेत्रीय परिवर्तन—ब्रौन पद्धति में क्षेत्रीय परिवर्तन से इसके क्रियान्वयन में कई प्रायोगिक समस्याएँ सामने आई हैं, जिनका निराकरण जरूरी है। इस सन्दर्भ में कुछ महत्त्वपूर्ण सुझाव निम्नवत बिंदओं द्वारा स्पष्ट किया जा रहा है।

1. तिथि अंकन—पुस्तकालय कार्य में तिथि अंकन का बड़ा ही महत्त्व है। इसके बिना पुस्तकालय का कार्य संचालन संभव नहीं है। पुस्तकालय कर्मचारियों द्वारा पाठकों को पुस्तकें कौन-सी तारीख में दी गई हैं या पाठकों द्वारा कौन-सी तारीख में पुस्तकें लौटायी गई हैं, इस बात की जानकारी रखने के लिए तिथि अंकित की जाती है।

2. पुस्तक पत्रक और पाठक संकेत पत्र का संयोजन—नियमानुसार पुस्तक देने के शीघ्र बाद उसके पुस्तक पत्रक को पाठक संकेत पत्र में खास कर निर्गम पत्रक में संयोजित करना चाहिए। भीड़ के समय इस कार्य से पाठकों को बिना कारण इतंजार करना पड़ता है। इसलिए निर्गम करते समय पास में रखे निर्गम पत्रक में इन्हें क्रमशः खड़ा कर लें और बाद सम्बद्ध कर्मचारी की पारी समाप्त होने तक उसका सहायक उन्हें शनैः-शनैः संयोजित करें।

3. दिनांक संदर्शिका के बिना संयोजन—इस पद्धति की सबसे बड़ी त्रुटि यह है कि इसके अन्तर्गत पुस्तकालय कर्मचारी तत्काल यह ज्ञात नहीं कर सकता कि उनके द्वारा कौन सी पुस्तक किस विद्यार्थी को दी गई है। इसके लिए जैसा कि **आर एल मित्तल** ने सुझाया है, निर्गत पुस्तकों के पुस्तक पत्रकों को बिना किसी दिनांक वर्गीकृत क्रम से संयोजित करें, परन्तु ऐसा करने पर किस तिथि को कितनी पुस्तकें निर्गत हुई यह नहीं मालूम किया जा सकता है और फलतः नियमित रूप से स्मरण पत्र भेजना असम्भव है। लेकिन अतिदेय दंड का प्रावधान होने से अधिकतर छात्र यथा समय पुस्तकें लौटा देते हैं। जो नहीं लौटाते हैं, उन्हें दूसरों द्वारा उन पुस्तकों की माँग किए जाने पर और ग्रीष्मावकाश में नियमित रूप से स्मरण पत्र भेजा जा सकता है।

अधिकांश पुस्तकालयों में व्यवहारतः यही किया जाता है। पूरे सत्र में प्रदत्त पुस्तकों को ग्रीष्मावकाश में वापस बुलाने के कार्य को पूरा करने के लिए, अवकाश अधिकतर होने की तिथि से दी जाने वाली पुस्तकों के पुस्तक पत्रकों को अलग से संयोजित करने की व्यवस्था हो। सत्र में ली गयी पुस्तकों को नया सत्र आरंभ होने से पूर्व लौटाना सभी के लिए अनिवार्य किया जाए। जो नहीं लौटाते हैं, उन्हें नये सत्र में पुस्तकें न दें और उनके खिलाफ कार्यवाही करें। प्रदत्त पुस्तकों के पुस्तक पत्रकों को गिनकर और उनका नियमित अभिलेख रखकर किस तिथि को कितनी पुस्तकें निर्गत हुई हैं। यह जाना जा सकता है। इसी प्रकार आगत पुस्तकों को गिनकर आगम संख्या जानी जा सकती है।

4. पुस्तक पत्रक में पाठक संख्या का उल्लेख—पुस्तक पत्रक में सदस्यता क्रमांक को लिखना लाभप्रद होता है। इससे यह जाना जा सकता है कि पहले किसे

अमुख पुस्तक निर्गत की गई थी। दूसरी बार निर्गत पुस्तक के पुस्तक पत्रक को अगर शीघ्र ही दूसरे के टिकिट में लगा दिया जाता है, तो इससे पुस्तक किसे दी गयी है यह जाना जा सकता है। कर्मचारी के समय को बचाने के लिए पुस्तकालय के आरंभिक परिचय में प्रशिक्षित पाठक स्वयं पुस्तक पत्रक में अपनी सदस्य संख्या स्पष्ट रूप से अंकित कर सकता है। कर्मचारी को उसे सिर्फ देख लेना है।

5. परिग्रहण संख्या के अनुसार संयोजन—परिचालन का कार्य ज्यादातर लिपिक वर्ग करता है। चतुर्थ वर्ग का साक्षर कर्मचारी इस कार्य में उसका सहयोग करता है। प्रदत्त पुस्तकों के पुस्तक पत्रकों को वर्गीकृत क्रम से लगाने और निकालने में अधिक समय लगता है। परिग्रहण संख्या के क्रम से पत्रकों को लगाने में उन्हें सुविधा होती है।

6. शिक्षक और कर्मचारियों के लिए अलग व्यवस्था—इस पद्धति के नियमानुसार अध्यापक वर्ग एक समय में सिर्फ 15-20 पुस्तकें पुस्तकालय से ले सकते हैं। उतने पाठक संकेत पत्रक बार-बार लाना ले जाना उन्हें असुविधाजनक होता है। इसलिए अनेक विश्वविद्यालयों में जहाँ द्विपत्रक अथवा ब्रौन प्रणाली प्रयोग में है, शिक्षकों और कर्मचारियों के लिए वही 'पास बुक' पद्धति प्रचलित है। पास बुक में निम्न स्तम्भ हों :देय तिथि, परिग्रहण संख्या, पाठक का हस्ताक्षर, प्रत्यावर्तन तिथि। शिक्षक और कर्मचारियों को दिए गए पुस्तकों के पुस्तक पत्रकों को अलग ट्रे में संयोजित करें। अभिलेख की सुरक्षा की दृष्टि से पास बुक को पाठक संकेत संख्या अथवा सदस्यता संख्या क्रम से पुस्तकालय में ही रखें। उसे घर ले जाने न दें। अतः इन समस्त साधनों को क्रियात्मक स्वरूप प्रदान किया जा सकता है।

7. दो पुस्तक पत्रकों का प्रयोग—ब्रौन प्रणाली की एक बडी अपूर्णता यह है कि इससे किस पाठक के पास कितनी और कौन-कौन पुस्तकें हैं, यह नहीं जाना जा सकता है। इसमें पुस्तक पत्रक के खो जाने की संभावना रहती है। इस दोष को दूर करने के लिए **जी आर लिलि** द्वारा संस्तुत दो पुस्तक पत्रकों का उपयोग किया जा सकता है। पाठक संकेत पत्र में विशेषकर परिग्रहण संख्या और दूसरे की सदस्यता क्रमांक के अनुसार संयोजित करें। छोटे और मध्यम स्तर के महाविद्यालय पुस्तकालयों में इस प्रणाली को अपनाया जा सकता है।

परिचालन प्रणाली

पुस्तकालय में संवाहन पद्धति को महत्त्वपूर्ण स्थान प्राप्त है। यह पद्धति पुस्तकालय काम को सुलभ बनाती है। अतः संवाहन प्रणाली ऐसी होनी चाहिए जो

समय की बचत के साथ-साथ मितव्ययी भी हों तथा आँकड़े सम्बन्धी जानकारी ठीक-ठाक रखते हों। वर्तमान समय में पुस्तकालय में कई परिचालन पारम्परिक और यांत्रिक पद्धतियाँ प्रयोग में लाये जाते हैं। उनके विस्तृत विवरण अन्यत्र देखे जा सकते हैं। यथार्थ में पूर्वोक्त सभी सूचनाओं को शीघ्र देने में उनमें कोई पद्धति पूर्णरूप से समर्थ नहीं है। अतः अभिलेखों की सुरक्षा की दृष्टि से अनेक पुस्तकालयों में आज भी मिश्रित पद्धति का उपयोग किया जाता है, परन्तु वैज्ञानिक व्यवस्था नहीं है। संगणक पर आधारित परिचालन पद्धतियाँ ही आज के युग में उपयोगी और बिजली के समान कार्य करती हैं। लेकिन भारत जैसे विकासशील देशों में महंगी पद्धति को प्रत्येक विश्वविद्यालय पुस्तकालय अपना नहीं सकता है। मितव्यत की दृष्टि से पूर्वोक्त अधिकतर सवालों का उत्तर द्विपत्रक या ब्रौन प्रणाली (ब्रौन सिस्टम) देती है। यही कारण है कि यह पद्धतियाँ भारत में अधिक प्रसिद्ध है। जब तक शत-प्रतिशत अथवा उससे अधिक दूसरी कोई पद्धति प्रकाश में नहीं आती है, तब तक कम से कम भारत में आवश्यक स्थानीय परिवर्तनों के साथ इस प्रणाली को अच्छी तरह अपनाया जा सकता है। इसका विवरण अग्रांकित है–

दुर्लभ पुस्तकों की खोज

पाठकों को पुस्कालय में जो पुस्तकें नहीं मिल पाती है, उन्हें शीघ्र ही खोज निकालने की व्यवस्था होनी चाहिए। क्या अप्राप्त पुस्तकें अन्य पाठकों को दी गई हैं या पुस्तकालय में ही अन्य कहीं पड़ी है? इसे जानने के लिए निम्नलिखित व्यवस्था की जानी चाहिए।

खोजने की प्रक्रिया

पुस्तकालय और सूचना केन्द्र में उपलब्ध सन्दर्भ में सहायकों को इस कार्य में सहयोग देना चाहिए। पुस्तकें पुस्तकालय में न मिलने पर, निर्गत पुस्तकों के पुस्तक पत्रक; पुनः स्थापन (रिप्लैसमेण्ट) के लिए अलग रखी पुस्तकें; जिल्दबंदी के लिए निकाले गये पुस्तकों के पुस्तक पत्रक, उन्हें अनुरक्षण विभाग में अलग से रखा जाता है; और नये पुस्तकों के फलक। नई पुस्तकें प्राविधिक संस्कार के बाद एक निश्चित स्थान पर एक सप्ताह तक प्रदर्शित की जा सकती है।

संकाय तथा विभागीय पाठ्य पुस्तकों के पुस्तकालयों में आवश्यकतानुसार खुली या बन्द प्रणाली (क्लोसड् एकसेस) अपनाएँ। पूर्वोपाधि स्तर के छात्रों के लिए यहाँ उपस्थित वाचन कक्ष में सामान्य पुस्तकें विषयानुसार खुले फलकों में रखें। घर

ले जाने के लिए दी जाने वाली पुस्तकों के लिए बन्द पद्धति अपनाएँ। संघटक महाविद्यालय अध्ययन केन्द्रों और केन्द्रीय पुस्तकालयों में पाठ्य पुस्तक के लिए इसी प्रकार की व्यवस्था की जाए। छात्रों की सुविधा के लिए वहाँ इन पुस्तकों की अलग सूची उपलब्ध हो।

पुनर्निर्गमन

इस व्यवस्था के अन्तर्गत पाठक द्वारा लौटाई गई पुस्तक को दोबारा माँगा जाता है। ऐसा वे तब करते हैं, जब या तो वे अपनी पुस्तक को पूरा पढ़े नहीं रहते हैं या विशेष अध्ययन अथवा परीक्षा के लिए उन्हें उक्त पुस्तक की पुनः आवश्यकता होती है। पुस्तकों का अधिक से अधिक उपयोग हो, इस विचार से निम्न परिस्थिति और अनुबंध के आधार पर पुस्तकों का पुनर्निर्गमन किया जाता है—

1. पुनर्निर्गमन हेतु निर्धारित समय पर पाठक इसके लिए माँग करें।
2. दूसरे पाठकों द्वारा वे पुस्तकें आरक्षित न हों।
3. लौटाने के लिए कहे जाने पर पाठक शीघ्र ही वापस करने के लिए तैयार हो।

स्मरण पत्र

पुस्तकालय में स्मरण-पत्र का भी बड़ा ही महत्त्व है। इसके अन्तर्गत पाठकों को यह याद दिलाया जाता है कि उनके द्वारा ली गई पुस्तकें निर्धारित समय पर नहीं लौटायी गई। अतः यह स्मरण पत्र पुस्तकालय कर्मचारियों द्वारा निर्गत की गई पुस्तकों को प्राप्त करने की महत्त्वपूर्ण व्यवस्था है।

आरक्षण

आरक्षण का उद्देश्य सभी पाठकों को पुस्तकें उपलब्ध कराना है। विशेष अवसरों पर पुरानी पुस्तकें भी सामयिक महत्त्व रखने लगती है। आरक्षण पद्धति से उन सब के लिए सुरक्षित की जाती है। इसके लिए आरक्षण पत्रक और आरक्षण पर्णी आवश्यक स्तम्भों के साथ मुद्रित कर रख ली जाती है। पाठक स्वयं उनमें क्रामिक संख्या, परिग्रहण संख्या, लेखक, शीर्षक, अपना पता भरकर परिसंचरण कर्मचारी को देता है। परिग्रहण संख्या या क्रामिक के आधार पर पुस्तक किसके पास है यह पुस्तक पत्रक से सलंग्न पाठक संकेत पत्र में देखकर वह आरक्षण पर्णी को पाठक संकेत पत्र में संयोजित कर रखता है। निर्धारित समय पर जब पुस्तक वापस आती है, तब आरक्षण पत्रक के पष्ठ के स्तम्भों को भरकर उसे सम्बद्ध

पाठक के पास प्रेषित किया जाता है और आरक्षण पर्णी बाहर से दिखलाई दे देता है। इस प्रकार पुस्तक में रखकर आरक्षण पुस्तकों की अलमारी में क्रामिक संख्या क्रम से रखी जाती है। आरक्षण पर्णी में निर्धारित स्थान पर पाठक को सूचना भेजने की तिथि अंकित करें। पाठक के आने पर उससे आरक्षण पत्रक लेकर पुस्तक यथा विधि उसे प्रदान की जाती है।

शाखा पुस्तकालयों को पुस्तकों की उपलब्धता

शाखा पुस्तकालयों तथा केन्द्रीय पुस्तकालय के बीच परिसंचरण का कार्य बराबर चलता रहता है, क्योंकि इन दोनों पुस्तकालय का संगठन और प्रबन्ध केन्द्रित होते हैं। उसे व्यवस्थित करने के लिए अग्रांकित प्रक्रिया अपनाएँ–

1. निर्गत पुस्तकों के पुस्तक पत्रकों को परिग्रहण संख्या क्रम से अलग पत्रक में संयोजित रखें। शाखा पुस्तकालयों का परिसंचरण अभिलेख स्वतन्त्र होना सुविधाजनक होता है।
2. हर शाखा पुस्तकालय के लिए अलग-अलग रजिस्टर रखें और उसके आधार पर पुस्तकों का आदान-प्रदान करें। तिथि पर्णी पर निर्गम दिनांक और निर्गत पुस्तक की क्रम संख्या चिन्हित करें। यह संख्या पंजी मनरजिस्टर में अंकित रहती है। इससे आगम और जाँच कार्य करना आसान होता है। प्रदत्त पुस्तकों को बाहर ले जाने के लिए गेट पास दें और उसमें दिनांक, शाखा पुस्तकालय का नाम, निर्गत पुस्तकों की कुल संख्या, निर्गत कर्ता और ले जाने वाले का हस्ताक्षर रहें।
3. परिचालन पटल पर काम करने वाले कर्मचारी खाली न हों तो दूसरे कर्मचारी उसे पूरा करें।
4. शाखा पुस्तकालयों में, दो प्रकार के पुस्तक संग्रह रहते हैं। एक स्थायी संग्रह और दूसरा अस्थायी संग्रह। पहले में पाठ्य तथा संस्तुत पुस्तक और दैनिक उपयोग में आने वाले कुछ सन्दर्भ पुस्तक, जैसे शब्दकोष, रहते हैं व दूसरे में पूर्वोपाधि स्तर के छात्रों के लिए कुछ चुने हुए मृदु साहित्य, दो चार लोकप्रिय पत्रिकाएँ और दैनिक पत्र रहते हैं। इस संग्रह के पुस्तकों में बराबर बदलाव करते रहना चाहिए।
5. विभागीय पुस्तकालयों से एक साथ कई पुस्तकों को वापस आने और नई पुस्तकों को ले जाने का कार्य बराबर चलता रहता है। इससे पाठकों को असुविधा न हो, अतः जहाँ भी संभव हो इस कार्य को प्रातः अथवा सांयकाल के समय जब परिचालन पटल पर भीड़ नहीं रहती है, उस समय करें।

पाठक संकेत पत्र की अन्तर्पुस्तकालयी अवधारणा

शोध सम्बन्धी पुस्तकों का अभाव अधिकांश पुस्तकालय में रहता है। अतः पाठक को अपनी आवश्यकताओं की पूर्ति के लिए विश्वविद्यालय पुस्तकालय में आना पड़ता है। अन्य पुस्तकालयों में उन्हें केवल पुस्तकालय में पढ़ने के लिए पुस्तकें मिलती हैं। घर ले जाने के लिए नहीं दी जाती है। पुस्तकालय के दैनिक कार्यकाल के बाद और अवकाश के दिनों में उन्हें पुस्तकें न मिलने से उनका बहुत सा समय व्यर्थ ही चला जाता है, क्योंकि वे सिर्फ अध्ययन के लिए वहाँ जाते हैं और चाहते हैं कि अधिक से अधिक पुस्तक वे जितने दिन वहाँ रहते हैं, पढ़ लें या जल्दी ही अध्ययन समाप्त कर वापस लौट जाएँ।

इस कार्य में उनकी सहायता करने के लिए कम से कम देश के सब विश्वविद्यालय पुस्तकालय आपस में सलाह कर इस कार्य के लिए कुछ अनुबन्ध स्थिर करें और उनके आधार पर परस्पर द्वारा प्रदत्त पाठक संकेत पत्र और परिचय पत्र के आधार पर शोध छात्रों को रात भर और अवकाश की स्थिति में एक दो दिनों के लिए पुस्तकें निर्गत करने की व्यवस्था करें। शोध शक्ति के संरक्षण तथा विकास की दृष्टि से यह व्यवस्था बहुत उपयोगी और जरूरी है। शोध सम्बन्धी पुस्तकें काफी कीमती होती हैं। इस तरह के पुस्तक देने से पहले पुस्तकालय कर्मचारियों द्वारा पाठक का परिचय-पत्र जब्त कर लिया जाता है।

अदेय प्रमाण पत्र

पाठक पुस्तकालय के सदस्य एक निश्चित समयावधि तक बने रहते हैं। सदस्यता समाप्त होने पर उन्हें परीक्षा में बैठने या अवधान धन वापस लेने के लिए पुस्तकालय से अदेय अर्थात पुस्तकालय की सभी पुस्तकें जमा कर दी हैं, इसका प्रमाण पत्र प्राप्त करना आवश्यक होता है। इसी प्रकार शिक्षक और कर्मचारी को भी विश्वविद्यालय से सेवानिवृत्त होने पर वहाँ से अपनी भविष्य निधि लेने के लिए इस प्रकार का प्रमाण पत्र ग्रहण करना जरूरी है। उसकी माँग किए जाने पर सम्बद्ध कर्मचारी अभिलेखों की जाँच कर उक्त पत्र के स्तम्भों को भरता है और पुस्तकालयी अथवा अधिकृत अधिकारी से हस्ताक्षर लेकर पाठक को प्रदान करता है और पाठक के प्रवेश पत्रक को निरस्त कर दिया जाता है।

अन्तर पुस्तकालय आदान

पुस्तकालय का कार्य बड़ा कठिन होता है। इस कठिन कार्य का सफल सम‌ान पारस्परिक सहयोग के बिना संभव नहीं है। अध्ययन सामग्रियों के पूरे उपयोग, के लिए

पाठक की माँग को पूरी करना और इस प्रकार ज्ञान का विकेन्द्रीकरण व संवर्धन करने के लिए पुस्तकालयों को सहकारिता के आधार पर कार्य करना आवश्यक है। पुस्तकालय विज्ञान के पांचों सूत्रों की जोरदार माँग है कि इस दिशा में सभी पुस्तकालय सहयोग करें और पाठकों द्वारा माँगी हुई पुस्तक अगर पुस्तकालय में नहीं है और उन्हें उनका अध्ययन करना जरूरी है, तो दूसरे पुस्तकालय से उन्हें मंगा दिया जाता है।

इस प्रक्रिया को अन्तर पुस्तकालय आदान कहते हैं। पुस्तकालय में संवाहन विभाग प्रकृति की दृष्टि से यह कार्य करता है। लेकिन कार्याधिक्य, दूसरे पुस्तकालयों की पुस्तकों की सुरक्षा और सन्दर्भ सेवा के प्रसंग में सन्दर्भ सहायकों से अनुपलब्ध पुस्तकों की चर्चा आदि के विचार से अब यह कार्य अधिकतर पुस्तकालयों में सन्दर्भ विभाग करता है। विदेशों में यही पद्धति है।

स्रोत—अभीष्ट अध्ययन सामग्री किस स्थिति में उपलब्ध है, इसे निम्नांकित किसी एक स्रोत से जाना जाता है—

1. मुद्रित संघ सूची और पुस्तकालयों की सूचियाँ—भारतीय सामाजिक विज्ञान प्रलेखन केन्द्र (ऐ. सि. एस. डी. सी.) और भारतीय राष्ट्रीय वैज्ञानिक प्रलेखन केन्द्र (इन्सडाक) दोनों ने क्रमशः सामाजिक विज्ञान और विज्ञान पर देश के पुस्तकालयों में उपलब्ध शोध पत्रिकाओं की संघ सूची का निर्माण किया है। अन्तर पुस्तकालय आदान-प्रदान कार्य के लिए ये सूचियाँ बहुत उपयोगी हैं। इसके अलावा विश्वविद्यालय और अन्य प्रमुख पुस्तकालय नयी पुस्तकों की सूची चित्रालेखित अथवा मुद्रित रूप में समय-समय पर प्रकाशित करते हैं और दूसरे पुस्तकालयों को उनकी प्रति भेजते हैं। इन सूचियों को प्रमुखता से पुस्तकालय में प्रदर्शित करना चाहिए। यह आदान-प्रदान कार्य में सहायक होती है।
2. पाठक स्वयं जानता है तो वह निर्धारित प्रपत्र पर उस पुस्तकालय का नाम लिख देता है, जहाँ अभीष्ट पुस्तक उपलब्ध है।
3. सम्बद्ध कर्मचारी अपने व्यक्तिगत ज्ञान और अनुभव से इस दिशा में मदद कर सकता है।
4. क्रमशः चार-पांच प्रमुख पुस्तकालयों को पत्र भेजकर जाना जा सकता है कि किस पुस्तकालय में अभीष्ट पुस्तकें मौजूद हैं।

अनुबंध—पुस्तकालय कार्य में अनुबंध का बड़ा ही महत्त्व हैं। इसके अन्तर्गत पुस्तक लेने वाले तथा देने वाले दोनों पुस्तकालयों को परस्पर स्वीकृत कर कतिपय अनुबंधों का पालन करना होता है। इससे पुस्तकों के लेन-देन को काफी व्यवस्थित किया जाता है। **डॉ. रंगनाथन** ने अन्तर पुस्तक आदान-प्रदान की

आचार संहिता स्थिर की है। ऐस्किल, कोलकाता, ने इसका परिवर्धित संस्करण प्रकाशित किया है। उनके अनुसार दाता और ग्रहीता दोनों पुस्तकालयों को स्वीकार्य शर्त निम्नवार हैं—

अदेय पुस्तकें—पुस्तकालय में कतिपय महत्त्वपूर्ण पुस्तकें जैसे—सन्दर्भ एवं दुर्लभ पुस्तक; पाठ्य पुस्तक; उपन्यास एवं कहानियाँ; पत्रिकाओं के अंक तथा दस रुपये से कम मूल्य की पुस्तकें कम तथा महँगी होने के कारण अदेय होती हैं।

दाता पुस्तकालय का अधिकार—छात्र पुस्तकालयों के पास यह अधिकार सुरक्षित रहता है कि वे ग्रहीत पुस्तकालयों को अपने इच्छानुसार पुस्तकें दे सकते हैं—

1. सदा प्रकाशित स्थानीय माँग की पुस्तकें;
2. वे पुरानी पुस्तकें जिनकी स्थानीय स्तर पर विशेष माँग रहती है। माँग समाप्त होने पर दोनों प्रकार के पुस्तक दिए जा सकते हैं;
3. प्रेषित पुस्तक को सुरक्षित रूप से उपयोग करने के संबंध में पालनीय नियमों को सूचित करने का अधिकार। ये नियम निम्नांकित होते हैं :
   (अ) पुस्तक पुरानी और दुलर्भ है तो पुस्तकालय के अन्दर ही पाठक को पढ़ने के लिए देना; और
   (आ) सूचित समय पर पुस्तक लौटा देना;
4. बिना कोई कारण बताये पुस्तक न भेजने का अधिकार। इसका उपयोग साधारण जीर्ण-शीर्ण और अलभ्य पुस्तकों के संबंध में किया जाता है।

ग्रहीता पुस्तकालय का दायित्व—उधार लेने वाले पुस्तकालय को निम्न दायित्वों का पालन करना चाहिए—

1. पुस्तक प्राप्त करने के बाद उसे सुरक्षित वापस करना—इसके साथ ही बहुखण्डात्मक पुस्तक का कोई खण्ड आदान-प्रदान में नष्ट हो जाता है, तो ग्रहीता पुस्तकालय को पूरा सेट जमा करने का दायित्व वहन करना चाहिए।

2. बिना दाता पुस्तकालय से आज्ञा प्राप्त किए अमुद्रित साहित्य यथा—पाण्डुलिपि और शोध प्रबंध की प्रतिलिपि नहीं करनी चाहिए।

3. आदान-प्रदान का डाक व्यय वहन करना। अगर पारस्परिक समझौते के आधार पर दोनों पुस्तकालय एक-एक तरफ का खर्च वहन करें तो सहयोग और मुखर हो उठेगा। यह ज्यादातर व्यय पुस्तक चाहने वाले पाठक से लिया जाता है। शोध छात्रों को राहत देने के निमित इसके लिए एक निधि स्थापित की जा सकती है। यह संभव होने पर हर शोध के लिए निर्धारित कालावधि में दूसरे पुस्तकालयों से पुस्तकें मंगाने के लिए उक्त निधि से निश्चित धनराशि व्यय करने की व्यवस्था की

जानी चाहिए। यह सुविधा मुख्यतः उन शोध छात्रों को दी जाए जिन्हें यू.जी.सी. और अन्य संस्थाओं से छात्रवृत्ति और फेलोशिप नहीं मिलती है। अधिकतर भारतीय पुस्तकालयों में डाक खर्च संप्रति पाठकों से ली जाती है। प्रार्थना पत्र के साथ सामान्यतः बीस रुपये उनसे जमा कर लिया जाता है। पुस्तक लौटाने के बाद उन्हें उसका हिसाब दिया जाता है।

4. उपयोगकर्त्ता का नाम माँगने पर उसे भेजना।

प्रतिलिपि सेवा

पुस्तकालय में प्रतिलिपि सेवा का भी बड़ा ही महत्त्व है। पुस्तकालय में कतिपय पुस्तक न के बराबर रहते हैं। क्योंकि ये पुस्तकें अप्राप्य और अधिक कीमती भी होते हैं। अतः इन दुर्लभ और कीमती पुस्तकों को कम खर्च पर प्रतिलिपि तैयार करके पाठकों को पढ़ने के लिए दी जाती है। शोध सम्बन्धी पुस्तक इसका ज्वलन्त उदाहरण है। दूसरे पुस्तकालयों से सामान्यतः प्रतिलिपि शोधलेख या पुस्तक के किसी अंश की प्रतिलिपि मंगाई जाती है। सूक्ष्मचित्र (माइक्रोफिल्म); माइक्रोफिश; और सूक्ष्म मुद्रण (माइक्रोप्रिण्ट)। प्रतिलिपि का भौतिक स्वरूप होता है। लेखक और प्रकाशक के पुस्तकाधिकार को सुरक्षित रखने के लिए प्रतिलिपि सेवा से सम्बद्ध पुस्कालयों को निम्नांकित शर्तों का पालन करना आवश्यक होता है।

ग्रहीता पुस्तकालय की शर्तें

1. ग्रहीता पुस्तकालय को लिखित रूप से यह वचन देना चाहिए कि केवल शोध कार्य के लिए ही प्रतिलिपि आवश्यक है;
2. सम्बद्ध पाठक को एक लेख की एक से अधिक प्रति न दी जाए;
3. एक प्रति में एक से अधिक लेख न हों; और
4. ग्रहीता पुस्तकालय प्रति के निर्माण और भेजने का व्यय वहन करे। प्रतिलिपि के सदुपयोग करने का वचन पाठक से निर्धारित प्रपत्र पर लिख लेना चाहिए और तब उसे प्रति दी जानी चाहिए।

प्रति निर्माण यंत्र—यांत्रिक प्रतियों में फोटोकॉपी मशीन प्रति कम कीमत की होती है। भारत में बनी मशीन का मूल्य पहले 25 से 1लाख के मध्य आता था। देश में सम्प्रति झेरॉक्स मशीन निम्न संस्थाएँ बनाती हैं—

1. Das Reprographies Pvt. Torotalla Road, Calcutta-53.
2. Macheil and Bary, Cannaught Circus, New Delhi-1.

3. Advani Oerlikon pvt, Ltd, 47, Ring Road, new Delhi-24.
4. Kores India Ltd, 22-A, Asaf Ali Road, New Delhi-1.

परिचालन विभाग का ढांचा तथा व्यवस्था

पुस्तकालय का विकास बहुत सीमा तक परिचालन विभाग की कार्यशैली पर निर्भर करता है। अतः इस विभाग की स्थापना प्रबंधन द्वार से हटकर करना चाहिए। बांकी स्थापित विभाग का भौतिक आकार चक्राकार हो। पुस्तकों के निर्गम, आकार, प्रवेशपत्र, अदेय प्रमाण पत्र प्राप्त करने, आदि के लिए उसमें अलग-अलग पटल (काउण्टर्स) रहें। उसके अन्दर पाठकों को जाने की आज्ञा न दी जाए। उसका दरवाजा स्वतः ही बन्द होने वाला स्प्रिंग का और अन्दर की ओर हो।

जैसा कि पहले लिख चुके हैं, शिक्षकों और अन्य विशिष्ठ पाठकों को शोध पत्रिकाएँ तीन दिनों के लिए और आरक्षित पुस्तक छात्रों को भी रात भर अथवा एक-दो सार्वजनिक अवकाश के दिनों के लिए देने की व्यवस्था होनी चाहिए। पत्रिका, सन्दर्भ विभाग और आरक्षित कक्ष से आरक्षित पुस्तक को प्राप्त करने के लिए सन्दर्भ पुस्तकालयी से आज्ञा पत्र प्राप्त कर पाठक उन विभागों से उन्हें निर्गत करा सकें। केन्द्रीय प्रशासनिक व्यवस्था में संचालित संकाय एवं विभागीय पुस्तकालयों में छात्रों को पाठ्य एवं संस्तुत पुस्तकों व शिक्षकों को अध्यापन के लिए जरूरी पाठ्य पुस्तक उपलब्ध कराने के लिए परिचालन विभाग का होना आवश्यक है। संघटक अध्ययन केन्द्र (स्कूल आफ स्टडीज) और महाविद्यालयों में भी इसी प्रकार की व्यवस्था हो। वहाँ के छात्रों को उनके विषयों से सम्बद्ध अधिकांश पुस्तकें वहीं से प्राप्त हों। वहाँ के स्नातकोत्तर और शोध छात्र केन्द्रीय पुस्तकालय से केवल सामान्य पुस्तकें ले सकें। अन्य शाखा पुस्तकालयों को, जैसा कि पहले लिखा जा चुका है, आदान-प्रदान का कार्य नहीं करना चाहिए। वहाँ सिर्फ गोष्ठी की व्यवस्था रहे।

आदान-प्रदान गतिविधि

इस प्रक्रिया के अन्तर्गत पाठक निर्धारित आवेदन भरकर डाक खर्च के लिए आवश्यक धनराशि सम्बद्ध कर्मचारी के पास जमा करता है। पुस्तकें सामान्यतः वी. पी.पी. से भेजी जाती है। यदि एक पुस्तक मंगानी है, तो बीस रुपया जमा कर लिया जाता है। इसके बाद जहाँ पुस्तक उपलब्ध होने की संभावना रहती है, उस पुस्तकालय से संपर्क किया जाता है और पुस्तक उपलब्ध होने के पश्चात् पाठक को सूचित किया जाता है और नियमानुसार निश्चित समय तक पाठक को पुस्तकालय में पढ़ने दिया जाता है। निर्धारित समय के बाद रजिस्ट्री डाक द्वारा पुस्तक को वापस भेज दी जाती

है। पुस्तकालय कर्मचारियों द्वारा पाठक को यह ज्ञात कराया जाता है कि पुस्तक लेन-देन का कितना खर्च पड़ता है। लेन-देन की कार्यवाही पूरी की जाती है। आदान-प्रदान का लेखा पंजीयन में रखा जाता है। अन्तर पुस्तकालय आदान का साप्ताहिक, मासिक तथा वार्षिक आँकड़ों को व्यवस्थित रखना चाहिए। निर्धारित पंजीयन में इसके लिए अलग जगह निश्चित आँकड़ों का संकलन करें।

कार्यकाल—केन्द्रीय परिचालन विभाग को सुबह आठ बजे से रात आठ बजे तक खुला रखना चाहिए। उसे विभिन्न कार्यों को करने के लिए पुस्तकों का परिचालन सुबह 10 बजे से सायंकाल 7 बजे तक प्रवेश पत्र और अदेय प्रमाण 1 बजे से सायंकाल 4 बजे तक की प्राप्ति तथा विभाग की व्यवस्था सम्बन्धी प्रातः 8 से 10 एवं सायं 7 से 8 बजे तक दैनिक कार्य होना चाहिए। पुस्तकालय में एक तकनीकी कर्मचारी तथा एक प्रभारी होता है, जो प्रतिदिन 6 घण्टे या सालाना 1500 घण्टे काम करता है। ये दोनों कर्मचारी परिचालन विभाग से सम्बद्ध है।

कार्यकर्ता—पुस्तकालय के इस कार्य को संपन्न करने के लिए लिपिक वर्ग विशेष महत्त्वपूर्ण होता है। विश्वविद्यालय पुस्तकालय में जहाँ पाठकों की संख्या सैकड़ों और हजारों में रहती है। वहाँ हर छह घण्टे की पारी के लिए दो लिपिक वर्गीय कर्मचारी और एक चतुर्थ वर्ग के सहायक को रहना चाहिए। भीड़ के समय अर्थात् प्रातः 11 बजे से सायंकाल 5 बजे तक आगम और निर्गम दोनों का कार्य अलग-अलग व्यक्ति करें। कार्यालय की अवधि में प्रवेश, प्रवेश पत्र, अदेय प्रमाण पत्र, आदान-प्रदान के कर्मचारियों को बीच में विश्राम देने व विभाग के प्रबंध तथा व्यवस्था सम्बन्धी कार्य में प्रभारी को मदद देने के लिए एक अतिरिक्त कर्मचारी हो। उसका पद सहायक प्रभारी को सहायता देने के लिए सहायक प्रभारी हो और वह प्राविधिक कर्मचारी हो। प्रभारी का पद सह-पुस्तकालयी स्तर का होना चाहिए। इस प्रकार कर्मचारियों की व्यवस्था निम्नानुसार हो—

कार्यकाल	कर्मचारी
प्रातः 8 से दिन के 2 बजे तक	एक सह प्रभारी
प्रातः 10 बजे से 5 बजे सायं तक	एक प्रभारी पांच लिपिक वर्गीय कर्मचारी
प्रातः 8 से 2 बजे दिन तक	अ-एक
प्रातः $10_{1/2}$ से $4_{1/2}$ बजे शाम तक	आ-एक
1 बजे दिन से 8 बजे रात तक	इ-दो
2 बजे दिन से 8 बजे रात तक	ई-एक

दोनों पारी के लिए एक-एक चतुर्थ-वर्ग का शिक्षित कर्मचारी। स्थानीय जरूरत के अनुसार इसमें संशोधन किया जा सकता है।

व्यवस्था—परिचालन के प्रभारी, निरीक्षण अधिकारी उप-पुस्तकालयी तथा मुख्य पुस्तकालयी की देख-रेख में परिचालन विभाग की सम्पूर्ण कार्य व्यवस्था का संचालन होता है। इस विभाग को सेवाओं से सम्बद्ध उप-पुस्तकालयी के साक्षात् निर्देशन में रखना चाहिए। सम्बद्ध प्रभारी उसके प्रति सीधे जिम्मेदार हो। परम्परा से परिसंचालन विभाग के कार्यों में पुस्तकों का आदान-प्रदान, अन्तर पुस्तकालय आदान, पुस्तकालय की व्यवस्था, पुस्तक संग्रह का वार्षिक परीक्षण, पाठकों के क्रियाकलापों पर दृष्टि रखना, और पुस्तक सम्बन्धी उनकी समस्याओं का हल करना समाविष्ट रहा है।

पाठकों की बढ़ती हुई संख्या और परिणामतः इस विभाग का कार्य अब दूसरे विभाग करते हैं। पाठकों की समस्याओं का समाधान, उनकी गतिविधियों पर ध्यान रखना और अन्तर पुस्तकालय आदान का कार्य सन्दर्भ विभाग और पुस्तकालय की व्यवस्था और पुस्तक परीक्षण का कार्य अनुरक्षण अथवा देख-रेख विभाग करता है। तीनों विभागों में समन्वय बनाये रखने के लिए तीनों को एक उप-पुस्तकालयी के निर्देशन में रखना चाहिए। दूसरी बात समन्वयन के विचार से सूचना केन्द्र के कर्मचारी और पुस्तकालय में पाठकों को पुस्तकान्वेषण में सहयोग करने वाले कर्मचारियों को परिसंचरण विभाग के प्रभारी के नियंत्रण में कार्य करना वांछनीय है। ऐसी स्थिति में जरूरत पड़ने पर इन कर्मचारियों से परिचालन सम्बन्धी कार्य भी ले सकते हैं।

परिचालन विभाग का प्रशासनिक कार्य

नीति निर्धारण एवं उनका क्रियान्वयन; सेवा की भावना से कार्य करना; पंजीयन व उसकी निरस्तीकरणमया समापन; नियमानुसार पुस्तकों का आदान-प्रदान; पाठकों एवं सहायक पुस्तकालयों में पत्राचार; दैनिक, साप्ताहिक, मासिक तथा वार्षिक आँकड़ों का अंकन; अभिलेखों का संरक्षण; विभागीय अर्थ सम्बन्धी लेखा कर्म; अवधान एवं कालातीत दण्ड का लेखा; पाठकों को अदेय प्रमाण पत्र देना; अन्य प्रशासनिक कार्य; यथासमय पर मिलकर परिचालन कार्यों के गुण-दोषों को जानना और उसे अधिक प्रभावशाली तरीके से करने के लिए उपाय करना। इसके साथ ही साथ विभागीय कार्यों का मूल्याँकन करना; विभाग के समस्त इकाइयों के कार्यों का निरीक्षण एवं नियंत्रण करना; और पाठकों की अवज्ञा अथवा असहयोग को तत्काल पुस्तकालयी को सूचित करना, आदि भी इसके प्रशासनिक कार्य हैं।

कार्यों का विभाजन—इसके अन्तर्गत पुस्तकालय परिचालन विभाग में उनके योग्यता अनुसार कार्यों का भार दिया जाता है। जैसे की आदान-प्रदान सम्बन्धी सभी

दैनिक कार्य प्रभारी के निर्देशन में, उसका प्राविधिक सहायक, लिपिक वर्गीय और सहायक कर्मचारी क्रियान्वित करते हैं। पुस्तकों का आदान-प्रदान कार्य बिजली जैसे शीघ्र होना चाहिए। इसलिए विभाग के किसी कार्य को शीघ्र करने के लिए अगर कोई कर्मचारी कभी उपलब्ध नहीं रहता है, तो प्रभारी पुस्तकालयी को शीघ्र उसे पूरा करना चाहिए। पाठकों को तभी इस विभाग के कार्यों से सन्तुष्ट रखा जा सकता है।

लेखा-जोखा का संकलन—परिचालन विभाग के आँकड़े ही यथार्थ में पुस्तकालय की बढ़ती हुई उपयोगिता की महत्ता सूचित करते हैं। पुस्तकालय में प्रतिवेदन हेतु कितने पाठक आते हैं और कितनी पुस्तकों का आगम तथा निर्गम होता है, पुस्तकालय के अन्दर लोग कितने पुस्तकों पर विचार विमर्श करते हैं, आदि बाते आँकड़ों के अवलोकन से मालूम होती है। वार्षिक प्रतिवेदन में पुस्तकालय की उपलब्धि सिद्ध करने के लिए इनकी महत्त्वपूर्ण आवश्यकता है। आँकड़ों का अंकन तथा संकलन करने की प्रक्रिया निम्नलिखित है—

अ—आगत और निर्गत पुस्तकों के आँकड़े—इसे संग्रहित करने के लिए एक अलग पंजी रखे। लौटाई गई पुस्तकों को गिनकर आगत संख्या निकालें और निर्गत पुस्तकों के पुस्तक पत्रकों को जोड़कर निर्गम संख्या को एकत्रित करें। खुली प्रणाली में पुस्तकालय के अन्दर प्रतिदिन पढ़ी गई पुस्तकों की संख्या निकालने के लिए वाचन कक्षों के टेबुलों पर पड़ी पुस्तकों को हटाने से पहले गिन लें। इसी तरह शोध छात्रों द्वारा अध्ययन कक्षों में लिये गये पुस्तकों के एकत्रित पुस्तक पत्रक को गिनकर आँकड़े संकलित करें। इन आँकड़ों को पुस्तकालय में आगत पाठकों और आगत व निर्गत पुस्तकों की संख्याओं को रजिस्टर में दैनिक, साप्ताहिक, मासिक और वार्षिक क्रम से अभिलेखित करें।

आ—दैनिक पुस्तक—पाठकों की उपस्थित दर्ज कराने की यह उत्तम तरीका है। इसके अन्तर्गत पाठकों से रोजाना दिनांक, क्रम संख्या, पूरा नाम, कक्षा अथवा शैक्षणिक स्तर या विभाग, पद, पता और हस्ताक्षर कराया जाता है।

रोजना पुस्तकालय बन्द होने से पहले उसमें अंकित नामों को गिनकर आगत पाठकों की कुल संख्या में लिखी जाती है। दिनांक लाल स्याही से लिखें। प्रतिदिन नये पृष्ठ से हस्ताक्षर लेना प्रारम्भ करें। साप्ताहिक, मासिक और वार्षिक आँकड़े सुरक्षित रखें।

इ—अन्य आँकड़े—शाखा पुस्तकालयों के परिचालन के आँकडे, अन्तर पुस्तकालय आदान, आरक्षित पुस्तक और पत्रिकाओं के आदान-प्रदान के आँकड़ों को सम्बन्धित विभागीय पंजी में अंकित कर सुरक्षित रखें और वर्ष के आखिर में वार्षिक आँकडे उप-पुस्तकालयी के पास भेंजे।

विभागीय लेखा परिरक्षण—कालातीत सजा और पुस्तक के खो जाने पर पन्ने फाड़ने के लिए पाठक से ग्रहीत आर्थिक दण्ड का पूरा हिसाब रखना चाहिए। अगर दण्ड पुस्तकालय में ही वसूल किया जाता है, तो इस सम्बन्ध में निम्नलिखित कार्य करें:

1. पाठक को दण्ड प्राप्ति की पावती देना अथवा अन्तरात्मा की पेटी में दण्ड के धन को पाठक के सामने डाल देना;
2. प्रतिदिन या निर्धारित दिन दण्ड की धनराशि को बैंक में अथवा विश्वविद्यालय के लेखा विभाग में जमा करना और पावती प्राप्त करना;
3. वित्त का मासिक एवं वार्षिक लेखा रखना।

पुस्तकालय कर्मचारियों को चाहिए कि वे उन धन का हिसाब अलग रखें जो पुस्तक के खोने अथवा कोई पृष्ठ जोड़ने व निर्धारित समय पर पुस्तक न लौटाने के कारण उनसे आर्थिक दण्ड लिया जाता है। उस धन से खोई हुई पुस्तकों की नई प्रतियाँ खरीदनी होती है। पुस्तक खराब होने अथवा पन्ने फाड़ने पर या तो नई प्रति लाकर देनी होती है या पुस्तक का वर्तमान मूल्य तथा उसके खरीदने व जिल्दबंदी के लिए लगने वाला व्यय अपराधी पाठक को देना होता है। सम्प्रति अनेक विश्वविद्यालयों में इस धन से खोई हुई पुस्तक की नई प्रति खरीदने की व्यवस्था नहीं है और इस धन को आय समझ कर विश्वविद्यालय की सामान्य धनराशि के मद में जमा कर लिया जाता है। यह बहुत अनुचित है। इस धन से नई प्रति तत्काल क्रय करने की व्यवस्था होनी चाहिए। इसी प्रकार अतिदेय दण्ड से प्राप्त धन का उपयोग पाठ्य पुस्तकों की आवश्यक अतिरिक्त प्रतियों के खरीदने में किया जाए।

अगर धन का दण्ड निर्धारित बैंक अथवा विश्वविद्यालय के लेखा विभाग में पाठक को स्वयं जमा करने का नियम है, तो उसका बीजक बनाकर एक प्रति पाठक को दें, दूसरी प्रति लेखा विभाग को भेजें और तीसरी प्रति परिचालन विभाग में रखें और जमा हो जाने की सूचना प्राप्त होने पर निर्धारित अभिलेख में उसका सन्दर्भ अंकित करें।

अभिलेखों का संरक्षण—निम्नलिखित बिन्दुओं के अन्तर्गत परिचालन विभाग के अभिलेख को स्पष्ट किया जा सकता हैं—

1. पाठकों का अभिलेख-पंजीयन पत्रक या विसेडाक्स प्रणाली-इसमें पाठकों के बारे में पूर्ण सूचनाएँ दी रहती हैं और उन्हें वर्णानुक्रम से संयोजित कर रखा जाता है।
2. समय अभिलेख अर्थात् किस तिथि को कितनी पुस्तकें वापस आनी है, इसे जानने का अभिलेख देय दिनांक संदर्शिकाओं के क्रम से पत्रक अथवा ट्रे

में निर्गत पुस्तकों के पुस्तक पत्रकों को संयोजित कर इस अभिलेख का निर्माण किया जाता है। दिनांक संदर्शिकाओं के उपयोग न किए जाने पर यह अभिलेख नहीं रखा जा सकता है।

कालातीत दण्ड अभिलेख के प्रकार—

3. कालातीत दण्ड अभिलेख के तीन प्रकार है—

(i) पूंजी प्रणाली—इसके लिए अलग पूंजी रखी जाती है। तिथि क्रम से उसमें पाठक का नाम, पुस्तक का विवरण, दण्ड की धनराशि, आदि अंकित की जाती है।

(ii) पावती प्रणाली—अगर दण्ड तत्काल ग्रहण करने की व्यवस्था है, तो उसे लेकर पावती का नाम, दी जाती है। पावती की दूसरी प्रति अभिलेख के रूप में रखी जाती है।

(iii) अन्तरात्मा की पेटी—कालातीत दण्ड की धनराशि पाठक स्वयं उसमें डालता है या उससे लेकर कर्मचारी डालता है।

4. आरक्षित पुस्तकों का अभिलेख-इसे आरक्षित पर्णी और पत्रक के माध्यम से रखा जाता है।

पाठकों को चाहिए कि वे उपर्युक्त सभी अभिलेखों को व्यवस्थित करने तथा उन्हें सुरक्षित रखने में पुस्तकालय कर्मचारियों को सहायता करें। इससे सभी पाठकों को न्याय संगत तरीके से पुस्तकालय से लाभ मिल सकता है।

परिचालन गतिविधि की समीक्षा—पुस्तकालय की प्रगति व विकास के लिए उपरोक्त आँकड़े और अभिलेख काफी उपयोगी सिद्ध हो सकते हैं। इसलिए उनके आधार पर पुस्तकालय के कार्यों का समय—समय पर मूल्याँकन करते रहना चाहिए। एक निश्चित कार्यावधि में छात्रों को प्रदत्त पुस्तकों की संख्या से यह ज्ञात कराया जाता है कि प्रति छात्रों ने कितनी पुस्तकें उपयोग की है। अगर यह संख्या दिन पर दिन बढ़ती जाती है, तो पुस्तकालय प्रगति पर है। माँग के अनुसार पुस्तकालय में जितनी पुस्तकें नहीं है, वे संग्रह की अपूर्णता सूचित करती हैं। इसी प्रकार निर्गत पुस्तकों की संख्या पुस्तकालय के उपयोग में वृद्धि अथवा कमी बताती हैं।

आरक्षित पुस्तकों की अधिक माँग उनकी अतिरिक्त प्रतियों की जरूरत स्पष्ट करता है। अन्तर पुस्तकालय आदान में अगर दूसरे पुस्तकालयों से अधिकाधिक पुस्तकें मंगाई जाती हैं, तो वे संग्रह की अपूर्णता और इसके विपरीत अगर अधिक पुस्तक अन्य पुस्तकालयों को भेजे जाते हैं, तो संग्रह की पूर्णता स्वयं सिद्ध होती है। इन प्रक्रिया के अन्तर्गत पुस्तकालय के वार्षिक सूचना इन सभी आँकड़ों और उनके मूल्याँकन के प्रदर्शन के द्वारा पुस्तकालय की उपलब्धि और अधिक आर्थिक माँग को सिद्ध करना संभव है।

अन्य व्यवस्थाएँ

भवन का भौतिक स्वरूप–पुस्तकालय भवन का भौतिक स्वरूप भी पाठकों को पुस्तकालय की तरफ आने के लिए प्रेरित करता है। अतः पुस्तकालय का परिवेश पाठकों के अनुकूल होना चाहिए। कहने का तात्पर्य यह है कि पुस्तकालय की व्यवस्था ऐसी होनी चाहिए जिससे पुस्तकालय को अपना घर समझ बैठें। वहाँ आने के पश्चात् अभीष्ट साहित्य प्राप्त होने पर जल्दी वहाँ से बाहर जाने की इच्छा न हो। गंभीर अध्ययन में घण्टों लगे रहने के लिए जरूरी बाह्य सुविधाएँ वहाँ उपलब्ध हो। वहाँ प्राकृतिक एवं अप्राकृतिक दोनों प्रकार का प्रकाश, हवा और वातावरण उपस्थित रहें। सायंकाल के समय और सर्दी के मौसम में पुस्तकालय भवन के बाहर मैदान (Lawn) में और भवन के ऊपर छत पर आराम से बैठकर पढ़ने की व्यवस्था हो। इसके लिए वहाँ कुछ आरामदायक कुर्सियाँ रखी रहें और इसके अतिरिक्त छोटे-छोटे टेबल एवं कुर्सियाँ भी रखी रहें। अभीष्ट पुस्तक को वहाँ ले जाकर सुरक्षित वापस लाने के लिए आवश्यक प्रबंध किया जाए। छात्रों से परिचय पत्र जमाकर एक समय एक पुस्तक इन स्थानों पर ले जाने दें। अन्य पाठकों को पुस्तक पत्रक पर हस्ताक्षर और दिनांक लिखवाकर ऐसा करने दें।

वातानुकूलन–वातानुकूलित पुस्तकालय मुख्य रूप से पुस्तकालय के तीनों तत्व पुस्तक; पाठक व कर्मचारियों को लाभ पहुँचाता है। वातानुकूलित पुस्तकालय में पाठकों की संख्या में निरंतर वृद्धि होती रहती है। इससे पुस्तकालय की आय में वृद्धि होती हैं। अतः पुस्तकालय को वातानुकूलित होना बहुत ही आवश्यक है। अध्ययन और व्यवस्था के लिए वातावरण शुद्ध और अनुकूल रहेगा। इससे पंखों के चलने से जो आवाज होती है, वह न होगी।

उपकरण–पाठकों की सुविधा और पुस्तकालय के प्रबंध को वैज्ञानिक रूप देने के लिए टेलिफोन; टेलिटाइपराइटर; टेलेक्स; टाइपराइटर्स; डिक्टेटिंग एण्ड ट्रैन्सक्राइबिंग मशीन्स; रीप्रोग्रेफिक इक्विपेमेण्टस; बाइंडिंग इक्विपमेण्टस; वेक्युम फ्युगिमेटर; कैल्कुलेटर्स; बुक कन्वेयर्स; बुक ट्रालीज; इलेक्ट्रिक आर फोटोग्राफिक चार्जिंग एण्ड डिसचार्जिंग मशीन्स तथा फाइन कम्पूटर्स, आदि उपकरण अनिवार्य होते हैं।

उपकरण पटल–मुख्य द्वार के पास पाठकों के व्यक्तिगत सामान को सुरक्षित रखने की व्यवस्था रहनी चाहिए। इसके लिए द्वार के पास एक कक्ष हो और उसमें खानेदार फलक अथवा अलमारी रखी रहे। हर खाने में नम्बर लगा रहे। कूपन लेकर पाठक अपना सामान वहाँ रखें। बारिश के मौसम में छाता रखने के लिए छाता नियानी वहाँ उपलब्ध रहे।

विश्राम विभाग—पाठकों और कमचारियों के लिए अलग-अलग विश्राम कक्ष हों। पाठकों का विश्राम कक्ष बहुत बड़ा होने की आवश्यकता नहीं है। जब सभी जगह उन्हें आराम से बैठकर पढ़ने की सुविधा है, तब विशेष परिस्थिति में ही ऐसे कक्ष में आराम से बैठने के लिए दो चार आरामदायक कुर्सियाँ वहाँ रखनी चाहिए। आन्तरिक क्रीड़ा के कुछ साधन भी वहाँ मौजूद हों; जैसे कैरमबोर्ड, टेबुल टेनिस आदि। कर्मचारियों के विश्राम कक्ष में सिर्फ आरामदायक कुर्सियाँ, कुछ अन्य टेबल और कुर्सियाँ लगी रहे, जिससे वे वहाँ बैठकर खाना भी खा सकें।

जलपान गृह—एक आदर्श पुस्तकालय में जलपान गृह का होना बहुत ही आवश्यक है, क्योंकि पाठक को पुस्तक पढ़ने से ऊर्जा की खपत होती है। अतः वह जलपान गृह में जाकर इस ऊर्जा की पूर्ति कर सकता है। विश्वविद्यालय अगर उसका प्रबंध नहीं कर सकता है, तो पुस्तकालय के कर्मचारी उपभोक्ता सहकारिता के आधार पर उसे चलाएँ। जो पाठक घर से खाना अथवा जलपान लाते हैं, उन्हें वहाँ बैठकर खाने की सुविधा रहे। पुस्तकालय भवन के पीछे बाहर की ओर उसकी व्यवस्था की जा सकती है। पुस्तकालय के कर्मचारियों की सहकारिता समिति इसकी व्यवस्था कर सकती है।

खेल का मैदान—पुस्तकालय के बाहर दाहिने अथवा बाये तरफ बाह्य क्रीड़ा के लिए एक मैदान की व्यवस्था हो। सायंकाल के समय पुस्तकालय के कर्मचारी और इच्छुक पाठक इसका उपयोग कर सकें।

शौचालय की व्यवस्था—एक आदर्श पुस्तकालय में पृथक्-पृथक् शौचालय की व्यवस्था होनी चाहिए। क्योंकि वहाँ पुरुष व महिला दोनों तरह के पाठक आते हैं। नीचे के खण्ड में कार्यलय के पीछे कर्मचारियों के लिए इसी प्रकार की व्यवस्था होनी चाहिए।

अन्य प्रसार सेवाएँ

निम्नलिखित बिन्दुओं द्वारा अन्य प्रसार सेवाओं को स्पष्ट किया जा सकता है—

1. संग्रह पुस्तकालय—सामयिक विषय यथा सामजिक, राजनैतिक और आर्थिक समस्याएँ, अन्तर्राष्ट्रीय विषय, साहित्य तथा कलाओं में से जो अनेक विषयों पर हर विश्वविद्यालय पुस्तकालय विशेष संग्रह रख सकता है। इस संग्रह में सूक्ष्म साहित्य, यथा—लेख, कतरन, पुस्तिकाएँ, अन्य प्रलेख तथा दूसरी अस्थाई पाठ्य सामग्री (Ephemral) विशेष रूप से संकलित की जाए। माँग किये जाने पर व्यक्ति या संस्थाओं को ये साहित्य उन्हें उपलब्ध करें।

2. बाल पुस्तकालय सेवा—विश्वविद्यालय के परिक्षेत्र में जीवन निर्वाह करने वाले कर्मचारियों के परिवार के सदस्यों में विशेषकर महिलाओं और बच्चों में साक्षरता का विकास, राष्ट्रीय चेतना और सामाजिक जागृति बनाये रखने के लिए उन्हें अपने घर पर सूचनाप्रद और मनोरंजक साहित्य मौजूद कराए जा सकते हैं। छात्रावासों में शाखा पुस्तकालयों की कमी में चल पुस्तकालय छात्रों की सेवा कर सकता है। सात दिनों में एक बार चल पुस्तकालय को घर-घर जाना चाहिए।

3. अध्ययन के लिए पुस्तकों का प्रबंध करना—परिक्षेत्र के बाहर विश्वविद्यालय या अन्य संस्थानों द्वारा आयोजित पाठ्यक्रमों के क्रियान्वयन के लिए अध्ययन स्थान पर जरूरी पुस्तकें उपलब्ध कर चयनात्मक अध्ययन सूची छात्रों में वितरित की जाती है।

4. अध्ययन की रूपरेखा—समिति, सभा और सोसाइटी द्वारा माँग करने पर आर्थिक, सामाजिक अथवा सांस्कृतिक विषयों पर अध्ययन की रूपरेखा और सम्बद्ध साधन साहित्य की सूची बनाकर दें। इनके अलावा अमेरिका के विश्वविद्यालय पुस्तकालय पाठ्यक्रमातिरिक्त विषयों पर विशेष साहित्य संग्रह करते हैं और उन्हें बाहर वालों के लिए भी मौजूद करते हैं।

5. पुराने छात्रों की सेवा—अमेरिका एक विकसित देश है। यहाँ के पुस्तकालय में यह सेवा काफी प्रसिद्ध हैं हालांकि भारत में भी नगर और नगर के बाहर रहने वाले विश्वविद्यालय के पुराने छात्रों को उनके विषयों से उन्हें अद्यतन रखने के लिए उपलब्ध सुविधा और माँग के अनुसार यथासंभव जरूरी सूचनाएँ उपलब्ध की जा सकती हैं।

6. आकस्मिक पाठकों की सेवा—महत्त्वपूर्ण सामयिक विषयों और नये पुस्तकों से विश्वविद्यालय के सदस्यों को अवगत कराने के लिए समय-समय पर पुस्तकालय की व्याख्यान का आयोजन करना चाहिए। ये व्याख्यान पुस्तकालय के वरिष्ठ कार्यकर्ता दे सकते हैं। इसके लिए विश्वविद्यालय के विद्वानों को भी आमन्त्रित किया जा सकता है।

7. सांस्कृतिक कार्यक्रमों में सहायता करना—समय-समय पर अध्यापन विभाग विविध प्रकार के सांस्कृतिक कार्यक्रम आयोजित करते हैं। उनके कार्यक्रमों के लिए महत्त्वपूर्ण साहित्य पुस्तकालय को प्रदान करना चाहिए। अगर वे कार्यक्रम पुस्तकालय भवन में आयोजित होते हैं, तो इस प्रसंग पर कार्यक्रम से सम्बद्ध एवं उपलब्ध साहित्य की ओर दर्शकों का ध्यान आकर्षित करें। इनके अलावा **विलसन** और **टाबर** ने प्रसार सेवा के कुछ और भेद दर्शाये हैं, जो विशेषकर अमेरिका के विश्वविद्यालय पुस्तकालयों में प्रचलित हैं।

3

सन्दर्भ सेवा : विविध आयाम

सन्दर्भ सेवा

पुस्तकें सजीव देव प्रतिमाएँ तथा पुस्तकालय ज्ञान का भंडार होता है। इन पुस्तकालयों में विभिन्न प्रकार की पुस्तकों को संगृहीत किया जाता है। जिसका उद्‌देश्य अध्येताओं को सुविधा प्रदान करना है। प्रसार सेवा के क्षेत्र में संदर्भ सेवा की महत्त्वपूर्ण भूमिका होती है। इसके लिए यह अनिवार्य है। समस्त पुस्तकालयों का यह कर्तव्य होता है कि वह ज्ञान की बढ़ोत्तरी हेतु उचित व सक्रिय कदम उठायें।

इसलिए वर्तमान पुस्तकालय अनेक तरह की ज्ञान सम्बन्धी पठनीय सामग्रियों का संकलन एवं अधिग्रहण करते हैं। पाठ्य-सामग्रियों का अधिकाधिक उपयोग की जाने वाली इन युक्तियों तथा तकनीकियों से अपरिचित होते हैं। अतः इसके कारण वे पाठ्य सामग्री को प्राप्त करने में असफल हो जाते हैं, अथवा कठिनाई महसूस करते हैं। अतः अब वहाँ एक ऐसी मानवीय सहयोगता की अनिवार्यता होती है जो बीच में आने वाली कठिनाइयों को दूर कर पाठक अथवा उपयोगकर्त्ता का उसकी इच्छित पुस्तक अथवा प्रलेख से सम्बन्ध स्थापित करा सके। इसी मानवीय सहयोग को पुस्तकालयों में **सन्दर्भ सेवा** कहते हैं।

परिभाषाएँ

पुस्तकालय विशेषज्ञों ने संदर्भग्रंथ की निम्नवत परिभाषाएँ दी हैं।

चाइल्ड्स के अनुसार—अध्ययनकर्त्ताओं को प्रसूची की कठिनाइयों से परिचित कराने तथा उनके सवालों के जवाब देने में दी जाने वाली सेवा सन्दर्भ सेवा कहलाती है।

हाचिन्स के अनुसार—खोज करने वाले व्यक्तियों की प्रत्यक्ष रूप से व्यक्तिगत सहायता करना और सूचना सामग्रियों को सुलभ कराने के उद्देश्य से किये गये क्रिया-कलापों को सन्दर्भ सेवा कहते हैं।

ए. एल. ए. पदावली के अनुसार—अध्ययन एवं अनुसन्धान के लिए सूचना के खोज एवं पुस्तक के संसाधनों का उपयोग करने में प्रत्यक्ष रूप से पाठकों की सहायता करना ही सन्दर्भ सेवा कहलाता है।

डॉ. रंगनाथन के अनुसार—पुस्तकालय में व्यक्तिगत सेवा के द्वारा प्रलेख एवं उपयोगकर्त्ता के बीच पारस्परिक सम्बन्ध स्थापित करना ही सन्दर्भ-सेवा कहलाता है।

उपर्युक्त परिभाषाओं से तथा **सन्दर्भ सेवा** की गरिमा, आवश्यकता, उपयोगिता को दृष्टिगत रखते हुए रंगनाथन इस तथ्य पर बल देते हैं कि सन्दर्भ सेवा पुस्तकालयी कला की आधारशिला तथा **पुस्तकालय विज्ञान के पाँच सूत्रों की अन्तिम मानवीय अभिव्यक्ति** है। सन्दर्भ सेवा में मूल तथ्य मानव दृष्टिकोण एवं अभिकरण हैं पाठकों द्वारा माँग किये जाने पर सीधे तरह से सेवा प्रदान करना **सन्दर्भ सेवा** का अंग है।

सन्दर्भ सेवा की आवश्यकता

पुस्तकालय के अन्तर्गत ज्ञान का सार्थक उपयोग हो सके इसके लिए सन्दर्भ पुस्तकालयी अध्ययनकर्त्ताओं का अनेक प्रकार से सन्दर्भ सेवा की युक्ति द्वारा सेवा करता है। जिससे उसे इच्छित सूचना प्राप्त हो सके। निम्नांकित कारणों से पुस्तकालयों में सन्दर्भ सेवा की आवश्यकता अनुभव होती है—

(1) शिक्षा का विस्तार और प्रसार—लोकतान्त्रिक प्रणाली में शिक्षक को महत्त्वपूर्ण माना जाता है। परिणामतः सभी राष्ट्रों में शिक्षा के क्षेत्र में विकास एवं विस्तार हुआ है। विश्व में जनसंख्या के साथ-साथ शिक्षितों की संख्या में भी बढ़ोत्तरी हुई है। शिक्षा के विस्तार के कारण ज्ञान प्राप्त करने तथा सीखने की प्रवृत्ति में विस्तार एवं बदलाव आया है। शिक्षा का प्रसार कक्षाओं से बाहर आ चुका है, इसलिए किसी न किसी रूप में पुस्तकालयों की भूमिका आवश्यक मानी गयी है, जिसके फलस्वरूप पुस्तकालयों में सन्दर्भ सेवा की आवश्यकता होती है।

(2) ज्ञान का उद्भव—सूचना आज अनेक प्रकार के स्वरूपों में जैसे—पुस्तकों, पत्रिकाओं, सम्मेलन के प्रतिवेदनों, समाचार-पत्रों आदि में विद्यमान होती है। कहने का तात्पर्य यह है कि प्रकाशनों की विश्व इतनी विशाल है कि किसी भी अध्येता को सभी प्रकार की सामग्रियों से अवगत एवं परिचित होना तथा उन्हें प्राप्त कर लेना बड़ा कठिन कार्य है। अतः अध्येताओं को इच्छित ज्ञान-सामग्रियों को खोजकर प्राप्त करने में सहायता करना ही सन्दर्भ सेवा का कार्य माना जाता है।

(3) समय के अनुकूल सिद्धांतों का प्रयोग—किसी खोज के लिए सिद्धान्त का होना आवश्यक है। यथासम्भव इन सूचना सामग्रियों से शीघ्रातिशीघ्र विशेषज्ञों एवं खोजकर्त्ताओं को अवगत करा देना चाहिए और यह तभी सम्भव है जब एक सुव्यवस्थित सन्दर्भ सेवा की व्यवस्था पुस्तकालय में हो जिससे सूचना का प्रवाह व प्रसारण होता रहे।

(4) सार्वभौमिक सम्पर्क—आज के समय मे समय दूरी तथा भाषा की कठिनाइयाँ अवरोधक तत्त्व नहीं रह गये है और सूचना के प्रसार तथा वितरण के क्षेत्र में ऐसे साधन एवं युक्तियाँ उपलब्ध हैं जिनके द्वारा विश्व के किसी भी कोने से सूचना शीघ्र अतिशीघ्र प्राप्त की जा सकती है। अर्थात् विश्व के एक कोने में खोज कर रहे व्यक्ति को दूसरे कोने के व्यक्ति से सम्पर्क रखना बहुत आवश्यक हो गया है अर्थात् सार्वभौमिक सम्पर्क की आवश्यकता है, जिसमें सन्दर्भ सेवा का योगदान महत्त्वपूर्ण है।

(5) ज्ञान-सामग्रियों का भद्देपन का अप्रचलन—आज ज्ञान की सामग्री जल्द ही प्राचीन, अनुपयोगी और अप्रचलित लगने लगती हैं जो वैज्ञानिक क्षेत्र को अत्यधिक प्रभावित करती है। यदि एक वैज्ञानिक लगातार नई-से-नई सामग्रियों से अवगत रहने का प्रयत्न न करे तो उसका ज्ञान अप्रचलित, पुराना, अनुपयोगी तथा उत्पादन 'विहीन सिद्ध होने लगता है। अतः यह अनिवार्य है कि ज्ञान सामग्रियों के अप्रचलित होने के पहले सेवा उनके उपयोग किए जाने का प्रयत्न किया जाय जो केवल सन्दर्भ सेवा के द्वारा ही सम्भव हो सकता है।

(6) शोध में वृद्धि—सभी राष्ट्र अपसने विकास और उन्नति हेतु विकास और अनुसंधान के प्रोग्राम पर ज्यादा जोर देते हैं। शोध सम्बन्धी क्रिया-कलापों के लिए आवश्यक एवं उपयुक्त सूचना एवं ज्ञान-सामग्रियों की अनिवार्यता होती है जिसके लिए पुस्तकालयों पर निर्भर रहना पड़ता है। इसलिए सन्दर्भ विभाग CAS, SDI आदि सेवाओं का आयोजन करते हैं, क्योंकि खोजकर्त्ता के पास इतना समय नहीं होता कि वह इस असंख्य ज्ञान-सामग्री में से अपनी सामग्री खोज

सके। इसलिए शोध के क्रिया-कलापों मे पर्याप्त बढ़ोत्तरी के कारण सन्दर्भ सेवा का महत्त्व बढ़ गया है।

(7) सूचना प्रसार और सम्प्रेषण में तीव्रता की अनिवार्यता—शोध आलेखों की संख्या में नियमित बढ़ोत्तरी हो रही है जो नियन्त्रण की दृष्टि से समस्यामूलक है। अतः किसी भी विषय के उच्चकोटि के अध्येता एवं विशेषज्ञ के लिए असम्भव है कि वह पुस्तकालय में विद्यमान सभी तरह की सामग्रियों से अवगत हो सकें। अतः विशेषज्ञों को उनकी अभिरुचि की सामग्रियों से अवगत कराने के लिए सन्दर्भ सेवा का आयोजन अति अनिवार्य है।

(8) पुस्तकालयों का विकास और प्रसार—पुस्तकालयों के प्रकारों और प्रयोजनों में काफी परिवर्तन हुआ है। यद्यपि प्रत्येक का प्रयोजन पाठकों को उनकी इच्छित सामग्री शीघ्र उपलब्ध कराना होता है। इसलिए विभिन्न प्रकार के पुस्तकालयों में उपलब्ध ज्ञान-सामग्रियों का अधिक से अधिक उपयोग कराने के लिए मानव अधिकरण की काफी आवश्यकता होती है। इसलिए इस कारण से भी सन्दर्भ सेवा को काफी महत्त्वपूर्ण माना जाता है।

सन्दर्भ सेवा के प्रकार

अध्ययनकर्त्ताओं को आवश्यक सूचना सामग्री शीघ्रता व सरलता से प्रदान करना ही सन्दर्भ सेवा का प्रमुख उद्देश्य होता है। डॉ. रंगनाथन के अनुसार सन्दर्भ सेवा अध्येता एवं उसके इच्छित प्रलेख का आशय उन प्रलेखों या पुस्तकों से होता है जिससे उसे इच्छित सूचना सामग्री अथवा ज्ञान का विवरण प्राप्त होता है और उनकी ज्ञान-पिपासा सन्तुष्ट होती है। यह एक व्यक्तिगत सेवा होती है जिसमें अनेक प्रकार की क्रियाएँ/प्रयास शामिल होते हैं। अध्येता को जिस तरह की आवश्यकता होती है, सन्दर्भ पुस्तकालय उसकी पूर्ति के लिए तद्नुसार प्रयास करता है।

सन्दर्भ सेवा के प्रकार

सन्दर्भ सेवा दो प्रकार की होती है। जिसका वर्णन नीचे किया गया है—

(1) त्वरित/सन्दर्भ सेवा—डॉ. रंगनाथन ने उद्यत/त्वरित सन्दर्भ सेवा की व्याख्या एवं परिभाषा करते हुए कहा है कि उद्यत/त्वरित सन्दर्भ सेवा वह सन्दर्भ सेवा है जिसे कम समय में पूरा किया जा सकता है। यदि सम्भव हो तो क्षण मात्र में जिसे सम्पन्न कर सकते हैं। इस प्रकार उद्यत/त्वरित सन्दर्भ सेवा की अवधारणा में सेवा प्रदान करने की समयावधि प्रमुख विचारधारा सेवा है। अर्थात् समयावधि कम से कम

समय है। इस सेवा में सन्दर्भ सवालों का जवाब उद्यत सन्दर्भ सामग्रियों से तलाशकर आसानीपूवर्क दिये जाते हैं। सन्दर्भ सामग्रियों के प्रश्नों का उत्तर बिना देर किए सन्दर्भ कृतियों से खोजकर तत्काल प्रदान करता है। कभी-कभी तो कुछ ही क्षणों में उत्तर प्राप्त हो जाता है।

इस सेवा में सवालों के जवाब उन सन्दर्भ कृतियों के आधार पर दिए जाते हैं, जिन्हें सुविधाजनक युक्ति से सन्दर्भ विभाग में विशिष्ट रचनाओं से व्यवस्थित करके रखा जाता है और जिनमें प्रश्नों का उत्तर खोजने में क्षणमात्र का समय लगता है। उद्यत/ त्वरित सन्दर्भ सेवा एक सीमा तक निश्चित तथ्यों की जानकारी देने (Fact Finding Service) की सेवा है। इस सेवा में प्रश्नों का उत्तर प्रदान करने के लिए सन्दर्भ स्रोतों का प्रयोग किया जाता है। सन्दर्भ स्रोतों के अधीन विश्वकोश, शब्दकोश, जीवन-चरित्र कोश, गजेटियर, भौगोलिक शब्दकोश, वाङ्मय सूचियाँ, निर्देशिकाएँ तथा अनुक्रमणिकाएँ आदि को शामिल किया जाता है।

उद्यत/ सन्दर्भ सेवा में पूछे जाने वाले सवाल निम्न तरह के हो सकते हैं जिनका उत्तर सन्दर्भ पुस्तकालयी क्षण मात्र में दे सकता है।

(क) गंगा नदी की लम्बाई कितनी है?

(ख) इलाहाबाद विश्वविद्यालय के कुलपति का नाम क्या है?

(ग) भारत में कितनी समाजसेवी संस्थाएँ हैं।

(घ) वर्तमान समय में कितने राष्ट्रीय पुस्तकालय हैं।

(2) गहन सन्दर्भ सेवा—यह सेवा वर्तमान युग की देन है। जिसकी उत्पत्ति वर्तमान पुस्तकालय सेवा की अवधारणा के कारण हुई है। सन्दर्भ सेवा की गहनता की दृष्टि से सन्दर्भ कार्य के तथ्यों को प्राप्त करना, सन्दर्भ सामग्री प्राप्त करना, खोज, पाठक सुझाव आदि विभिन्न रूपों तथा प्रक्रियाओं में आयोजित करने का प्रावधान किया जाता है। वर्तमान युग को तथ्यों का युग कहा गया है और तथ्यों की खोज में अध्येता अथवा पाठक सन्दर्भ विभाग पर सर्वाधिक आधारित रहते हैं।

फलस्वरूप अनेक तरह के प्रश्नों की जानकारी एवं सहायता के लिए माँग की मात्रा इतनी अधिक हो जाती है कि उत्तर प्रदान करने की दृष्टि से उन प्रश्नों का वर्गीकरण करना अनिवार्य हो जाता है। छोटे-मोटे प्रश्नों के उत्तर तो उद्यत/ त्वरित सन्दर्भ सेवा में ही प्रदान कर दिये जाते हैं, जिनमें बहुत कम समय लगता है, लेकिन विशेष समस्याओं के निवारण के लिए पूछे गये प्रश्नों के उत्तर बहुत कम समय में नहीं प्रदान किए जा सकते हैं। ऐसे सन्दर्भ प्रश्नों के उत्तर खोजने एवं प्रदान करने में सन्दर्भ स्रोतों के साथ-साथ मौलिक रचनाओं को भी दृष्टिपात करना पड़ता है

जिसमें अधिक समय लग सकता है। ऐसे सवाल रचनाओं आवश्यकताओं से सम्बन्धित होते हैं तथा पृष्ठभूमि युक्त होते हैं।

सन्दर्भ सेवा की दृष्टि से इस प्रकार के प्रश्नों का उत्तर प्रदान करने में विस्तृत/ गहन सन्दर्भ सेवा प्रदान करनी पड़ती है। इस तरह की सेवा से सामान्य पाठक नहीं होते इसमे कुछ विशेष तरह के पाठक होते हैं। जैसे—विषय विशेषज्ञ, अनुसन्धानकर्त्ता, उच्चकोटि के अध्येता शामिल होते हैं। इस प्रकार की सेवा में किसी एक ही तथ्य की जानकारी की आवश्यकता नहीं होती तथा एक वस्तु की गहन खोज भी नहीं होती है। इसमें अनेक प्रक्रियाएँ, विभिन्न प्रकार की स्रोत-सामग्रियों एवं अन्य मौलिक सामग्रियों का अवलोकन आवश्यक होता है जिसमें पर्याप्त समय लगता है क्योंकि इस सेवा के अन्तर्गत आने वाले प्रश्न एवं समस्या भी विस्तृत एवं गहन होती है। इसीलिए इस प्रकार की सन्दर्भ सेवा को विस्तृत/गहन सन्दर्भ सेवा कहा जाता है।

इस सेवा के अन्तर्गत सन्दर्भ पुस्तकालयी के लिये पुस्तक सामग्रियों की सम्पूर्ण जानकारी अनिवार्य होती है उसे विषय का ज्ञान होने के साथ-साथ स्रोत सामग्रियों तथा वाडमय सूचियों का भी ज्ञान होना बहुत आवश्यक है क्योंकि इस सेवा के अधीन सामान्य पाठकों तथा छात्रों को मार्गदर्शन प्रदान करने के साथ-साथ सलाह देना भी अत्यन्त आवश्यक होता है। आवश्यकतानुसार तदर्थ वाङ्मयसूचियाँ (Adhoc Bibilographies) तथा सहायक पुस्तकों की तालिका भी निर्मित करनी पड़ती है। कहने का आशय यह है कि ऐसी सेवा मे विषय स्रोतों तथा पाठकों की प्रकृति का ज्ञान होना भी बहुत अनिवार्य है।

गहन सन्दर्भ सेवा में प्रश्नों की प्रकृति किसी प्रकरण या परेशानी के विशेष दृष्टिकोण से सम्बन्धित सामग्री होती है। उदाहरण के रूप में निम्न प्रकार के सवाल इस सेवा के अधीन पूछे जा सकते हैं जैसे—

(अ) प्रदूषण का मानसिक स्वास्थ्य पर प्रभाव।

(ब) उत्पादन पर वर्तमान प्रौद्योगिकी का प्रभाव।

गहन तथा उद्यत संदर्भ सेवा की तुलना

हमें ज्ञात हो चुका है कि सन्दर्भ सेवा दो प्रकार के होते हैं जिसमें समयावधि का अधिक महत्त्व होता है। प्रश्नों के उत्तर प्रदान करने में जिस सन्दर्भ सेवा में आधे घण्टे तक का समय लगता है उसे उद्यत अथवा त्वरित सन्दर्भ सेवा कहते हैं तथा जिसमें आधे घण्टे से अधिक अथवा कई दिन या सप्ताहों का समय लगता है उसे

गहन या दीर्घकालीन सन्दर्भ सेवा कहते हैं। यहाँ उन दोनों सन्दर्भ सेवाओं का तुलनात्मक दृष्टिकोण से अध्ययन प्रस्तुत किया जा रहा है जो अग्र बिन्दुओं से स्पष्ट होता है–

उद्यत/ त्वरित सन्दर्भ सेवा

उद्यत/त्वरित सन्दर्भ सेवा में पूछे गये प्रश्न की सूचना साधारण सी होती है। इसमें जानकारी का दृष्टिकोण सामान्य तरह का होता है। इसमें सूचना ऐसी होती है जो सन्दर्भ रचनाओं में आसानी से प्राप्त हो जाती है। इसमें सूचना प्रदान करने वाले सन्दर्भ पुस्तकालयों को सन्दर्भ स्रोतों एवं रचनाओं का कम ज्ञान हो तो भी कार्य चल सकता है। उद्यत/त्वरित सन्दर्भ सेवा में रिफरल सेवा अर्थात् प्रश्नकर्त्ता को उसकी खोज के लिए कोई निर्देश रिफरल सेवा के रूप में नहीं दिए जाते हैं। इसके नाम से ही स्पष्ट होता है कि इस सेवा में अवधि अर्थात् जानकारी उपलब्ध करने अथवा प्रश्नों का उत्तर प्रदान का उत्तर त्वरित गति से क्षणों से लेकर आधे घण्टे के अन्दर प्रदान किया जा सकता है, क्योंकि इनके उत्तर प्रायः उद्यत सन्दर्भ स्रोतों से उपलब्ध किये जाते हैं। उद्यत/त्वरित सन्दर्भ सेवा को पूरा करने के लिए सूचना स्रोत मुख्यतः शब्दकोश, विश्व कोश, अब्दकोष, निर्देशिकाएँ हैण्डबुक, जीवन-चरित्र कोश, मान चित्रावलियाँ वाङ्मय सूचियाँ, अनुक्रमणिकाएँ आदि होते हैं। जिनके द्वारा प्रश्नों के उत्तर दिये जाते हैं। इसके प्रश्नों का उत्तर पहले तैयार (Ready made) होता है। यदि पुस्तकालय में उपलब्ध स्रोतों तथा सामग्रियों से जानकारी प्राप्त नहीं हो पाती है तो उद्यत/त्वरित सेवा के अन्तर्गत अन्य कोई प्रयत्न नहीं किये जाते हैं। उद्यत/त्वरित सन्दर्भ सेवा के प्रश्न कोई भी सामान्य स्तर का पाठक अथवा विशिष्ट प्रकार का उच्च बौद्धिक स्तर का अध्ययनकर्ता पूछ सकता है जो सामान्य पाठक कहलाता है। उद्यत/त्वरित सन्दर्भ सेवा में प्रायः प्रश्नों के उत्तर देने के लिए तथ्यों को उपलब्ध कराना होता है।

विस्तृत/गहन सन्दर्भ सेवा

इस सन्दर्भ सेवा के अन्तर्गत सवालों का उत्तर देने व जानकारी प्राप्त करने की समय सीमा कम न होकर लम्बी होती है। जो आधे घण्टे से लेकर पूरे दिन या सप्ताहों तक हो सकती है। क्योंकि इनका उत्तर उद्यत सन्दर्भ स्रोतों से देना सम्भव नहीं होता है। इसके लिए विस्तृत दृष्टिपात की आवश्यकता होती है। गहन सन्दर्भ सेवा को पूर्ण करने के लिए किसी भी स्रोत पर दृष्टिपात करना पड़ सकता है। इसमें प्रश्नों के उत्तर खोजने की प्रक्रिया

उद्यत सन्दर्भ स्रोतों से शुरू होती है, लेकिन इनके अलावा पैम्पलेट, साधारण रचनाएँ, पत्रिकाओं, अप्रकाशित सामग्रियों सारांशों आदि का भी अवलोकन करना पड़ता है। विस्तृत/गहन सन्दर्भ में कोई भी साधारण स्तर का पाठक अथवा विशिष्ट प्रकार का उच्च बौद्धिक स्तर का अध्येता पूछ सकता है लेकिन इसमें उन्हीं अध्येताओं का बाहुल्य होता है जिनके सवाल की अनिवार्यता गहन, गूढ़ एवं समस्यामूलक होती है। वे विशिष्ट प्रकार के विशेषज्ञ एवं प्रबुद्ध अध्येता होते हैं। जबकि गहन सन्दर्भ के अधीन अन्य स्थानीय पुस्तकालयों के स्रोतों तथा साधनों से प्राप्त करने का प्रयत्न किया जाता है। यदि स्थानीय पुस्तकालयों से रचित सूचना प्राप्त न हो तो दूसरे प्रदेशों अथवा विदेशों के पुस्तकालय से सहायता ली जाती है। इस सेवा में लक्ष्य मूलतः जानकारी प्रदान करना होता है और इसके लिए किसी भी सीमा तक प्रयत्न किया जाता है। गहन सन्दर्भ सेवा विशिष्ट, गहन तथा सूक्ष्म होती है। गहन सन्दर्भ सेवा में तथ्यों, आँकड़ों एवं संक्षिप्त विवरणों के अलावा सूचना की सभी श्रेणियों का विवरण सुलभ करना होता है। इसमें पूछी गई सूचना नई भी हो सकती है जिसका उल्लेख सन्दर्भ रचनाओं में नहीं भी हो सकता है। जबकि इसमें जानकारी का दृष्टिकोण विशेष होता है। जबकि गहन सन्दर्भ सेवा के अन्तर्गत रिफरल सेवा एक आवश्यक पक्ष माना जाता है, जिसके अधीन प्रश्नकर्त्ता या अध्येता को विद्वानों, विशेषज्ञों तथा अन्य संस्थाओं से सम्पर्क करने के लिए सुझाव दिया जाता है। जबकि गहन सन्दर्भ सेवा प्रदान करने वाले सन्दर्भ पुस्तकालयी में ज्ञान-जगत् के प्रत्येक क्षेत्र के नवीनतम विषय तथा प्रवृत्तियों का ज्ञान होना अनिवार्य है।

उद्यत/त्वरित सन्दर्भ सेवा तथा विस्तृत/गहन सन्दर्भ सेवा में मूलतः सूचना स्रोतों, सूचना की प्रकृति एवं गहनता, पाठकों की आवश्यकता एवं स्तर, प्रश्नों की प्रकृति, साधनों की उपलब्धिं तथा अवधि का अन्तर होता है। पहले तरह की सेवा में पाठक अधिकांश तथ्यों की जानकारी चाहते हैं जिन्हें सन्दर्भ स्रोतों से प्रदान कर दिया जाता है, क्योंकि इसमें समय कम लगता है।

दूसरे रूप की सेवा में तथ्यों से ही प्रश्न का समाधान नहीं होता है, बल्कि अनेक प्रकार की सूचनात्मक एवं ज्ञान-सामग्रियों की आवश्यकता पड़ती है। दोनों प्रकार की सेवाएँ पुस्तकालयों की सन्दर्भ सेवा के आवश्यक पक्ष है। दोनों प्रकार के प्रश्न प्रायः सभी पुस्तकालयों में पूछे जाते हैं। उद्यत सन्दर्भ सेवा की सफलता वस्तुतः सन्दर्भ सामग्रियों की उपलब्धता तथा सन्दर्भ पुस्तकालयी ज्ञान एवं अनुभव पर निर्भर होती है जबकि गहन सेवा की सफलता सन्दर्भ पुस्तकालयी एवं कमियों के वाङ्मयात्मक संगठन एवं व्यवस्था के विस्तृत ज्ञान तथा विषय जगत् के विकास, विस्तार तथा प्रकृति से पूर्ण अवगत होने पर निर्भर होती है।

सन्दर्भ सेवा तथा पुस्तकालय विज्ञान के सिद्धांत

पुस्तकालय में रखी पुस्तकों के अन्दर संकलित ज्ञान से पाठकों को अवगत करा कर उन्हें सन्तुष्टि प्रदान करना ही सन्दर्भ सेवा है।

सन्दर्भ सेवा की विचारधारा का प्रसार 1930 के बाद **डॉ. पुस्तक** के पुस्तकालय विज्ञान के पाँच सूत्रों के प्रतिपादन के बाद माना जाता है। इससे पुस्तकालय की व्यवस्था को एक दार्शनिक तथा सैद्धान्तिक आधार प्राप्त हुआ है, जिससे पुस्तकालय के क्षेत्र में एक क्रान्ति का जन्म हुआ। डॉ. रंगनाथन ने केवल सन्दर्भ सेवा की भावना एवं आवश्यकता का बीजारोपण किया बल्कि सन्दर्भ सेवा को व्यावहारिक रूप प्रदान दिया। 1937 में मद्रास विश्वविद्यालय में पहली बार सन्दर्भ पुस्तकालयी का पद सृजित किया गया। डॉ रंगनाथन की सन्दर्भ सेवा से सम्बन्धित विचारधारा पुस्तकालय विज्ञान के पाँच नियमों पर आधारित है। ये नियम पुस्तकालय विज्ञान के मौलिक नियम एवं दर्शन हैं जिनमें सेवा की भूमिका एवं महत्त्व निम्नांकित प्रकार से प्रदर्शित किया जा सकता है। इन नियमों को क्रमागत रूप से नीचे वर्णित किया जा रहा है।

(1) पहला नियम : पुस्तकों का उपयोग करना—पुस्तक का अभिप्राय सन्दर्भ सेवा के प्रसंग से सभी प्रकार के अभिलेखों से होता है। और इस नियम का परिपालन तभी माना जायेगा जब सभी प्रलेखों का प्रयोग नियमित होता रहे तथा उनके प्रयोग का नियमित प्रयत्न किया जाता रहे। यदि उपयुक्त प्रलेख तथा उपयुक्त पाठक में संयोग स्थापित कर उनके उपयोग को प्रेरित किया जाता है तो यह सन्दर्भ सेवा का ही कार्य है। इस उद्देश्य की पूर्ति करना ही सन्दर्भ सेवा का लक्ष्य है।

(2) दूसरा नियम : सभी पाठकों को उसकी पुस्तक प्राप्त हो—इस सूत्र में पाठकों को महत्त्वपूर्ण माना गया है। सन्दर्भ पुस्तकालयी को पाठकों की प्रकृति, स्तर एवं उनकी आवश्यकता का पूरा ज्ञान होना चाहिए तथा पाठकों की मनोवैज्ञानिकी दशा का भी ज्ञान अर्जित करना चाहिए, जिससे यह पाठकों की अभिरुचि एवं आवश्यकतानुसार इच्छित सामग्री एवं जानकारी उन्हें बिना किसी रुकावट के प्राप्त करा सके।

(3) तीसरा नियम : सभी पुस्तक एवं उसके पाठक—इस नियम में पाठक के समय को ज्यादा महत्त्वपूर्ण माना गया है हर पुस्तक को उसका पाठक मिले इसका आशय यह होता है कि सन्दर्भ पुस्तकालयी को पुस्तकालय की पाठ्य-सामग्री का पूरा ज्ञान होन्ग चाहिए। किस पुस्तक से किस पाठक को अधिक जानकारी प्राप्त हो

सकती है और वह उससे कितना लाभ उठा सकता है। इसका अनुमान सन्दर्भ पुस्तकालयी को होना चाहिए और उसे इसके लिए प्रयत्न करना चाहिए।

(4) चौथा नियम : पाठक के समय की बचत करना—इस नियम के अन्तर्गत समय को महत्त्व देते हुये पाठकों के एक पल को भी अत्यधिक मूल्यवान समझा गया है। इस नियम के प्रसंग के सन्दर्भ पुस्तकालय की यह धारणा होनी चाहिए कि पाठक के पास समय की कमी होती है। अतः किसी भी तरह की सूचना सामग्री अथवा इच्छित प्रलेख को प्राप्त कराने में इतना समय नहीं लगना चाहिए, जिससे पाठक को कोई परेशानी हो। पाठक के समय की बचत के उद्देश्य से साधारण पुस्तकालयों में अनेक नई प्रकार की सेवाएँ प्रदान एवं शुरू की जा रही हैं तथा इन सेवाओं के अतिरिक्त उपागम प्रकार की सामग्रियों (Access type of Materials) का भी संकलन किया जाना चाहिए जिससे पाठकों को अन्य स्रोतों का भी विवरण प्रदान किया जा सके। इस तरह की सेवा-व्यवस्था से पाठकों के समय की बचत की जा सकती है।

(5) पाँचवाँ नियम : पुस्तकालय एक विकासशील संस्था है—इसका तात्पर्य है कि पुस्तकालय स्थाई और स्थिर होने की अपेक्षा विकासशील इस वर्धनशीलता में पाठ्य-सामग्रियों की संख्या एवं प्रकार में बढ़ोत्तरी पाठकों की संख्या में बढोत्तरी तथा उसी प्रकार कर्मियों की संख्या में बढ़ोत्तरी शामिल है। अतः पुस्तकालय के क्रियाकलाप तथा सेवा की प्रकृति में भी बढ़ोत्तरी स्वाभाविक है।

अतः ज्यों-ज्यों नई पुस्तकों का संकलन हो उन्हें उनके पाठकों तक पहुँचाने का प्रयत्न करना चाहिए। पाठकों को पाठ्य-सामग्री की दूसरी जानकारियों को भी उपलब्ध करानी चाहिए। नए पाठक जो पुस्तकालय से पूर्व परिचित नहीं होते हैं उन्हें पुस्तकालय से सुपरिचित कराना चाहिए तथा पुस्तकालय सामग्रियों का उपयोग करने की शिक्षा उन्हें दी जानी चाहिए।

इस तरह डॉ. रंगनाथन के पुस्तकालय विज्ञान के पाँच नियमों के प्रतिपादन में सन्दर्भ सेवा को पुस्तकालयों की एक अति आवश्यक सेवा के रूप में आयोजित करने पर जोर दिया है जो अन्ततः इन पाँच नियमों को मानवीय अभिव्यक्ति का स्वरूप माना गया है। पुस्तकालय के सामाजिक संस्था होने के लक्ष्य को भी व्यक्तिगत सहायता अर्थात् सन्दर्भ सेवा के माध्यम से प्राप्त किया जा सकता है। इसीलिए कहा जाता है कि सन्दर्भ सेवा पुस्तकालय विज्ञान के नियमों की प्रव्यंजना है।

सन्दर्भ सेवा उपलब्ध करने की प्रक्रिया

पुस्तकालयी के अन्तर्गत सन्दर्भ पुस्तकालयी पाठकों को व्यक्तिगत रूप से जो सेवा प्रदान करता है उसे सन्दर्भ सेवा कहते हैं। सन्दर्भ सेवा उपलब्ध करने की एक

सुव्यवस्थित प्रक्रिया होती है, जिसमें पृथक्-पृथक् बिन्दुओं पर विचार करना अनिवार्य होता है। सन्दर्भ सेवा की प्रक्रिया आयोजित करने में निम्न तीन चरण महत्त्वपूर्ण होते हैं जो निम्नांकित है–

सन्दर्भ सेवा उपलब्ध करने की तैयारी और प्रस्तुतीकरण

(अ) सभी सन्दर्भ पुस्तकालय को अपने सभी सन्दर्भ पुस्तकों और संकलन की पूर्ण जानकारी होनी चाहिए तथा सभी प्रकार की रचनाओं की प्रकृति का उसे पूर्ण ज्ञान होना चाहिए। उसे नई सन्दर्भ रचनाओं तथा उनके नये संस्करणों का नियमित अवलोकन करते रहना चाहिए। साधारण एवं क्षणिक महत्त्व की साधारण सूचना एवं सन्दर्भ रचनाओं की संचिका प्रस्तुत करनी चाहिए। जैसे–पत्रिकाओं की कटिंग, समाचार-पत्रों की क्लिपिंग, पुस्तिकाएँ, पाठ्यक्रम एवं पाठ्यक्रम नियमावली आदि। सामयिक प्रकरणों पर सामग्री प्रदान करने की दृष्टि से ये लाभदायक होती हैं और विशिष्ट पुस्तकालयों में इनका अधिक महत्त्व होता है।

(ब) सन्दर्भ सेवा के **प्रस्तुतीकरण** में विषय ज्ञान प्राप्त करना एक अनिवार्य प्रक्रिया है। सर्वप्रथम सन्दर्भ पुस्तकालय को पुस्तकालय के नियमित अध्येताओं की अभिरुचि तथा बौद्धिक एवं अन्वेषणात्मक क्रिया-कलाप को निर्धारित कर लेना चाहिए। इसके लिए **अध्येता सर्वेक्षण** अति अनिवार्य है। अध्येताओं के कार्यक्षेत्र एवं अभिरुचि के विषय को निश्चित करने के बाद सन्दर्भ पुस्तकालयी को उन विषयों का साधारण ज्ञान अर्जित करना चाहिए। इस कार्य हेतु उसके लिए सम्बन्धित विषयों के साहित्य का सर्वेक्षण और सम्बन्धित विषय-क्षेत्र की प्रमाणिक एवं मानक रचनाओं का अध्ययन करना अनिवार्य होता है, जिससे वह साहित्य का विशेषज्ञ बन सके।

सन्दर्भ पुस्तकालयी को विषय विशेषज्ञ होने की अपेक्षा साहित्य विशेषज्ञ होना आवश्यक है जिससे उसे अनेक विषयों की सामग्रियों को प्राप्त किये जाने के स्रोतों का पूर्ण ज्ञान हो सके। अगर सूचना के मार्ग की सम्भावना है तो सन्दर्भ पुस्तकालयी कई स्रोतों में इसे संग्रहित करता है। जिन प्रश्नों को सन्दर्भ विभाग से पूछा जाता है तथा जिनकी पूछे जाने की सम्भावना होती है, उनमें सम्बन्धित सामग्री की जानकारी के लिए सन्दर्भ पुस्तकालयी ग्रन्थालय के साधनों का अध्ययन करता है और क्रमबद्ध रूप से सूचना का संकलन करता है, जिससे उसे अध्येताओं को सफलतापूर्वक सुलभ किया जा सके। सूचना संकलन के लिए उसे कुछ विशिष्ट तरह के स्रोतों को वरीयता प्रदान करनी पड़ती है। नई संकलन से सन्दर्भ पुस्तकालयी को

विभिन्न विषयों की प्रवृत्तियों तथा विकास की जानकारी प्राप्त करने में सहयोग मिल सकती है। इसलिए इनका अवलोकन लगातार रूप से किया जाना चाहिए। सूचना के संग्रह एवं प्राप्ति के बाद उसको उपयुक्त विधि से अभिलेखबद्ध कर लेना चाहिए, जिससे उसका उपयोग भविष्य में भी किया जा सके। क्रमबद्ध रूप से अभिलेखबद्ध करने से इसे पुनः खोजने में सहायता प्राप्त होती है।

आत्मसमर्पण करना

सन्दर्भ सेवा के महत्त्वपूर्ण पहलुओं में से आत्मसमपर्ण भी ज्ञान माध्यम प्राप्त करने का एक है। इसे तन्मयता भी कहते हैं। समर्पण करने में अनुभवों से सीखने में सहायता प्राप्त होती है और किसी कार्य के सम्पादन में अनुभव की भूमिका विशेष पुस्तक होती है, क्योंकि सन्दर्भ पुस्तकालयी को विभिन्न प्रकार के अध्येताओं के सम्पर्क में आने से अनुभव प्राप्त होता है, अतः उसे खुले मस्तिष्क वाला होना चाहिए। उसमें जानकारी को ग्रहण करने की क्षमता होनी चाहिए और अनुभवों से सीख लेनी चाहिए। ज्ञान तथा सूचना को हमेशा ग्रहण करना चाहिए। कोई सूचना सामग्री कब अधिक महत्त्वपूर्ण हो सकती है इसका तुरन्त आभास नहीं होता है। खोजी हुई सामग्रियाँ किसके लिए ज्ञानवर्द्धक हो सकती है इसका ध्यान रखना चाहिए।

आत्मसात्करण से सन्दर्भ पुस्तकालयी अपने अनुभवों के आधार पर जानकारी को ग्रहण करता है और उन्हें व्यवहार में लाता है इस तरह से जानकारी एवं सूचना सामग्री को आत्मसमर्पण करता है तथा सन्दर्भ सेवा को सफल एवं उपयोगी बनाता है।

सेवा उपलब्ध करना

अध्ययनकर्ता विभिन्न तरह के स्रोतों पर दृष्टिपात करने के पश्चात् भी अपनी इच्छानुसार तथ्य प्राप्त करने में असफल रहा है, इस पर सन्दर्भ पुस्तकालयी उसे उपयुक्त स्रोतों पर दृष्टिपात करने का मार्गदर्शन प्रदान करता है, जिससे अध्येताओं को उपयुक्त जानकारी मिलने में सुविधा होती है। अध्येता पत्राचार अथवा टेलीफोन से जानकारी करने का प्रयत्न करते हैं ऐसी स्थिति में उन्हें मार्गदर्शन प्रदान करने की अपेक्षा उपयुक्त जानकारी एवं तथ्य प्रदान किया जाता है अथवा वह सूचना कहाँ से और कैसे प्राप्त हो सकती है? इसका संकेत किया जाता है। अध्येताओं के स्तर एवं कार्यक्षेत्रों के अनुसार सेवा की मात्रा तथा विधि में भिन्नता होती है। अतः

प्रश्नकर्त्ता के अनुसार सेवा की प्रकृति एवं सूचना की मात्रा में भी अन्तर होता है। सन्दर्भ विभाग के उद्देश्यों का भी इस पर प्रभाव पड़ता है।

सेवा प्रदान करने के लिए तीन प्रकार की सेवाओं का प्रावधान किया जाना चाहिए, जो प्रश्नकर्त्ताओं की आवश्यकता की पूर्ति से सहायक सिद्ध होते हैं।

(अ) प्रलेखों की उपलब्धता—सन्दर्भ सेवा का मूल उद्देश्य अध्ययनकर्त्ताओं को प्रलेख अथवा सूचना प्रदान करना होता है। यदि प्रलेख पुस्तकालय में उपलब्ध नहीं हो तो अन्तर पुस्तकालय आदान-प्रदान के द्वारा उपलब्ध कराया जाता है। अन्य भाषा के प्रलेखों का अनुवाद भी उपलब्ध कराना पड़ता है। आलेखों के रूप में पत्रिकाओं में प्रकाशित सामग्री को माइक्रोफिल्म तथा फोटोप्रति के रूप में भी प्रदान किया जाता है।

(ब) अनिवार्यताओं का वर्णन तथा स्पष्ट निर्धारण—अध्ययनकर्ताओं की अनिवार्यताओं का स्पष्ट निर्धारण आवश्यक है जब तक इसकी व्याख्या ज्ञात नहीं हो जाती और यह निश्चित नहीं हो जाता तब तक सूचना को खोजना सम्भव नहीं हो सकता है। प्रश्नों से सम्बन्धित प्रत्येक विषय के पहलुओं को निश्चित कर लेना चाहिए। ऐसा करने से अध्येताओं के गहन प्रश्नों का समाधान किया जा सकता है।

(स) प्रलेखों का अन्वेषण—प्रलेखों की खोज के लिए उत्तम विधि मानसिक रूप से अध्येताओं द्वारा बताये गये विषयों के वर्गांक की कल्पना करना होता है तथा वर्गांक की सहायता से प्रलेखों में विद्यमान सूचना की खोज करना आसान हो जाता है।

सन्दर्भ सेवा उपलब्ध करने की विधियाँ

सन्दर्भ पुस्तकालयी को उपयोगकर्त्ताओं हेतु माँग करने पर या माँग होने की सम्भावना पर भी सन्दर्भ सेवा आयोजित करनी चाहिए। सफल व योग्य सन्दर्भ पुस्तकालयी वही होता है जो उपयोगकर्त्ता में ज्ञान की पिपासा जाग्रत कर सन्दर्भ सेवा की आवश्यकता का बीजारोपण करता है, जिससे इसकी व्यवस्था का अधिक से अधिक प्रयोग किया जा सके। संदर्भ सेवा प्रदान करने की प्रमुख विधियाँ निम्नवत हैं—

1. माँग की सम्भावना पर उपलब्ध सन्दर्भ सेवा—विशिष्ट प्रकार के उत्तम पुस्तकालयों में माँग किये जाने की सम्भावना में अनेक प्रकार की ऐसी सूचना-सामग्री एवं उपकरण तैयार किये जाते हैं, जिनसे अध्येताओं को विभिन्न प्रकार के सूचना स्रोतों की जानकारी प्राप्त होती है। वे सामग्रियां निम्नांकित हो सकती है—

(i) महत्त्वपूर्ण घटनाओं के सम्बन्ध की सामयिक जानकारी–जैसे नये वित्तीय वर्ष का बजट संसद में प्रस्तुत किये जाने पर अर्थशास्त्र विषय के अध्येता सम्बन्धित पत्र-पत्रिकाओं की माँग अधिक करते हैं।

(ii) प्रसिद्ध व्यक्तियों तथा विषय विशेषज्ञों के निधन पर सामग्री की माँग।

अतः माँग की सम्भावना में सामयिक प्रकरणों पर सामग्रियों से सन्दर्भ पुस्तकालयी को पर्याप्त अवगत होना पड़ता है तथा सामग्री की वाङ्मय सूचियाँ भी तैयार करनी पड़ती हैं।

2. माँग पर उपलब्ध सन्दर्भ सेवा–उपयोगकर्त्ताओं माँग करने पर ज्ञान-सामग्री या छायाचित्र को उपलब्ध कराया जाता है। जहाँ सन्दर्भ सेवा को महत्त्वपूर्ण माना जाता है वहाँ बहुमूल्य सन्दर्भ रचनाओं को भी उपयोग के लिए प्रदान कर दिया जाता है, जिससे उनका उपयोग पुस्तकालय के बाहर भी किया जा सके। जहाँ ऐसा सम्भव नहीं हो पाता है वहाँ सामग्रियों के छायाचित्रों को सुलभ किया जाता है। आवश्यक ज्ञान-सामग्री मौजूद न होने पर दूसरे पुस्तकालय से मँगाकर उपलब्ध करायी जाती है इसे *अन्तर्ग्रन्थालय* ऋण (Inter Library Loan) कहते हैं। इस योजना ज्ञान सामग्री के छात्राचित्र भी मँगाये जाते है। ज़हाँ सूचना सम्प्रेषण के लिए टैलिक्स अथवा टेलीप्रिन्टर की व्यवस्था ह़ोती है वहाँ इनके माध्यम से सूचना उपलब्ध कराई जाती है।

3. माँग के अभाव में सन्दर्भ सेवा–अनेक पुस्तकालययों में बगैर किसी पूर्व माँग के भी सूचना प्रसार सेवा का आयोजन किया जाता है। इसका मुख्य उद्देश्य अध्येताओं को पहले ही सुलभ अथवा आगामी साहित्य-सामग्री की जानकारी सुलभ कराना होता है, जिससे आवश्यकता पड़ने पर उनकी आवश्यकता की पूर्ति की जा सके। इस तरह की जानकारी प्रदान करने के लिए अनेक प्रकार की विधियाँ अपनाई जाती हैं। जैसे–List of Recent Accessions, Special Documentation lists, Content Pages of Periodicals, Special Annotated Subject Lists आदि।

विशेष पुस्तकालयों या औद्योगिक संगठन के पुस्तकालयों में पाठकों की संख्या कम होने से उनकी प्रोफाइल तैयार की जाती है। जिनमें उनके विषय क्षेत्र, अनुसंधान के प्रकरणों का उल्लेख किया जाता है, तथा साथ ही विषय क्षेत्र, स्तर तथा जिस रूप में जानकारी की अनिवार्यता होती है उनका उल्लेख होता है। इस प्रक्रिया में विशेषज्ञों को नई सामग्रियाँ बिना किसी देर के प्राप्त हो जाती है।

4. माँग की स्थिति उत्पन्न करना–प्रलेखों तथा जानकारी की माँग की स्थिति उत्पन्न किये जाने की पृष्ठभूमि तैयार करने के अनेक साधन तथा विधियाँ प्रचलित हैं।

(i) **प्राकृतिक सेवा**—पाठकों का आकर्षण सन्दर्भ सेवा की विशेषताओं एवं प्रकृति पर अधिक अधारित होता है। जितनी उपयुक्त पूर्ण एवं व्यापक सूचना सुलभ की जायेगी उतने ही अधिक पाठक लाभ ले पायेंगे, और उतने ही अधिक वे नवीन सूचना की प्राप्ति के लिए पुस्तकालय में आयेंगे।

(ii) **प्रसार सेवा आयोजित करना**—लोगों को पुस्तकालय के प्रति मोहित करने के लिए समय समय पर विशिष्ट विषयों अथवा प्रकरणों पर पुस्तकों की प्रदर्शनी आयोजित करनी चाहिए जिससे लोग पुस्तकालय में आने के लिए प्रेरित हो और पुस्तकालय का उपयोग करने की प्रवृति विकसित हो सकें।

(iii) **सामग्रियों की विविधता**—सामग्रियों में सिर्फ परम्परागत प्रलेखों की माँग हमेशा न होकर विभिन्न तरह के सामग्री की भी माँग हो सकती है जैसे चित्रलेख, छायाचित्र, किसी वस्तु की डिजाइन, मानक, प्लान तथा नक्शे, ग्रामोंफोन रिकॉर्ड आदि की भी माँग हो सकती है, अतः इन सामग्रियों का विवरण एवं इनके स्रोतों का ज्ञान अवश्य रखना चाहिए।

(iv) **सवालों का महत्त्व**—किस पाठक को किस सवाल के जानकारी का कितना महत्त्व है यह स्रोतों की सीमा और प्रकार के आधार पर सुनिश्चित करना असम्भव है। छोटी से छोटी सूचना का अंश काफी महत्त्वपूर्ण हो सकता है अतः अध्ययनकर्त्ताओं के उत्तर उनकी आवश्यकता के प्रसंग में मानकर शीघ्र प्रदान करने के लिए होना चाहिए।

(v) **सवालों का क्रम**—सन्दर्भ के प्रश्नों को दो क्रम में रखा जा सकता है। (1) आमादा सन्दर्भ (Ready Reference) (2) दीर्घकालीन सन्दर्भ (Long Range Reference)। त्वरित सन्दर्भ वे प्रश्न होते हैं, जिन्हें शीघ्र ही त्वरित स्रोतों से बिना किसी श्रम के हल कर दिया जाता है। दीर्घकालीन सन्दर्भ वे प्रश्न होते हैं जिन्हें हल करने के लिए अनेक रचनाओं एवं स्रोतों पर दृष्टिपात करना पड़ता है। अतः आवश्यक है कि इन प्रश्नों की एक फाइल सन्दर्भ विभाग में रखी जाय ताकि समय एवं श्रम नष्ट न हो।

(vi) **पुस्तकालयाध्यक्ष का नजरिया**—उपयोगकर्त्ता के प्रश्नों के उत्तर तथा प्रदानकर्त्ता के दृष्टिकोण एवं प्रसार में अन्तर अनजाने में उत्पन्न हो जाता है। यह पुस्तकालय की प्रकृति पर भी निर्भर करता है जैसे पुस्तकालय किसी मन्त्रालय का है तो सम्बन्धित मन्त्री द्वारा संसद में उत्तर देने की सामग्री को महत्त्वपूर्ण मानकर उसे उपलब्ध कराने में अधिक ध्यान दिया जाता है इसके विपरीत छात्रों के प्रश्नों को अधिक महत्त्व नहीं दिया जाता है। अतः प्रत्येक सन्दर्भ पुस्तकालयों को प्रत्येक पाठक के साथ समान दृष्टिकोण अपनाना चाहिए।

(vii) **वार्तालाप का महत्त्व**–प्रश्नों का उत्तर प्रदान करने के पूर्व सन्दर्भ पुस्तकालयी के लिए यह निश्चित करना आवश्यक है कि उसने पाठक की आवश्यकता तथा उसके प्रश्न का आशय पूरी तरह समझ लिया हैं। पाठक से अनेक प्रकार से ज्यों-ज्यों खोज की प्रक्रिया चलती रहती है प्रश्नों को स्पष्ट करने के लिए पूछताछ करते रहना चाहिए।

(viii) **सन्दर्भ सेवा पुस्तकालय सेवा का हृदय**–सन्दर्भ सेवा से ही पुस्तकालय लोकप्रिय और श्रेष्ठ बनता है। पुस्तकालय की कार्य कुशलता बढ़ाने से सन्दर्भ सेवा से ही सहायता प्राप्त होती है। इसीलिए सन्दर्भ सेवा को पुस्तकालय सेवा का हृदयस्थल कहा गया है।

(ix) **सन्दर्भ सेवा पुस्तकालय का आधार है**–अगर सन्दर्भ पुस्तकालय सन्दर्भ सेवा प्रदान नहीं करता है तो वह प्रसूचीकरण और वर्गीकरण के विषय में कभी भी जानकारी प्राप्त नहीं कर सकता। जिससे पुस्तकों को उपयुक्त स्थान पर प्राप्त करना अथवा प्रसूची से उनकी जानकारी प्राप्त करना सम्भव नहीं हो सकता हैं। अन्यथा पुस्तकों की जानकारी एक कठिन कार्य हो जाता है।

इस प्रकार हम देखते हैं कि सन्दर्भ सेवा का आयोजन पुस्तकालय की उपयोगिता को बढ़ाने और पुस्तकालयों को राष्ट्रीय विकास में महत्त्वपूर्ण भूमिका निर्वाह करने की दृष्टि से बहुत अनिवार्य है।

सन्दर्भ सेवा के नये आयाम

वर्तमान समय के पुस्तकालयों और उनके द्वारा उत्पन्न की गई सेवा का प्रयोजन अत्यधिक बदल चुका है। चूँकि जिस प्रकार 19वीं सदी में जन शिक्षा की मान्यता ने पुस्तकालय सेवा की विचारधारा में क्रान्ति पैदा कर दी थी सी प्रकार आज सामाजिक चिन्तन एवं विचारधारा के क्षेत्र में कम्प्यूटर नाम के यन्त्र ने क्रान्ति पैदा कर दी हैं। कम्प्यूटर को तकनीकी विशेषज्ञों ने भविष्य के लिए देवदूत की संज्ञा दी है। कम्प्यूटर भावी परिवर्तन के लिए सशक्त एवं प्रभावशाली उपकरण माना जा रहा है।

इसकी उपादेयता के कारण पुस्तकालय में इसके उपयोग करने के लिए बाध्य होना पड़ा है। कम्प्यूटर के कारण पुरानी विचारधारओं पर निर्भर परम्परा एवं विचारशीलता कार्य पद्धति, समस्याओं का निवारण आदि समस्त बदलाव एवं रूपान्तरित हो गये हैं परिणामतः पुस्तकालय सेवा पद्धति एवं व्यवस्था में बदलाव लाने के लिए नये मूल्यों एवं पद्धतियों को अपनाया जा रहा है। ऐसी अवधारणाएँ जिनका अध्ययन एवं विश्लेषण विचाराधीन है निम्नलिखित हैं।

(1) सन्दर्भ पुस्तकालयाध्यक्ष बनाम पुस्तक सूचीकार विशेषज्ञ—सन्दर्भ पुस्तकालयाध्यक्ष जिसका ज्ञान समस्त स्रोतों के विषय में कम होता था अब उनकी जगह पर विशिष्ट सन्दर्भ पुस्तकालयी अर्थात् सन्दर्भ सेवा के विशेषज्ञों द्वारा ग्रहण किया जा रहा है जिन्हें पुस्तक सूची विशेषज्ञ (Bibliographic Expert) कहा जाता है। वैसे तो सन्दर्भ सेवा कार्य सामान्य रूप से कुछ स्तरों पर चलता रहेगा लेकिन अब इसका लक्ष्य नित्य प्रति के साधारण कार्य की अपेक्षा गहन सूचना सुलभ कराना हो गया है। इसमें सूचना सामग्रियों को प्रदान करने के लिए वास्तविक खोज विश्लेषण तथा उपयुक्त तरीके से सम्प्रेषण करने के कौशल की आवश्यकता पड़ती है। परिणामतः उच्च कोटि के सूचना विशेषज्ञ के माध्यम से ही इस कार्य को सफलतापूर्वक पूरा किया जा सकता है।

(2) शक्ति चालित कार्य—सन्दर्भ सेवा के क्षेत्र में यन्त्रीकरण होने के कारण पुस्तकालयों के अन्तर्गत वैज्ञानिकों के अनुसार एक नई प्रणाली की उत्पत्ति की जा रही है जिसे अंग्रेजी में Procognitive System कहते हैं। इस विधि में उन उपकरणों एवं यन्त्रों का प्रयोग किया जाता है जिनके द्वारा विशालतम एवं पर्याप्त विस्तृत सूचना-सामग्रियों की जानकारी बड़ी तेजी के साथ प्राप्त की जा सकती है जो अब तक प्रयुक्त विधियों के माध्यम से सम्भव नहीं हो सकी थी। यह शक्ति कम्प्यूटर है।

(3) सही सूचना का परिचायक—जो पुस्तकालय छोटे व कम स्तर की सन्दर्भ सेवाये प्रदान करते हैं, उनके भी विस्तृत सन्दर्भ सेवा का आयोजन सम्भव हो रहा है तथा सूचना केन्द्र अथवा क्षेत्रीय पुस्तकालय जहाँ गहन सन्दर्भ सेवा प्रदान की जाती रही है वहाँ जानकारी सेवा का विकसित रूप लाया जा रहा है। इन केन्द्रों में विशिष्ट क्षेत्रों में सेवा का आयोजन उत्तम हो रहा है जिसके लिए विशेष योग्यता एवं कल्पनाशील पुस्तकालयी चुने जा रहे हैं।

(4) सूचना सामग्री—सन्दर्भ स्रोत के परम्परागत प्रलेखों की तुलना में अब अनेक प्रकार के नये स्वरूपों में प्रकाशित तथा अप्रकाशित रूप में अनेक सूचना सामग्रियाँ संकलित की जाती हैं। ऐसी सामग्रियों को विश्व के कोने-कोने से कम्प्यूटर के द्वारा संकलित एवं संग्रहीत किया जाता है और उपयोगकर्त्ताओं द्वारा माँग किये जाने पर जल्दी-से-जल्दी सुलभ कराया जाता है।

(5) समय को बचाना—कम्प्यूटर के माध्यम से आनलाइन सेवा, मैग्नेटिक डिस्क्, मैग्नेटिक टेप आदि सूचना को त्वरित सेवा के द्वारा पाठकों तक पहुँचाने का साधन है। इसके अतिरिक्त अन्य साधनों के प्रयोग से दूर-दूर स्थानों से सूचना

अधिक समय में मँगाकर सुलभ कराई जा रही है। कम्प्यूटर नेटवर्क पद्धति इस क्षेत्र में अध्येताओं के उपयोग की बहुत ही उपादेय एवं सुविधाजनक पद्धति है। इसीलिए आज हर राष्ट्र के प्रत्येक क्षेत्र में राष्ट्रीय स्तर पर कम्प्यूटर नेटवर्कों की स्थापना की जा रही है। इस क्षेत्र में अन्तर्राष्ट्रीय स्तर पर भी नेटवर्कों की स्थापना की जा रही है।

(6) अध्येतो—संग्रहीत सन्दर्भ पुस्तकों का दृष्टिपात उपयोगकर्त्ता स्वयं करता था जिससे उसके कीमती समय और श्रम दोनों नुकसान होते थे। लेकिन अब पाठक कम्प्यूटर के माध्यम से टेपराइटर, लाइटपेन तथा टेलीविजन स्क्रीन के माध्यम से संगृहीत सामग्रियों की जानकारी वार्त्तालाप कर प्राप्त कर सकता है, जिससे उसका अमूल्य समय नष्ट होने से तो बचता ही है साथ ही उसको इन सब बातों में श्रम भी नहीं करना पड़ता।

अतीत का अवलोकन तथा भविष्य की परिकल्पना करने से यह स्पष्ट होता है कि सन्दर्भ सेवा को कोई एक सार्वभौमिक दर्शन या सैद्धान्तिक आधार नहीं हैं जो सर्वमान्य हो और एक दृष्टि से व्यवहार में सर्वत्र प्रचलित हो। तथापि इसे बहुत अनिवार्य एवं लाभदायक परिचार्य के रूप में आयोजित किये जाने को श्रेयष्कर माना गया है जो आजकल अनेक रूपों तथा पद्धतियों में आयोजित की जाती है।

विवेचनात्मक पुस्तक एवं सन्दर्भ स्रोत

प्रश्नों के महत्त्व, परेशानियों के निराकरण और प्रतिकूल परिस्थिति को अनुकूल बनाने में प्रयोग की जाने वाली सामग्री सन्दर्भ स्रोत कहलाती है और इस दृष्टि से कोई भी सामग्री स्रोत हो सकती है यहाँ तक कि किसी विशेष तरह के प्रश्नों तथा शंकाओं का निवारण करने के लिए यदि कोई विशेषज्ञ व्यक्ति उपलब्ध है तो उसे भी सन्दर्भ स्रोत कहा जाता है। अन्य सन्दर्भ ग्रन्थ का पुस्तक किसी पुस्तक के एक स्वरूप से होता है। परम्परा से पुस्तकें, पत्र-पत्रिकाएँ तथा समाचार पत्र ही सन्दर्भ के मूल स्रोत माने जाते हैं। लेकिन आज सन्दर्भ की तुलना में सूचना का महत्त्व अधिक बढ़ गया है और जानकारी के महत्त्व के कारण ही सूचना देने वाले स्रोतों की संख्या में, स्वरूपों मे तथा विविधताओं में नियमित बढ़ोत्तरी हो रही है, तथा अप्रकाशित स्रोतों के दृष्टिकोण से भी महत्त्वपूर्ण हैं।

विवेचनात्मक पुस्तक की परिभाषा A.L.A Glossor ने दी है उसके अनुसार विवेचनात्मक पुस्तक वह कृति है व इसका निर्माण इस प्रकार हुआ है। जिससे किसी निश्चित सूचना-सामग्री का अवलोकन किया जा सके। अर्थात् विवेचनात्मक पुस्तक अथवा रचनाएँ वे पुस्तकें होती हैं **जिन्हें विशेष रूप से विशिष्ट ढंग से निर्मित किया**

गया होता है तथा जिन्हें विशिष्ट प्रकार की सूचना के लिए उपयोग में लाया जाता है। ऐसी पुस्तकें पाठ्य-पुस्तकों की तरह सतत् अध्ययन किये जाने की पुस्तकें नहीं होती हैं।

सन्दर्भ की ऐसी रचनाएँ जिन्हें सन्दर्भ स्रोत कहते हैं वे मूल स्रोतों की सूचना सामग्री को अत्यधिक व्यवस्थित ढंग से इस क्रम में प्रस्तुत करती हैं, जिससे अध्येता को सुगमतापूर्वक अभीष्ट जानकारी प्राप्त हो सके। सन्दर्भ स्रोत को महत्त्वपूर्ण माना जाता है और इसे द्वितीयक स्रोतों के क्रम में रखा जाता है और यह नित्य प्रति के आमादा अर्थात् उद्यत प्रश्नों के सन्दर्भ प्रस्तुत करते हैं इन सन्दर्भ स्रोतों में सूचना एवं सन्दर्भ सामग्रियों को इस ढंग से प्रस्तुत एवं ऑकलित किया गया होता है जिनसे नित्य प्रति की सूचना आवश्यकताओं को सुगमतापूर्वक सुलभ कराया जा सके। ऐसे स्रोतों में विश्वकोश, शब्दकोश, निर्देशिकाएँ, अब्दकोश, गजैटियर आदि आते हैं।

विवेचनात्मक पुस्तकों के उदाहरण–

(1) विश्वकोश– Encyclopaedia Britanica
Encyclopaedia Americana

(2) शब्दकोश– New Webster's Dictionary of the English Language.
Mc Graw Hill Dictionary of Scientific and Technical Terms.

(3) पुस्तक-सूची– Indian National Bibilography
British National Bibilography

विवेचनात्मक पुस्तक और सामान्य पुस्तक में अन्तर

1. **प्रकाशन में विभिन्नता** : साधारण पुस्तक को कोई भी प्रकाशित कर सकता है अर्थात् प्रकाशक कोई कम महत्त्वपूर्ण भी हो सकता है। जबकि विवेचनात्मक पुस्तक का प्रकाशक प्रसिद्ध एवं लोकप्रिय हो सकता है तभी उसके प्रकाशन का महत्त्व होता है।
2. **पृष्ठों की संख्या में विभिन्नता** : साधारण पुस्तक में पृष्ठों की संख्या लगभग मध्यम होती है। 100 पृष्ठों से लेकर 300 पृष्ठों तक लगभग होती

है। जबकि विवेचनात्मक पुस्तक में पृष्ठों की संख्या अत्यधिक होती है। और वह साधारण पुस्तक से कई गुना अधिक होती है।

3. **प्रदत्त सूचना में भिन्नता** : साधारण पुस्तक की सूचना सामान्य ही होती है। अर्थात् वह प्रमाणिक किसी भी तरह नहीं कही जा सकती है। जबकि विवेचनात्मक पुस्तक द्वारा प्रदत्त सूचना सत्य तथा प्रमाणिक होती है।

4. **उपयोगिता में अंतर** : साधारण पुस्तक की उपयोगिता अधिक पाठकों द्वारा अध्ययन करने पर भी कम ही होती है। जबकि विवेचनात्मक पुस्तक की उपयोगिता अत्यधिक होती है।

5. **स्थायित्व में अंतर** : साधारण पुस्तक के पृष्ठों के कागज व जिल्द इतने मजबूत नहीं होते कि वे अधिक दिनों तक टिकाऊ रह सके। जबकि विवेचना पुस्तक के पृष्ठ सुदृढ़ कागज के होते हैं तथा जिल्द भी कार्ड बोर्ड के बने होते हैं। इसलिए ये पुस्तक अधिक टिकाऊ होते हैं।

6. **पुस्तकालय कार्य में वैभिन्य** : सामान्य पुस्तक की देख-भाल पुस्तकालय के सामान्य कर्मचारी करते हैं। जबकि विवेचनात्मक पुस्तक का रख-रखाव संदर्भ पुस्तकालयी द्वारा किया जाता है जो संदर्भ सेवा का प्रशिक्षण लिये होते हैं।

7. **उद्देश्य का अंतर** : साधारण पुस्तक का उद्देश्य सामान्य ही होता है अर्थात् सामान्य तथ्य से पुस्तक बनाना होता है। जबकि

		विवेचनात्मक पुस्तक का उद्देश्य सामान्य न होकर विशिष्ट तथ्यों को प्रकट करना होता है।
8. **सूचना का अंतर**	:	साधारण पुस्तक में सूचनाएँ सामान्य ही होती हैं। जबकि विवेचनात्मक पुस्तक मे सूचनाएँ सामान्य न होकर विशिष्ट सूचनाएँ होती है।
9. **आकार एवं स्वरूप**	:	साधारण पुस्तक का स्वरूपएवं आकार एक पाठ्य-पुस्तक की ही तरह होता है। जबकि विवेचनात्मक पुस्तक का स्वरूप एवं आकार पाठ्य-पुस्तक की तरह न होकर अलग प्रकार का होता है।
10. **उपयोगकर्त्ता का अंतर**	:	साधारण पुस्तक का उपयोग सामान्य पाठक ही करता है, परंतु विवेचनात्मक पुस्तक का उपयोगकर्त्ता सामान्य पाठक न होकर विशिष्ट पाठक होता है।
11. **अध्ययन का अंतर**	:	साधारण पुस्तक का अध्ययन नियमित किया जाता है, जबकि विवेचनात्मक पुस्तक का प्रायः शुरू से लेकर अन्त तक एक साथ ही किया जाता है। जबकि विवेचनात्मक पुस्तक का अध्ययन कभी-कभी किया जाता है जो कभी किसी विशिष्ट सूचना की जानकारी के लिए किया जाता है।
12. **लेखकीय भिन्नता**	:	साधारण पुस्तक का लेखक सामान्य व्यक्ति ही होता है। जबकि विवेचनात्मक पुस्तक का लेखक एक विद्वान एवं उच्च्य योग्यता प्राप्त तथा अनुभवी व्यक्ति ही होता है।
13. **उपयोग में विविधता**	:	साधारण पुस्तक का उपयोग पुस्तकालय से बाहर अर्थात घर ले जाकर भी किया

		जा सकता है। जबकि विवेचात्मक पुस्तक को बाहर न ले जाने देने की वजह से इसे पुस्तकालय में बैठकर ही उपयोग करना पड़ता है।
14. मूल्य में अंतर	:	साधारण पुस्तक का मूल्य बहुत कम होता है, जिसे समाज का कोई भी व्यक्ति आसानी से खरीद सकता है। सामान्य पुस्तक की अपेक्षाकृत विवेचनात्मक पुस्तक की कीमत अधिक होती है अतः इसे व्यक्तिगत रूप से खरीदना असम्भव सा होता है। इसे पुस्तकालय ही खरीद सकते हैं।

सन्दर्भ प्रभाग की संगठन व्यवस्था

पुस्तकालयों के अन्तर्गत पाठकों को पुस्तकालय कर्मी जो मानवीय मदद देते हैं, उसे पुस्तकालय विज्ञान की भाषा में सन्दर्भ सेवा कहते हैं। वर्तमान समय में सन्दर्भ सेवा की महत्ता के कारण पुस्तकालयों में अन्य विभागों की तरह सन्दर्भ विभाग की आवश्यकता होती है जिसकी व्यवस्था पुस्तकालयों में की जाती है।

संगठन व्यवस्था के तत्त्व

किसी भी प्रकार के पुस्तकालय में सन्दर्भ विभाग का गठन करते समय इस बात का ध्यान रखना चाहिए कि—पुस्तकालय एक वर्द्धनशील संस्था होती है। अतः सन्दर्भ विभाग के लिए ऐसी रूप-रेखा का निर्माण करना चाहिए जिससे भविष्य में 10-15 सालों तक किसी प्रकार के परिवर्तन की जरूरत महसूस न हो। अतः सन्दर्भ विभाग के निर्माण में कुछ अग्रलिखित तत्त्व हैं—

(1) सन्दर्भ स्रोत—सभी पुस्तकालयों में उत्कृष्ट सन्दर्भ सेवा देने के लिये कई प्रकार के उपयोगी व महत्त्वपूर्ण सन्दर्भ स्रोत होने आवश्यक है। सन्दर्भ स्रोतों का संकलन पुस्तकालय के प्रकार, पाठकों के स्तर और आर्थिक संसाधनों के अनुसार किया जाता है। फिर भी प्रत्येक पुस्तकालय में विभिन्न प्रकार के सन्दर्भ स्रोतों का एक सन्तुलित संग्रह होना आवश्यक है। जिसमें सामान्य एवं विशिष्ट विश्वकोश, शब्दकोश, अब्दकोश, जीवनीकोश, गजेटियर्स, निर्देशिकाएँ तथा वार्षिकियाँ होती हैं।

(2) स्थिति–किसी भी पुस्तकालय में इस विभाग का उद्देश्य विभिन्न प्रकार की सूचना उपलब्ध कराके पाठकों को पुस्तक सहायता प्रदान करना होता है। अतः इस विभाग की स्थिति संग्रहकक्ष (Stack Room) के समीप ही होनी चाहिए तथा पुस्तकालय सूची विभाग के पास होनी चाहिए। कुछ विद्वानों ने यह भी कहा है कि सन्दर्भ विभाग पुस्तकालय के प्रवेश द्वार के पास ही होना चाहिए जिससे पाठकों के प्रवेश करने के साथ ही यह विभाग उनका आवश्यक मार्गदर्शन कर सके और उनकी विभिन्न तरह की समस्याओं का निराकरण भी कर सके।

सन्दर्भ विभाग के लिए कितने स्थान की आवश्यकता होगी इसका निर्धारण मानकों के आधार पर किया जाना चाहिए। विभाग में बैठने के लिए समुचित स्थान, फर्नीचर एवं अन्य सुविधाजनक उपकरणों की भी व्यवस्था होनी चाहिए। प्रकाश, हवा तथा विद्युत आदि की भी समुचित व्यवस्था का ध्यान रखना चाहिए। इस विभाग में सन्दर्भ डेस्क का विशेष महत्त्व होता है और डेस्क की कार्य-व्यवस्था पर ही सन्दर्भ विभाग की सफलता निर्भर करती है। अतः इसी डेस्क पर सभी महत्त्वपूर्ण सन्दर्भ स्रोत व्यवस्थित होने चाहिए। डेस्क का आकार भी अर्द्ध-गोलाकार रहता है।

(3) प्रभाग कर्मी–प्रभाग कर्मी या अध्यक्ष कोई भी हो उसमें नई परेशानियों को तलाशने और सन्दर्भ पुस्तकों को अपनी बुद्धि में समाविष्ट क्षमता तथा योग्यता होनी चाहिए जिससे वह सभी प्रकार के प्रश्नों के उत्तर प्रदान कर सके तथा अपने अधीनस्थ कर्मचारियों को भी पाठकों द्वारा पूछे गये प्रश्नों के उत्तर निकालने और देने के लिए प्रेरित कर सके। डॉ. रंगनाथन ने सन्दर्भ कर्मचारियों के सम्बन्ध में निम्न बातों पर अधिक बल दिया है।

(अ) सन्दर्भ कर्मचारियों को पुस्तकालय की सभी तकनीकियों, प्राविधियों, संगठन, विभिन्न भाषाओं तथा विषयों की जानकारी होनी चाहिए।

(ब) 50 पाठकों पर एक सन्दर्भ सहायक का चुनाव किया जाना चाहिए।

(स) सन्दर्भ कर्मचारी मृदुभाषी, व्यवहार कुशल, स्नेहाकांक्षी, निष्काम, भावना से कार्य करने वाले पाठकों के प्रति समर्पित होना चाहिए।

(द) सभी सन्दर्भ स्रोतों का पूर्ण ज्ञान होना चाहिए।

(4) रिफ्रल सेवा–प्रभाग के संगठन हेतु यह तय करना अनिवार्य है कि इसके अन्तर्गत क्या-क्या सेवाएँ प्रदान की जायेंगी। ये सभी पाठकों के प्रकार, स्तर, पुस्तकालय के प्रकार, स्तर एवं आर्थिक संसाधनों पर निर्भर करता है। प्रमुख रूप से पुस्तकालयों में दीक्षा-सेवा, परामर्श सेवा, प्रस्तुत एवं व्याप्त सन्दर्भ सेवा प्रलेखन सेवा

तथा अनुवाद सेवाओं की व्यवस्था की जा सकती है। रिफ्रल सेवा विशेष रूप से विश्वविद्यालयी तथा शोध पुस्तकालयों में प्रदान की जा सकती है।

(5) अभिलेखन—सन्दर्भ प्रभाग में पाठकों द्वारा पूछे गये कई तरह के सवालों तथा उनके विषय में दी गई जानकारियों को अभिलिखित करके रखना आवश्यक है इसके लिए पत्रक पर पाठक का नाम, उसका स्तर, पूछा गया प्रश्न, स्रोत का नाम आदि अभिलिखित कर लेना चाहिए। इस अभिलेखन से यह लाभ होता है कि उसी प्रकार की कोई सूचना बाद में अन्य कोई पाठक चाहता है तो उसे तुरन्त उपलब्ध करायी जा सकती है तथा यह भी एक अभिलेख के रूप में हो जाता है कि सन्दर्भ विभाग किस प्रकार का सेवा का कार्य पाठकों के हित में कर रहा है।

(6) मूल्यांकन—सबसे अन्त में पुस्तकालय द्वारा दी जाने वाली सन्दर्भ सेवाओं का मूल्यांकन करना बहुत अनिवार्य होता है। इससे यह ज्ञात हो जाता है कि सन्दर्भ सेवा कितने प्रभावशाली तरीके से प्रदान की जा रही है।

इस प्रकार हम देखते हैं कि पुस्तकालयों में सन्दर्भ विभाग की संगठन व्यवस्था आवश्यक जरूरी तत्वों को ध्यान में रखकर किया जायगा तो वह प्रभाग निश्चय ही सफलतापूर्वक कार्य करता रहेगा और पाठकों की सेवा करता रहेगा। सन्दर्भ विभाग पर ही समूचे पुस्तकालय की लोकप्रियता निर्भर करती है, इसी बात को ध्यान में रखकर प्रायः सभी पुस्तकालयों में सन्दर्भ विभाग की व्यवस्था की जा रही है। विकासशील तथा विकसित देशों के पुस्तकालयों में सन्दर्भ विभाग का प्रावधान एक मुक्त विभाग के रूप में हो रहा है, जिसके विशेषज्ञ भी होते हैं लेकिन भारतीय पुस्तकालयों में सन्दर्भ विभाग की अलग से स्थापना की ओर अभी तक ध्यान नहीं दिया गया था लेकिन अब भारत में भी अनेक पुस्तकालयों में जहाँ वर्तमान व्यवस्था है सन्दर्भ विभाग की स्थापना अलग से की जाने लगी है।

सन्दर्भ और सूचना के स्रोत

सन्दर्भ का आशय नये तथ्य या विषय ज्ञान से होता है, और सूचना उस विशेष ज्ञान या जानकारी जो किसी विशिष्ट विषय, तथ्य या घटना से सम्बन्धित होता है तथा उपयोगिता की दृष्टि से सम्प्रेषणीय होता है। स्रोत से आशय सूचना या सन्दर्भ की प्राप्ति के माध्यम से होता है। अतः सूचना या सन्दर्भ स्रोत का अर्थ सूचना उपलब्ध कराने वाली सामग्री से है। सूचना स्रोत ज्ञान जगत के किसी भी विषय से सम्बन्धित हो सकते हैं और उनका सीमांकन नहीं किया जा सकता है।

(ALA Glossary) के अनुसार, सन्दर्भ अथवा सूचना स्रोत वे रचनाएँ हैं जो अपने व्यवस्थापन और व्यवहार की विशेषता के कारण पाठ्य-पुस्तकों की तरह नियमित शुरू से अन्त तक नहीं पढ़े जाते बल्कि केवल किसी विशेष जानकारी या सूचना के लिए देखे जाते हैं और उनका उपयोग पुस्तकालय के अन्दर ही बैठकर किया जाता है।

संदर्भ सूचना की विशेषताएँ

सन्दर्भ स्रोत में निम्नलिखित विशिष्टतायें होती हैं–

(1) ये पाठ्य-पुस्तकों से अलग होते हैं।

(2) इसका उपयोगकर्त्ता एक साधारण पाठक न होकर विशिष्ठ पाठक होता है।

(3) यह पुस्तकालय कर्मचारी के मदद से उपयोग होता है।

(4) ये घर-पर पढ़ने के लिए प्रदान नहीं किए जाते हैं।

(5) इनका पुस्तक पुस्तकालय के अन्दर ही बैठकर पढ़ा जाता है।

(6) ये पाठ्य-पुस्तक की तरह शुरू से अन्त तक नहीं पढ़े जाते हैं।

(7) इनका उपयोग किसी विशेष सूचना प्राप्त करने हेतु किया जाता है।

(8) सन्दर्भ स्रोत पुस्तकालय में अन्य पुस्तकों से अलग एक विशिष्ट स्थान पर जिसे सन्दर्भ विभाग कहते हैं, में व्यवस्थित किये जाते हैं।

ग्रोगन के द्वारा किया गया विभाजन

ग्रोगन ने स्रोतों में निहित ज्ञान एवं सूचना सम्बन्धी गुणों के आधार पर सन्दर्भ-स्रोतों को निम्न तीन भागों में विभाजित किया है जिसे नीचे वर्णित किया जा रहा है–

(1) मौलिक स्रोत–यह सूचना को सबसे पहले प्रकाशित करने वाला स्रोत है। इन स्रोतों में मौलिक अनुसन्धानों, किसी विषय का मूल विवरण एवं वर्णन, किसी विचारधारा या विषय-वस्तु की नवीन एवं मौलिक व्याख्या या पुनर्व्याख्या या किसी प्राचीन एवं लुप्त विषय या वस्तु की खोज का मौलिक वर्णन प्रथम बार होता है। मौलिक सन्दर्भ स्रोत सम्बन्धित प्रकरण अथवा विषयों पर मौलिक एवं नवीनतम सूचना प्रदान करते हैं। प्रायः मौलिक स्रोत के रूप में मौलिक स्रोत बहुत ही महत्त्वपूर्ण होते हैं कोई भी विषय तभी समृद्ध बनता है जब तक उस क्षेत्र में मौलिक स्रोत प्रचुर मात्रा में उपलब्ध होते हैं। **उदाहरण**–शोध पत्रिकाएँ, शोध प्रतिवेदन, सम्मेलन कार्यवाहियाँ, शोध प्रबन्ध, डायरी आदि।

(2) द्वितीयक स्रोत—इस स्रोत में मौलिक जानकारी न होकर इन्हें सिर्फ मौलिक स्रोतों में दी गई जानकारी के आधार पर योजनाबद्ध तरीके से तैयार किया जाता है। ये मौलिक स्रोतों का सन्दर्भ प्रस्तुत करते हैं। द्वितीयक स्रोतों में सूचना संक्षिप्त तथा सुसंगठित होती है ये मौलिक स्रोत के बाद ही दृष्टिगोचर होते हैं। प्रायः मौलिक स्रोतों से प्रत्यक्ष रूप से सूचना सामग्री का प्राप्त करना सरल नहीं होता है। अतः द्वितीयक का अवलोकन पहले करना पड़ता है जिससे मौलिक स्रोत के उपयोग करने का मार्गदर्शन मिलता है। इनके उदाहरण इस प्रकार हैं—शोध पत्रिकाएँ, अनुक्रमणिका, सारांशकरण पत्रिका, पुस्तक सूची आदि।

(3) तृतीयक स्रोत—मौलिक एवं द्वितीयक स्रोतों से छनकर सूचना तृतीयक स्रोतों में विद्यमान होती है। अतः हम कह सकते हैं कि मौलिक और द्वितीयक स्रोत की सहायता से प्राप्त सूचना तृतीयक स्रोत होता है। तृतीयक स्रोतों का मुख्य कार्य एवं उद्देश्य मौलिक एवं द्वितीयक स्रोतों में विद्यमान सूचना कि प्राप्ति में सहायक होता है—

इन स्रोतों में विषय का ज्ञान नहीं होता है, बल्कि इनसे सूचना सम्बन्धित स्रोतों का संकेत मिलता है ज्ञान के विशाल भण्डार एवं नियमित बढ़ोत्तरी के कारण तृतीयक स्रोतों का महत्त्व अत्यधिक बढ़ जाता है। इन स्रोतों के उदाहरण-वाङ्मय सूचियों की वाङ्मय सूची, निर्देशिकाएँ, शोध प्रगति तालिकाएँ आदि होते हैं।

डॉ. रंगनाथन के द्वारा किया गया विभाजन

वैसे तो पारम्परिक रूप से पुस्तकें, पत्रिकाएँ तथा समाचार-पत्र ही मूल सूचना के स्रोत माने जाते हैं, लेकिन सूचना एवं सन्दर्भ स्रोतों की संख्या, स्वरूपों एवं आकारों में नियमित वृद्धि होती जा रही है। सूचना की उपलब्धि होने की दृष्टि से सन्दर्भ-स्रोतों को डॉ. रंगनाथन ने निम्न दो भागों में विभाजित किया है—

(1) परम्परागत स्रोत—इसके अन्तर्गत वे पुस्तके आती हैं जो परम्परागत रूप से सूचना के अभिलेखन के लिए उपयोग में आते चले आ रहे हैं कागज व मुद्रण कला के आविष्कार से पूर्व चर्म, भोज-पत्र, ताड़-पत्र पर लिखित ग्रन्थ हस्तलिखित हुआ करते थे। इस श्रेणी में पुस्तकें तथा पत्र-पत्रिकाएँ आती हैं चूँकि ये बहुत समय पहले से अथवा परम्परा से चले आ रहे हैं।

(2) अपरम्परागत स्रोत—यह स्रोत परम्परागत स्रोत से अलग होता है इसमें विचारों एवं सूचनाओं का अभिलेख नये वैज्ञानिक विधियों के माध्यम से किया जाता है।

डॉ. रंगनाथन के उपर्युक्त विभाजन से यह स्पष्ट है कि उन्होंने सन्दर्भ पुस्तकों के वर्गीकरण का आधार भौतिक स्वरूप को ही माना है विद्यमान स्रोतों में निहित ज्ञान एवं सूचना सम्बन्धी गुणों पर विचार नहीं किया है।

सन्दर्भ पुस्तकालयाध्यक्ष

यह ऐसा सदस्य होता है जो पुस्तकालय में उपलब्ध लगभग सभी पुस्तकों के विषय में ज्ञान रखने के साथ पुस्तकालय से सम्बन्धित विभिन्न जानकारियाँ और पाठकों की सहायतार्थ चुना जाता है।

पुस्तकालयों में पाठकों की सहायता के लिए अनेक प्रकार की विधियों, तकनीकियों का प्रयोग किया जाता है जिसमें वर्गीकरण एवं सूचीकरण प्रक्रियाएँ अत्यन्त महत्त्वपूर्ण एवं पाठकों के लिए महत्त्वपूर्ण प्रक्रियाएँ हैं। लेकिन सामान्य पाठक के लिए इन तकनीकियों को समझना एक कठिन कार्य होता है। अतः पाठक को अपनी इच्छित पुस्तक प्राप्त करने में ऐसे व्यक्ति की आवश्यकता होती है जो उसे इन कठिन तकनीकियों का प्रयोग समझा सके अर्थात् जो पाठकों की प्रेम व सद्भावना के साथ सहायता करे तथा उसकी इच्छित पाठ्य-सामग्री को प्राप्त करने में मार्गदर्शक का कार्य करे। पाठक की इस प्रकार की सहायता करने वाला व्यक्ति ग्रन्थालयों में **सन्दर्भ पुस्तकालयी** अथवा सन्दर्भ सहायक कहलाता है।

आज के समय में पुस्तकालयों के अन्तर्गत सन्दर्भ पुस्तकालयाध्यक्ष के कार्य क्षेत्र का विस्तार हो जाने के कारण इसका क्षेत्र व्यापक हो गया है। डॉ. रंगनाथन के अनुसार—सन्दर्भ पुस्तकालयी वह व्यक्ति होता है जो उचित समय पर उचित पाठक का उसकी इच्छित पाठ्य-सामग्री के कम समय में व्यक्तिगत रूप से सम्बन्ध स्थापित कराता है।

पुस्तकालय अध्यक्ष की भूमिका

(1) सन्दर्भ पुस्तकालयाध्यक्ष अध्ययनकर्त्ताओं और सन्दर्भ स्रोतों के मध्य विचौलिये का काम करता है अतः वह अध्येताओं की आवश्यकता के अनुसार सामग्रियों की व्याख्या तथा मूल्यांकन करता है। जब तक किसी भी सन्दर्भ सूचना को प्राप्त करने में व्यक्तिगत सम्प्रेषण रहेगा तब तक सन्दर्भ पुस्तकालयी की भूमिका अत्यन्त महत्त्वपूर्ण रहती है।

(2) किसी भी सन्दर्भ पुस्तकालयाध्यक्ष के कार्यों के मूल्यांकन की कसौटी उसकी वास्तविक भूमिका है। पुस्तकालय में सन्दर्भ पुस्तकालयी की वास्तविक स्थिति

प्रशासनिक दृष्टि से कुछ भी हो लेकिन पाठकों को पुस्तकालय सामग्री का अधिकतम उपयोग कराने में ही उसकी प्रमुख भूमिका मानी गई है।

(३) सन्दर्भ पुस्तकालयी को विषय विशेषज्ञ माना जाता है अर्थात् उसे पुस्तकालय विज्ञान के ज्ञान के साथ-साथ अन्य विषयों का ज्ञाता भी माना जाता है। अतः आज के वर्तमान पुस्तकालयों में पाठकों को विभिन्न विषयों से सम्बन्धित जानकारी प्रदान करने में सन्दर्भ पुस्तकालयी की भूमिका महत्त्वपूर्ण हो गयी।

पुस्तकालय अध्यक्ष की योग्यताएँ एवं गुण

सन्दर्भ पुस्तकालयाध्यक्ष बनने के लिए उसे समय के अनुसार सार्थकपूर्ण व जरूरत के अनुकूल सवालों का उत्तर तुरन्त देना चाहिए। सफल एवं उत्तम सन्दर्भ पुस्तकालयी में अनेक गुण एवं विशेषताएं होनी चाहिए। मोटे तौर पर सन्दर्भ पुस्तकालयी में निम्न योग्यताओं को हम तीन भागों में विभाजित कर सकते हैं–

(1) प्रशासनिक योग्यताएँ एवं गुण–प्रमुख प्रशासनिक योग्यताएँ एवं गुण निम्नलिखित हैं–

(क) साहसी–उसमें किसी भी कठिनाई से साहसपूर्वक लड़ने की योग्यता होनी चाहिए।

(ख) न्यायशील–उसे न्यायिक व्यक्ति होना चाहिए। अपने सभी सहयोगियों के साथ उसका व्यवहार निष्पक्ष होना चाहिए।

(ग) कार्य का मूल्यांकन करने की योग्यता–उसमें अपने कर्मचारियों के कार्यों को समझने व आँकने की योग्यता होनी चाहिए।

(ङ) उत्तम प्रशासक–सन्दर्भ पुस्तकालयी अपने सन्दर्भ विभाग का अध्यक्ष होता है। अतः उसमें अपने विभाग के कार्यों को संगठित करने तथा उसमें समन्वय स्थापित करने की प्रशासनिक योग्यता होनी चाहिए।

(घ) निर्देश देने की क्षमता–इसमें अपने कर्मचारियों को स्पष्ट आदेश एवं निर्देश देने की क्षमता होनी चाहिए तथा कर्मचारियों को नियन्त्रण में रखने की योग्यता होनी चाहिए।

(2) शैक्षिक एवं व्यावसायिक योग्ताएँ–प्रमुख शैक्षिक एवं व्यावसायिक योग्ताएँ अग्रलिखित हैं–

(क) शैक्षिक योग्यता–सन्दर्भ पुस्तकालयाध्यक्ष में ऊंचे स्तर की शैक्षिक योग्यता होनी चाहिए। उसको कम से कम स्नातक अथवा स्नातकोत्तर उपाधि अवश्य प्राप्त होनी चाहिए।

(ख) तकनीकियों का ज्ञान—सन्दर्भ पुस्तकालयाध्यक्ष को पुस्तकालय तथा पुस्तकालय विज्ञान के सभी तकनीकियों की सही जानकारी होनी चाहिए जिससे इस क्षेत्र में पाठको का ठीक तरह से सेवा कर सके।

(ग) व्यावसायिक यौग्यता—चूँकि सन्दर्भ पुस्तकालयी का व्यवसाय पुस्तकालय विज्ञान है। अतः सन्दर्भ पुस्तकालयी की योग्यता पुस्तकालयी की योग्यता पुस्तकालय विज्ञान में स्नातक उपाधि (B. Lib. Sc.) अवश्य होनी चाहिए।

(घ) शोध के प्रति अभिरुचि—सन्दर्भ लक्ष्य होता है, अतः समस्त दूसरे व्यक्तियों की भाँति सन्दर्भ पुस्तकालयाध्यक्ष को सन्दर्भ पुस्तकों का उपयोग अधिकांशतः शोधार्थी ही करते हैं। इसलिए शोध के प्रति अभिरुचि रखने वाला सन्दर्भ पुस्तकालयी पाठकों की उत्तम सेवा कर सकेगा।

(ङ) सभी विषयों का ज्ञान—सन्दर्भ पुस्तकालयी को अपने विषय के साथ-साथ विषयों का भी कुछ-कुछ ज्ञान होना चाहिए। चूँकि पुस्तकालय के पाठकों के विषय पृथक्-पृथक् होते हैं। इसलिए उन सभी की वही व्यक्ति अच्छी सेवा कर सकता है, जिसे सभी विषयों का ज्ञान होगा।

(च) अंग्रेजी भाषा का ज्ञान—चूँकि पूरे विश्व के विचार तथा सूचना के सम्प्रेषण की सम्पर्क भाषा अंग्रेजी होती है तथा साथ ही अधिकांश साहित्य अंग्रेजी भाषा में ही अभिलिखित होता है। अतः वही व्यक्ति सन्दर्भ पुस्तकालयी के कार्य में अधिक सफल हो सकता है, जिसे अंग्रेजी भाषा का अच्छा ज्ञान हो।

(छ) विश्व के अन्य भाषाओं का ज्ञान—चूँकि शैक्षिक साहित्यिक सामग्री अंग्रेजी के अलावा 50 प्रतिशत अन्य सभी विदेशी भाषाओं में प्रकाशित होती है। अतः सन्दर्भ पुस्तकालयी के लिए यह आवश्यक है कि वह अंग्रेजी के साथ-साथ विदेशी भाषाओं का भी ज्ञान रखें।

(ज) शिक्षा में रुचि—सन्दर्भ पुस्तकालयाध्यक्ष में शैक्षिक रुचि आवश्यक है। शैक्षिक अभिरुचि वाला व्यक्ति ही शैक्षिक लोगों की अर्थात् पाठकों की उत्तम तरीके से सेवा करने में सफल हो सकता है।

(3) व्यक्तिगत योग्यताएँ और गुण—प्रमुख व्यक्तिगत योग्यताएँ और गुण निम्नलिखित हैं—

(क) सहानुभूतिपूर्वक दृष्टिकोण—पाठकों के प्रति उसका व्यवहार भी सहानुभूतिपूर्वक होना चाहिए।

(ख) सहायक प्रवृत्ति—उसकी प्रकृति अर्थात् स्वभाव सहायता करने वाला होना चाहिए तभी वह पाठकों की मदद अधिक से अधिक कर सकता है।

(ग) अनुशासित—अनुशासन तो जीवन का एक लक्ष्य होता है अतः समस्त दूसरे व्यक्तियों की भाँति सन्दर्भ पुस्तकालयाध्यक्ष को भी अनुशासनप्रिय होना चाहिए तथा पुस्तकालय के नियमों के पालन में पूर्ण अनुशासन का पालन करना चाहिए।

(घ) मधुर भाषा बोलने वाला—सन्दर्भ पुस्तकालयाध्यक्ष मधुर भाषा बोलकर अधिकाधिक पाठकों को अपनी ओर आकर्षित करने में सफल होता है।

(ङ) आकर्षक व्यक्तित्व—सन्दर्भ पुस्तकालयी का व्यक्तित्त्व आकर्षक होना चाहिए जिससे पाठक स्वतः ही उसके व्यक्तित्त्व को देखकर आकर्षित हों और अधिकाधिक सेवा प्राप्त करने को उत्सुक रहें।

(च) समझ—सन्दर्भ पुस्तकालयी में अच्छी समझ भी होना अति अनिवार्य है।

(छ) अच्छा स्वास्थ्य—सन्दर्भ पुस्तकालयी को शारीरिक एवं मानसिक रूप से पूर्ण स्वस्थ होना चाहिए।

(झ) मधुर स्वभाव—उसका स्वभाव सौम्य होना चाहिए। उसका शिष्टाचार तथा मित्रतापूर्ण व्यवहार ही पाठकों को उसकी ओर अधिक आकर्षित करता है।

(ज) उच्च नैतिकता—उसका नैतिक चरित्र भी उच्च कोटि का होना चाहिए। एक सदाचारी व्यक्ति ही समाज में अच्छा प्रभाव डालने में सफल होता है।

शब्दकोश और सन्दर्भ सेवा

शब्दों का वह ज्ञान स्वरूप जिसके अन्तर्गत एक साथ कई शब्दों का ज्ञान होता है। किसी विषय की जानकारी अथवा किसी प्रश्न का उत्तर प्राप्त करने के लिए सबसे पहले उस शब्द या पद का अर्थ तथा अवधारणा से अवगत होना पड़ता है और उसे परिभाषाबद्ध करना पड़ता है और इसके लिए हमें शब्दकोश का अवलोकन करना पड़ता हैं अर्थात् शब्दों या पदों से तात्पर्य, व्युत्पत्ति, परिभाषा, प्रयोग आदि की जानकारी के लिए जिस पुस्तक का हम अवलोकन करते हैं उसे शब्दकोश (Dictionary) कहा जाता है। शब्दकोश शब्दों के प्रमुख स्रोत माने जाते है, इसीलिए इन्हें **शब्दों के कृति** की संज्ञा दी जाती है।

शब्दकोश के अन्तर्गत किसी विशिष्ट विषय या व्यवसाय के पदों या शब्दों की व्याख्या होती है। जिन्हें किसी सुनिश्चित अनुक्रम तथा व्यवस्था के अनुसार आकलित एवं व्यवस्थित किया गया होता हैं। जो प्रायः अनुवर्णिक क्रम में होता है जो उनके शब्दार्थ, तात्पर्य, उच्चारण, वर्तनी, शब्द विन्यास तथा वाक्य प्रयोग को प्रकट करता है। अतः शब्दकोश **शब्दों का भण्डार** होता है।

अनेक शब्दकोशों में किसी शब्द के इतिहास तथा अर्थ को निर्धारित करने के लिए उद्धरणों का भी वर्णन किया जाता है। किसी शब्दकोश का उपयोग मात्र उन शब्दों को निश्चित एवं परिभाषाबद्ध करने के लिए नहीं करना चाहिए जिनका हमें ज्ञान नहीं होता है बल्कि उनके लिए भी करना चाहिए जिन्हें हम सोचते हैं कि हम उन्हें जानते है। अर्थात् हो सकता है उनका ज्ञान दूसरे लोगों को न हो।

शब्दकोशों का संग्रहण तथा उपस्थितिकरण

शब्दकोशों का संग्रहण, निर्माण व प्रस्तुतीकरण अत्यन्त जटिल काम है जिसमें पर्याप्त बौद्धिकता, कार्य एवं श्रम की अनिवार्यता होती है। शब्दकोश के संग्रहण एवं प्रस्तुतीकरण में सकी प्रतिष्टियों के मुख्य स्रोत उल्लिखित एवं बोलचाल की भाषा और शब्द समूह होते हैं। अतः भाषा सम्बन्धी सामग्रियों तथा विवरण को बड़ी ही सावधानी एवं शुद्धता के साथ इकट्ठा करना पड़ता है। शब्दकोशों की आरम्भिक स्थिति एवं काल का अवलोकन करने से यह ज्ञात होता है कि वस्तुओं का निर्माण व्यक्तिगत प्रयत्नों का प्रतिफल रहा है। **डॉ. जानसन** (Samuel Johnson) इसके ज्वलन्त उदाहरण हैं जिन्होंने व्यक्तिगत प्रयत्न के ही आधार पर शब्दकोश का निर्माण किया था। भाषा तथा शब्दों के विवरण को एकत्रित करने के पश्चात् इसको वर्गीकृत किया जाता है इसके बाद परिणाम निकाला जाता है।

इसके बाद शब्दों के प्रस्तुतीकरण को सूचनात्मक स्वरूप में–जैसे शब्दार्थ, परिभाषा, प्रयोग, व्याख्या, व्याकरण तथा इसका उपयोग एवं प्रचलन आदि को व्यवस्थित करना पड़ता है अनेक शब्दकोशों का जन्म केवल नकल के आधार पर तथा अन्य शब्दकोशों से सामग्री लेकर हुआ है। लेकिन शब्दकोशो की रचना में कुछ प्रमुख शब्दकोशों से मार्गदर्शन प्राप्त करना आवश्यक भी होता है जो वैधानिक भी है। सामान्य भिन्नताएँ सभी शब्दकोशों में साधारण रूप से पायी जाती हैं। लेकिन शब्दकोशों की उपादेयता तथा उत्तमता सम्पादक मण्डल के अनुभव, प्रज्ञा, योग्यता, शुद्धता तथा सामग्रियों की प्रामाणिकता पर आधारित होती है। प्रकाशक के समृद्धिशाली होने का सहयोग भी इसमें होता है।

शब्दकोशों का उद्देश्य

काट्ज (William A. Katz) के अनुसार शब्दकोश के दो उद्देश्य होते हैं (प्रथम) प्रधान उद्देश्य (द्वितीय) गौण उद्देश्य। प्रतिष्टियों की संख्या, कीमत या अन्य किसी सोचनीय तथ्यों की स्थिति में भी यदि कोई शब्दकोश उपयोगी नहीं हो सकेगा। अतः किसी भी शब्दकोश का यह मौलिक उद्देश्य होता है कि उसमें

शब्दों की वर्तनी, अर्थ, अभिप्राय, उच्चारण तथा विन्यास का वर्णन अवश्य होना चाहिए। गौण उद्देश्य में एक ही अक्षर में व्युत्पत्ति, प्रमुख स्थानों के नाम स्पष्टतया, महत्त्वपूर्ण तथ्यों एवं प्रकरणों का उल्लेख, विदेशी पदों, मुहावरों एवं वाक्यांशों, पर्यायवाची एवं विलोम शब्दों, संकेताक्षरों, सामान्य ग्रामीण पदों का वर्णन आवश्यक किया गया होना चाहिए।

काट्ज के अनुसार कोई भी ऐसा शब्दकोश नहीं है जो हर दृष्टिकोण से संतोषजनक हो और सभी लक्ष्यों की पूर्ति करने में उत्तम सिद्ध हो सके। आज शब्दकोशों के उद्देश्य में भाषा के वास्तविक विकास का भी वर्णन करना चाहिए। इसीलिए शब्दकोशों के निर्माण में भाषा के मानकीकरण पर अधिक बल दिया जाने लगा है। यद्यपि यह विचारधारा प्रचलित है कि शब्दकोश केवल एक प्रकार का होता है तथापि शब्दकोशों की रचना अनेक दृष्टिकोणों तथा उद्देश्यों की पूर्ति के लिए की गई होती है।

शब्दकोशों के स्वरूप

निम्न उद्देश्यों को पूरा करने के लिए किये गये शब्दकोशों की रचना को निम्न प्रकार से वर्गीकृत किया जा सकता है।

(1) विशाल शब्दकोश—इस शब्दकोश में 265000 से अधिक प्रविष्टियाँ होती हैं। अग्रेजी भाषा के शब्दकोश इसी श्रेणी में आते हैं।

(2) ऐतिहासिक शब्दकोश—ये शब्दकोश ऐतिहासिक विवरण का उल्लेख करते हैं जिनमें शब्दों के इतिहास, आरम्भ और उद्भव आदि का ज्ञान होता है।

(3) विदेशी भाषा शब्दकोश—यह अनेक भाषाओं के शब्दकोश होते हैं जिनमें एक भाषा के शब्दों का अर्थ दूसरी भाषा में दिया गया होता है। ऐसी भी शब्दकोश होते हैं जिनमें एक भाषा के शब्दों का शब्दार्थ अन्य दूसरी भाषाओं में दिया रहता है।

(4) विषय शब्दकोश—यह शब्दकोश किसी विषय विशेष अथवा क्षेत्र के पदों तथा शब्दों की परिभाषाओं को प्रस्तुत करता है। इन्हें पारिभाषिक पदावली शब्दकोश (Dictionary of Technical Terms) भी कहते हैं। दो भाषाओं की पदावलियों के भी शब्दकोश होते हैं।

(5) अन्य शब्दकोश—अन्य समस्त शब्दकोश जैसे—**संकेताक्षरों एवं संक्षिप्त नामों के शब्दकोश, ग्राम्य भाषा एवं प्रयोगों के शब्दकोश, मुहावरों के कोश, पर्यायवाची शब्दकोश, उद्धरण शब्दकोश** आदि आते हैं।

वर्तमान पुस्तकालयों में हर तरह के शब्दकोशों की आवश्यकता होती है। जिससे सन्दर्भ की दृष्टि से सभी प्रकार के शब्दों की शंकाओं का निराकरण किया जा सकें। पुस्तकालयों में विशेष उद्देशीय शब्दकोश की भी अनिवार्यता होती है ऐसे शब्दकोश प्रमुखतः शब्दों के अनेक पक्षों का वर्णन करते हैं जिससे भाषा शब्दकोशों की सीमाओं की समस्या का निवारण होता है।

शब्दकोश से लाभ

शब्दकोशों से होने वाले प्रमुख लाभ निम्नवत हैं–

(1) ऐतिहासिक, पौराणिक तथा बाइबिल महापुरुषों के नामों का विवरण प्राप्त करना।

(2) उन विदेशी पदों एवं वाक्यांशों की जानकारी प्राप्त करना जो ज्यादातर प्रचलित होते हैं।

(3) शब्दों के उच्चारण की प्रामाणिकता के लिए।

(4) उद्धरणों, कहावतों, मुहावरों और वाक्यांशों की जानकारी प्राप्त करना।

(5) शब्दों की बोलचाल की भाषा का स्वरूप जानने के लिए।

(6) शब्दों के पर्यायवाची, विलोम तथा समानार्थी शब्दों को तय करना।

(7) शब्दों की ऐतिहासिक पृष्ठभूमि, प्रादुर्भाव तथा व्युत्पत्ति की जानकारी के लिए।

(8) **शब्दों के अर्थ हेतु**–शब्दों की उत्पत्ति, धारणा, अभिप्राय, अर्थ तथा परिभाषा जानने के लिए शब्दकोशों का सन्दर्भ सेवा में विशेष महत्त्व है।

(9) **शब्दों के शब्द-विन्यास वर्तनी**–शब्दों की विकास प्रक्रिया, वर्तनी, सामासिक चिन्ह की प्रामाणिकता, सत्यापन एवं जानकारी के लिए शब्दकोशों का उपयोग होता है।

(10) मुख्य स्थानों, वस्तुओं तथा क्षेत्रीय भौगोलिक नामों की जानकारी प्राप्त करने के लिए।

जीवन-चरित्र के स्रोत

जीवन-चरित्र के स्रोत का तात्पर्य

जीवन-चरित्र के स्रोतों की व्याख्या करने से पूर्व उसके अर्थ को जानना आवश्यक है जीवन-चरित्र को अंग्रेजी भाषा में Biography कहते हैं, जिसका हिन्दी अर्थ व्यक्ति की समस्त जीवन क्रियाओं का उल्लेख है अर्थात् व्यक्ति की जीवनी ही उसका जीवन-चरित्र होता है।

आइये अब जीवन-चरित्र के स्रोतों पर नजर डालते हैं। जीवन-चरित्र स्रोत वे स्रोत होते हैं जिनमें अनेक कार्य क्षेत्रों, क्रियाकलापों तथा विषयों से सम्बन्धित महान पुरुषों, योद्धाओं, वैज्ञानिकों, साहित्यकारों, विशेषज्ञों एवं राजनीतिज्ञों आदि के जीवन एवं विशेषताओं तथा उपलब्धियों का विवरण प्राप्त होता है। ज्ञान के इन स्रोतों से उक्त राष्ट्र के इतिहास का विवरण प्राप्त होता है। इतिहासकारों की उपयुक्त सामग्री प्रस्तुत करने के लिए जीवन-चरित्र स्रोतों का सहारा लेना पड़ता है अतः सूचना एवं सन्दर्भ सेवा के विषयों में जानकारी प्राप्त करने की जिज्ञासा भी होती है।

जीवन-चरित्र के स्रोत मूलरूप से उद्यत सन्दर्भ स्रोतों की रचनाएँ होती हैं इनसे व्यक्तियों के विषय में मूल तथ्यों की सूचना प्राप्त होती है जो निम्नलिखित हैं।

(1) अमुक व्यक्ति का पूरा नाम क्या है? और उसकी वर्तनी क्या है? इसके जन्म एवं मरण की तिथियाँ क्या हैं?

(2) किसी मुख्य व्यक्ति को कितनी शिक्षा मिली है और कहाँ-कहाँ से?

(3) अमुक व्यक्ति ने किन-किन पदों को सुशोभित किया है?

(4) अमुक व्यक्ति का जन्म कहाँ हुआ था और उसके माता-पिता कौन थे? उसके वर्तमान एवं पुराने पते क्या हैं?

(5) किसी लेखक की मूल रचनाएँ कौन-कौन सी है? इस लेखक के विषय में अन्य लेखकों की कौन-कौन सी रचनाएँ हैं।

जीवन-चरित्र स्रोतों में कभी-कभी सम्बन्धित व्यक्तियों के चित्र भी दे दिये गये होते हैं। इससे सूचना स्रोत का महत्त्व और बढ़ जाता है। किसी व्यक्ति विशेष के बारे में परिचयात्मक लेख प्रस्तुत करने अथवा कोई व्याख्यान देने में पर्याप्त सूचना एवं तथ्यों को एक स्थान पर क्रमबद्ध रूप में प्राप्त करने में सहायता मिलती है।

जीवन-चरित्र स्रोतों की विशेषताएँ

जीवन-चरित्र स्रोतों से सूचना प्रसार और सन्दर्भ सेवा को परिचित होना अति आवश्यक है। सन्दर्भ सेवा में सफलता प्राप्त करने के लिए जीवन-चरित्र स्रोतों से अच्छी तरह परिचित होना आवश्यक है। अतः इन स्रोतों की विशिष्टतायें निम्नलिखित हैं—

(1) विश्वकोशों को जीवन-चरित्र स्रोतों का एक विश्वसनीय एवं सर्वोत्तम स्रोत माना जाता है, लेकिन इनमें जीवित व्यक्तियों का उल्लेख नहीं मिलता है। अतः समकालीन व्यक्तियों के जीवन-चरित्र स्रोत के रूप में जीवन-चरित्र कोशों का ही उपयोग किया जाता है।

(2) राज्य/क्षेत्र/स्थानीय स्तर के जीवन-चरित्र स्रोतों में इन क्षेत्रों के प्रमुख व्यक्तियों का विवरण अधिक दिया जाता है और राष्ट्रीय तथा अन्तर्राष्ट्रीय स्तर के व्यक्तियों को इनमें स्थान नहीं मिलता है।

(3) अन्तर्राष्ट्रीय जीवन-चरित्र स्रोत प्रायः प्रकाशन के देश के प्रति पूर्वाग्रह रखते हैं अतः दूसरे शब्दों की अपेक्षा अपने राष्ट्र की राष्ट्रीयता को अधिक महत्त्व एवं स्थान प्रदान करते हैं।

(4) विषयोन्मुख तथा विशेष प्रकार के जीवन-चरित्र स्रोतों में से साधारण विषय क्षेत्रों की अपेक्षा सूचना से सम्बन्धित विषय क्षेत्र में ज्यादा विस्तारपूर्वक दिया जाता है। अर्थात् किसी विषय जैसे—विज्ञान, साहित्य अथवा समाज विज्ञान के जीवन-चरित्र स्रोतों में क्रमशः सम्बन्धित विषय की जीवनियाँ होती हैं।

(5) राष्ट्रीय जीवन-चरित्र स्रोतों में अधिक महत्त्व राष्ट्रीय जीवनियों को दिया जाता है।

(6) लेखकों का जीवन-चरित्र गैर लेखकों की अपेक्षा ज्ञात करना सरल होता है। जीवन-चरित्र स्रोतों में दोनों विवरणात्मक एवं समीक्षात्मक विवरण मिलते हैं।

(7) निधन समाचारों, महत्त्वपूर्ण उपलब्धियों, विख्यात एवं प्रमुख व्यक्तियों के प्रति अन्य के अभिमत एवं विचार तथा दृष्टिकोण के स्रोत के रूप में समाचार पत्रों एवं पत्रिकाओं की अनुक्रमणिकाओं को सर्वोत्तम स्रोत माना जाता है।

(8) किसी विशष्ट समय की अवधि में प्रकाशित जीवन-चरित्र स्रोतों में तत्कालीन विचार एवं अभिमत का प्रतिनिधित्व किया गया होता है अतः इनके आधार पर ही चयन किया जाता है और तदनुसार सूचना की मात्रा भी प्रस्तुत की जाती है।

शोध प्रविधि

जीवन-चरित्र स्रोतों से सवालों के उत्तर देने के लिए निम्न प्रकार के खोज नीति और विधि का अनुसरण करना चाहिए—

(1) सम्बन्धित व्यक्ति जिसके बारे में खोज की जा रही है किस राष्ट्र का रहने वाला है और किस विषय क्षेत्र से सम्बन्धित? जीवित है अथवा नहीं?

(2) सम्बन्धित व्यक्ति राष्ट्रीय, अन्तर्राष्ट्रीय, क्षेत्रीय अथवा स्थानीय स्तर का व्यक्ति है।

इन दृष्टिकोण तथा नीतियों को दृष्टिगत रखते हुए सूचना विवरण की खोज प्रश्नोत्तर हेतु अपनानी चाहिए।

(1) यदि उक्त व्यक्ति का व्यवसाय, कार्य क्षेत्र, अथवा विशेष क्षेत्र ज्ञात हो तो सर्वप्रथम विशिष्ट एवं व्यावसायिक जीवन-चरित्र स्रोतों का अनुसरण करना चाहिए अन्यथा 19वीं शताब्दी के सार्वभौमिक जीवन-चरित्र कोशों पर दृष्टिपात करना चाहिए।

(2) यद्यपि अनेक स्रोतों से जीवन-चरित्र तथ्यों आदि का संकलन करना श्रेयस्कर माना गया है। तथापि सामान्य एवं संक्षिप्त सूचना की दृष्टि से जीवन-चरित्र कोशों का उपयोग पहले करना चाहिए क्योंकि सर्वाधिक सम्भावित स्रोत इन कोशों (Biographical Dictionaries) को माना जाता है।

(3) यदि व्यक्ति की मृत्यु हो चुकी है तो पूर्वव्यापी स्रोतों पर दृष्टिपात करना चाहिए अन्यथा सामयिक स्रोतों का उपयोग करना चाहिए।

(4) यदि उस व्यक्ति की राष्ट्रीयता ज्ञात हो तो पूर्वव्यापी स्रोतों पर दृष्टिपात करना चाहिए अन्यथा सामयिक स्रोतों का उपयोग करना चाहिए।

अन्तर्राष्ट्रीय विश्लेषण

लन्दन और यूरोप में सन् 1935 में एक वार्षिकी को प्रकाशित किया गया था। जिसमें कला के क्षेत्र और विज्ञान के क्षेत्र का वर्तमान समय में सभी अन्तर्राष्ट्रीय स्तर के ख्याति प्राप्त व्यक्तियों को जीवन-चरित्र का उल्लेख मिलता है। यद्यपि इसका विस्तार क्षेत्र अन्तर्राष्ट्रीय है तथापि अंग्रेजी के प्रति अधिक ध्यान दिया जाता है। जीवन-चरित्र की रूपरेखा संक्षिप्त होती है जो केवल कुछ पंक्तियों में दी जाती है, जिसमें जन्मतिथि, राष्ट्रीयता, शिक्षा, व्यवसाय, वर्तमान पद, सम्मान, पुरस्कार एवं पदक तथा वर्तमान पदों का वर्णन होता है। कुछ व्यक्तियों की साहित्यिक रचनाओं अवकाश की अभिरुचि तथा दूरभाष्य का वर्णन भी मिलता है। जीवन वृतान्तों का संग्रह अनेक स्रोतों जैसे संगठनों, संघों, निकायों तथा सम्बन्धित व्यक्ति से स्वयं किया जाता है। विवरण प्रस्तुत करने में साम्यता नहीं है।

इसके शुरू में एक भाग में सम्राटों, शासकों तथा उनके पारिवारिक व्यक्तियों के भागों की सारणी प्रस्तुत की गई है जिसमें उनकी संक्षिप्त सूचना दी गई है। इसके पश्चात वर्तमान समय के लोकप्रिय महिला और व्यक्ति के जीवन परिचय को संक्षेप में दिया गया है जिन्हें अनुवर्णिक क्रम में आंकलित किया गया है। इस सारणी में 12000 से 15000 जीवन वृतान्त है। इसमें विश्व के 120 राष्ट्रों के अनेक क्षेत्रों के पुरुषों तथा महिलाओं जो अन्तर्राष्ट्रीय क्रियाकलापों, शासन, प्रशासन, कूटनीति, विज्ञान, आयुर्विज्ञान, विधि, कला तथा मनोरंजन में प्रमुख स्थान रखते है को स्थान दिया गया है।

इसका नियमित संशोधन किया जाता है अतः यह अद्यतन होता रहता है और राष्ट्रीय जीवन-चरित्र कोशों की कमी को पूरा करता है। अन्तर्राष्ट्रीय जीवन-चरित्र सूचना की प्राप्ति के लिए यह रचना एक उपयोगी सूचना स्रोत है।

विश्वकोश एवं संदर्भ सेवा

शब्दों के विशेष ज्ञान को दो कोशों के जरिये अर्जित किया जाता है, और इसको प्रदान करने के अनेक कोश प्रकाशित हैं। विश्वकोष सर्वाधिक पाठकों द्वारा प्रयोग किया जाता है। विश्वकोश सन्दर्भ स्रोतों में उस रचना को कहते है जिसमें सम्पूर्ण ज्ञान जगत् के सभी विषयों पर पूरा विवरण दिया हुआ हैं। विश्वकोश एक प्रकार की आदर्श-पुस्तक हाती है क्योंकि यह ज्ञान का ऐसा स्रोत है जो ज्ञान-जगत् के समस्त विषयों से सम्बन्धित जानकारी प्रदान करती है। इसमें सभी विषयों पर विवरण आलेख के रूप में वर्णानुक्रम में दिए रहते हैं विषकोश में विषयो से सम्बन्धित वर्णनात्मक, व्याख्यात्मक, संख्यात्मक, ऐतिहासिक, सचित्र, चार्ट सहित विवरण दिये रहते हैं।

विश्वकोश का अर्थ

विषय क्षेत्र के सम्बन्ध में पूर्ण रूप से संक्षिप्त आधारभूत ज्ञान को अर्जित करने के लिए विश्वकोश का निर्माण किया जाता है। शुरुआत में विश्वकोश मात्र प्रबुद्ध लोगों के उद्देश्यों की पूर्ति हेतु हुआ करते थे लेकिन आज विश्वकोश सामान्य ज्ञान एवं सामान्य पाठकों को ध्यान में रखकर निर्मित तथा प्रकाशित किये जाते हैं। विश्वकोश किसी भी विषय की पृष्ठभूमि जानकारी प्राप्त करने के लिए तथा स्वयं शिक्षा के लिए बहुत ही उपयोगी होते हैं।

ज्ञान की सभी शाखाओं से सम्बन्धित गहन जानकारियों की वर्णनुक्रम से व्यवस्थित साहित्यिक रचना को विश्वकोश कहते हैं।

विश्वकोश की विशेषताएँ

विश्व कोश की प्रमुख विशेषताएँ निम्नवत हैं–

(1) यह किसी भी प्रकरण का सम्पूर्ण पर संक्षेप में विवरण प्रस्तुत करता है।

(2) इसमें सामयिक घटनाओं का भी विवरण होता है।

(3) इसमें एक ही स्थान पर एक प्रकरण पर सम्पूर्ण जानकारी प्राप्त हो जाती है।

(4) किसी प्रकरण की पृष्ठभूमि से सम्बन्धित सभी प्रश्नों के उत्तर देने में सक्षम होता है।

(5) इसमें जानकारियों का व्यवस्थापन सक्षमतया वर्णक्रम के अनुसार होता है इसलिए किसी भी व्यक्ति को इसे देखने में कोई असुविधा नहीं होती है।

(6) यह विशेष और साधारण दोनों तरह के पाठकों को जानकारी प्रदान करता है।

(7) इसके प्रकाशक, प्रतिष्ठित प्रकाशन संस्थान होते हैं।

(8) विश्वकोशों से प्राप्त जानकारी प्रामाणिक तथा विश्वसनीय मानी जाती है।

(9) विश्वकोश सामान्य पाठकों, छात्रों, अध्यापकों एवं विशेषज्ञों की जिज्ञासा शान्त करने में समर्थ होते हैं।

(10) इस प्रकार विश्वकोश अपनी विशिष्टताओं की वजह से पाठकों की जिज्ञासा शान्त करने के लिए पर्याप्त सहायक सन्दर्भ उपकरण माने जाते हैं।

(11) विश्वकोश सन्दर्भ सेवा प्रदान करने का सबसे प्रधान तथा महत्त्वपूर्ण उपकरण होता है।

(12) सम्पूर्ण ज्ञान-राशि को अपने में समाहित किये रहता है।

(13) इसमें समस्त प्रकरणों पर सूचनात्मक लेख होते हैं।

विश्वकोशों के प्रकार

विश्वकोश मुख्यतः दो प्रकार के होते हैं–

(1) सामान्य विश्वकोश–ये वे विश्वकोश होते हैं जिनका सम्बन्ध किसी विशेष विषय से नहीं होता यह अन्य विषयों की भी पूर्ण जानकारी प्रदान करते हैं।

जैसे– Encyclopaedia Britanica
Encyclopaedia Americana

(2) विशेष विश्वकोष (Specialized Encyclopaedia)–यह विश्वकोश सिर्फ विशेष विषयों से सम्बन्धित ही जानकारी देते हैं।

जैसे– International Encyclopaedia of Social Science,
Mc Graw Hill Encyclopaedia of Science and Technology.

विश्वकोश का महत्त्व

विश्वकोश विवेचनात्मक पुस्तक होने के कारण समस्त ज्ञान का भंडार होता है और सभी महत्त्वपूर्ण तथा लाभकारी ज्ञान को प्राप्त किया जा सकता है इसके लाभ निम्नांकित कारण से होते हैं–

(i) जीवन का ज्ञान—विश्वकोश के जरिये विश्व के प्रमुख व्यक्तियों के जीवन से सम्बन्धी जानकारी भी प्राप्त होती है जैसे—अमेरिका के राष्ट्रपति लिंकन का जीवन-चरित्र सामान्य विश्वकोश में देखा जा सकता है। इसके अलावा अनेक ऐसे शब्दों की जानकारी की अन्य कोशों ने नहीं मिलती है तथा उन सभी विषयों की सूचना विश्वकोश से ज्ञात कर सकते हैं जिन्हें पुस्तकें उपलब्ध नहीं करा पाती हैं।

(ii) ज्ञान का भण्डार—विश्वकोश ज्ञान के भण्डार होते हैं विषयों की पृष्ठभूमि से सम्बन्धित प्रश्नों की जानकारी प्राप्त करने के लिए ये उत्तम स्रोत हैं। जैसे—पुस्तकालय के इतिहास को जानने के लिए पुस्तकालय विज्ञान के विश्वकोश का उपयोग कर सकते हैं।

(iii) सामान्य प्रश्नोत्तर—इस स्रोत के द्वारा सामान्य सवालों के उत्तर दिये जा सकते है जैसे—महात्मा गाँधी की जन्म तिथि, शेक्सपियर की रचनाओं की संख्या आदि।

(iv) अनुक्रमणिका—इसमें प्रत्येक लेख के अन्त में पुस्तकों की एक सूची दी हुई होती है इस प्रकार ये सूचियाँ सामान्य पाठक के स्तर की होती हैं।

(v) अन्य—विषयों/ प्रकरणों की जानकारी के अलावा सम्बन्धित विषय पर सांख्यिकी की जानकारी भी तालिका के रूप में देते हैं।

ब्रिटेनिका विश्वकोश

विश्वकोश का आशय

एक ऐसी कृति है जिसमें सम्पूर्ण ज्ञान-जगत का संक्षिप्त वर्णन है, अर्थात जिसके ज्यादा से ज्यादा विवेचनात्मक रचना में सांसारिक ज्ञान के भण्डार का उपयोग पाठकों द्वारा किया जाता है इसे विश्वकोश कहा जाता है। विश्वकोश एक ऐसी कृति होती है जिससे अधिक से अधिक प्रकरणों, विषयों, व्यक्तियों, स्थानों आदि पर सम्पूर्ण जानकारी प्राप्त की जा सके। उन पुस्तकालयों में जहाँ पृष्ठभूमि युक्त सन्दर्भ प्रश्नों को अधिक पूछा जाता है विश्वकोश ही मात्र ऐसी कृतियाँ होती हैं जिनसे इच्छित सामग्री तथा उत्तर प्राप्त किये जा सकते हैं।

विश्वकोशों के प्रकार

विश्वकोश अपनी प्रकृति, विषय-क्षेत्र और उपयोगिता के आधार पर दो प्रकार के होते हैं—

(1) साधारण विश्वकोश–जैसे Encyclopaedia Britannica, Encyclopaedia Americana।

(2) विशेष विश्वकोश–जैसे Encyclopaedia of Library and Information Science तथा Mc Graw Hill Encyclopaedia of Science and Technology.

ब्रिटेनिका विश्वकोश की विशिष्टताएँ

ब्रिटेनिका विश्वकोश की निम्नवत विशिष्टताएँ हैं।

(1) परिचय–यह विश्वकोश पश्चिमी राष्ट्रों में सबसे लोकप्रिय है। पश्चिमी पुस्तकालयों में मौलिक सूचना का अत्यन्त ही उपयोगी एवं विख्यात सन्दर्भ सूचना का एक उपस्करण माना जाता है और यह सबसे ज्यादा पुराना भी है जिसका सबसे पहला प्रकाशन आज से 238 वर्ष पहले 1768 में हुआ था और 1968 में इसने अपनी दो शताब्दियों का समय पूरा किया है।

इसका प्रथम संस्करण 3 भागों में था जो 1768-1771 (4 वर्ष) की अवधि में प्रकाशित किया गया। इसके प्रारम्भिक 8 संस्करण केवल ऐतिहासिक अभिरुचि के थे। इसके 9वें संस्करण को विद्वत संस्करण (Scholar edition) की संज्ञा दी गई थी जिसमें लम्बे-लम्बे आलेख प्रकाशित हुए थे तथा जिसके योगदानकर्त्ता 19वीं सदी की महान विभूतियाँ थीं। विशिष्ट विद्वानों के योगदानों के कारण 9वें, 11वें तथा 14वें संस्करण अनेक दृष्टिकोणों से उपयोगी तथा कीर्तिमान संस्करण कहे जाते हैं।

आर्थिक कठिनाइयों के कारण यह विश्वकोश सन् 1929 में ग्रेट ब्रिटेन से अमेरिका के लोगों के हाथों में आ गया और इसका 14वां संस्करण इसी वर्ष ब्रिटेनिका विश्वकोश के नाम से प्रकाश में आया। इसके पश्चात् सन् 1974 में इसका 15वाँ संस्करण प्रकाश में आया जो सभी सामान्य विश्वकोशों में सबसे विशालतम विश्वकोश है। 15वाँ संस्करण New Encyclopaedia Britannica के नाम से प्रकाश में आया।

(2) उद्देश्य–इस साधारण विश्वकोश का प्रयोजन मनुष्य के ज्ञान की रूपरेखा, विचारधाराओं, व्यक्तियों तथा घटनाओं के पारस्परिक सम्बन्ध को स्पष्ट करने के लिए पेश करना है। ज्ञान के क्षेत्र में यह प्राचीन ग्रीक दार्शनिक अरस्तू की विचारधारा से प्रभावित हैं क्योंकि इसके निर्देशक प्रोफेसर एडलर (Prof. Adler) की छाप इस पर पड़ी हुई है। इसलिए इस विश्वकोश का उद्देश्य प्रबुद्ध ज्ञान पिपासुओं को जो विश्व के विस्तृत ज्ञान वितरण में अभिरुचि रखते हैं उपयुक्त सामग्री प्रदान करना है।

(3) ज्ञान का विभाजन–इस विश्वकोश के अन्तर्गत ज्ञान धारा को एक वृत्तीय विधा मानते हुए इसे दस भागों में वर्गीकृत किया गया है। जिससे ज्ञान जगत का प्रारम्भ एवं अन्त का आभास नहीं होता है।

(4) प्रामाणिकता–इस 15वें संस्करण के सम्पादन मंडल में 100 से अधिक विशेषज्ञ थे और सलाहकार सदस्यों की संख्या 200 थी। इसके आलेख लगभग 4000 विशिष्ट योगदानकर्त्ताओं ने लिखे थे। इसलिए इस विश्वकोश की प्रामाणिकता उच्च स्तर की एवं सर्वोत्तम मानी जाती है। इसमें आलेखों को भी लेखकों के हस्ताक्षर कराके प्रामाणिक बनाया गया है।

(5) विन्यास–नये ब्रिटेनिका विश्वकोष में जो खण्डों का आंकलन नये तरीके से किया गया है जो निम्न तीन भागों में है और पुस्तकालयों में **EB3** के नाम से पुकारा जाता है तीनों भागों की व्यवस्था इस प्रकार हैं–

(क) माइक्रोपीडिया–उद्यद सन्दर्भ और अनुक्रमाणिक वाले पहले दस भागों को माइक्रोपीडिया कहते हैं। इसमें 12000 संक्षिप्त प्रविष्टियों को अनुवर्णिक क्रम में व्यवस्थित किया गया है इसमें अनुक्रमणिका सन्दर्भ तथा प्रतिनिर्देशों का प्रावधान विस्तृत आलेखों के लिए किया गया है इस प्रकार इसमें तथ्यात्मक सूचना अर्थात् संक्षिप्त ज्ञान का विवरण उल्लेख होता है। इस भाग को ज्ञान-सम्पुट (Knowledge Capsule) का रूप दिया जा सकता है। इसकी सामग्री उद्यत सन्दर्भ के कार्य की दृष्टि से उपयोगी है जिसमें विवरण कुछ पंक्तियों से लेकर 750 शब्दों तक के होते हैं। माइक्रोपीडिया ज्ञान के विस्तृत विवरण तथा समयानुसार उपयोगी प्रकरणों का सम्पुट है। पुस्तकालयों में इस भाग का उपयोग प्रश्नों के तथ्यों की शीघ्र जानकारी के लिए किया जाता है।

(ख) मैक्रोपीडिया–इसके दूसरे 19 खण्डों के भाग को मैक्रोपीडिया कहते हैं। जिसमें आलेखों को विस्तार पूर्वक पेश किया गया है। इसे गहन ज्ञान विवरण का भाग कहा जा सकता है। इसमें प्रायः अनुक्रमणी सन्दर्भ तथा प्रतिनिर्देशों का प्रावधान विस्तृत आलेखों के लिए किया जाता है। इस संस्करण की कोई Index नहीं है।

(ग) प्रोपीडिया–तीसरे एक खण्डीय भाग को प्रोपीडिया कहते हैं जो ज्ञान की रूपरेखा (Outlines) के शीर्षक से जाना जाता है। इसकी कोई अनुक्रमणिका नहीं है। प्रोपीडिया को व्यापक विषयों के अनुसार आँकलित किया गया है। प्रोपीडिया इतनी जटिल है कि इसका उपयोग करना ही कठिन कार्य है। अतः यह अनुपयुक्त रहती है।

ब्रिटेनिका शब्दकोश के गुण

इसके प्रमुख गुण निम्नलिखित हैं–

(क) यह विश्वकोश पूरक के रूप में 1938 से Britannica Book of the year को वार्षिकी के रूप में प्रकाशित करती है जो नये विश्वकोश के पूरक का कार्य करती है तथा पूरी रचना को अद्यतन रखती है और कोड के माध्यम से नये विश्वकोश के अनेक प्रकरणों की विस्तृत जानकारी भी प्रस्तुत करती है।

(ख) इस विश्वकोश में 430 लाख शब्दों का उपयोग किया गया है जबकि अमेरिकाना विश्वकोश में 310 लाख शब्दों का ही उपयोग किया गया है।

(ग) यह विश्वकोश सूचना की विशालता एवं शुद्धता के परिप्रेक्ष्य में भी अग्रणी माना जाता है।

(घ) इसकी कीमत अधिक होने के कारण सभी पुस्तकालयों के लिए इसे खरीदना कठिन होता है।

(ङ) इसमें दी हुई व्याख्यात्मक वाङ्मय सूचियाँ अतिरिक्त अभिगम सूचना का संकेत करती है।

(च) इसमें चित्रलेखों की संख्या भी सबसे अधिक है।

(छ) इसका 15वाँ संस्करण (1974) सामान्य विश्वकोशों में पूर्ण संशोधन का प्रतिनिधित्व करता है।

(ज) यह विश्वकोश विद्वतापूर्ण आलेखों के कारण निश्चय ही एक उत्तम कृति है। किसी भी पुस्तकालय के लिए ज्ञान के स्रोत की कृति के रूप में इसकी भूमिका अद्वितीय है।

मैकग्राहिल विश्वकोश : विज्ञान तथा तकनीक

(1) प्रामाणिकता–इस विश्व प्रसिद्ध विश्वकोश का प्रकाशक मैकग्राहिल बुक कम्पनी, न्यूयार्क (अमेरिका) है जो अपने मानव एवं स्तरीय प्रकाशनों के लिए विश्व के प्रकाशकों में प्रसिद्ध है। इस विश्वकोश की सम्पादन की नीति भी लगातार संशोधन की है। सम्पादन की नीति एवं वचनबद्धता इसे शुद्ध, अद्यतन तथा नवीनतम सूचना से परिपूर्ण रखने के लिए कृतसंकल्प है। फलतः कुछ ही समय में इसके 6 संस्करण प्रकाशित हो चुके हैं। इतने कम समय में अन्य किसी विश्वकोश के नये संस्करण प्रकाश में नहीं आये हैं।

इसके सम्पादक मण्डल एवं सलाहकारी समिति में विश्वविख्यात विषय विशेषज्ञ एवं वैज्ञानिक हैं।

(2) विवरण–McGraw Hill Encyclopaedia of Science & Technology विषय विश्वकोशों में अपना अद्भुत स्थान रखता है तथा विज्ञान और तकनीकी के क्षेत्र में एक प्रमुख एवं अन्तर्राष्ट्रीय स्तर का विश्वकोश है।

(3) प्रयोजन–विज्ञान और प्रोद्योगिकी के क्षेत्र में वर्तमान और सामयिक सूचना उपयोगकर्त्ताओं को आसानी से उपलब्ध कराना ही इस विश्वकोश का प्रमुख प्रयोजन है। अतः इसका गठन इसके उद्देश्य को ध्यान में रखकर सन्दर्भ-कार्य शीघ्रतापूर्वक उपलब्ध कराने के लिए किया गया है। यह विश्वकोश प्रत्येक प्रकार के अध्येता के लिए बहुमूल्य एवं लाभकारी है।

(4) क्षेत्र–विज्ञान एवं तकनीकी के क्षेत्र में यह विषय विश्वकोश पुस्तकालयी से लेकर अनुसन्धानकर्त्ता, छात्र तथा प्राविधिक लेखकों तक के अनेक श्रेणियों के अध्येताओं के लिए यह प्रामाणिक सन्दर्भ कृति के दृष्टि से एक व्यावहारिक सन्दर्भ उपकरण के रूप में अत्यन्त लाभप्रद है। वैज्ञानिकों तथा व्यावसायिक इंजीनियरों के लिए समस्त विषय क्षेत्रों का यह विश्वकोश विशेष रूप से बहुमूल्य एवं लाभदायक है। 5वें संस्करण (1982) के बाद जितने भी विकास विज्ञान एवं प्रौद्योगिकी के क्षेत्र में हुए हैं उनमें व्यापक पक्षों, प्रकरणों तथा प्रमुख विषयों के 77 विषय क्षेत्रों को शामिल किया है जिनका विस्तार ध्वनि विज्ञान से लेकर प्राणिकी तक है। विश्वकोश को संशोधित एवं पर्याप्त विस्तृत किया गया है जिससे नयी एवं सामयिक सामग्रियों का समावेश किया जा सके।

(5) विन्यास–इसकों निम्न बिन्दुओं के अन्तर्गत व्यक्त कर सकते हैं–

(क) **अनुक्रमणिका**–इस विश्वकोश में अनुक्रमणिका की व्यवस्था विशेष रूप से उल्लेखनीय और प्रशंसनीय है जिसे एक आदर्श एवं पूर्ण अनुक्रमणिका के नमूने के रूप में प्रयोग में लाया जाता है। इसकी अनुक्रमणिका में 158000 प्रविष्टियों का वर्णन किया गया है। इस अनुक्रमणिका में दो प्रकार की अनुक्रमणिका में दो प्रकार ही अनुक्रमणिका को प्रस्तुत किया गया है–

(i) विश्लेषणात्मक अनुक्रमणिका

(ii) गहन प्रकरणीय अनुक्रमणिका

(ख) संस्करण–सन् 1960 में इस विश्वकोश का पहला संस्करण प्रकाशित किया गया। जिसकी उपादेयता और लोकप्रियता के परिणामस्वरूप इसके अब तक अनेक संस्करण प्रकाशित हो चुके हैं। वर्तमान संस्करण में चित्रलेख तथा पूर्णतः रंगीन चित्र थे।

(ग) **आलेख**—इसके अन्तिम संस्करण में 7700 आलेखों को प्रस्तुत किया गया है जिसमें 2000 नवीन एवं पूर्णतः संशोधित आलेख शामिल हैं। इस संस्करण में 3500 विशेषज्ञों ने अपने बहुमूल्य एवं विशिष्ट योगदान दिए हैं जिसमें विश्वविख्यात 23 नोबल पुरस्कार विजेता शामिल हैं।

(6) विशेष लक्षण--प्रमुख विशेष लक्षण निम्नलिखित हैं—

(क) इसके सभी संलेख एवं प्रविष्टियाँ विश्वकोश को प्रतिनिर्देशों के माध्यम से एक साथ सम्बद्ध कर देते हैं जिससे विश्वकोश की विषय सामग्री को वार्षिकी के द्वारा अद्यतन कर दिया जाता है।

(ख) इस विश्वकोश को अद्यतन और अभिनव रखने के लिये हर साल McGraw Hill year Book प्रकाशित करती है। जिसमें वैज्ञानिक एवं तकनीकी के विगत वर्ष के क्रिया-कलापों एवं घटनाओं तथा खोजों का प्रतिवेदन एवं विश्लेषण प्रस्तुत किया जाता है जो एक संक्षिप्त मार्गदर्शिकार का कार्य करती है।

(ग) इसके आलेख सलाहकारी सम्पादकों के निर्देशन में विश्वविख्यात विशेषज्ञों द्वारा लिखे गये होते हैं।

(घ) इसकी अनुक्रमणिका का विश्लेषणात्मक भाग अध्ययनकर्त्ताओं को अतिशीघ्र जरूरत के सूचना सामग्री तक पहुँचा देता है।

(ङ) इस विश्वकोश को (up-to-date) रखने के लिए इसकी अब्दकोश (Year Book) का प्रकाशन एक सर्वोत्तम युक्ति मानी गयी है।

(च) पाठकों को सामयिक सूचना की जानकारी के लिए यह विश्वकोश एक अद्वितीय विवेचनात्मक है।

(7) शैली—इस विश्वकोश के सभी आलेख पूर्णतः वस्तुनिष्ठ, उद्देश्यपूर्ण एवं तथ्यों पर निर्भर हैं उनका प्रस्तुतीकरण बिल्कुल स्पष्ट एवं बोधगम्य है। प्रत्येक आलेख का प्रारम्भ विषय की परिभाषा से होता है उसके बाद सम्बन्धित विषय की विस्तृत सामग्री पूर्ण पृष्ठभूमि के साथ इस तरीके से प्रस्तुत की गई है कि उक्त विषय को पूर्ण सन्दर्भ का आकार प्राप्त हो जाये जिससे आलेख के मूलपाठ का अवलोकन सरलतापूर्वक किया जा सके।

लेखन की शैली और विधि उच्च स्तर की और गुणात्मक है। योगदानकर्त्ताओं ने प्राविधिक लेखन (Technical writing) की निरर्थक भाषा (Jargon) का उपयोग आलेखों में अधिक नहीं किया बल्कि गूढ़ सूचना एवं सारांश बोधगम्य शैली में दिया गया है।

पुस्तकालय और सूचना विज्ञान विश्वकोश

पुस्तकालय और सूचना के क्षेत्र में कई विश्वकोश, हैण्डबुक, शब्दकोश आदि उपलब्ध हैं। ALA year Book की गणना भी इस कोटि की प्रसंग रचनाओं में की जाती है लेकिन पुस्तकालय एवं सूचना विज्ञान के क्षेत्र में Encyclopaedia of Library and Information Science विशालतम एवं सर्वोत्तम विश्वकोश है जिसकी तुलना विश्व के सर्वोत्तम विश्वकोशों में की जाती है। नीचे हम यहाँ उसकी विशेषताओं का अग्र बिन्दुओं के आधार पर मूल्यांकन प्रस्तुत कर रहे हैं।

(1) आधार–द्वितीय विश्वयुद्ध के पश्चात् विश्व में सूचना नियन्त्रण और सूचना को पुनः प्राप्त करने के लिये गम्भीर रूप से विचार होने लगा। इस परेशानी का निदान करने के लिये सन् 1955 में J. H. Shera ने Centre for Documentation & Communication Research की स्थापना की जो अपने तरीके की सर्वप्रथम संस्था थी और इसी वातावरण में न्यूयार्क निवासी एक उत्साही प्रकाशक Marcel Dekker ने उस समय इसकी उपयोगिता एवं महत्ता को देखते हुए इस विश्वकोश के प्रकाशन का बीड़ा उठाया।

(2) क्षेत्र–इस विश्वकोश में निहित विषय वस्तु पुस्तकालय एवं सूचना विज्ञान के क्षेत्र से सम्बन्धित है। सभी राष्ट्रों के पुस्तकालयों, विशिष्ट प्रकार के पुस्तकालयों तथा संस्थाओं एवं पुस्तकालय व्यवस्था पर पर्याप्त प्रामाणिक आलेख प्रस्तुत किए गये हैं। इस विषय क्षेत्र के सभी सिद्धान्तों, धारणाओं, प्रविधियों, प्रक्रियाओं तथा संस्थाओं का मौलिक एवं संक्षिप्त सार इसमें विद्यमान हैं।

(3) उद्देश्य–इस विश्वकोश का प्रमुख प्रयोजन वर्तमान पुस्तकालय विज्ञान एवं कला के क्षेत्र की सम्पूर्ण ज्ञानराशि एवं सूचना सामग्रियों को संग्रहण कर प्रकाशित करना होता है।

(4) व्यवस्थापन–यह विश्वकोश 35 खण्डों में पूर्ण पुस्तकालय विज्ञान का विश्वकोश है। 36वें खण्ड से लेकर 42वें खण्डों तक पूरक खण्ड हैं जो दो वर्षों में प्रकाशित होते हैं। 1 से लेकर 36 खण्डों तक में Harold Lancour ने Allen Kent के साथ कार्यकारी सम्पादक के रूप में कार्य किया है। इस विश्वकोश का प्रत्येक खण्ड 400-700 पृष्ठों का है जिनमें क्रमबद्ध रूप से सामग्रियों को प्रस्तुत किया गया है। सम्पूर्ण खण्डों की सामग्री 2000 पृष्ठों में प्रस्तुत की गई है।

(क) आलेखों के अन्त में विस्तृत एवं सामयिक पुस्तक सूचियाँ प्रस्तुत की गई हैं, जिनसे आलेखों की सामग्री का अभाव दूसरी रचनाओं का विवरण ज्ञात हो जाता है।

(ख) इसके 34 और 35 खण्ड में समस्त खण्डों में पूरी अनुक्रमणिका पेश की गई है जिसमें सहायक प्रतिनिर्देश दिये गये हैं।

(ग) इससे यह विश्वकोश सदैव अद्यतन रहता है।

(घ) सामयिकता को बरकरार रखने के लिये इसके पूरक को दो सालों में प्रकाशित किया जाता है।

(ङ) मूलपाठ की सामग्रियों में आवश्यक स्थलों पर चित्रलेखों को भी प्रस्तुत किया गया है तथा निर्देशात्मक सारणियाँ भी आवश्यकतानुसार दी गयी हैं।

(च) अनुक्रमणिका में लेखक एवं विषय अनुक्रमणिका को भी प्रस्तुत किया गया है।

(छ) विषय प्रविष्टियों को विषयानुसार अनुवर्णिक क्रम में आँकलित किया गया है।

(ज) इसके प्रथम 5 पूरक अंकों में मान्यता प्रदान करने से लेकर सार्वभौमिक वाङ्मयात्मक नियन्त्रण के प्रकरणों को प्रस्तुत किया गया है।

(5) परिणाम—यह विश्वकोश विश्व का अपने क्षेत्र में पुस्तकालय एवं सूचना विज्ञान का इतना विस्तृत तथा प्रामाणिक प्रथम विश्वकोश है जिसकी तुलना एवं गणना विश्व के सर्वोत्तम एवं विशालतम विश्वकोशों में की जाती है। यह विश्वकोश पुस्तकालयों, सूचना वैज्ञानिकों, ग्रन्थ सूचीकारों, प्रलेखन विशेषज्ञों, व्यवस्था विश्लेषकों, अनुसन्धानकर्त्ताओं तथा छात्रों के लिए अत्यन्त सूचनाप्रद एवं उपयोगी सन्दर्भ उपकरण है। किसी पुस्तकालय में सामान्य रूप से तथा किसी पुस्तकालय में सूचना विज्ञान के पुस्तकालय के लिए यह लाभप्रद कृति है और समस्त विषय विश्वकोषों में विशालतम, परिपूर्ण, अद्यतन, समसामयिक, उपादेय एवं उपयोगी सन्दर्भ उपकरण है।

(6) प्रामाणिकता—इस विश्वकोश के प्रकाशक मारकेल डेक्कर (marcel Dekker), न्यूयार्क हैं तथा इसके सम्पादक Allen Kent तथा Harolor Lancour हैं। दोनों ही व्यक्ति पुस्तकालय विज्ञान के प्रमुख विशेषज्ञ रहे हैं। इस विशाल एवं महत्त्वपूर्ण विश्वकोश को पूर्ण करने में पुस्तकालय एवं सूचना विज्ञान के विशेषज्ञों तथा सिद्धान्त प्रवर्त्तकों का विशेष योगदान लिया है। अतः इसकी प्रामाणिकता श्रेष्ठ एवं सर्वोत्तम है जिसके सम्बन्ध में कुछ भी सन्देह नहीं किया जा सकता है।

राष्ट्रीय पुस्तक सूची

राष्ट्रीय पुस्तक-सूची को अंग्रेजी भाषा में National Bibliography कहते हैं। National का अर्थ है राष्ट्रीय अर्थात् किसी भी देश का और Bibliography

ग्रीक भाषा के दो शब्दों Bibiot araphien से मिलकर बना है। जिसमें Biblio का अर्थ होता है Bibiot (पुस्तक) और araphien का अर्थ होता है To Write (लिखना)।

इस प्रकार सम्पूर्ण शब्द Bibliography का अर्थ होता है पुस्तकों को लिखना। समय के साथ-साथ इसके अर्थ में भी बदलाव होता गया और Bibliography पद का अर्थ पुस्तकों के बारे में लिखना अथवा पुस्तकों का विज्ञान हो गया। अब Bibliography शब्द के अभिव्यक्ति के लिए अनेक नये पदों को उपयोग किया जाता है जैसे पुस्तकों को साखी या सन्दर्भ ग्रन्थ सूची का पुस्तक सूची आदि। वाङ्मयसूची की प्रधानता किसी लेखक, देश अथवा विषय की पुस्तकों की सूची माना गया है।

राष्ट्रीय पुस्तक सूची के स्वरूप

किसी देश में प्रकाशित की जा रही कृतियों की सारणियाँ उसके नागरिकों द्वारा उस देश से सम्बंधित लिखित कृति की तालिका अथवा उस राष्ट्र की भाषा में लिखित कृतियों की तालिका को राष्ट्रीय पुस्तक सूची कहते हैं। राष्ट्रीय वांङ्य सूची को अग्र श्रेणी में विभक्त किया जाता है।

(i) किसी देश में प्रकाशित सभी पुस्तकों की सूची।

(ii) किसी देश से सम्बन्धित सभी पुस्तकों की सूची।

(iii) किसी देश के नागरिकों की सभी प्रकाशित पुस्तकों की तालिका।

(iv) किसी देश के समस्त नागरिकों के बारे में प्रकाशित सभी पुस्तकों की तालिका।

(v) किसी देश से सम्बन्धित प्रकाशित सभी पुस्तकों की तालिका।

ऐतिहासिक स्तर

राष्ट्रीय पुस्तक-सूची की वर्तमान विचारधारा सौ सालों से ज्यादा प्राचीन नहीं है। यद्यपि 16वीं सदी में भी राष्ट्रीय पुस्तक-सूचियाँ प्रचलित थीं। इटली का पहला राष्ट्रीय प्रकाशन सन् 1550 में किया गया था। जर्मनी की राष्ट्रीय पुस्तक-सूची का प्रकाशन सन् 1821 में किया गया था। फ्रान्स की राष्ट्रीय पुस्तक सूची Biblio-graphic de la France को एक वास्तविक राष्ट्रीय पुस्तक सूची की संज्ञा दी जा सकती है। राष्ट्रीय पुस्तक सूचियों के उद्‌गम एवं विकास को मुद्रण कला एवं प्रौद्योगिकी ने अधिक प्रभावित किया है। यूरोप में प्रकाशन का अविष्कार सर्वप्रथम

हुआ इसीलिए राष्ट्रीय पुस्तक सूचियों का संकलन, प्रकाशन एवं प्रचलन सर्वप्रथम यूरोपीय राष्ट्रों से ही माना जाता हे।

उत्कृष्ट राष्ट्रीय पुस्तक सूची

वर्तमान समय में कई देशों के अन्तर्गत राष्ट्रीय पुस्तक-सूचियों का संकलन एवं प्रकाशन किया जा रहा हैं लेकिन प्रमुख देशों की राष्ट्रीय वाङ्य सूचियों पर दृष्टिगत करने से यह स्पष्ट हो जाता है कि उनमें साम्यता एवं एकरूपता नहीं है अर्थात् उनकी सामग्रियों के तालिकाकरण एवं क्षेत्र में भी काफी अन्तर है। ब्रिटिश नेशनल बिबिलियोग्राफी (BNB) ग्रेट ब्रिटेन में प्रकाशित पुस्तकों को ही अभिलेखबद्ध किया जाता है। पश्चिमी जर्मनी की राष्ट्रीय पुस्तक-सूची में जर्मन भाषा में प्रकाशित जर्मनी की पुस्तकों तथा दूसरे राष्ट्रों में जर्मन भाषा में प्रकाशित पुस्तकों को अभिलेखबद्ध किया जाता है।

उत्तम राष्ट्रीय पुस्तक सूची उसे कहते हैं जो सम्बन्धित देश की समस्त प्रकाशित एवं अप्रकाशित प्रलेखो, सभी एजेन्सियों के प्रकाशनों, व्यापारिक एवं गैरव्यापारिक प्रकाशनो, सभी भाषाओं में प्रकाशित प्रलेखें एवं सभी विषयों तथा समयावधि के प्रकाशनों को अभिलेखबद्ध किया जाता है किसी भी राष्ट्र की पूर्ण राष्ट्रीय पुस्तक सूची वह होती है जिसमें उसकी सम्पूर्ण वाङ्मयात्मक सामग्रियों को अभिलेखबद्ध किया जाता है। इस दृष्टि से व्यावहारिक पुस्तक सूची भी राष्ट्रीय पुस्तक का एक भाग होता है।

जैसे–

(i) Chian-huo hsin-sha-mu (China).

(ii) Deutseke National Bibliographic (Germany)

(iii) Australian National Bibliography (Australia)

(iv) Bibliographic de la France (France)

(v) British National Bibliography (Great Britain)

(vi) India National Bibliography (India)

उपयागिता और महत्ता

राष्ट्रीय पुस्तक-सूचियों के महत्त्व को इस तथ्य की वजह से मानते हैं जिससे सभी देशों के साहित्यिक उत्पादन का विवरण एक साथ एक ही स्रोत से शीघ्र ज्ञात हो जाता है। राष्ट्रीय पुस्तक-सूची पुस्तक-चुनाव के एक उपकरण और प्रसूचीकरण

एवं वर्गीकरण मार्गदर्शिका का कार्य करती है। साथ ही यह राष्ट्रीय साहित्यिक सम्पदा के सम्प्रेषण के एक उपकरण एवं साधन का कार्य करती है। किसी राष्ट्र के अतीत में क्या बौद्विक क्रियाकलाप एवं उत्पादन रहा है और नित्यप्रति कितनी प्रगति हो रही है उसका पूर्ण ज्ञान राष्ट्रीय वाङ्मय सूचियों से ही होना सम्भव होता है और राष्ट्रीय वाङ्मय सूची की सहायता से ही विशिष्ट विषय वाङ्मय सूचियों का संकलन एवं रचना की जाती है।

सभी प्रकार की वाङ्मय सूचियों के संकलन का मुख्य स्रोत वांङ्मय सूचियाँ ही हुआ करती है। इन्हीं वाङ्मय सूचियों के माध्यम से सम्पूर्ण विश्व के साहित्यिक एवं बौद्धिक क्रियाकलापों के उत्पादन का अनुमान लगाया जाता है।

राष्ट्रीय वाङ्मय सूचियों की उपयोगिता

राष्ट्रीय और अन्तर्राष्ट्रीय आधार समस्त प्रलेखों के बारे में जानकारी अर्जित करने के लिये यूनेस्को (UNESCO) ने सदैव इस प्रकार की वांङ्मय सूचियों के संकलन एवं प्रकाशन को प्रोत्साहन प्रदान किया है। अन्तर्राष्ट्रीय स्तर पर वांङ्मयात्मक नियन्त्रण की दृष्टि से सार्वभौमिक वांङ्मयात्मक नियन्त्रण हेतु राष्ट्रीय वाङ्मय सूचियों को अति आवश्यक माना गया है जिनके माध्यम से इस लक्ष्य की पूर्ति हो सकती है। वर्तमान में विश्व में 52 राष्ट्र राष्ट्रीय वाङ्मयसूचियों का प्रकाशन नियमित रूप से कर रहे हैं जिनमें 21 राष्ट्रीय वाङ्मय सूचियाँ अति उत्तम मानी गयी हैं। राष्ट्रीय वाङ्मय सूचियों की निम्नलिखित उपयोगिताएँ हैं–

(1) किसी देश विशेष में प्रचलित भाषाओं/भाषा में प्रकाशित प्रलेखों की पूर्ण जानकारी प्राप्त होती है।

(2) इससे किसी देश की समस्त साहित्यिक उपलब्धियों की पूर्ण जानकारी प्राप्त होती है जो किसी अन्य वाङ्मय सूची से उपलब्ध नहीं की जा सकती है।

(3) इससे पुस्तकालयियों तथा विद्वानों को ग्रन्थ चयन में सुविधा होती है और इस दृष्टि से इन्हें ग्रन्थ चयन उपकरण भी माना जाता है।

(4) इसके द्वारा ज्ञान और विद्वता का प्रवाह तथा प्रसार होता है।

(5) इससे ग्रन्थ व्यवसायियों को भी सहायता प्राप्त होती हैं और इससे व्यावसायिक वाङ्मयसूचियों की कमी की पूर्ति भी होती है।

(6) किसी देश विशेष में प्रकाशित सभी प्रलेखो के वाङ्मयात्मक नियन्त्रण की दृष्टि से राष्ट्रीय वाङ्मय सूची एक महत्त्वपूर्ण अभिलेख मानी गयी है।

(7) इसके द्वारा आने वाली पीढ़ी को उनके अतीत की साहित्यिक उपलब्धियों, संस्कृति एवं बौद्धिक क्रियाकलापों की जानकारी प्राप्त होती है।

भारतीय राष्ट्रीय पुस्तक सूची

2.19.1. विवरण

1. नाम	:	भारतीय राष्ट्रीय ग्रन्थसूची (INB)
2. प्रथम संस्करण	:	1958
3. सार	:	इसमें सामयिक प्रकाशनों (Current Publications) को ही शामिल किया जाता है इसलिए इसे Current Bibliography माना जाता है।
4. स्वरूप	:	यह भारत देश की राष्ट्रीय ग्रन्थ सूची है।
5. आवर्तन	:	मासिक (अक्टू. 1957 से दिन. 1963) मासिक (जून 1964) वार्षिक संकलन (1959) पंचवर्षीय एंकलन (1958-1962)

(1) ऐतिहासिक स्तर : जिसे संक्षेप में INB कहते है। भारतीय राष्ट्रीय पुस्तक सूची को सन् 1957 से प्रकाशित किया जा रहा है। इसे भारतीय प्रकाशनों का प्रामाणिक अभिलेख माना जाता है। भारत सरकार ने 1954 में राष्ट्र में Delivery of Book Act लागू किया जिसके अनुसार प्रत्येक प्रकाशक को अपने यहाँ प्रकाशित किसी भी पुस्तक की एक प्रति राष्ट्र के राष्ट्रीय पुस्तकालय को तथा तीन प्रतियाँ अन्य सार्वजनिक पुस्तकालयों को भेजना अनिवार्य था।1956 में इस अधिनियम में संशोधन किया गया जिसके अनुसार पत्र-पत्रिकाएँ तथा समाचार-पत्र (Periodicals and Newspapers) को भी भेजना शामिल कर लिया गया। इस प्रकार इस अधिनियम ने National Bibliography संकलित करने का मार्ग प्रशस्त किया।

(2) प्रामाणिकता—देश में स्थित प्रत्येक प्रकाशक को अपने यहाँ से प्रकाशित किसी पुस्तक, समाचार-पत्र अथवा सामयिकी की 3 प्रतियाँ National Library of India; Calcutta को भेजना अनिवार्य था। इस कार्य को पूरा करने के लिए एक Central Reference Library का नई दिल्ली में स्थापना करने का पहले विचार बना। लेकिन फिर सरकार ने इस कार्य का अधिकार राष्ट्रीय पुस्तकालय कोलकाता को ही दे दिया और उसके ही अधीन Central Reference Library की स्थापना की गई। चूँकि इसका प्रकाशन Central Reference Library करती है जो एक प्रामाणिक एवं राष्ट्रीय संस्था देश की National Library के अधीन कार्य करती है

इसलिए इसकी प्रामाणिकता स्वयं सिद्ध है। इसकी प्रामाणिकता पर कोई सन्देह नहीं किया जा सकता।

(3) उद्देश्य—आजादी मिलने के पश्चात् भारत सरकार ने देश के सभी हिस्सों में पुस्तक नियन्त्रण की जरूरत को महसूस किया। इसलिए भारतीय प्रकाशनों के वांङ्मयात्मक नियन्त्रण की दिशा में सक्रिय होने से INB का प्रकाशन महत्त्वपूर्ण एवं उद्देश्यपूर्ण है।

(4) क्षेत्र—सन् 1955 में भारत सरकार द्वारा India National Bibliography committee का गठन किया गया जिसका मुख्य कार्य INB के सम्बन्ध में उसके उद्देश्य, क्षेत्र, लिपि, वर्गीकरण, आवृत्ति आदि के विषय में विचार करके सरकार को संस्तुति करना था। इस समिति ने अपनी रिपोर्ट में इस प्रकार संस्तुतियाँ कीं।

(अ) लिपि से सम्बन्धित—इसकी लिपि को रोमन रखा जाय तथा व्याख्या (Annotations) अंग्रेजी मे देना तय हुआ।

(ब) क्षेत्र से सम्बन्धित—भारतीय संविधान द्वारा मान्यता प्राप्त सभी 13 भाषाओं की कृतियों को शामिल करने की संस्तुति की।

इन दोनों बातों में यह उद्देश्य था कि INB एक सार्वभौमिक वाङ्मयसूची (Universal Bibliography) होगी तथा राष्ट्रीय तथा अन्तर्राष्ट्रीय महत्त्व की हो सकेंगी।

इस तरह इसके अन्तर्गत भारत के संविधान में लिखित मान्यता प्राप्त 13 भाषाओं में प्रकाशित सभी पुस्तकों, पत्रिकाओं तथा समाचार-पत्रों को शामिल किया जाता है। वर्तमान में इसमें अंग्रेजी, हिन्दी, संस्कृत, मराठी, गुजराती, तमिल, तेलगू, उड़िया, मलयालम, कन्नड़, बंगाली, पंजाबी, असमिया आदि 13 भाषाओं में प्रकाशित साहित्य को शामिल किया जाता है। इसमें निम्नांकित को शामिल नहीं किया गया है—

(अ) मान-चित्रावलियाँ

(ब) कुंजियाँ, दिग्दर्शिकाएँ

(स) संगीत की पुस्तकें

(द) अन्य सस्ता साहित्य

(5) व्यवस्थापन—INB एक सामयिक राष्ट्रीय पुस्तक सूची है जिसके आंकलन प्रणाली को दो हिस्सों में विभाजित किया गया है—

(क) वर्गीकृत भाग—

(i) इसमें वर्गांक DDC के अंकन में प्रदान किये गये हैं।

(ii) इसमें प्रविष्टियाँ विषयानुसार व्यवस्थित हैं।
(iii) संलेखो को रोमन लिपि में लिखा गया है।
(iv) पुस्तकों को पूर्ण विवरण लेखक का नाम, आख्या, प्रकाशक, पृष्ठ संख्या, आकार, मूल्य, ग्रन्थ माला आदि दिया होता है।
(v) इसमें विस्तृत विषय शीर्षकों का उपयोग किया गया है।

(ख) वर्णिक भाग—

(i) इसमें क्रमानुसार लेखक, आख्या तथा विषय अनुक्रमणिका दी होती है।
(ii) इस भाग में केन्द्रीय तथा राज्य सरकारों द्वारा प्रकाशित अधिकृत रचनाओं को तालिकाबद्ध किया जाता है।

(6) परिणाम—इसे अग्र बिन्दुओं के अन्तर्गत व्यक्ति किया जा सकता है—

(क) **प्रकाशन**—इसके प्रारम्भ में त्रैमासिक प्रकाशन था तथा कुछ समय के लिए मासिक हो गया। कभी संचयी अंक निकाले गये। किसी-किसी वर्ष यह प्रकाशित न हो सकी।

(ख) **लिपि**—क्षेत्रीय भाषाओं में प्रकाशित त्रुटियाँ को रोमन लिपि में प्रस्तुत किया जाता है अतः रोमन लिपि से अनभिज्ञ उपयोगकर्त्ता इसका उपयोग नहीं कर पाते थे अतः 1961 से इसे अलग-अलग भाषानुसार प्रकाशित किया जाता है।

(ग) विशेष लक्षण और कमियाँ—

(i) इसका प्रकाशन नियमित नहीं होता है।
(ii) इसकी मुद्रण-व्यवस्था भी सही नहीं है।
(iii) इसके अन्तर्गत पुस्तके न भेजने वालों के खिलाफ सजा की व्यवस्था है फिर भी बहुत से प्रकाशक पुस्तकें नहीं भेजते हैं अतः उन पुस्तकों को इनमें शामिल नहीं किया जा सकता। इसलिए यह अघतन सूचना नहीं दे पाती है।
(iv) चूँकि आजकल पुस्तकों के अतिरिक्त Disk, Floppies, Tapes, Mecroforms आदि भी पठनीय सामग्री के अन्तर्गत गिने जाते हैं लेकिन इनके लिए इसमें कोई प्रावधान नहीं है और न ये इसमें शामिल किये जाते हैं जबकि आज ज्ञान के सबसे महत्त्वपूर्ण उपयोगी उपकरण ये ही हैं।
(v) किसी भी देश की वांङ्मय सूची को आदर्श रूप में होना चाहिए जिससे INB बहुत दूर है।
(vi) INB की सीमाओं के कारण यह निष्कर्ष निकलता है कि दूसरे राष्ट्रों की अपेक्षा हमारे देश की राष्ट्रीय ग्रन्थ सूची (INB) अत्यधिक पिछड़ी

हुई है। इसके सुधार के उपाय किये जाने चाहिए तब ही एक उत्तम ग्रन्थ-सूची (Modest Bibliography) का रूप धारण कर सकने में सक्षम हो सकेगी।

भारतीय राष्ट्रीय पुस्तक-सूची और ब्रिटिश राष्ट्रीय पुस्तक-सूची

भारतीय राष्ट्रीय ग्रन्थ-सूची (आई एन बी)

भारतीय राष्ट्रीय ग्रन्थ सूची (Indian National Bibliography) का संक्षिप्त नाम IBN है। यह भारत की राष्ट्रीय पुस्तक सूची है। इसमें सामयिक भारतीय प्रकाशनों का प्रामाणिक वाङ्मयकता अभिलेख माना जाता है। स्वतन्त्रता प्राप्ति के बाद भारत सरकार ने पूरे राष्ट्र में वाङ्मयात्मक नियन्त्रण की आवश्यकता की दिशा में सक्रिय हाने के उदेश्य से इस ग्रन्थ सूची की रचना की गयी।

ब्रिटिश राष्ट्रीय पुस्तक सूची (बी एन बी)

ब्रिटिश राष्ट्रीय पुस्तक-सूची (British National Bibliography) जिसे संक्षेप में BNB कहते हैं यह ग्रेट ब्रिटेन की राष्ट्रीय पुस्तक-सूची है। इसे सामयिक पुस्तक में नये ब्रिटिश प्रकाशनों का प्रमाणिक वाङ्मयात्मक अभिलेख माना जाता है। ब्रिटिश सरकार ने पूरे राष्ट्र में वांङ्मयात्मक नियन्त्रण की आवश्यकता को बड़ी तेजी के साथ महसूस किया। इसलिए ब्रिटिश प्रकाशनों की दिशा में वाङ्मयात्मक नियन्त्रण का प्रमुख उदेश्य रहा है।

दोनों का तुलनात्मक अध्ययन

	तुलनात्मक बिन्दु	भारतीय राष्ट्रीय ग्रन्थ सूची (INB)	ब्रिटिश राष्ट्रीय ग्रन्थ (BNB)
1.	देश सूची है।	यह भारत देश का ग्रन्थ	यह ग्रेट ब्रिटेन देश की राष्ट्रीय ग्रन्थ सूची है।
2.	प्रकाशन प्रारम्भ	इसका प्रकाशन 1957 से प्रारम्भ हुआ है।	इसका प्रकाशन 1950 प्रारम्भ हुआ है।
3.	प्रकाशक	इसका प्रकाशक केन्द्रीय सन्दर्भ पुस्तकालय कलकत्ता है जो भारत के राष्ट्रीय पुस्तकालय कलकत्ता में British, Library है।	इसका प्रकाशक Biblio graphic Service Division लन्दन स्थित है।
4.	प्रामाणिकता	इसके प्रकाशन का प्राधिकरण (Authhority) भारत का केन्द्रीय	बी एन बी प्राधिकरण Biblio-graphic Service Division,

		सन्दर्भ पुस्तकालय कलकत्ता है जो राष्ट्रीय पुस्तकालय कलकता में ही स्थित है जो तथा जो एक स्थायी एवं प्रामाणिक संस्था है।	British Library, London है जो एक प्रामाणिक एवं लोकप्रिय संस्था है इसके प्राधिकरण में निम्न संस्थाएँ सम्मिलित हैं– (1) Copy Right Dept of British Museum (2) Library Association (UK) (3) Association of Publishers & Book Sellers (4) ASLIB
5.	**उद्देश्य**	इसका उद्देश्य देश में **वाङ्मयात्मक** नियन्त्रण की दिशा में कार्य करना रहा है।	इसका भी उद्देश्य वाङ्मयात्मक नियन्त्रण की दिशा में कार्य करने का था।
6.	**आवृत्ति**	(a) इसकी आवृत्ति मासिक है। (b) त्रैमासिक रही (अक्टू.1957 से दिस. 1963 तक) (c) मासिक (जनवरी 1964 से) (d) एक वर्षीय संचयी खण्ड (1959 से) (e) पंचवर्षीय संचयी खण्ड (1958-62 तक)	(a) इसकी आवृत्ति साप्ताहिक है। (b) मासिक संचयी खण्ड भी प्रकाशित होते हैं। (c) त्रैमासिक संचयी खण्ड भी प्रकाशित होते हैं। (d) वार्षिक संचयी खण्ड भी प्रकाशित होते रहते हैं। (e) पंचवर्षीय संचयी विषय प्रसूचियाँ प्रकाशित होती हैं।
7.	**व्यवस्थापन**	इसकी आंकलन व्यवस्था वर्गीकृत है तथा इसे दो भागों में विभक्त कर दिया गया है। **वर्गीकृत भाव** (1) इसमें संलेख विषयानुसार आकलित हैं। (2) इसमें वर्गांक DDC से प्रदान किये जाते हैं। (3) इसमें विस्तृत विषय शीर्षकों का उपयोग किया जाता है। (4) संलेखों को रोमन में लिखा जाता है। (5) कृति का पूर्ण वाङ्मयात्मक विवरण दिया जाता है।	इसकी आकलन व्यवस्था भी निम्न दो प्रकार की होती है। **वर्गीकृत भाव** (1) इसके संलेखों को विषयानुसार आकलित किया जाता है। (2) इसमें वर्गांक DC के अंकन में प्रदान किये जाते हैं। (3) इसमें विषय शीर्षकों के निर्माण के लिए शृंखला प्रक्रिया का उपयोग किया जाता था लेकिन अब उसका उपयोग किया जा रहा है। (4) संलेखों को AACR-I के अनुसार निर्मित करते हैं। (5) कृति का पूर्ण वाङ्मयात्मक विवरण के साथ-साथ ISBN

		तथा BNB क्रमांक दिये जाते हैं।
	अनुवर्णिक भाग (1) इस भाग में केन्द्रीय तथा राज्य सरकारों द्वारा प्रकाशित अधिकृत कृतियों को तालिकाबद्ध किया जाता है। (2) इसमें क्रमानुसार लेखक, आख्या तथा विषय अनुक्र-क्रमणिका दी होती है।	**अनुवर्णिक भाग** (1) इसमें Index होती है जो लेखक आख्या तथा माला (Series) की होती है। (2) इसमें अलग-अलग आख्या अनुक्रमाणिक तथा विषय अनुक्रमणिका होती है। (3) विषय अनुक्रमणिका में वर्गांक तथा विषय के नाम दिये जाते हैं।
8. **भाषा से सम्बन्धित**	भारतीय संविधान में मान्यता प्राप्त 13 भाषाओं (कश्मीरी को छोड़कर) तथा अंग्रेजी में भी प्रकाशित सम्पूर्ण कृतियों को शामिल किया जाता है।	इसमें मात्र इंग्लैण्ड देश की मातृ भाषा अंग्रेजी में ही प्रकाशित पुस्तकों को ही शामिल किया जाता है।
9. **पुस्तकों की प्राप्ति**	भारत सरकार के Books Delivery Act. 1954, 1956 के अनुसार प्राप्त की गई पुस्तकों को शामिल किया जाता है।	ग्रेट ब्रिटेन के कापीराइट एक्ट के अन्तर्गत प्राप्त सभी प्रकाशित कृतियों को इसमें शामिल किया जाता है।
10. **सम्मिलित नहीं**	इसमें निम्न को सम्मिलित नहीं किया जाता है (a) पत्र-पत्रिकाओं तथा समाचार पत्रों के प्रथम अंक को छोड़कर। (b) कुंजियाँ/दिग्दर्शिकाएँ (c) संगीत की पुस्तकें (d) सस्ते उपन्यास (e) क्षणिक पाठ्य सामग्री जैसे टेलीफोन डायरेक्टरी, कम्पनी रिपोर्ट इत्यादि।	इसमें भी अग्र शामिल नहीं किया जाता है— (a) पत्र-पत्रिकाओं तथा समाचार पत्रों के प्रथम अंक को छोड़कर। (b) पुनर्मुद्रित कृतियाँ। (c) संगीत की पुस्तकें। (d) सस्ते की पुस्तकें। (e) आयरलैण्ड के राजकीय प्रकाशन। (d) स्थानीय निकाय तथा ब्रिटिश राजकीय प्रकाशन।
11. **विशिष्ट**	(1) इसकी प्रकाशन व्यवस्था को अधिक महत्त्व नहीं दिया जाता है। (2) अनियमित तथा विलम्ब से प्रकाशित होने के कारण इसका महत्त्व कम हो गया है।	(1) इसकी प्रकाशन व्यवस्था उत्तम एवं सुन्दर है। (2) इसका संचालन सुचारू रूप से चल रहा है इसलिए इसके प्रकाशन में कोई बाधा नहीं आती है। इसलिए यह पूर्ण एवं अद्यतन रहती है।

	(3) डिलीवरी एक्ट के अनुसार प्रकाशनों को नियमित रूप से न भेजने वालों के लिए दण्ड का प्रावधान है फिर भी इस ओर प्रकाशक ध्यान नहीं देते हैं। इसलिए प्रकाशनों के पूर्णतः प्राप्त न होने के कारण इसका पूर्ण एवं अद्यतन होना असम्भव है।	(3) प्रामाणिक सूची पत्रक के प्रयोग से इसकी सुविधा और बढ़ गई है।
	(4) इसमें पुस्तकों के अलावा अन्य प्रलेखों जैसे डिस्क, मैग्नेटिक टेप, माइक्रोफिश आदि को सम्मिलित नहीं किया जाता है जबकि आज सूचना के प्रमुख उपकरण ये ही होते हैं।	(4) मार्क फाइल के कारण भी उत्तम मानी जाती है।
12. प्रतिपादन शैली	(1) भारतीय भाषाओं की लिपियों की भिन्नता के कारण रोमन लिपि को अपनाया जाता है।	(1) लेखक प्रविष्टि के लिए मुद्रित पत्रक सेवा प्रदान करती है तथा ये प्रविष्टियाँ मानक पत्रकों पर प्रस्तुत की जाती है।
	(2) लेखकों के नामों तथा पुस्तकों की आख्याओं को रोमन लिपि में भाषा के चिह्नों के साथ बदल परिचित दिया जाता है जिसका उद्देश्य रोमन लिपि से परिचित कराना होता है।	(2) यह गार्क योजना (Mark-II) में शामिल हो चुकी है जिससे इसे मशीन से पठनीय आधार-सामग्री के द्वारा आकलित किया जा रहा है।
	(3) पुस्तक की भाषा का संकेत प्रत्येक संलेख के बायीं ओर नीचे दिया जाता है।	
13. निष्कर्ष	जिस प्रकार किसी देश की राष्ट्रीय वांङ्मयसूची होनी चाहिए इससे INB बहुत दूर हैं।	निष्कर्ष के रूप में हम यह कह हैं कि BNB ग्रेट ब्रिटेन की कृतियों का सन्दर्भ हेतु एक लाभकारी सूचना स्रोत है जो लगातार प्रगति के पथ पर अग्रसर होती जा रही है।

सन्दर्भ तथा सूचना का विश्लेषण

विवेचनात्मक पुस्तक वे रचनायें होती हैं जो अपने व्यवस्थापन और व्यवहार की विशिष्टता के कारण पाठ्य-पुस्तकों की अर्थात् विशेष जानकारी प्राप्त करने और

इसका परिणाम प्रदर्शित करने के लिए विवेचनात्मक पुस्तक (सन्दर्भ ग्रन्थ) निरन्तर शुरू से अन्त तक नहीं पढ़े जाते, बल्कि केवल किसी विशेष जानकारी या सूचना के लिए देखे जाते हैं तथा उनका उपयोग भी पुस्तकालय के अन्दर ही सम्भव होता है।

विविध प्रकार की जानकारी तथा अनेक प्रश्नों का उत्तर ज्ञात के उद्देश्य से विवेचनात्मक पुस्तकों को संगठित किया जाता है। वर्तमान में साहित्य के विस्फोट के फलस्वरूप अनेकानेक सन्दर्भ पुस्तकों का प्रकाशन किया जा रहा है अतः यह जानने के लिए कौन-सा सन्दर्भ ग्रन्थ कितना उत्तम, प्रामाणिक तथा उपयोगी है उनका मूल्यांकन करना आवश्यक होता है।

सन्दर्भ पुस्तकों का मूल्यांकन

लुईस शोर्स (Louis Shores) ने विवेचनात्मक पुस्तकों के मूल्यांकन के लिए अग्रलिखित आधार बताये हैं–

(1) आकार एवं स्वरूप–किसी भी सन्दर्भ कृति में उसके स्वरूप एवं आकार को मूल्यांकन अवश्य करना होता है। इससे आशय निम्न से होता है–

(अ) मुद्रण कलात्मक एवं सुन्दर हो।

(ब) कृति का स्वरूप एवं आकार कैसा है पुस्तकालय के लिए उपयुक्त है अथवा नहीं?

(स) जिल्दबन्दी मजबूत अर्थात् कॉर्ड बोर्ड हो।

(द) कागज उच्च कोटि को तथा टिकाऊ हो।

(2) प्रतिपादन शैली–प्रतिपादन शैली से आशय सूचना के लिखने के तरीके से होता है सूचनाओं को किस तरह चयनित एवं व्यवस्थित किया गया है। प्रतिपादन शैली में यह देखना होता है कि सूचनाएँ सामयिक, नई या पुरानी है, सूचनाएँ सटीक एवं निष्पक्ष हैं या नहीं, सूचनाओं का स्तर कैसा है तथा किस प्रकार के पाठक के लिए सूचना विद्यमान हैं आदि बातों पर ध्यान दिया जाता है।

(3) व्यवस्थापन–विवेचनात्मक पुस्तकों में सूचनाओं का विवरण आसान तरीके से किया जाना चाहिए जिसके लिए निम्न बातों को दृष्टिगत रखना आवश्यक है–

(अ) यदि व्यवस्थापन वर्णाक्रम में नहीं है तो लेखक, आख्या तथा विषय की अनुक्रमणिका अवश्य होनी चाहिए।

(ब) सूचनाओं की व्यवस्था शब्दकोश की तरह वर्णानुक्रम में होने चाहिए।

(स) जहाँ भी आवश्यक हो प्रतिनिर्देशित प्रविष्टियों को प्रयोग करना चाहिए।

(द) चित्रों, सारणियों एवं चार्टों आदि को प्रयोग करना चाहिए।

(य) सरलता वर्गीकरण विधि का उपयोग करना चाहिए।

(4) विषय-क्षेत्र—किसी भी सन्दर्भ स्रोत के लिए विषय का विस्तार क्षेत्र, विषय की व्यापकता तथा विषय सीमा मालूम करना अत्यन्त अनिवार्य हे। कृति के क्षेत्र की उपयोगिता का उल्लेख प्रकाशक प्रचार हेतु पुस्तक के आवरण पर अथवा भूमिका में करते हैं अधिकांश कृतियाँ चुनावर्द्धक होती हैं अतः कृति में क्या उपलब्ध है तथा किन-किन तथ्यों को छोड़ दिया गया है।

(5) प्राधिकरण—विवेचनात्मक पुस्तक के मूल्यांकन में उसके प्राधिकरण का विशेष महत्त्व होता है। प्राधिकरण की प्रामाणिकता का आभास निम्नांकित बिन्दुओं से होता है—

(अ) कृति की रचना में रचयिता के ज्ञान के स्रोत क्या थे क्या उसने मौलिक स्रोतों की सामग्री का प्रयोग किया है या गौव स्रोतों की सामग्री का।

(ब) कृति का प्रकाशक किस स्तर का है वह विख्यात है अथवा नहीं। प्रकाशक जितना विख्यात एवं विशिष्ट होगा उसकी कृति भी उच्च स्तर एवं प्रामाणिक होगी।

(स) लेखक अथवा सम्पादक की योग्यता क्या है परिलेखक अथवा सम्पादक एक उद्भट विद्वान है जो उस पुस्तक की प्रामाणिकता निर्विवाद होती है।

(6) लक्ष्य—किसी भी प्रकार की पुस्तकों के संग्रह के पीछे कोई न कोई लक्ष्य अवश्य होता है। उसी प्रकार सन्दर्भ पुस्तकों के साथ लेखक या संग्रहकर्ता का उद्देश्य निम्न तथ्यों के आधार पर समझा जा सकता है—

(अ) पुस्तक में निहित सूचना सामग्री कितनी लाभप्रद है।

(ब) सूचना सामग्री किस श्रेणी व स्तर के उपयोगकर्त्ता के लिए है।

(स) सूचना सामग्री समयानुसार है अथवा नहीं।

किसी भी विवेचनात्मक पुस्तक का उद्देश्य उसकी विषय-वस्तु, प्राक्कथन, अनुक्रमणिका आदि को देखकर, पढ़कर ज्ञात किया जा सकता है।

(7) अन्य विशेषताएँ—इन सभी के अलावा सन्दर्भ पुस्तकों में अपनी कुछ अलग विशेषताएँ होती हैं उनका भी मूल्यांकन किया जाना चाहिए।

(अ) प्रकाशन नियमित होती है अथवा नहीं?

(ब) सूचनाएँ अद्यतन हैं अथवा नहीं?

(स) सूचनाएँ तथ्यपरक, परिणाम एवं प्रामाणिक हैं अथवा नहीं?

(द) आलेख विशेष है अथवा नहीं।

(य) अनुक्रमणिका है अथवा नहीं?

मूल्यांकन प्रतिरूप

1. विवेचनात्मक पुस्तक की पूर्ण आख्या, उप आख्या।

2. प्राधिकार विवरण : (i) लेखक एवं सहकारक।
(ii) प्रकाशक, प्रायोजित निकाय
(iii) प्रकाशन स्थान
(iv) प्रकाशन वर्ष

3. विषय क्षेत्र विवरण : (i) उद्देश्य
(ii) विषय-वस्तु
(iii) सामग्री का प्रकार
(iv) अद्यतनता
(v) सूचना की व्याप्ति

4. संस्करण : (i) प्रथम संस्करण वर्ष
(ii) वर्तमान संस्करण वर्ष
(iii) कुल खण्डों की संख्या

5. प्रतिपादन शैली : (i) सूचनाएँ : विश्वसनीय अथवा अविश्वसनीय हैं
(ii) सूचनाएँ: नवीनतम या पूर्वव्यापी हैं
(iii) पाठक : सामान्य या विशिष्ट है
(iv) सूचनाएँ : निष्पक्ष या पक्षपातपूर्ण हैं

6. व्यवस्थापन : (i) वर्गीकरण पद्धति कौन-सी उपयोग की गई है
(ii) भौगोलिक व्यवस्थापन है अथवा काल क्रमिक व्यवस्थापन
(iii) वर्णानुक्रम में हैं

7. स्वरूप एवं आकार : (i) मुद्रण कला कैसी है
(ii) जिल्दबन्दी कैसी है
(iii) चित्र, चार्ट, सारिणी भी प्रस्तुत है अथवा नहीं।

8. अन्य विशिष्टताएँ : इसमें अन्य विशेषताओं का विवरण प्रस्तुत किया जा सकता है।

4

पुस्तकालय शोध प्रविधि

शोध की अंग्रेजी Research है जो शब्द Re और Search से बना है। Re का अर्थ है, पुनः या दुबारा या बार-बार तथा Search का अर्थ है खोज, अनुसन्धान शोध एवं अन्वेषण है। इस तरह Research का अर्थ है, 'बार-बार खोजना'।

शोध में दो भौतिक गुणों की प्रधानता पायी जाती है– प्रथम अवलोकन (Observation)–जिसके द्वारा घटना या व्यवहार को उद्देश्यपूर्ण दृष्टि से देखना और द्वितीय परीक्षण–प्राप्त तथ्यों के अर्थ को समझकर घटना के पीछे छिपे कारकों को परखना इन दोनों गुणों को ध्यान में रखकर जो शोध किया जाता है, वह विश्वसनीय एवं प्रमाणिक होता है। इस तरह के शोधों से प्राप्त ज्ञान में विश्वसनियता होती है। सही मायने में ज्ञान को संचित करने की सम्पूर्ण प्रक्रिया को ही शोध के नाम से पुकारते हैं। वैज्ञानिकों ने धीरे-धीरे विश्वसनीय सत्य एवं प्रमाणिक ज्ञान अर्जन हेतु शोध की एसी पद्धति का अविष्कार किया जिसे वैज्ञानिक विधि कहते हैं। इस विधि में सम्बन्धित समस्या का हल करने के लिए तथा तथ्य सामग्री का संकलन करने के लिए अनेक प्रविधियों की खोज की नई जिसमें से अवलोकन, साक्षात्कार, अनुसूची, एकल अध्यय पद्धति एवं समाजमिति आदि प्रमुख हैं।

प्रत्येक शोध की शुरुआत किसी प्रश्न, समस्या, घटना, प्रवृत्ति या व्यवहार को लेकर किया जाता है। शोधकर्ता अपने शोध के क्रम में यह जानने की कोशिश

करता है कि सम्बन्धित घटना या समस्या या प्रश्न क्यों, कब, कैसे तथा किसने उत्पन्न किया है। इस प्रकार शोध वह क्रियाकलाप है जो प्रत्येक परिदृश्य, परिघटना, कार्य एवं कारण तथा प्रभाव से सम्बन्धित प्रश्नों का उत्तर प्रदान करने का प्रयत्न करता है। शोध को ऐसे मानवीय प्रयास के रूप में देखा जाता है। जिसके द्वारा मानव ज्ञान सदृढ़ वास्तविक तथा परिपूर्ण बनता है। इसके माध्यम से ज्ञान तथा इसके तत्वों और सिद्धान्तों का अन्वेषण, सत्यापन एवं विकास किया जाता है। इसलिए शोध किसी समस्या के निदान, किसी तथ्य की जानकारी, किसी विधि की जानकारी, किसी विधि को विकसित करने अथवा किसी उद्देश्य की पूर्ति के लिए किया जाता है।

शोध का अर्थ एवं परिभाषाएँ

सच्चे अर्थों में ज्ञान की किसी शाखा में नवीन तथ्यों, विचारों अवधारणाओं या सिद्धान्तों की खोज के लिए अपनाई गई क्रमबद्ध प्रक्रिया ही शोध अथवा अनुसंधान है। विभिन्न विद्वानों ने शोध को निम्न प्रकार से परिभाषित किया है–

दि यू सेंचूरी डिक्शनरी के अनुसार–'शोध का अर्थ किसी वस्तु या व्यक्ति के विषय में विशेष रूप से सतर्कता के साथ खोज करना, तथ्यों या सिद्धान्तों का परीक्षण करने के लिए विषय-सामग्री की लागातार जानकारी प्राप्त करने से है।'

जार्ज ए. लुण्डवर्ग के विचार में–'अवलोकित तथ्य का सुव्यवस्थित एवं वस्तुपरक वर्गीकरण सामान्यीकरण और प्रमाणीकरण ही शोध है।'

जी. एम. फिशर के विचार में–'किसी समस्या को हल करने या किसी परिकल्पना की जाँच करने या नवीन घटना में पाये जाने वाले नये पहलुओं की खोज करने हेतु उपयुक्त विधियों का किसी सामाजिक परिस्थिति में जो उपयोग किया जाता है, उसे शोध कहते हैं।'

ए. वी. रोडमन एवं ए. बी. एच. मोरी के विचार में–'नवीन ज्ञान प्राप्ति के व्यवस्थित प्रयास को शोध कहते हैं।'

एडवास लर्नर डिक्शनरी आफ करेण्ट इंग्लिश के अनुसार–'किसी भी ज्ञान की शाखा में नवीन तथ्यों की खोज के लिए सतर्कतापूर्ण किये गये परीक्षण को शोध कहते हैं।'

वाल्टर ई. स्पाट एवं राइनहार्ट जे. स्वेन्सन के विचार में–'सत्य, तथ्यों एवं निश्चितताओं के लिए किया गया कोई विद्वतापूर्ण अन्वेषण शोध कहलाता है।

जॉन वेस्ट के विचार में—'शोध वह सुव्यवस्थित प्रक्रिया है जो नई खोज करती है और एकत्रित एवं संगठित ज्ञान को विकसित करती है।'

प्रस्तुत परिभाषाओं के अवलोकन से स्पष्ट है कि शोध नवीन तथ्यों अथवा सिद्धान्तों की खोज के लिए संचालित किया जाता है। नवीन ज्ञान की प्राप्ति के लिए सावधानीपूर्वक जाँच, पर्याप्त अवलोकन एवं वस्तु विषयक अध्ययन करना होता है। इसके द्वारा जो नए तथ्य प्रकाश में आते हैं वे ज्ञान वृद्धि में मददगार होते हैं एवं भविष्य में किए जाने वाले शोध कार्य के लिए मार्गदर्शन होते हैं।

शोध की विशेषताएँ

उपरोक्त परिभाषाओं से शोध की निम्न विशेषताएं दृष्टिगोचर होती हैं—

(1) शोध घटनाओं, व्यवहारों या समस्याओं का सूक्ष्म प्रेक्षण है।

(2) इसमें वैज्ञानिक उपकरणों एवं विधियों का प्रयोग होता है।

(3) शोध उन विधियों, प्रविधियों, उपकरणों साधनों आदि को विकसित करने का क्रियाकलाप है जिससे कम श्रम, अल्प समय तथा अल्प व्यय में अधिक से अधिक उत्पादन एवं कार्य क्षमता को बढ़ाया जा सकता है।

(4) शोध बौद्धिक क्रियाकलाप के साथ ही साथ मानव के कल्याण, सुरक्षा और समाज के विकास में मददगार होता है।

(5) इसका प्रयोग सामाजिक, व्यवहारिक समस्याओं के हल निकालने में किया जाता है।

(6) यह नवीन विचारों, तथ्यों, सिद्धान्तों एवं प्रविधियों की खोज का एक साधन है।

(7) शोध किसी तथ्य, किसी सत्य या अन्य लुप्त तथ्यों की खोज का आवश्यक साधन है।

शोध के उद्देश्य

साधारण अर्थों में समस्या का हल खोजना शोध का मुख्य उद्देश्य है लेकिन पी. वी. यंग ने अपनी कृति 'साइंटिफिक सोशियल सर्वे रिसर्च' में शोध करने के लिए निम्नलिखित उद्देश्य बताएं हैं—

(1) नवीन तथ्यों की खोज करना।

(2) पुराने तथ्यों की पुष्टि और जाँच करना।

(3) सैद्धान्तिक सन्दर्भ संरचना के अन्तर्गत उनके अनुक्रमों, पारस्परिक सम्बन्धों व कारणों की विवेचनात्मक, व्याख्या एवं विश्लेषण करना।

(4) नए वैज्ञानिक उपकरणों व सिद्धान्तों को विकसित करना है।

शोध का उद्‌भव

मानव के लिए शोध कोई नवीन संप्रत्यय नहीं है। प्राचीनकाल से ही शोध एवं मानव चेतना में सम्बन्ध देखने को मिलता है। सभ्य संस्कृति, आधुनिक यन्त्र, साधन-सम्पन्नता साधन, सामाजिक विकास, कम्प्यूटर व इण्टरनेट आदि शोध का ही एक परिणाम है।

उदाहरण के तौर पर आदिमानव द्वारा दो पत्थरों के रगड़ने पर जो आग की चिन्गारी निकली वही चिन्गारी आदिमानव के सामने एक प्रश्न बनकर खड़ी हुई, जिसके फलस्वरूप उसकी चेतना के प्रयत्नों ने आग का आविष्कार किया। इसी तरह वर्षा के मौसम में अपने आप उगने वाले पौधों को देख कर खेती करने का तरीका खोज निकाला।

न्यूटन ने सेब से नीचे गिरते हुए देखा, इसी सेब ने उसके सामने एक प्रश्न खड़ा कर दिया, न्यूटन की चेतना जागृत हुई, उसने खोज प्रारम्भ किया और 'गुरुत्वाकर्षण' का नियम प्रतिपादित किया, जिसके फलस्वरूप आज मनुष्य अन्तरिक्ष में उड़ाने भरने रहा है।

रोमन के शासकों ने सामाजिक एवं आर्थिक सभ्यता का शोध के द्वारा ऐसा विकास किया कि उन्होंने व्यापार एवं वाणिज्य के क्षेत्र में परवाना पद्धति को विकसित करके अन्तर्राष्ट्रीय व्यापार एवं पद्धति को जन्म दिया।

पुनर्जागरण काल ने मानवीय संस्कृति में शोध के द्वारा हड़कम्प मचाकर, नये नये जलमार्गों की खोज की बास्कोडिगामा व कोलम्बस के इस क्षेत्र में सराहनीय कार्य किये इन्हीं प्रयासों के आधार पर कोपर निक्स ने पृथ्वी, सूर्य एवं चन्द्रमा का माप तक कर डाला।

औद्योगिक क्रान्ति के परिणामों ने विश्व सभ्यता को एक नया मार्ग दिया और आज मानव प्राकृतिक साधनों की जगह कृत्रिम साधनों पर विश्वास करने लगा है। उसी 'वसुधैव कुटुम्बकम' के मूलमन्त्र ने वैश्वीकरण के सिद्धान्त के आधार पर सम्पूर्ण विश्व को एक परिवार बना दिया। आज भी शोध कार्यों में बड़े पैमाने पर एक राष्ट्र दूसरे राष्ट्र की मदद कर रहे हैं। यहाँ तक की वर्तमान में विकसित राष्ट्र अपनी तकनीकी एवं प्रौद्योगिकी की हस्तांतरित कर रहे हैं।

शोध का महत्त्व

शोध प्राचीन काल से ही महत्त्व का विषय रहा है। वर्तमान समय में इसकी महत्ता और बढ़ गया है। वर्तमान समय में इसके हतत्त्व को निम्नलिखित बिन्दुओं के तहत स्पष्ट किया जा सकता है–

(1) शोध विभिन्न प्रकार की समस्याओं के समाधान में सहायक है–शोध द्वारा न केवल सैद्धान्तिक ज्ञान ही विकसित और विस्तृति होता है बल्कि इससे अनेक व्यावहारिक समस्याओं के समाधान में भी उल्लेखनीय सहायता प्राप्त होती है जिससे सामाजिक, आर्थिक, औद्योगिक, शैक्षणिक, मनोवैज्ञानिक, चिकित्सा आदि क्षेत्रों में कई प्रकार की समस्याओं के समाधान में शोध की उपयोगिता सिद्ध हो चुकी है।

(2) शोध शासन एवं प्रशासन के मार्गदर्शन में सहायक है–वर्तमान में सामाजिक, आर्थिक राजनैतिक, औद्योगिक एवं शैक्षणिक क्षेत्रों से सम्बन्धित प्रशासकों या प्रबन्धकों को उपयुक्त आँकड़ों के अभाव में आवश्यक नीति निर्धारण करने में कठिनाई होती है। विभिन्न तरह के अध्ययनों एवं शोधों से प्रापत निष्कर्षों के आधार पर आवश्यक सूचना प्राप्त होने पर प्रशासकों को नीति निर्धारण सम्बन्धी आवश्यक मार्गदर्शन प्राप्त होता है।

(3) शोध मानव के बौद्धिक विकास में सहायक है–शोध से न केवल विभिन्न विषयों का विकास हुआ है बल्कि इसने मानव के संानात्मक विकास में भी बहुत ही महत्त्वपूर्ण भूमिका अदा की है। उसकी कल्पनाशक्ति, चितंनशक्ति, विश्लेषण शक्ति तथा सृजनात्मक शक्ति के विकास में शोध कई प्रकार से मददगार है।

(4) यह विभिन्न विज्ञानों की प्रगति में सहायक है–शोध ने प्राकृतिक विज्ञानों को समृद्ध करने के साथ ही साथ अन्य विज्ञानों विशेषतः सामाजिक विज्ञानों के क्षेत्र में भी प्रगति एवं विकास किया है।

(5) यह ज्ञान भंडार को विस्तृत करने में सहायक है–शोध के द्वारा नित्यप्रति नवीन वैज्ञानिक तथ्यों, सामान्य नियमों एवं सिद्धान्तों का प्रतिपादन होता रहता है अतः नवीन ज्ञान का सृजन, विस्तार और विकास नियमित रूप से होता रहता है।

शोध के प्रकार

ज्ञान अभिवृद्धि के लिए शोध आवश्यक है यह प्रत्येक समाज तथा राष्ट्र के विकास का आधार है। किसी भी विषय क्षेत्र में शोध के बिना प्रगति और विकास सम्भव नहीं है। जिन राष्ट्रों ने शोध के महत्त्व को समझ लिया है, वह निरन्तर प्रगति

के पथ पर आगे बढ़ रहे हैं। आज प्रत्येक राष्ट्र चाहे वह विकसित हो विकासशील हो या अविकासित हो अपने-अपने संसाधनों और क्षमता के अनुसार नए-नए शोध कार्यों में लगा हुआ है, हॉ उनके शोध करने का तरीका व तकनीकी अलग-अलग जरूर है। इसलिए शोध की विभिन्न तकनीकों का ज्ञान जरूरी है।

शोध का वर्गीकरण कई आधारों पर किया जाता है। किसी भी शोध को उसकी प्रकृति के आधार पर निम्नलिखित दो प्रकारों में विभाजित किया जा सकता है–

(1) मौलिक शोध एवं

(2) व्यावहारिक शोध।

(1) मौलिक शोध–मौलिक शोधों के द्वारा नवीन संप्रत्यमों का निर्माण किया जाता है। कहने का आशय यह है कि इस तरह के शोध अद्यतन ज्ञान की वृद्धि में सहायक होते है। इस तरह के शोधों द्वारा नवीन सिद्धान्तों का प्रतिपादन, नवीन तथ्यों की खोज और नवीन सत्यों का प्रतिस्थापन होता है। मौलिक शोधों में अन्तर्ज्ञान का प्रभाव अधिक होता है और सैद्धान्तिक ज्ञान की खोज पर अधिक बल दिया जाता है। इस प्रकार के शोध मार्गदर्शन मिल भी सकता है या बिना मार्गदर्शन के भी शोध कार्य को आगे बढ़ाया जा सकता है।

मौलिक शोध पर प्राचीन काल में कुछ विशेष व्यक्तियों का ही एकाधिकार था। कुछ प्रबुद्ध व्यक्ति ही व्यक्तिगत रूप से इस तरह के शोध कार्यों में लगे रहते थे, लेकिन वर्तमान में मौलिक शोध ज्ञान जिसे विशुद्ध शोध या पूर्वोन्मुखी मूल शोध भी कहते हैं, के अन्तर्गत शोध का विषय किसी संस्था, संगठन अथवा अधिकृत द्वारा निर्धारित उद्देश्यों को ध्यान में रखते हुए शोधकर्त्ता को प्रदान किया जाता है। इस प्रकार का शोध ज्यादातर एक समूह द्वारा किया जाता है। इस प्रकार यह शोध एकाकी रूप में न किया जाकर सामूहिक रूप से एक दल द्वारा किया जाता है।

(2) व्यावहारिक शोध–व्यावहारिक शोध का उद्देश्य उपयोगितावादी होता है तथा उसके परिणामों को शीघ्र ही उपयोग में लाया जा सकता है, क्योंकि इस तरह के शोध के तहत मौलिक शोध के परिणामों को व्यावहारिक समस्याओं के वर्तमान समय में समाधान के लिए किया जाता है। क्रियात्मक शोध, सामाजिक शोध, औद्योगिक, औद्योगिक शोध, चिकित्साशास्त्र शोध आदि इसी प्रकार के शोध के अन्तर्गत आते हैं। इस प्रकार के शोध से वर्तमान की समस्याओं का समाधान किया जाता है तथा प्रशासन, प्रबन्धक तथा शिक्षक को ऐसे शोध के परिणामों से यह ज्ञात होता है कि उनके क्षेत्र की समस्या के समाधान का कौन सा सर्वोत्तम उपाय है। इस

प्रकार यह शोध नीति निर्धारण में अत्यन्त उपयोगी एवं महत्त्वपूर्ण होता है। इसका दूसरा नाम उपयोगितावादी शोध भी है।

व्यावहारिक शोध में निम्नलिखित विशेषताएं होती हैं–

(1) व्यावहारिक शोध सिद्धान्त को कसौटी पर कस सकता है।

(2) यह शोध नवीन तथ्य प्रदान करता है।

(3) यह पूर्व में विद्यमान सिद्धान्त को एकीकृत कर सकता है।

(4) यह अवधारण सम्बन्धी स्पष्टीकरण में सहायक है।

मौलिक एवं व्यावहारिक शोध की तुलना–(Comprise between fundamental and Applied Research)–मौलिक और व्यावहारिक शोध दोनों ही ज्ञान वृद्धि के लिए आवश्यक है दोनों का अपना अलग-अलग महत्त्व है। ऐसे में एक दूसरे के पूरक हैं, क्योंकि मौलिक शोध में जो निष्कर्ष प्राप्त होता है उसका ही अनुप्रयोग करके व्यावहारिक शोध की ओर बढ़ाया जाता है। फिर भी दोनों में कई अन्तर हैं जैसे– मौलिक शोध विशेष रूप से ज्ञान वृद्धि पर बल देता है, जबकि व्यावहारिक शोध उपयोगिता पर विशेष ध्यान देता है। व्यावहारिक समस्याएँ सैद्धान्तिक ज्ञान की वृद्धि में योगदान देती हैं और इसी प्रकार सैद्धान्तिक ज्ञान भी व्यावहारिक समस्याओं के समाधान में सहयोग देता है।

मौलिक शोध जिन तथ्यों, नियमों और सिद्धान्तों का प्रतिपादन करता है, व्यावहारिक शोध उनका उपयोग, दैनिक जीवन की समस्याओं के समाधान में करता है। व्यावहारिक शोध करते समय मौलिक शोध से सम्बन्धित तथ्य भी सामने आते हैं। मौलिक शोध में बौद्धिक क्रियाकलाप एवं जिज्ञासा निहित होती है जबकि व्यावहारिक शोध में मौलिक शोध की सहायता से किसी उद्देश्य की पूति, सहायता प्राप्त करने और किसी कार्य को शीघ्राति शीघ्र करने की दृष्टि से सम्पादित किया जाता है। व्यावहारिक शोध का सम्बन्ध प्रायः व्यावहारिक समस्याओं के वर्तमान समय के समाधान से रहता है तथा जो नीतियों के निर्धारण में अत्यन्त उपयोगी एवं महत्त्वपूर्ण होता है।

न्यूटन द्वारा गुरुत्वाकर्षण की खोज फेंकले द्वारा विद्युत् की खोज अथवा आइंस्टाइन द्वारा की गई सापेक्षता सिद्धान्त की खोज आदि मौलिक शोध के उदाहरण है। ये शोध केवल ज्ञान पिपासा के लिये किये गए थे। आइंस्टाइन के शुद्ध शोध को आधार बनाकर परमाणु बन बनाने हेतु जो शोध कार्य किया गया था वह व्यावहारिक शोध की श्रेणी में आएगा। क्योंकि इसमें मूल शोध को आधार मानकर नष्ट शोध किए गये।

अन्तर्विषयी शोध

प्राकृतिक विज्ञान, समाज विज्ञान के अध्ययन की अलग-अलग विधियाँ होती हैं। प्रत्येक विज्ञान का अपना दर्शन, अपना इतिहास, अपनी स्वयं की मौलिक अवधारणाएँ, स्वयं की शब्दावली और स्वयं के विषय होते हैं। कभी-कभी शोध के क्रम में हम विभिन्न विज्ञानों के सिद्धान्तों एवं पद्धतियों का प्रयोग करते हैं इस तरह के शोध को अन्तर्विषयी शोध कहते हैं। अन्तर्विषयों शोध में विभिन्न विज्ञानों के विशेषज्ञ अपनी-अपनी सेवाओं को इस प्रकार देते हैं जिससे उनके सिद्धान्तों और विधियों में एकीकरण हो सके। अन्तर्विषयी शोध में वैज्ञानिक, मनोवैज्ञानिक, अर्थशास्त्री, समाजशास्त्री, राजनीति विज्ञान वेत्ता, भूगोल विद् आदि अपने-अपने विज्ञान के अनुशासन का पालन करते हुए समन्वय स्थापित करने का प्रयास करते हैं। इनका सामूहिक प्रयास ठीक एक आर्केस्ट्रा के कलाकारों के प्रयास के समान होता है जिसमें वे अलग-अलग बाद्य मंत्रों को बढ़ाते हुए एकता कायम करते हैं।

अन्तर्विषयी शोध द्वारा समस्या का समुचित और सर्वांगीण अध्ययन करना सम्भव होता है, क्योंकि इसमें विविध है उपागमों एवं विषयात्मक दृष्टिकोणों को अपनाया जाता है। ऐसे शोध से व्यक्तिगत पक्षपातों और विशेष रूप से एकपक्षीय स्पष्टीकरणों को रोका जा सकता है। जब किसी अध्ययन की समस्या का सम्बन्ध अनेक विषयों से होता है तब उनकी पद्धतियों को समस्या विशेष में लागू कर एक समुचित हल निकाला जाता है।

अन्तर्विषयी शोध की आवश्यकता—निम्नलिखित कारण अन्तर्विषयी शोध आवश्यकता बढ़ा रहे हैं—

(1) घटनाएँ एवं समस्याएँ एक-दूसरे को प्रभावित करती हैं—ऐसा देखा गया है कि सामाजिक विज्ञानों में विभिन्न घटनाएँ एवं समस्याएं एक दूसरे को प्रभावित करती हैं। इसलिये अलग-अलग कर अध्ययन करना सम्भव नहीं है। भौतिक शास्त्र एवं रसायन शास्त्र में कुछ सीमा तक विशिष्टीकरण सम्भव भी हो सकता है, लेकिन सामाजिक, आर्थिक, मनोवैज्ञानिक तथा ऐतिहासिक घटनाओं में नहीं सामाजिक परिवर्तन एक संयुक्त घटना है जिसमें लगभग सभी व्यक्ति प्रभाव डालते हैं। अतः इन परिवर्तन के कारकों को अलग-अलग करके अध्ययन करना सम्भव नहीं है। घटना अन्तर्विषयी शोध को वर्त्तमान में आवश्यकता बनाती है।

2. अध्ययन में दस्तुपरकता लाने के लिए जरूरी—शोध में वस्तुपरकता लाने के लिए अन्तर्विषयी शोध जरूरी है। इस पद्धति द्वारा समस्या का अध्ययन विभिन्न दृष्टिकोणों से हो जाता है जिससे किसी प्रकार की कोई त्रुटि उत्पन्न होने की

सम्भावना नहीं रहती। इस प्रकार श्रेष्ठ विशेषता यह है कि यह वर्तमान सामाजिक जीवन में जटिल बने हुए मनोवैज्ञानिक एवं आर्थिक कारकों के अध्ययन तथा विवेचन को सहज बना देता है।

(3) विज्ञान की अपूर्णता की प्रहति—आज की कोई विज्ञान अपने आप के पूर्ण नहीं है। कोई भी विज्ञान इस बात का दावा नहीं कर सकता कि सभी समस्याओं का हल उसके पास है और वहीं एक मात्र हल प्रस्तुत कर सकता है। केलॉग का मत है कि 'अनेक क्षेत्रों में वैज्ञानिक भी एक सामान्य व्यक्ति के समान है। यदि वह सामान्य वैज्ञानिक विधि के गूढ़ अर्थ को जाने बिना केवल अपने निजी क्षेत्र की वैज्ञानिक प्रक्रिया का उपयोग करते हैं तो वह वह इस क्षेत्र में किसी अन्य व्यक्ति ही घोर परम्परावादी है।' कहने का आश्वयक यह है कि अन्तर्विषयी शोध पद्धति द्वारा अन्य विज्ञानों और उनमें निहित विषयों की सहायता लेना आवश्यक एवं उपयोगी है। इस कारण से अन्तर्विजयी शोध की आवश्यकता आज भी बनी हुई है।

(4) मनुष्य का समस्त विज्ञानों के केन्द्र में होना—सभी विज्ञान मानव और उसके समाज का अध्ययन करते हैं। मानव कल्याण के लिए प्राकृतिक विज्ञानों, व्यावहारिक विज्ञानों एवं सामाजिक विज्ञानों के क्षेत्र में निरंतर प्रयोग तथा शोध किए जा रहे हैं विभिन्न क्षेत्रों में हो रहे शोध परस्पर एव: दूसरे के सहयोग पर आधारित जिससे प्रत्येक क्षेत्र में प्रगति की जा सके। शिक्षा, स्वास्थ्य, कृषि, आर्थिक समानता, औद्योगीकरण, सूचना संचार आदि की प्रगति में एक वैज्ञानिक का महत्त्वपूर्ण योगदान होता है। एक समाजशास्त्री विरोधी सामाजिक तत्त्वों के कारणों को दूर कर आर्थिक विज्ञानों से सहयोग की आवश्यकता रहती है। अतएव अन्तर्विषयी शोध आवश्यक है।

अन्तर्विषयी शोध में कार्यपद्धति की समस्याएँ

निश्चित रूप से वर्तमान शोध के लिए अन्तर्विषयी शोध आवश्यक हैं इसकी आवश्यकता और महत्त्व से इंकार नहीं किया जा सकता, लेकिन इसकी कार्य-पद्धति की कुछ समस्याएँ होती हैं। इसमें प्रमुख तीन प्रकार की समस्याएँ सम्मिलित हैं:

(1) समन्वय की समस्या—प्रत्येक शोधकर्ता एवं विषय (Subject) व्यक्तित्व एवं उद्देश्य में अन्तर होता है। इसलिए अन्तर्विषयी शोध के समय उसमें परस्पर समन्वय की समस्या पैदा होती है। किसी विशेष समस्या से सम्बन्धित विभिन्न विषय होते हैं। एक भौतिक-शास्त्री का दृष्टिकोण या उद्देश्य, एक समाज विज्ञानवेत्ता

से भिन्न होता है। एक भौतिक-शास्त्री या रसायन-शास्त्री प्रत्येक समस्या को तर्क के आधार पर सुलझने के लिए निरीक्षण, परीक्षण और प्रयोग करेगा जबकि सामाजिक विज्ञानों में कुछ ऐसे तथ्य होते हैं जो तर्क के आधार पर तो सही नहीं उतरते, लेकिन व्यावहारिक दृष्टिकोण में उचित एवं उपयोगी सिद्ध होते हैं ऐसी स्थिति में समाज विज्ञान वेत्ता तथा भौतिक शास्त्री के दृष्टिकोणों में और उनके द्वारा अपनाई गई पद्धतियों में समझौता करना कठिन होता है। अन्तर्विषयी शोध के लिए यह बहुत ही गंभीर समस्या है।

(2) **प्रत्ययवादीकरण की समस्याएँ**– विश्लेषणात्मक चिंतन के विचारों को संगठित करना और विभिन्न विषयों के दृष्टिकोणों का उचित प्रकार से समावेश करना सुगम कार्य नहीं होता। इस प्रो. डी. पी. मुकर्जी का इस सम्बन्ध में विचार है–'सभी सामाजिक शोध समान स्तर के नहीं, विशेषज्ञों को दल में संगठित होकर कार्य करने की आदत नहीं है, और प्रत्येक अनुशासन एक संकाय के अन्तर्गत एक विभाग के ईर्द-गिर्द अपने स्वार्थों की रचना कर सकता है।' इस तरह अन्तर्विषय शोध के समक्ष प्रत्ययवादीकरण की समस्या होती है।

(3) तथ्य सामग्री के संकलन, संगठन और प्रस्तुतीकरण की समस्या अन्तर्विषय शोध में विभिन्न विज्ञानों द्वारा तथ्य सामग्री को एकत्रित करने, उसको प्रस्तुत करने तथा उसकी रिपोर्ट तैयार करने की प्रक्रिया अलग-अलग है। इन प्रक्रियाओं की भिन्नता के कारण यह समस्या आना स्वाभाविक ही है कि उनमें समन्वय किस प्रकार स्थापित किया जाए। कभी-कभी विभिन्न विशेषज्ञों में से एक ही सामग्री को शोध में अधिक स्थान मिलता है तो दूसरे का मात्र जिक्र ही किया जाता है, तब संघर्ष की स्थिति पैदा हो सकती है। यह प्रवृत्ति इस प्रकार के शोध में समस्या पैदा करती है।

इस तरह हम देखते हैं कि अन्तर्विषयी शोध में कार्य पद्धति की जो समस्याएँ हैं, उनको समन्वित करना एक कठिन कार्य है। इन समस्याओं को दूर करने के लिए निम्नलिखित सुझावों पर अमल करना चाहिए।

(1) विशेषज्ञों को सौहार्द और उदारता का परिचय देना चाहिए जिससे वे समस्या के समाधान में अधिक रचनात्मक योगदान दे सकें।

(2) विभिन्न समस्याओं की कार्य पद्धति में समन्वय तथा एकीकरण की क्षमता होनी चाहिए।

(3) अन्तर्विषयी शोध में शोधकर्त्ता की अन्य विषयों की पद्धतियों को ग्रहण करने की रुचि और इच्छा होनी चाहिए जिससे समन्वय की समस्या का हल निकल सके।

(4) कार्य पद्धति की समस्याओं को दूर करने के लिए अनुशासनयुक्त और सम्मिलित प्रयास किया जाना चाहिए।

(5) विभिन्न विज्ञानों और विषयों के शोधकर्त्ताओं को एक दूसरे के प्रति समझदारी तथा सहानुभूमि का व्यवहार अपनाना चाहिए जिससे वे अपनी-अपनी कार्यपद्धतियों को उचित बताकर दूसरे की उपेक्षा करने की प्रवृत्ति न रखें।

सार रूप में यह कहा जा सकता है कि अन्तर्विषयी शोध की कार्यपद्धति की समस्याओं से विचलित या भयभीत होने की जरूरत नहीं है। इन समस्याओं को चुनौती मानकर, संगठित होकर इनका सामना करना चाहिए जिससे अन्तर्विषयी शोध उपयोगी बन सके।

शोधकर्ता के मुख्य गुण

अनुसंधान कार्य जटिल होने के कारण हर व्यक्ति के लिये सम्भव नहीं अनुसंधान कार्य हेतु सिर्फ कुछ पुस्तकीय ज्ञान का ही होना काफी नहीं माना जा सकता है। इसके लिए अनुसंधानकर्ता में कई बाह्य और आंतरिक गुणों का होना अनिवार्य है। इसका कारण यह है कि अनुसंधान कार्य सामाजिक घटनाओं से जुड़ा होता है और सामाजिक घटनाएँ अमूर्त, परिवर्तनशील, व्यक्ति प्रधान तथा मुश्किल होती हैं। अतः अनुसंधान कार्य से जुड़ा अध्ययन नैसर्गिक अथवा वास्तविक घटनाओं की तुलना में कहीं अधिक जटिल होता है।

मनुष्य एक सामाजिक प्राणी है यही कारण है कि सामाजिक घटनाओं में कहीं न कहीं वह सम्बद्ध होता है। इससे यह पता चलता है कि जिस समस्या या विषय के संदर्भ में अनुसंधानकर्ता अनुसंधान करता है उस समस्या या विषय का वह स्वयं एक हिस्सा होता है। अतः एक अनुसंधानकर्ता हेतु निष्पक्ष, पूर्णतया तटस्थ व उदासीन रहकर अध्ययन करना बहुत कठिन होता है। अनुसंधान के हरेक मोड़ पर उसके अपने ही विश्वास, आदर्श, विचार, पूर्वधारणा इत्यादि उसके लिये भ्रम की स्थिति उत्पन्न करते हैं यही वजह है कि अनुसंधानकर्ता के निष्कर्षों में त्रुटियों की आशंका सदा ही बनी रहती है। एक अनुसंधानकर्ता को इन सभी परिस्थितियों या कारकों के प्रभाव से अपने को स्वतंत्र रखते हुए अपने अनुसंधान कार्य को यथार्थता (Exactness) की स्थिति तक पहुँचाने हेतु विशिष्ट ज्ञान तथा योग्यता की जरूरत होती है। एक अच्छे अनुसंधानकर्ता में जिन क्षमता तथा गुणों को होना चाहिए उन्हें नीचे वर्णित किया जा रहा है।

शारीरिक गुण

अनुसंधान कार्य के लिये स्वस्थ्य मन की आवश्यकता होती है और स्वस्थ मन का निर्माण स्वस्थ्य शरीर में होता है। अतः एक अनुसंधान कर्त्ता के लिये यह अनिवार्य है कि वह शरीरिक गुणों से सम्पन्न हो क्योंकि अनुसंधान कार्य की सफलता में शारीरिक गुणों का भी अपना महत्व होता है। शारीरिक गुणों के तहत अनेक पक्षों पर ध्यान दिया जाता है, इन पक्षों को नीचे स्पष्ट किया जा रहा है–

(a) स्वास्थ्य–अनुसंधानकर्ता को विभिन्न तथ्यों की जानकारी हेतु अपने अनुसंधान कार्य के वक्त कठिन परिश्रम व भाग-दौड़ की जरूरत होती है जो कि एक अच्छे स्वास्थ्य वाला मनुष्य ही कर सकता है। साथ ही उत्तम स्वास्थ्य स्वतः ही आकर्षक व्यक्तित्व का एक हिस्सा बनकर विषय सामग्री को संग्रहीत करने में सहायक होता है।

(b) आकर्षक व्यक्तित्व–अच्छा व्यक्तित्व सफलता की अनिवार्य शर्त है। अच्छा चेहरा हँसमुख, आदतें तथा अच्छा व्यवहार प्रतिमान जो आकर्षक व्यक्तित्व हेतु आवश्यक गुण है, रखने वाला व्यक्ति किसी भी सूचनादाता से विश्वसनीय और सच तथ्य प्राप्त करने में सफल हो सकता है। एक अनुसंधान कार्य की सफलता वास्तविक व सच तथ्यों, सूचनाओं या सामग्री पर पूर्ण रूप से निर्भर करती है।

(c) सहनशीलता–सहनशीलता विभिन्न समस्याओं के निराकरण में अवरोध समाप्त करने का कारण होती है। अपने अनुसंधान कार्य के मध्य अनुसंधानकर्ता को कई प्रकार के मुश्किलों का सामना करना पड़ता है। अनुसंधान कार्य के वक्त कई सूचनादाता अनुसंधानकर्ता के साथ बुरा व्यवहार करते हैं और गलत सूचनाएं प्रदान करते हैं। अतः अनुसंधानकर्ता के अन्दर इन व्यवहारों को सहन करने की शक्ति होना आवश्यक है।

(d) अध्यवसाय–अच्छे अनुसंधानकर्ता को सफलता की प्राप्ति के लिए प्रतिबद्ध होना चाहिए। अनुसंधान कार्य के दौरान अनगिनत ऊँची-नीची परिस्थितियों का सामना करना पड़ता है। इस बीच कई बार निराशाजनक तथा अस्वभाविक दुर्घटनाएँ भी घटती हैं। इन सब के मध्य अनुसंधानकर्ता को अपना साधनशीलता या अध्यवसाय ही उसका मार्गदर्शन करती है। अनुसंधान कार्य के दौरान अनुसंधानकर्ता को एक ही सूचनादाता के पास कई बार जाना पड़ता है फिर भी सूचनादाता मिल नहीं पाता है, या अपने व्यक्तिगत काम में व्यस्त होने के कारण सवालों का उत्तर देने हेतु समय नहीं निकाल पाता है। अनेक बार सूचनादाता समय देने के पश्चात् भी सवालों के उत्तर के समय अनुसंधान कर्ताओं को मानसिक रूप से संतुष्ट करने

का प्रयास नहीं करते इन परिस्थितियों के दौरान धैर्य को बनाए रखना अनुसंधानकर्ता हेतु कठिन होता है। अतः निश्चित रूप से अनुसंधानकर्ता के लिए अध्यवसायी होना अनिवार्य है।

बौद्धिक गुण

शारीरिक गुणों का लाभ कोई शोधकर्ता तभी उठा पाता है जब वह निम्नवत मानसिक गुणों से सम्पन्न हो–

(a) तर्कशक्ति–प्रत्येक व्यक्ति में तर्कशक्ति समान नहीं होती अतः विभिन्न लोगों द्वारा प्रदान की गयी सूचनाऐं कितनी सही हैं इसका निर्धारण शोधकर्ता अपनी तर्क शक्ति के आधार पर ही कर सकता है। इसलिए यह आवश्यक हो जाता है कि अनुसंधानकर्ता के भीतर पर्याप्त तर्कशक्ति हो जिससे सूचनादाताओं से अर्जित सूचनाओं को तार्किक ढंग से जोड़कर वह कुछ साधारण निष्कर्षों को निकाल सके। सूचनादाताओं से सूचना प्राप्त करते समय अनुसंधानकर्ता को कई बार उनके द्वारा पूछे गए कई टेढ़े-मेढ़े सवालों का सामना करना पड़ता है। यदि तार्किक ढंग से इन सब सवालों का संतोषप्रद उत्तर अनुसंधानकर्ता देने में असफल होता है तो उसे एक विषम परिस्थिति का मुकाबला करना पड़ता है और पहलुओं के व्यवस्थित एकत्रण में अवरोध पैदा हो जाता है। अतः इन परिस्थितियों का सामना करने हेतु अनुसंधानकर्ता के अन्दर तर्कशक्ति का गुण होना नितांत आवश्यक है।

(b) शीघ्र निर्णय लेने की क्षमता–सफल अनुसंधानकर्ता के भीतर शीघ्र निर्णय लेने की योग्यता होना जरूरी है, क्योंकि इस समय उसके समक्ष विभिन्न ऐसी समस्याएं उत्पन्न होती हैं जिनसे वह परिचित नहीं होता। इसलिए यदि उन अवस्थाओं में आवश्यकतानुसार लाभदायक निर्णय करने की योग्यता उसमें नहीं है तो वह सफल अनुसंधानकर्ता नहीं बन सकता।

(c) सर्जनात्मक कल्पनाशक्ति–अनुसंधानकर्ता द्रत कल्पना शक्ति होनी चाहिए। अनुसंधानकर्ता हेतु केवल बुद्धिमान होना ही काफ़ी नहीं है। उसे बुद्धिमान होने के अतिरिक्त अनुसंधान कार्य में अंतर्निहित सारे सम्भावित परिस्थितियों के बारे में पहले से ही कल्पना कर लेने की क्षमता होनी चाहिए। चूँकि बिना कल्पनाशक्ति के अनुसंधानकर्ता सामाजिक समस्याओं में न तो गहरा पैठ सकते हैं और न ही अपने अध्ययन-कार्य में व्यवहारिकता ला सकते हैं। इसलिए सफल अनुसंधानकर्ता हेतु यह अनिवार्य है कि उसमें रचनात्मक कल्पनाशक्ति की प्रबलता हो।

(d) विचारों की स्पष्टता—स्पष्ट वादिता सफल शोधकर्ता की विशेषता है। उसमें यह योग्यता होनी चाहिए कि वह मुश्किल परिस्थितियों तथा पहलुओं को समझकर उनके संदर्भ में अपने मत को स्पष्ट रूप में प्रकट कर सके। इस योग्यता में कमी के कारण पहलुओं का विश्लेषणत्मक विवेचना और अपने प्रतिवेदन से जुड़ी समस्या या उसके निवारण के संदर्भ में स्पष्ट विचारों को प्रकट करना असंभव है। अतः एक सफल अनुसंधानकर्ता के विचारों की स्पष्टता का होना अनिवार्य है।

(e) सांख्यिकीय योग्यता— अनुसंधान कार्य के समय अपने द्वारा प्राप्त किए गए आँकड़ों, सूचनाओं, पहलुओं इत्यादि को वर्गीकृत, सारणीकृत करने का कार्य अनुसंधान कर्ता को करने पड़ते हैं। यह बहुत नीरस काम है, पर इसके बिना अनुसंधान कार्य में सत्यता नहीं आ सकती। अतः अनुसंधानकर्ता के भीतर सांख्यिकीय योग्यता का होना जरूरी है।

(f) बौद्धिक ईमानदारी—बौद्धिक ईमानदारी का अर्थ है कि शोधकर्ता शोध विषय से स्वयं को जोड़कर देखें। कामयाब अनुसंधानकर्ता के भीतर अन्य गुणों के साथ-साथ बौद्धिक ईमानदारी का गुण होना बहुत जरूरी है। सामाजिक घटनाओं के संदर्भ में इनके माध्यम से प्रकट किए गए निरीक्षणों, विचारों के मध्य उनकी अपनी व्यक्तिगत आदर्शों, भावनाओं तथा मूल्यों के आने की आशंका बनी रहती है। ऐसी स्थिति में अगर अनुसंधानकर्ता में बौद्धिक ईमानदारी की कमी है तो उसका अनुसंधान कार्य कभी भी परिशुद्ध नहीं हो सकता है। जबकि बौद्धिक ईमानदारी होने पर अनुसंधानकर्ता समाज में विद्यमान गलत विचार धाराओं के प्रतिपक्ष में अपना विचार प्रस्तुत कर सकता है।

व्यावहारिक गुण

कहा गया है कि सुगंध दिखाई नहीं देती उसे मात्र अनुभव किया जाता है, अर्थात् व्यवहार अधिकांशतः अनुभव की विषय वस्तु है। अतः मानसिक तथा शारीरिक योग्यताओं के साथ-साथ एक सफल अनुसंधानकर्ता के भीतर व्यवहार संबंधी योग्यताओं का भी होना बहुत आवश्यक माना जाता है। शोधकर्ता को अपने शोधकार्य के मध्य वास्तविक व्यक्तियों से संपर्क बनाकर उनमें विश्वास की भावना उत्पन्न करके और उन्हें अपने अध्ययन के लक्ष्य के प्रति आकर्षित करके ही अध्ययन के विषय में तथ्यों को संचित करना पड़ता है। इस कार्य के लिए यह नितांत जरूरी है कि अन्वेषक का आचार-व्यवहार चित्ताकर्षक और प्रभावशाली हो, परन्तु इसके लिये शोधकर्ता में निम्नवत व्यावहारिक गुणों का होना अनिवार्य है—

(a) सतर्कता—सामाजिक शोधकार्य के समय शोधकर्ता को इस बात के प्रति सतर्क रहना चाहिए कि किसी स्तर पर उसे गलत सूचना देकर कोई दिग्भ्रमित तो नहीं कर रहा है। कई बार ऐसा होता है कि कुछ लोग शोधकर्ता के अत्यधिक शुभचिंतक बनने की बात तो करते हैं, परन्तु सब कुछ गलत बताकर उसे असफलता की तरफ धक्का देने की कोशिश करते हैं। अतः इस प्रकार के व्यक्तियों के प्रति यथासंभव सचेत रहना शोधकर्ता के लिए बेहद अनिवार्य है।

(b) आत्म-नियंत्रण—आत्म नियंत्रण विषय परिस्थितियों में संतुलन का कारण होता है। इन परिस्थितियों में शोधकर्ता द्वारा अपने ऊपर नियंत्रण रखना अतिआवश्यक होता है। अपने शोधकार्य के बीच हो सकता है कि सूचना देने वालों से उसे ऐसे कठोर शब्दों को सुनना पड़े जो उसके आंतरिक विचारों, भावनाओं तथा आदर्शों को आघात करे फिर भी उसके लिए आत्मनियंत्रण रखना ज़रूरी है, क्योंकि ऐसा न करने पर उसके अनुसंधानकार्य प्रभावित होता है। उसे किसी भी अवस्था में उत्तेजना का शिकार नहीं होना चाहिए। ये सब अपने ऊपर नियंत्रण रखने पर ही संभव हो सकता है।

(c) व्यवहार में अनुकूलनशीलता—शोध कार्य के समय विभिन्न विषय वस्तुओं के कारण उससे सम्बन्धित निर्देशकों का सहयोग लेना पड़ता है और सभी के व्यवहारों में अन्तर होता है अतः यह जरूरी है कि शोधकर्ता सभी के व्यवहार के साथ अनुकूलन स्थापित कर सके इसलिए केवल एक ही प्रकार का व्यवहार समान रूप से प्रभावित नहीं कर सकता है। जैसे-गंभीर प्रकृति का व्यक्ति गंभीरता ही पसंद करेगा, इसके अतिरिक्त कौतुक प्रिय व्यक्ति के लिए गंभीर व्यवहार अरुचिकर होगा। परन्तु शोधकर्ता के लिए दोनों तरह के व्यक्तियों से सूचना अर्जित करना अति जरूरी होता है। अतः उसके व्यवहार में ऐसा लचीलापन होना चाहिए कि वह आवश्यकता और परिस्थिति के द्वारा विविध प्रकार के व्यक्ति के साथ अपना अनुकूलन सफलतापूर्वक करके अनिवार्य आंकड़ों का संकलन कर सके। एक अनुसंधानकर्ता को निरपेक्ष भाव से अपने कार्यों को अंजाम देना चाहिए। अतः एक अनुसंधाकर्ता के लिये यह आवश्यक है कि अनुसंधान कार्य के दौरान अनुकूल और प्रतिकूल दोनों प्रकार का विचार व्यक्त करने वाले लोगों के साथ समादर का व्यवहार रखे। ताकि उसे इसे दिशा में अपेक्षित सफलता मिल सके।

(d) परिमार्जित ढंग—शोधकर्ता को व्यवहार उच्छृंखलता पूर्ण नहीं होना चाहिये क्योंकि इससे उसकी कार्य की विश्वसनीयता पर प्रश्न चिन्ह लग जाता है।

शिष्ट तथा परिमार्जित व्यवहार से वह दूसरे लोगों को सरलता से ही अपने ओर आकर्षित करके उन्हें अपना मित्र बना सकता है। अपने परिमार्जित व्यवहार के माध्यम से वह सूचनादाताओं पर सकारात्मक प्रभाव छोड़ सकता है। इस प्रकार वह सूचना देने वाले व्यक्ति से मनोवांछित सूचनाओं, कथ्यों को हासिल करने में सफल रहता है। इस प्रकार एक उत्तम आचार-विचार और परिष्कृत व्यवहार का स्वामी ही सफल शोधकर्ता हो सकता है।

(e) संतुलित वार्तालाप—बाक संयम का गुणे शोधकर्ता में अवश्य होना चाहिये। शोधकर्ता को अनुसूची को भरवाने अथवा साक्षात्कार करने के समय सूचनादाताओं से बात करनी पड़ती है। इस वार्तालाप के ढंग का भी प्रभाव सूचनादाताओं पर पड़ता है। शोधकर्ता द्वारा असंतुलित तथा अहंकारपूर्ण भाषा के प्रयोग से सूचनादाता अपेक्षित सहयोग नहीं देते परन्तु यदि वह संतुलित और विनम भाषा का प्रयोग करता है तो सूचनादाताओं के हृदय में शोधकर्ता के प्रति अच्छी भावना पैदा होती है। असंयमित व्यवहार की अवस्था में सूचनादाता सूचना देने से मना कर सकता है अथवा फिर वास्तविक तथ्यों को छुपाकर इधर-उधर की बातों पर उसे टालने का प्रयत्न कर सकता है। वहीं दूसरी अवस्था में सूचनादाता उसे हर संभव सहयोग देने का प्रयास करते हैं अतः एक कामयाब शोधकर्ता में वाक् संयम अवश्य होना चाहिए।

वैज्ञानिक भावना संबंधी गुण

शोध कार्यों में तर्क की विशेष आवश्यकता होती है। यह एक वैज्ञानिक गुण है। अतः किसी समस्या पर शोध करते समय शोधकर्ता में निम्नवत वैज्ञानिक गुण अवश्य होने चाहिए—

(a) वैषयिक दृष्टिकोण—अनुसंधान कर्ता द्वारा जिस समस्या पर शोध किया जा रहा है वह वैज्ञानिक मानक के अनुसार हो इसके लिये शोधकर्ता में विषय के प्रति वैज्ञानिक दृष्टिकोण शोधकर्ता के अन्दर इस गुण के न होने से उसे वास्तविक घटनाओं को उनके वास्तविक रूप में देखने में सफलता प्राप्त नहीं होगी। वैषयिक दृष्टिकोण की कमी का तात्पर्य यह होगा कि शोधकार्य पक्षपात तथा मिथ्या झुकाव द्वारा प्रभावित है। वैषयिक दृष्टिकोण सत्य निष्कर्ष के लिए भी आवश्यक होता है क्योंकि इसके बिना निरीक्षण-परीक्षण की क्रिया विकृत हो जाने की संभावना होती है, और यर्थाथता की जाँच बहुत जटिल हो जाती है। इसलिए स्पष्ट रूप से कहा

जा सकता है कि वैषयिक दृष्टिकोण का होना शोधकर्ता का एक अनिवार्य गुण है, चूंकि शोधकार्य को विकृत करने वाले सभी विचारों, व्यक्तियों, आदर्शों तथा भावनाओं से निरंतर विलगाव रखते हुए सत्य की खोज करना वैषयिक दृष्टिकोण के आधार पर ही सम्भव है।

(b) जिज्ञासा—जिज्ञासा वह इच्छाशक्ति है जो किसी विषय के प्रति शोधकर्ता को जानकारी करने के लिये प्रेरित करता है। किसी भी घटना को जानने की कोशिश, रहस्य को उद्घाटित करने की प्रेरणा तथा नए के प्रति आकर्षण की जागृति तभी हो सकती है, जब हृदय में जिज्ञासा की भावना हो। अनुसंधानकर्ता में इस गुण का होना अत्यंत जरूरी है क्योंकि ये सभी तत्व शोधकार्य में मदद करने वाले होते हैं। अनुसंधानात्मक कार्यों का एक मुख्य प्रयोजन नूतन ज्ञान को हासिल करना होता है एवं जिज्ञासा की प्रवृत्ति के बिना लक्ष्य प्राप्ति मुश्किल है।

अध्ययन स्थल से सम्बंधित क्रिया संबंधी गुण

अनुसंधान के मध्य वास्तविक रूप से अध्ययन स्थल पर जाकर तथ्यों व सूचनाओं को संचित करना जरूरी होता है। इसलिए इससे जुड़े भिन्न-भिन्न व्यावहारिक क्रियाओं का ज्ञान जरूरी होता है। इस संदर्भ में शोधकर्ता के भीतर कुछ गुणों का होना जरूरी माना जाता है। इसके लिये अनुसंधान कर्ता में निम्नवत गुणों का होना नितांत अनिवार्य है—

(a) संगठन सामर्थ्य—शोधकार्य के लिए सुव्यवस्थित आयोजन तथा उत्तम संगठन की जरूरत होती है। शोधकर्ता के अंदर इन आवश्यकताओं की पूर्ति करने की क्षमता व योग्यता का होना जरूरी होता है। सामाजिक शोधों में अधिकांशतः एक से अधिक कार्यकर्ताओं की जरूरत होती है। अतः अनुसंधानकर्ता द्वारा कार्य सौंपते समय कार्यकर्ता की क्षमता का अनुमान अवश्य लगाना चाहिये वर्तमान प्रवृत्ति यह है कि सामाजिक शोधकार्य में अन्तःवैज्ञानिक प्रक्रिया (Inter-disciplinary Approach) अपनाई जा रही है जिससे कि कई विज्ञानों के विशेषज्ञों का सहयोग व मदद प्राप्त करना जरूरी होता है। अतः अनुसंधानकर्ता को विशेषज्ञों से अधिकाधिक लाभ लिये जाने के लिये आवश्यक शर्तों पर अवश्य ध्यान देना चाहिए। उपरोक्त समस्त कार्य शोधकर्ता की सांगठनिक क्षमता पर आधारित होता है। अतएव एक उत्तम अनुसंधानकर्ता के अंदर व्यवस्थापन का गुण अवश्य होना चाहिए।

(b) व्यक्ति, समय तथा स्थान का बोध—शोधकर्ता को अपने शोधकार्य के समय विविध पेशों, विविध श्रेणी के लोगों से सम्पर्क करना होता है। लेकिन इसके लिए अध्ययन स्थान में जाकर अनायास, बिना पूर्वनिर्णय के किसी भी व्यक्ति से किसी भी वक्त व कहीं पर भी मिलकर सूचना प्राप्त करने का प्रयत्न अंधेरे में तीर मारने के बराबर है साथ-ही-साथ अनुसंधानकर्ता को इस बात की भी साधारण जानकारी होनी चाहिए कि किस विषय से जुड़े वास्तविक तथ्यों को प्राप्त करना सुविधाजनक होगा, किस समय व किस जगह पर उनसे मिलने पर वे जवाब देने के लिए आसानी से तत्पर हो जाएँगे अर्थात् सूचना प्राप्त करने के विषय में उनका सक्रिय व सम्पूर्ण सहयोग अर्जित किया जा सकता है। उदाहरण के लिए, शोधकर्ता को इस बात की जानकारी होनी चाहिए कि पुस्तकों का विक्रता बर्तनों का भाव नहीं बता सकता, सार्वजनिक त्योहार के वक्त जानकारी देने वालों से उनके पारिवारिक जीवन के बारे में जानना संभव नहीं है और पिता के पास खड़े पुत्र से शराब पीने के लिये कहना मूर्खतापूर्ण कार्य होगा। अतएव एक सफल अनुसंधानकर्ता देश, काल और स्थान के बारे में पर्याप्त ज्ञान होना अनिवार्य है।

(c) साधन संपन्नता—वर्तमान शोधकार्य में जहां धन की आवश्यकता होती है वही—कैमरा, टेपरिकार्डर, मानचित्र आदि द्वारा विभिन्न प्रकार की सूचनाओं को प्राप्त किया जाता है अतः शोधकर्ता हेतु इन साधनों की विद्यमानता ही काफी नहीं है वरन् इनके प्रयोग का सही ढंग भी ज्ञात होना चाहिए। अनुसंधान के क्रम में कई बार अनुसंधानकर्ता को सूचनाएं हासिल करने हेतु सरकारी और गैर-सरकारी प्रभागों के अधिकारियों से सहयोग लेना पड़ता है।

(d) अध्ययन प्रणालियों, उपकरणों तथा प्रविधियों का ज्ञान—विषय से सम्बन्धित उपागमों की जानकारी शोधकर्ता हेतु विशेष अनिवार्य है। साथ ही अनुसंधानकर्ता को इस बात की भी जानकारी होनी चाहिए कि हरेक प्रक्रिया की कौन-कौन-सी सीमाएँ हैं और उस पद्धति के द्वारा काम करने से अध्ययन कार्य में किन-किन त्रुटियों के कारण समस्या उत्पन्न हो सकती है इस प्रकार का ज्ञान शोधकर्ता को सबसे उपयुक्त पद्धतियों तथा यंत्रों का चुनाव करने में मदद करते हैं। उचित समय पर सटीक ज्ञान अनुसंधान कार्य में उत्पन्न होने वाले संभावित अशुद्धियों में सुधार के लिये शोध कर्ता को प्रेरित करता है।

(e) प्रशिक्षण तथा अनुभव—सूचनाओं के संकलन के लिये प्रशिक्षण तथा अनुभव की विशेष आवश्यकता होती है। किसी भी व्यक्ति को अध्ययन स्थान पर

सूचना एकत्रित करने हेतु छोड़ देने मात्र से ही तथ्यों का संकलन असंभव है, जब तक कि उसे अध्ययन स्थान पर काम करने का अनुभव हो या उसे इसकाम के लिए वास्तविक रूप में प्रशिक्षित न किया गया हो। समुचित प्रशिक्षण प्राप्त एक अनुभवी शोधकर्ता ही अध्ययन पद्धतियों, अध्ययन कार्य के समक्ष विद्यमान समस्याओं से भली-भांति परिचित अनुसंधानकर्ता ही अनुसंधानात्मक कार्य को व्यवस्थित तरीके से पूरा कर सकते हैं।

अध्ययन विषय से संबंधित गुण

सामान्यतया यह देखा जाता है कि शोधकर्ता में विभिन्न गुणों के होने के बाद की उनके द्वारा किया जाने वाला शोध वैज्ञानिक एवं तर्क संगत नहीं हो पाता क्योंकि उनमें अध्ययन विषय से सम्बन्धित गुण नहीं होते। अतः शोधकर्ता में निम्नवत गुणों का होना अनिवार्य है–

(a) विषय के प्रति रुचि–विषय के प्रति लगाव शोधकर्ता की रूचि को प्रदर्शित करता है। जिस विषय अथवा समस्या में गहन रुचि होती है उसे समझने में भी सरलता रहती है। साथ-ही-साथ अध्ययन मुश्किल होने पर भी शोधकर्ता का उसमें गहरी आंतरिक लगाव होने के कारण उसे सफल करने हेतु अत्यधिक अध्ययन करने के लिये प्रोत्साहित करता है।

(b) विषय में पारंगत–शोध के मूल विषय पर शोध कर्ता को निश्चित होना चाहिए। शोध की कामयाबी के लिए यह जरूरी है कि जिस संबंध या समस्या का शोधकर्ता शोध कर रहा है उसके संबंध में उसे पूर्ण ज्ञान हो। विषय के संदर्भ में कम ज्ञान या अपूर्ण ज्ञान होने से श्रम, धन तथा समय के अपत्यय की सम्भावना बनी रहती है।

(c) समस्या पर एकाग्रता–सामाजिक जीवन के कई पक्ष परस्पर इतने घनिष्ठ रूप से जुड़े होते हैं कि निर्धारित समस्या से विचलित हो जाने की संभावना काफी अधिक होती है अतएव जटिल परिस्थितियों में एकाग्रता का गुण अनुसंधानकर्ता के भीतर होना आवश्यक है।

शोधकर्ता के उपरोक्त गुणों के विश्लेषण से यह स्पष्ट होता है कि उसे निश्चित रूप से एकाधिक गुणों से संपन्न होना चाहिए। इसका यह आशय बिल्कुल नहीं है कि सभी अनुसंधानकर्ता सर्वगुणसंपन्न होते हैं और न ही जरूरी गुणों की कोई अंतिम सूची तैयार की जा सकती है। लेकिन इतना जरूर कहा जा सकता है कि

शोधकार्य कोई साधारण काम नहीं है। अनुसंधान कार्य सामान्य लोगों के द्वारा सम्पन्न नहीं किया जा सकता।

शोध अभिकल्पन अथवा प्रारूप

शोध जहां एक जटिल प्रक्रिया है वहीं दूसरी ओर यह एक महत्त्वपूर्ण योजना भी है। शोध में समस्या के चयन, एकरूपता और स्पष्टीकरण के पश्चात् शोध प्रारूप तैयार किया जाता है। सामान्यतः शोध 'प्रारूप' को 'शोध प्ररचना' या 'शोध अभिकल्प' कहा जाता है शोध प्रारूप शोध कार्य को योजनाबद्ध रूप प्रदान करता है। दूसरे शब्दों में हम कह सकते हैं कि शोध प्रारूप का उद्देश्य शोध कार्य को एक निश्चित दिशा प्रदान करके, शोधकर्ता को इधर-इधर भटकते से बचाना है। शोध प्रारूप से शोधकर्ता को एक निश्चित दिशा ही नहीं मिलती बल्कि इससे शोध अध्ययन भी निश्चित दिशा में करना सम्भव होता है। शोध की समस्या, प्रकृति, उद्देश्य एवं परिकल्पना शोध अभिकल्पन के आधार होते हैं। इसे नीचे रेखा चित्र में दर्शाया गया है–

शोध प्रारूप
↓
↓ शोध परिकल्पना | ↓ शोध उद्देश्य | ↓ शोध प्रकृति | ↓ शोध समस्या

उद्देश्य का निर्धारण शोध कार्य का प्रथम सोपान है इसलिये शोधकर्ता को शोध अध्ययन के लिए ऐसे प्रारूप का चुनाव करना चाहिए जो उसके अध्ययन में सहायक और लाभदायक हो। इसके साथ शोध प्रारूप ऐसा हो जो धन एवं समय की बचत के साथ-साथ अध्ययन में आने वाली त्रुटियों व संदेशों का निराकर कर सके।

शोध प्रारूप का अर्थ एवं परिभाषाएँ–शोध प्रारूप या शोध अभिकल्पन शोध कार्य प्रारम्भ करने से पूर्व निर्मित वह योजनाबद्ध रूपरेखा है जो कुछ विशिष्ट एवं निश्चित उद्देश्यों के सम्बन्ध में शोध अध्ययन से सम्बन्धित विभिन्न विषयों के विभिन्न पहलुओं को स्पष्ट करती है। इसके अन्तर्गत निर्णय क्रियान्वित करने की स्थिति के पूर्व ही निर्णय निर्धारित करने की इस प्रक्रिया का संक्षिप्त वर्णन किया जाता है, जिसके आधार पर शोधकर्ता अपने शोध कार्य में आने वाली परिस्थितियों के साथ सामंजस्य स्थापित करता है।

शोध प्रारूप या अभिकल्पन को विभिन्न विद्वानों ने अपने-अपने अनुसार परिभाषित किया है। यहां कुछ परिभाषाओं का उल्लेख किया जा रहा है–

अल्फ्रेन्ड जे. कॉहन–शोध प्रारूप को अपने लेख **'दि डिजाइन ऑफ रिसर्च'** परिभाषित करते हुये लिखा कि–'शोध प्रारूप की सर्वश्रेष्ठ परिभाषा अध्ययन की तार्किक योजना के रूप में की जाती है। यह एक प्रश्न का उत्तर जानने परिस्थिति का वर्णन करने या एक परिकल्पना का निरीक्षण करने से सम्बन्धित है। अन्य शब्दों में, यह उस तर्क से सम्बन्धित है जिसके द्वारा प्रक्रियाओं, जिनमें समंकों का संकलन एवं विश्लेषण दोनों सम्मिलित हैं के एक विशेष समूह से एक अध्ययन की विशेष आवश्यकताओं की पूर्ति की इच्छाा से की जाती है।'

इस सम्बन्ध में **आर. एल. ऐकॉफ**–ने अपनी पुस्तक 'दि डिजाइन आफ सोशल रिसर्च' में लिखा कि– 'निर्णय लागू करने की स्थिति अत्पन्न होने से पूर्व निर्णय निर्धारित करने की प्रक्रिया को शोध प्रारूप कहते हैं।'

पी. वी. यंग–इन्होंने शोध प्रारूप को अपनी कृति 'साइन्टिफिल सोशल सर्वे एण्ड रिसर्च–में लिखा कि, 'शोध प्रारूप एक तार्किक एवं क्रमबद्ध योजना है।'

विमल शाह–ने अपनी कृति 'रिचर्स प्रारूप एण्ड स्ट्रेजिज' में लिखा कि–'शोध प्रारूप, अध्ययन की एक योजना है। अतः प्रत्येक अध्ययन में योजित किया जाता है, चाहे वह अध्ययन अनियन्त्रित हो या विषय परक हो या उद्देश्य परक।'

एफ. एन. कलिंजर–ने अपनी कृति 'फाउण्डेशन आफ बिहेवियॉरल रिसर्च, (1978)' में शोध प्रारूप को परिभाषित करते हुये लिखा कि– 'शोध प्रारूप शोध की एक योजना, संरचना एवं व्यूट रचना है जिसका प्रयोग शोध से सम्बन्धित प्रश्नों के उत्तर प्राप्त करने एवं विचारकों पर नियन्त्रण रखने के लिए किया जाता है।

सेलिज, जहोदा, ड्यूरा, कुक–ने अपनी पुस्तक 'रिसर्ज मेथड्स इन सोशल रिलेशन्स' में शोध प्रारूप को इस प्रकार परिभाषित करके लिखा है–'एक शोध प्रारूप समंकों के संकलन एवं विश्लेषण के लिए उन परिस्थितियों का प्रबन्ध करती है जो शोध के उद्देश्यों की संगतता को कार्य प्रविधियों में आर्थिक नियन्त्रण के साथ समावेश करती हैं।

शोध प्रारूप की विशेषताएँ

शोध प्रारूप की प्रमुख विशेषताओं को नीचे उल्लेखनीय किया जा रहा है–

(1) शोध समस्या के निर्धारण के तत्काल बाद में शोध प्रारूप का निर्माण किया जाता है।

(2) शोध प्रारूप विशेष अनुसन्धान से सम्बन्धित होता है।
(3) यह ऐसी योजना है जो नियोजन तथा व्यवस्था के आधार पर ही अपेक्षित परिणाम प्रदान करती है।
(4) शोध प्रारूप शोधकर्ता को शोध की एक निश्चित दिशा प्रदान करती है।
(5) यह सामाजिक घटनाओं के जटिल स्वरूप का सरल स्वरूप है।
(6) शोध प्रारूप शोध अध्ययन की रूप रेखा है।
(7) शोध प्रारूप का निर्माण शोध कार्य प्रारूप होने से पहले की जाती है।
(8) शोध प्रारूप का निर्माण शोध समस्या, शोध प्रकृति, शोध प्रकृति, शोध उद्देश्य एवं शोध परिकल्पना के अनुरूप ही किया जाता है।
(9) यह शोध प्रक्रिया के दौरान आगे आने वाली परिस्थितियों को नियन्त्रित करने का कार्य करता है।
(10) इससे ना केवल शोध कार्य सरल होता है। अपितु धन तथा समय की भी बचत होती है।

शोध प्रारूप की विषय-वस्तु

कोई भी शोधकर्ता जब शोध प्रारूप या अभिकल्प तैयार करता है तो उस समय उसे जिन विषय वस्तुओं का समावेश इसमें करना होता है उन्हें नीचे स्पष्ट किथा जा रहा है–

(1) शोध का शीर्षक–शोध प्रारूप में शोध विषय का शीर्षक भी दिया हुआ रहना चाहिए, क्योंकि इसी से शोध अध्ययन के क्षेत्र एवं सीमाओं का बोध होता है।

(2) स्रोत–शोध अध्ययन में तथ्य सामग्री के लिए विभिन्न स्त्रोत उपलब्ध होते हैं। शोध अध्ययन के लिए जिन साधनों से वैध पर्याप्त एवं प्रमाणिक जानकारी उपलब्ध होने की सम्भावना हो उनका उल्लेख भी शोध प्रारूप में कर देना चाहिए। इसके अन्तर्गत आने वाले निम्नवत स्रोत हो सकते हैं:

(1) साहित्य,
(2) पत्र-पत्रिकाएँ,
(3) सरकारी एवं अर्द्ध सरकारी कार्यालय,
(4) पुस्तकालय,
(5) ग्रंथ,
(6) व्यक्ति,

(7) समाचारपत्र,
(8) शब्द-कोश,
(9) पुस्तकें,
(10) सांख्यिकी सामग्री।

(3) शोध अध्ययन की प्रकृति—शोधकर्ता को यह निर्धारित करना पड़ता है कि शोध प्रारूप, अन्वेषणात्मक, वर्णनात्मक, निदानात्मक एवं परीक्षात्मक में से क्या हो सकता है।

(4) शोध विषय-वस्तु का परिचय—शोध विषय में वस्तु का परिचय शोधकर्ता के शोध में रूचि उत्पन्न होने के माध्यमों को स्पष्ट करता है।

शोध विषय-वस्तु का परिचय निम्नवत दो रूपों में स्पष्ट किया जाता है।

एकल अध्ययन पद्धति की दशा में—यदि शोधकर्ता, शोध समस्या का चुनाव किसी एकल पद्धति के अनुसार करता है, तो विषय-वस्तु का परिचय निम्न दो प्रकार से दिया जाता है—

(1) विशेष-वस्तु विषय का परिचय,
(2) सामान्य विषय का परिचय।

(5) शोध अध्ययन के उद्देश्य—इसमें शोध के मुख्य व सहायक उद्देश्यों का उल्लेख करना पड़ता। प्रत्येक शोध अध्ययन के उद्देश्य शोध विषय की प्रकृति पर निर्भर होते हैं। ये चार या पाँच वाक्यों में स्पष्ट किये जाते हैं।

(6) अवधारणा—शोध प्रारूप में उन सभी धारणाओं एवं सिद्धान्तों का उल्लेख करना चाहिए जिनके आधार पर शोध अध्ययन करना है।

(7) परिकल्पनाओं की रचना—शोध प्रारूप में परिकल्पनाओं की भी रचना करनी चाहिए। ये चार या पाँच भी हो सकती है। इन्हीं के आधार पर निष्कर्षों की पुष्टि की जाती है। कॉहन एवं नगेल—'प्रकल्पनाएँ तथ्यों में सुव्यवस्था लाकर शोध को निर्दशित कर देती हैं।'

(8) तथ्य सामग्री के चयन का आधार—शोध अध्ययन के लिए चयनित विषय-वस्तु से सम्बन्धित तथ्य सामग्री और सांख्यिकीय सामग्री के महत्त्व को उल्लेख भी करना चाहिए। उन सभी प्रविधियों का उल्लेख करना चाहिए जिसके आधार पर प्राथमिक तथ्य सामग्री का संकलन किया जायेगा, इसके अन्तर्गत—प्रश्नावली, अनुसूची, अवलोकन एवं साक्षात्कार आदि आते हैं।

(9) विश्लेषण प्राविधियों का उल्लेख—तथ्य सामग्री का संकलन होने के पश्चात् उसके सारणीयन, वर्गीकरण एवं विश्लेषण प्रविधियाँ का उल्लेख भी शोध प्रारूप में करना चाहिए।

(10) निर्वचन विधि—शोधकर्ता द्वारा उन सभी पद्धतियों का उल्लेख शोध प्रारूप में कर देना चाहिए जिनके आधार पर वह संकलित तथ्य सामग्री का निर्वचन करना चाहता है।

(11) सन्दर्भ सूची—अन्त में उन सभी स्रोतों का उल्लेख शोध प्रारूप में कर देना चाहिए जिनके आधार पर वह प्राथमिक तथ्य सामग्री के संकलन का आधार बनायेगा।

एक अच्छे शोध प्रारूप के निर्माण के दिशा-निर्देश

सामान्यतः छोटे शोध प्रारूप अच्छे माने जाते हैं, परन्तु यह तभी सम्भव है जब शोध प्रारूप के निर्माण में निम्नवत तथ्यों का समावेश हो—

(1) **लचीलापन**—शोध अध्ययन के दौरान परिस्थितियों में अनेक परिवर्तन होते रहते हैं। यह अनिवार्य नहीं है कि जो शोध प्रारूप एक बार बना दिया गया वह परिस्थितियों में उपयुक्त ही हो अतः शोध प्रारूप ऐसा हो जिसे आवश्यकतानुसार परिवर्तन करना सम्भव हो।

(2) **सत्यता**—शोध प्रारूप में केवल वैध व मूर्त बातों का ही समावेश होना चाहिए अन्यथा शोध प्रारूप से वास्तविक परिणाम प्राप्त करना असम्भव हो जाता है।

(3) **सतर्कता**—शोध प्रारूप को पूर्ण सावधानी एवं सतर्कता के साथ तैयार करना चाहिए ताकि उसमें किसी प्रकार का कोई दोष न रहे।

(4) **विश्वसनीयता**—शोध प्रारूप में सम्मिलित की जाने वाली पद्धतियाँ, तथ्य सामग्री के संकलन की विधियाँ एवं निर्वचन की पद्धतियाँ विश्वस्त हों ताकि प्राप्त निष्कर्षों को वास्तविक माना जा सके।

(5) **पुस्तकालय का उपयोग**—शोध प्रारूप के निर्माण के समय पुस्तकालय का प्रयोग करना चाहिए अन्यथा कई आवश्यक सूचनाओं का समावेशन नहीं हो पाता।

(6) **परिकल्पना**—भारभूत परिकल्पनाओं का चयन करना चाहिए।

(7) **चरों की परिभाषा**—शोध अध्ययन से सम्बन्धित चरों को उनकी योग्यता। उपयोगिता, उद्देश्य एवं मूल्यों के आधार पर परिभाषित कर देना चाहिए।

शोध प्रारूप निर्माण की प्रक्रिया

शोध प्रारूप का निर्माण एक निश्चित क्रम में होता है। इस निर्माण के लिये जिन प्रक्रियाओं से गुजरना होता है उन्हें क्रमागत रूप से नीचे दिया जा रहा है—

(1) सर्वप्रथम शोध अध्ययन समस्या को परिभाषित करना चाहिए।
(2) वर्तमान शोध समस्या को शोध कार्य सम्बद्ध करना चाहिए।
(3) शोध अध्ययन की सीमाएँ निर्धारित करनी चाहिए।
(4) शोध अध्ययन के विभिन्न क्षेत्रों का उल्लेख करना चाहिए।
(5) शोध अध्ययन के उद्देश्यों को मुख्य एवं सहायक उद्देश्यों में वर्गीकृत करना चाहिए।
(6) अवलोकन एवं मापन के लिए चरों का निर्धारण करना चाहिए।
(7) अध्ययन विषय-क्षेत्र को परिभाषित करना चाहिए।
(8) उन मान्यताओं एवं अवधारणाओं का उल्लेख अवश्य कर देना चाहिए, जो शोध अध्ययन से सम्बन्धित है।
(9) उन सभी परिकल्पनाओं का निर्माण करके, इसमें समावेश करना चाहिए, जिनके आधार पर शोध अध्ययन से प्राप्त निष्कर्षों की पुष्टि करनी है।
(10) शोध अध्ययन के विश्लेषण एवं निर्वचन में प्रयुक्त होने वाली प्रविधियों का उल्लेख इसमें करना चाहिए।

शोध प्रारूप के उद्देश्य

शोध प्रारूप निर्माण के निम्नवत उद्देश्य हैं–

(1) शोध अध्ययन की स्पष्ट दिशा सुनिश्चित करना।
(2) शोध समस्या के उत्तर करने के लिए।
(3) शोध के दौरान आने वाली समस्याओं का निराकरण करना।
(4 शोध विविधताओं पर नियन्त्रण स्थापित करना।
(5) मापों की विश्वसनीयता में वृद्धि
(6) क्रमबद्ध अध्ययन के लिए।
(7) फण्ड प्राप्ति के लिए।

शोध प्रारूप के प्रकार

वस्तुतः शोध प्रारूप उसी प्रकार का बनता है, जिस प्रकार उसका स्वरूप और उद्देश्य होगा। अनेक विद्वानों ने शोध प्रारूप के अनेक प्रकार बताये हैं, परन्तु फिर भी शोध प्रारूप अध्ययन की प्रकृति के अनुरूप ही होता है।

अल्फ्रेड जे. कॉहन–कॉहन अपनी पुस्तक 'दि डिजाइन आफ रिसर्च' में शोध प्रारूप के निम्नवत चार प्रकार बताये हैं–

(1) दैवीय अवलोकन पूर्व-अनुसन्धान पक्ष
(2) अन्वेषणात्मक शोध प्रारूप
(3) निदानात्मक शोध प्रारूप
(4) प्रयोगात्मक शोध प्रारूप

सैन्फोर्ड लोबिविज एवं राबर्ट हैगडोर्न—इनके अनुसार शोध प्रारूप निम्नवत तीन प्रकार के हैं—

(1) एकल अध्ययन
(2) सर्वेक्षण प्रारूप
 (i) सह-सम्बन्धात्मक
 (ii) पैनल प्रारूप
(3) प्रयोगात्मक प्रारूप

सेलिज, जहोदा, ड्यूश एवं कुक--उन्होंने अपनी कृति **'रिसर्च मेथड्म इन सोशल रिलेशन्स'** में शोध प्रारूप के निम्नवत पांच प्रकार बताये है—

(1) प्रतिपादनात्मक शोध प्रारूप
(2) अन्वेषणात्मक शोध प्रारूप
(3) विवरणात्मक शोध प्रारूप
(4) निदानात्मक शोध प्रारूप
(5) प्रयोगात्मक शोध प्रारूप

प्रायः विभिन्न प्रकार की सामाजिक घटनाओं के अध्ययन में जो शोध प्रारूप प्रयुक्त होते हैं वे निम्नवत हैं—

(1) अन्वेषणात्मक शोध प्रारूप;
(2) वर्णनात्मक शोध प्रारूप;
(3) निदानात्मक शोध प्रारूप;
(4) प्रयोगात्मक शोध प्रारूप।

उपरोक्त प्रारूपों को आगे स्पष्ट किया जा रहा है—

(1) अन्वेषणात्मक शोध प्रारूप—इस शोध प्रारूप का प्रयोग समाज में होने वाली घटनाओं के उत्तरदायी कारणों की जानकारी के लिये किया जाता है। किसी घटना के उत्तरदायी कारणों की खोज करके उन्हें प्रकट के लिए जिस क्रमबद्ध योजना का उपयोग किया जाता है उसे अन्वेषणात्मक शोध प्रारूप कहते हैं। शोध अध्ययन के लिए विषयों का चयन करने के पश्चात् उस विषय के लिए इस प्रारूप का चयन

करने पर यह प्रारूप उस शोध विषय की परिकल्पनाओं के निर्माण में सहायक होकर के उत्तरदायी कारणों की खोज करने में दिशा-निर्देशक का काम करता है।

इस प्रारूप के सम्बन्ध में **सेलिज, जहोदा, ड्यूश एवं अन्य ने लिखा है कि** 'अन्वेषणात्मक अध्ययन ऐसे अनुभव की प्राप्ति के लिए अनिवार्य है जो अधिक निश्चित शोध अध्ययन के लिए परिकल्पनाओं के निर्माण में सहायक होते हैं।'

इस प्रारूप के प्रयोग के लिये निम्नवत तत्वों की उपस्थिति अनिवार्य है।

(1) साहित्य का पुनर्निरीक्षण—शोध अध्ययन विषय से सम्बन्धित विषयों, पुसतकों, ग्रथों का अधिक अध्ययन किया जाय। इसके अध्ययन से परिकल्पन के निर्माण में सहायक मिलती है, तथा शोधकर्ताओं के समय की बचत होती है।

(2) अनुभव सर्वेक्षण—ऐसे व्यक्ति से सम्बन्ध स्थापित करना चाहिए जिसे विषय-वस्तु के क्षेत्र का पूर्ण हो अर्थात् विशेषज्ञ हो। क्योंकि ऐसा न होने पर शोधकर्ता का सही मार्गदर्शन नहीं हो पाता।

(3) सूचनादाताओं का चयन—शोधकर्ता द्वारा ऐसे सूचनादाताओं का चुनाव करना चाहिए जो शोध विषय के सम्बन्ध में पूर्ण जानकारी प्रदान कर सकें।

(4) अन्तर्दृष्टि प्रेरक घटनाओं का विश्लेषण—शोध अध्ययन के दौरान कुछ ऐसे घटक सामने आते है जिनका विश्लेषण करने के पश्चात् प्राप्त जानकारी शोधकर्ता को अन्तर्दृष्टि प्रेरक करती है। और यही जानकारी अध्ययन प्रक्रिया को आगे बढ़ाती है।

अन्वेषणात्मक शोध प्रारूप के उद्देश्य—अन्वेषणात्मक शोध प्रारूप के प्रमुख उद्देश्य निम्न हैं—

(1) शोध विषय की जानकारी होना।

(2) शोध अध्ययन के क्षेत्र का निर्धारण।

(3) वर्तमान अवधारणाओं का स्पष्टीकरण एवं नवीन धारणाओं एवं सिद्धान्तों की खोज होना।

(4) परिकल्पनाओं के निर्माण में सहायता।

अन्वेषणात्मक शोध प्रारूप के कार्य—अन्वेषणात्मक शोध प्रारूप के प्रमुख कार्य इस प्रकार हैं—

(1) शोध विषय के महत्त्व को स्पष्ट करना।

(2) शोध विषय-वस्तु पर शोधकर्ता का ध्यान आकर्षित करना।

(3) पूर्व निर्धारित परिकल्पनाओं का परीक्षण शोध की परिस्थिति में करना।

(4) शोध की महत्त्वपूर्ण समस्याओं की ओर शेधकत्र का ध्यान केन्द्रित करना।

(5) विभिन्न अनुसन्धान प्रणालियों की उपयोगिता की सम्भावनाओं का स्पष्टीकरण करना।

(6) ज्ञान क्षेत्र की वृद्धि में सहायक।

(7) शोध अध्ययन का क्षेत्र विकसित करने में सहायक।

(8) अध्ययन की नवीन सम्भावनाओं को विकसित करना।

(2) वर्णनात्मक शोध प्रारूप—इस शोध प्रारूप का उद्देश्य संकलित तथ्यों का विवरण प्रस्तुत करना है। अर्थात् ऐसा शोध प्रारूप जो उपलब्ध तथ्यों, जानकारी और सांख्यिकीय अंको के आधार पर शोध अध्ययन की विषय-वस्तु का विस्तारपूर्वक परिभाषित करना ही वर्णनात्मक शोध प्रारूप का उद्देश्य है। इसके लिए शोधकर्त्ता को विषय-वस्तु की पूर्ण जानकारी होना आवश्यक है और यह जानकारी वास्तविक एवं पूर्ण हो तभी शोध अध्ययन वैज्ञानिक बन सकता है, अन्यथा प्राप्त निष्कर्ष अप्रमाणिक एवं अवैध होंगे।

वर्णनात्मक शोध प्रारूप की प्रकृति—इसमें जिन तत्वों का समावेश होता है वे निम्नवत हैं—

(1) शोध अध्ययन के उद्देश्य का स्पष्टीकरण।

(2) किसी समूह विशेष का प्रारम्भिक अध्ययन करना।

(3) शोध अध्ययन की प्रतिधियों एवं निर्देशन का चुनाव।

(4) शोध अध्ययन के लिए अधिक से अधिक सूचनाएँ एकत्रित करना।

(5) शोधकर्ता की भूमिका अवलोकनकर्ता की तरह की होती हैं।

विवरणात्मक शोध प्रारूप के उद्देश्य—विवरणात्मक शोध प्रारूप के प्रमुख उद्देश्य निम्नवत हैं—

(1) किसी सामाजिक घटना या परिस्थिति के लक्षणों का विस्तृत वर्णना करना।

(2) किसी चर की आवृत्ति का निर्धारण।

(3) चरों के साहचर्य के विषय में जानकारी करना।

वर्णनात्मक शोध प्रारूप के आवश्यक चरण—वर्णनात्मक शोध प्रारूप के प्रमुख चरण निम्नवत हैं—

(1) सर्वप्रथम शोध विषय वस्तु से सम्बन्धित उद्देश्यों का निर्माण करना।

(2) शोध अध्ययन के लिए आवश्यक तथ्य सामग्री संग्रहित करने के लिए पद्धतियों का चयन करना।

(3) निदर्शन का चुनाव करना।

(4) शोध आधार सामग्री का संग्रहण एवं परिकल्पनाओं के आधार पर परीक्षण करना।
(5) संकलित तथ्य सामग्री के परिणामों का विश्लेषण करना।
(6) शोध प्रारूप को प्रतिवेदन रूप देना।

(3) निदानात्मक शोध प्रारूप—यह वह शोध प्रारूप है जो शोधकर्ता द्वारा शोध समस्या में आने वाली विसंगतियों को समझने तथा उनके निराकरण के लिये तैयार किया जाता है।

यह शोध प्रारूप चिकित्सालय से बिल्कुल मिलता-जुलता है। क्योंकि जिस प्रकार एक डाक्टर किसी रोग की खोज करने के पश्चात् उसका उपचार करने के लिए वह विस्तृत योजना बनाता है, परन्तु उसका उपचार नहीं करता है, न ही कोई प्रयास करता है, ठीक उसी प्रकार शोधकर्ता निदानात्मक शोध प्रारूप में करता है।

निदानात्मक शोध प्रारूप की प्रकृति—निदानात्मक शोध प्रारूप के स्वरूप को नीचे स्पष्ट किया जा रहा है—

(1) ऐसे प्रारूप का उद्देश्य किसी समस्या विशेष के हल के लिए उपाय ढूँढना है।
(2) इस प्रारूप के प्रथम स्तर पर परिकल्पना का निर्माण कर लिया जाता है, जिससे कि शोध अध्ययन को सही दिशा मिल सके।
(3) यह प्रारूप शोध अध्ययन के दौरान आयें कारणों में पर्याप्त और महत्त्व के कारणों को अन्य कारणों से प्रथक् करके उनका गहन अध्ययन करके उत्पन्न हुई समस्या का हल खोजने में सहायता करता है।
(4) इस प्रकार के प्रयोग से शोध अध्ययन में उत्पन्न समस्या को दूर किया जाता है, विस्तृत उपाय की योजना बनाई जाती है और शोध अध्ययन के निष्कर्ष में इसका उपयोग किया जाता है।
(5) ऐसे शोध प्रारूप में शोधकर्ता की भूमिका सदैव सैद्धांतिक होती है न कि व्यवहारिक।
(6) यह किसी विशेष समस्या के समाधान का एक माध्यम है।

वर्णनात्मक एवं निदानात्मक प्रारूप में अन्तर—वर्णनात्मक शोध प्रारूप में समस्या अथवा विषय के सम्बन्ध में यथार्थ तथ्यों के आधार पर वर्णनात्मक विवरण प्रस्तुत किया जाता है तथा निदानात्मक शोध प्रारूप में वह अध्ययन होता है जो किसी विशिष्ट समस्याओं के निदान की खोज करता है। वर्णनात्मक तथा निक्षनात्मक स्वरूप में निम्नवत अन्तर है—

1. वर्णनात्मक प्रारूप समस्या से सम्बन्धित तथ्यों का वर्णन करता है। जबकि निदानात्मक प्रारूप समस्या का वास्तविक रूप बताकर उनका उपाय खोजता है।
2. वर्णनात्मक स्वरूप समस्या के समाधान में, हल करने के लिए, सहायता नहीं करता, जबकि निदानात्मक प्रारूप समस्या के हल के लिए योजना बनाता है।
3. वर्णनात्मक प्रारूप अध्ययन की परिकल्पनाएँ पूर्ण रूप से निर्देशित नहीं होती है, परन्तु निदानात्मक प्रारूप अध्ययन की परिकल्पनाएँ पूर्ण रूप से निर्देशित करती है।
4. वर्णनात्मक प्रारूप कारणों की खोज की जाती है, परन्तु निदात्मक खोजे गये के हल के लिए गहन अध्ययन किया जाता है।
5. वर्णनात्मक प्रारूप का लक्ष्य ज्ञान की प्राप्ति इसका उद्देश्य है, परन्तु सही हल की खोज के लिए उपाय बनाना निदानात्मक प्रारूप उद्देश्य है।
6. वर्णनात्मक प्रारूप प्रायः प्रारम्भिक स्तरों पर होता है। वहीं निदानात्मक प्रारूप प्रायः उच्च स्तर पर होता है।
7. वर्णनात्मक प्रारूप प्रायः ऐसे क्षेत्रों में अधिक उपयोगी है जहाँ समस्या से सम्बन्धित ज्ञान का पर्याप्त विकास नहीं हुआ है। वहीं निदानात्मक प्रारूप अभिकल्प उपक्षेत्रों के लिए उपयोगी है जहाँ समस्या के विषय में ज्ञान विकसित हो चुका है।

उपरोक्त विश्लेषण से पता चलता है कि दोनों प्रारूपों में अन्तर शोध के उद्देश्य, उसके क्षेत्र अध्ययन क्रम, पूर्व ज्ञान आदि के आधार पर होता है उपरोक्त अभिकल्प अपने-अपने गुणों के अनुसार उपयोगी हैं। शोधकर्ता अपनी सुविधा के अनुसार किसी भी प्रारूप का चयन करके शोध कार्य कर सकता है।

(4) प्रयोगात्मक शोध प्रारूप—सामाजिक घटनाओं का अध्ययन प्रयोगात्मक नहीं होता है। इसी भ्रम को दूर करने के लिए सामाजिक वैज्ञानिकों ने सामाजिक घटनाओं एवं व्यवहारों का अध्ययन करने के लिए अब प्रयोगात्मक शोध प्रारूप को प्रयोग में लाना प्रारम्भ कर दिया है। सन् 1925 में वाशिंगटन विश्वविद्यालयों के समाजशाक्त्रियों ने सामाजिक घटनाओं का अध्ययन करने के लिए प्रयोगात्मक शोध प्रारूप प्रारम्भ किया। तभी से शोध अध्ययन को अधिक वास्तविक बनाने के लिए शोधकर्ता द्वारा इस प्रारूप का प्रयोग किया जाता है।

परिभाषा—प्रयोगात्मक शोध प्रारूप की प्रमुख परिभाषाओं को नीचे उल्लेखित किया जा रहा है—

चैपिन—'नियन्त्रित दशा में अवलोकन के द्वारा शोध सम्बन्धों के सुव्यवस्थित अध्ययन की ओर निद्रेश करने वाली अवधारण प्रयोगात्मक शोध प्रारूप कहलाती है।'

विमल शाह—'परीक्षण शब्द शोध के उस अंग की ओर निर्देश करता है जिसमें कुछ चरों को नियन्त्रित कर लिया जाता है जबकि अन्य चरों में इस प्रकार परिवर्तन लाया जाता है जिससे नियन्त्रित चरों पर इस प्रकार का प्रभाव देखा जा सके।'

आर.एल.एकॉफ—'प्रयोग एक क्रिया है, जिसे हम शोध कहते हैं।'

सेलिज, जहोदा, ड्यश एवं कुक—'सबसे साधारण अर्थ में एक प्रयोग को साक्ष्य के एकत्र करने के संगठन के एसे व्यवहार के रूप में जाना जा सकता है, जिससे परिकल्पना की वास्तविकता को विषय में परिणाम खोजने की तलाश रहे।'

वर्तमान में निम्नवत तीन प्रकार के प्रयोगात्मक शोध प्रारूप प्रयुक्त किये जाते हैं—

(अ) पश्चात् परीक्षण

(ब) पूर्व-पश्चात् परीक्षण

(स) ऐतिहासिक तथ्य परीक्षण

उपरोक्त परीक्षणों को नीचे स्पष्ट किया जा रहा है—

(अ) पश्चात् परीक्षण शोध प्रारूप—इस शोध प्रारूप को बनाने के लिये सबसे पहले समान गुणों वाले दो समूहों का चुनाव किया जाता है। इसमें से किसी एक समूह को नियत्रित समूह तथा दूसरे को परीक्षणात्मक समूह के रूप में मान लिया जाता है। इसके पश्चात् परीक्षणात्मक समूह में किसी एक घटक द्वारा परिवर्तन लाने का प्रयास किया जाता है। जबकि नियन्त्रित समूह को उस घटक के प्रभाव से अलग रखा जाता है। फिर इन दोनों समूहों में आने वाले परिवर्तन को मापा जाता है। यदि दोनों समूहों में परिवर्तन बहुत अधिक समान नजर आता है तो यह माना जाता है कि परीक्षणात्मक समूह पर नये परन्तु इसके विपरीत यदि परीक्षणात्मक समूह में नियन्त्रित समूह की अपेक्षा परिवर्तन ज्यादा दिखायी देता है, तो इसे नये घटको के प्रभाव का परिणाम मान लिया जात है। परीक्षणात्मक शोध की यह मान्यता है कि शोधकर्ता सुव्यवस्थित तरीके से एक चर द्वारा परीक्षणात्मक समूह में परिवर्तन लाना चाहेगा तो परीक्षणात्मक समूह में नियन्त्रित समूह की तुलना में निश्चित ही कुछ ज्यादा परिवर्तन देखने को मिलेगा।

(ब) पूर्व-पश्चात् परीक्षण शोध प्रारूप—इस प्रारूप में परीक्षणात्मक समूह तो हमेशा विद्यमान होता है परन्तु नियन्त्रित समूह कभी-कभी होता है, तो कभी-कभी दो या अधिक समूह भी होते हैं। पूर्व-पश्चात् परीक्षण शोध प्रारूप निम्नवत प्रकार के होते हैं—

(1) एक समूह द्वारा 'पूर्व और पश्चात्' अध्ययन—ऐसे अध्ययन में नियन्त्रित समूह नहीं होता। एक ही समूह में प्रयोग के पहले और पश्चात् के अन्तर को परीक्षणात्मक चर के प्रभाव के रूप में स्वीकार किया जाता है। सामान्य जीवन में हम इस प्रकार का प्रयोग करते हैं, जैसे—किसी व्यक्ति की रोग होने पर वह दवा लेता है और वह ठीक हो जाता है यह स्वास्थ्य परिवर्तन का दवा का प्रभाव माना जाता है।

(2) एक नियन्त्रित समूह वाला 'पूर्ण और पश्चात्' अध्ययन—यह सबसे सरल एवं अधिक प्रयोग किया जाने वाला प्रारूप है। इसमें परीक्षणात्मक एवं नियन्त्रित दोनों प्रकार के समूह बनाये जाते हैं और दोनों में पूर्व और पश्चात् को तुलना करके मापा जाता है। परीक्षण पश्चात् दोनों समूहों के माप का अन्तर परीक्षणात्मक चर के प्रभाव के रूप में स्वीकार किया जाता है।

(स) ऐतिहासिक तथ्य परीक्षण शोध प्रारूप—इस प्रकार के शोध प्रारूप का प्रयोग ऐतिहासिक घटनाओं के अध्ययन में किया जाता है। ऐतिहासिक घटनाओं की पुनरावृत्ति अनिश्चित है। यही कारण है कि शोधकर्ता अध्ययन के लिए दो या अधिक सूहों का चयन करता है। इसमें एक समूह जिसमें घटना घटित हुई है और दूसरा जिससें घटना घटित नहीं हुई।

साहित्य खोज एवं समीक्षा

साहित्य खोज एवं समीक्षा के क्षेत्र में जिस ज्ञान की बात की जाती है। उसमें ज्ञान का संकलन, स्थानान्तर एवं सम्बर्धन प्रमुख है। यह तथ्य शोध में विशेष रूप से महत्त्वपूर्ण है। इसके आधार पर शोधकर्त्ता यह निश्चित करता है कि उसके द्वारा प्रस्तावित शोध से सम्बन्धित विषयों पर विचारणीय कार्य पहले भी हो चुका है अथवा नहीं इसके लिए वह अपने विषय क्षेत्र से सम्बन्धित विविध साहित्य का अवलोकन और अपने शोध के सम्बन्ध में समीक्षा करता है। किसी भी विषय के विकास में किसी विशेष शोध प्रारूप का स्थान सुनिश्चित करने के लिए शोधकर्त्ता को पूर्व सिद्धान्तों एवं शोधों से भली-भाँति अवगत होना चाहिए। इस जानकारी को निश्चित करने के

लिए व्यावहारिक ज्ञान में प्रत्येक शोध प्रारूप की प्रारम्भिक अवस्था में इसके सैद्धान्तिक एवं शोधित साहित्य का पुनर्निरीक्षण करना आवश्यकता है।

साहित्य समीक्षा का अर्थ

शोध प्रविधि के क्षेत्र में साहित्य का आशय विषय विशेष से सम्बन्धित व्यावहारिक सैद्धान्तिक अध्ययन है। 'समीक्षा' शब्द का अर्थ शोध के विशेष क्षेत्र के ज्ञान की व्यवस्था करना और पूर्व में हुए कार्यों का पुनर्निरीक्षण करना है। साहित्य के पुनर्निरीक्षण के दो पक्ष होते हैं। प्रथम पक्ष के अन्तर्गत, समस्या क्षेत्र में प्रकाशित विविध सामग्री जिसमें मुद्रित, अमुद्रित ओर इलैक्ट्रानिक सभी प्रकार की सम्मिलित होती हैं को पहचानना तथा जिस भाग से शोधकर्त्ता पूरी तरह अलग नहीं है उसका अध्ययन करना आता है। इस अध्ययन के आधार पर उन विचारों और परिणामों का विकास करते हैं जिनके आधार पर अध्ययन किया जाता है। साहित्य पुनर्निरीक्षण के द्वितीय पक्ष में शोध अभिलेख के भाग में इन विचारों को का उल्लेख करना होता है। शोधकर्ता के लिए यह उसके शोध विषय क्षेत्र में भूमिका स्थापित करता है।

परिभाषा—यद्यपि साहित्य समीक्षा को विभिन्न विद्वानों ने परिभाषित किया है जिनमें से कुछ मान्य परिभाषाओं का उल्लेख नीचे किया जा रहा है—

(1) गुड, बार और स्केट्स के अनुसार—'शोधकर्त्ता को अपने विषय से सम्बन्धित सूचनाओं के साधनों और उपयोगों तािा उनके स्थापन से परिचित होना चाहिए।'

(2) डब्लू. आर. वर्ग के अनुसार—'किसी भी क्षेत्र का साहित्य उसकी नींव को बनाता है, जिसके ऊपर भविष्य का कार्य किया जाता है, यदि हम साहित्य की समीक्षा द्वारा प्रदान किए गए ज्ञान की नींव बनाने में असमर्थ होते हैं तो हमारा शोधकर्त्ता सम्भवतया निम्न कोटि का होगा।'

साहित्य समीक्षा की आवश्यकता

साहित्य की समीक्षा एक निरंतर गतिशील रहने वाली प्रक्रिया है। शोधकर्त्ता साहित्य की समीक्षा शोध की समस्या के चयन से भी पहले प्रारम्भ करता है। इसके आधार पर शोध समस्या को समझा जा सकता है तथा समस्या का चयन किया जा सकता है। साहित्य समीक्षा शोध पकिल्पनओं के लिए आधार प्रदान करती है। वर्तमान में ज्ञान तीव्रता से बढ़ रहा है और शोध अध्ययन क्रियाशील है। एक शोध

छात्र की अपने विषय क्षेत्र से सम्बन्धित साहित्य के लिए निरन्तर पुस्तकालय और सूचना केन्द्र के सम्पर्क में रहना चाहिए जिससे उसे नवीनतम ज्ञान उपलब्ध हो सके। इससेक शोध अध्ययन को अत्यन्त वैज्ञानिक और नवीनतम बनाया जा सकता है।

निम्नवत कारणों से साहित्य समीक्षा अनिवार्य होती है–

(1) शोध कार्य की योजना बनाने में साहित्य का गुणात्मक तथा मात्रात्मक विश्लेषण शोधकर्त्ता को एक दिशा प्रदान करता है।

(2) प्रत्येक शोधकर्त्ता के लिए यह अनिवार्य है कि वह दूसरों के द्वारा किए अपने समस्या से सम्बन्धित साहित्य की सूचनाओं से भली-भाँति परिचित हो।

(3) यह अध्ययन की समस्या को साधन प्रदान करता है। शोधकर्त्ता साहित्य के पुनर्निरीक्षण के आधार पर अपनी परिकल्पनाएँ बनाता है।

(4) साहित्य का पुनर्निरीक्षण व्याख्या की जाने वाली समस्या को पूरी तरह से स्पष्ट करता है।

साहित्य के पुनर्निरीक्षण के उद्देश्य

शोध कार्य में साहित्य पुनर्निरीषण के प्रमुख उद्देश्य निम्नवत हैं–

(1) यह सिद्धान्त, विचार, व्याख्याएँ अथवा परिकल्पनाएँ प्रदान करता है जो नई शोध समस्या के चयन में उपयोगी हो सकते हैं।

(2) यह परिकल्पना के लिए साधन प्रदान करता है। शोधकर्त्ता प्राप्त अध्ययनों को आधार पर शोध परिकल्पनाँ बना सकता है।

(3) यह समस्या के निराकरण हेतु उचित विधि, प्रक्रिया, तथ्यों के साधन और सॉंख्यिकीय तकनीक का सुझाव देता है।

(4) यह परिणामों के विश्लेषीकरण में उपयोगी निष्कर्षों और तुलनात्मक तथ्यों का निर्धारण करता है। सम्बन्धित अध्ययनों से निकाले गए निष्कष्र्रें की तुलना की जा सकती है और यह समस्या के निष्कर्षों के लिए उपयोगी हो सकता है।

(5) यह शोध किए गऐ क्षेत्र में शोधकर्त्ता की निपुणता और सामान्य विद्धता को विकसित करने में सहयोग प्रदान करता है।

ब्रूस डब्लू. टाकमन के अनुसार साहित्य समीक्षा के निम्नलिखित उद्देश्य हैं–

(1) शोध विषय से सम्बन्धित महत्त्वपूर्ण सूचनाओं को खोजना।

(2) जो कार्य हो चुका है उससे जो करने की आवश्यकता है उसको पृथक करना।

(3) शोध कार्य का स्वरूप बताने के लिए प्राप्त के लिए अध्ययनों का संकलन करना।

(4) समस्या का अर्थ, उसकी उपयोगिता समस्या से इसका सम्बन्ध और प्राप्त अध्ययनों से इसकी असमान्ता को निर्धारित करना।

साहित्य का पुनर्निरीक्षण पूर्व अध्ययनों की सीमाएँ और महत्त्वपूर्ण तथ्यों के सन्दर्भ में अन्तदृष्टि प्रदान करता है और शोधकर्त्ता को उसके शोध में सुधार करने योग्य बनाता है।

साहित्य की समीक्षा के साधन

शोध के क्षेत्र से सम्बन्धित साहित्य की समीक्षा उसके पुनर्निरीक्षण और साहित्य खोज के विभिन्न स्रोत है। जिनके द्वारा मुद्रित, अमुद्रित और इलैक्ट्रानिक माध्यमों में के विभिन्न साधन हैं। जिनके द्वारा मुद्रित, अमुद्रित और इलैक्ट्रॉनिक माध्यम में उपलब्ध विषय क्षेत्र से सम्बन्धित ज्ञान और सूचना की खोज और समीक्षा की जा सकती है।

साहित्य समीक्षा, पुनर्निरीक्षण और खोज के प्रमुख साधनों को नीचे वर्णित किया जा रहा है—

(1) पुस्तकें और पाठ्य-पुस्तकों की सामग्री—इसके अन्तर्गत अग्रेजी भाषा में प्रकाशित Cumulative Book Index, Book Review Index, और Book Review Digest आदि सर्वाधिक उपयोगी सूची होती हैं। राष्ट्रीय संघीय सूची भी इस उद्देश्य के लिए महत्त्वपूर्ण है।

(2) सामयिकी प्रकाशन एवं पत्रिकाएँ—समय-समय पर निकलने वाली पत्रिकाएँ जो क्रमबद्ध भागों में प्रायः निश्चित अन्तराल के बाद तथा अनिश्चित काल तक चलते रहने के उद्देश्य से प्रकाशित होती हैं। शब्दकोश (Year Book), अन्तर्राष्ट्रीय शोध सारांश (International Research Abstracts), मासिक पत्र (Journals), International Index to Periodicals तथा अन्य सामाचार-पत्र और पत्रिकाएँ इसके प्रमुख साधन हैं।

(3) सारांश—ये वे लेख होते हैं जो विभिन्न विद्धत पत्रिकाओ में प्रकाशित लेखों से तैयार किये जाते हैं और शोध कार्यों में सहयोग प्रदान करते है। इसमें सन्दर्भों की क्रमबद्ध सूची प्रदान करने के अतिरिक्त विषय-वस्तु का सारांश भी आता है। प्रायः शोध अध्ययनों का संक्षिप्तिकरण सारांश के रूप में दिया जाता है। उदाहरण

के लिये–Chemical Abstract, Biological Abstract, Educational Abstracts आदि प्रमुख हैं।

(4) विश्वकोश–विश्‍वकोशों में विशेषज्ञों द्वारा लिखे गए विभिन्न विषयों पर संक्षिप्त आलेख होते हैं। इस आलेख के अन्तर्गत सूचनाओं के अनुकूल साधन और प्रायः उद्धरण और संदर्भ पुस्तकें आती हैं। विश्वकोश दो प्रकार के होते हैं। सामान्य और विशेष अथवा विषय विश्वकोश। सम्बन्धित विषय क्षेत्र के अनिवार्य ज्ञान के लिये विश्व कोश महत्त्वपूर्ण प्रलेख होता है।

(5) हस्तपुस्तिकाएँ एवं अन्य निर्देशिकाएँ–ये स्रोत नवीन सूचनाएं प्रदान करते हैं। संदर्भों की इन श्रेणियों के अन्तर्गत वे प्रकाशन आते हैं जो दिए गए उद्देश्य से सम्बन्धित विभिन्न विषयों की नवीनतम सूचनाओं के विवरण प्रस्तुत करते हैं।

(6) तथ्यों सम्बन्धी प्रलेख–इस प्रकार के प्रलेखों से विभिन्न विषयों के सम्बन्ध में तथ्यात्मक सुचनाएँ प्राप्त होती हैं।

(7) विशिष्ट शब्दकोश–विभिन्न विषयों पर विशिष्ट शब्दकोश भी प्रकाशित होते हैं जिनमें उस विषय के शब्द, पद, अर्थ आदि दिए होते हैं। इनमें तकनीकी और व्यावसायिक शब्दों को भी सम्मिलित किया जाता है। भारत सरकार ने कई विषयों की तकनीकी एवं व्यावसायिक शब्दावलीयां प्रकाशित की हैं।

(8) लघुशोध प्रबन्ध एवं शोध प्रबन्ध–इनमें विभिन्न विषयों के शोधों के प्रस्तुतिकरण का समावेश रहता है। ये संस्थाओं और विश्वविद्यालय पुस्तकालयों में संग्रहीत रहती है। शोध विषय से सम्बन्धित थीसिस उस विषय के पुनर्निरीक्षण के मुख्य साधन हैं।

(9) समाचारपत्र–आज शोध कार्यों में समाचार पत्रों की भूमिका निश्चित रूप से बड़ी है। प्रचलित प्रमुख समाचार-पत्र विभिन्न विषय क्षेत्रों से सम्बन्धित नए विकास, सम्मेलन, अभिलेख और भाषण आदि प्रकाशित कर नवीन सूचनाएँ प्रदान करते हैं। अतः ये भी साहित्यिक खोज के महत्त्वपूर्ण स्रोत हैं।

(10) पाण्डुलिपियाँ–उच्च प्रलेख हैं जिनमें प्राचीनकाल की कला, संस्कृति, साहित्य आदि के सम्बन्धित महत्त्वपूर्ण ज्ञान अभिलिखित रहता है। प्राचीन इतिहास, साहित्य और संस्कृति पर शोध करने वालों के लिए ये महत्त्वपूर्ण अमुद्रित स्रोत हैं।

(11) महत्त्वपूर्ण व्यक्तियों के पत्र एवं भाषण–महत्त्वपूर्ण राष्ट्रीय महापुरुषों पर किए जाने वाले शोध कार्यों के लिए उनके द्वारा लिखे पत्र और दिए गए भाषणों का संकलन अथवा संग्रह और उनको भेजे गऐ पत्र आदि का संकलन यदि प्राप्त हो जाता है तो सम्बन्धित व्यक्ति पर किए जाने वाले शोध उच्च स्तरीय होते हैं।

(12) इलैक्ट्रॉनिक स्रोत—इलैक्ट्रॉनिक साधनों का प्रयोग शोध के क्षेत्र में सूचना का प्रमुख साधन बन चुका है। आधुनिक पुस्तकालयों और सूचना केन्द्रों में सूची के पत्रक स्वरूप के स्थान पर अब ऑन-लाइन सूची का उपयोग किया जा रहा है, पुस्तकालय नेटवर्क के माध्यम से अनेकों पुस्तकालयों के डाटाबेस को उपयोग में लाया जा सकता है। पुस्तकालयों में इलैक्ट्रॉनिक माध्यमों का उपयोग किया जा रहा है।

प्रमुख इलैक्ट्रॉनिक स्रोतों के अन्तर्गत-ई-प्रलेख, इन्टरनेट (Internet and W.W.W) इन्ट्रानेट, ई-जर्नल्स आदि प्रमुख हैं। ये स्रोत शोधकर्त्ता उसके विषय से सम्बन्धित साहित्य एवं सूचना की खोज में सहायता करते हैं। यही कारण है कि इन्हें साहित्य खोज व समीक्षा के प्रमुख साधनों के रूप में स्वीकार किया गया है।

इस प्रकार विविध प्रलेखीय, अ-प्रलेखीय और इलैक्ट्रॉनिक स्रोतों के माध्यम से विविध रूप में शोधकर्त्ता अपने शोध विषय क्षेत्र से सम्बन्धित साहित्य की खोज और पुनर्निरीक्षण कर सकने में सक्षम होता है और वह इन्हीं स्रोतों के आधार पर सूचनाओं का संकलन करता है।

साहित्य के पुनर्निरीक्षण के कार्य

निम्नवत चार कार्यों के लिये साहित्य पुनर्निरीक्षण का कार्य किया जाता है।

(1) विचारणीय शोध के लिए निर्देशों अथवा संदर्भों की धारणाओं को निर्मित करना।

(2) समस्या क्षेत्र के शोध की वस्तुस्थिति को समझाना।

(3) शोध विधियोंक और तथ्यों के विश्लेषीकरण को आधार प्रदान करना।

(4) विचारणीय शोध की सफलता और निष्कर्षों की आवश्यकता अथवा महत्त्व की सम्भावना का अनुमान लगाना।

(5) शोध को परिभाषाओं, कल्पनाओं, सीमाओं और परिकल्पनाओं के विश्लेषीकरण के लिए आवश्यक विशिष्ट जानकारी प्रदान करना।

अन्तर्वस्तु विश्लेषण

प्रायः यह देखा जाता है कि व्यवहारपरक विज्ञानों में अधिकांशतः विषय-सामग्री का स्वरूप गुणात्मक रहता है, अथवा शाब्दिक, लिखित, यान्त्रिक साधनों द्वारा अभिलेखित व सांकेतिक रहता है। ऐसी सामग्री को वैज्ञानिक सामग्री का रूप प्रदान करने के लिए क्रमबद्ध संवर्गीकरण (Categorizati·›n), वस्तुपरक प्रस्तुतीकरण सांख्यिकीय

विश्लेषण तथा उपयुक्त सामान्यीकरण की आवश्यकता होती है। साधारणतः जब ऐसी गुणात्मक सामग्री को कठोर वस्तुपरक प्रेक्षण अथवा सरंचित साक्षात्कार की मानकीकृत स्थितियाँ के अन्तर्गत संकलित किया जाता है, तब इस प्रकार प्राप्त सामग्री के वस्तुपरक अध्ययन तथा सांख्यिकीय विश्लेषण व विवेचन में विशेष व्यावहारिक व सैद्धान्तिक समस्याएं उत्पन्न नहीं होती, परन्तु ऐसा न होने पर सामग्री के संकलन को वैज्ञानिक आधार प्रदान करना असम्भव हो जाता है। इस प्रकार की विषय-सामग्री को, वास्तव में शोधकर्त्ता संकलित नहीं करता, बल्कि ऐसी सामग्री उसे जन-सम्पर्क के साधनों, जैसे—टेलीविजन, रेडियो, दैनिक-समाचारपत्रों, साप्ताहिक व मासिक-पत्रिकाओं के माध्यम से निरन्तर प्राप्त होती रहती है। समाज-वैज्ञानिक के लिए ऐसी विषय-सामग्री के अध्ययन व विश्लेषण का की विशेष अनिवार्यता होती है। आधुनिक युग में इस प्रकार प्राप्त सामग्री के वस्तुपरक विवेचन से एक समाज व राष्ट्र के सामाजिक, आर्थिक, राजनीतिक व सांस्कृतिक जीवन के प्रति एक अत्याधिक सार्थक व महत्त्वपूर्ण जानकारी उपलब्ध होती है। इससे सामाजिक, राष्ट्रीय व अन्तर्राष्ट्रीय जीवन में सक्रिय विभिन्न प्रबल शक्तियों, शक्ति-गुटों, प्रचलित विचारधाराओं, उपनीतियों, परिवर्तनों, पारस्परिक तनावों, सम्बन्धों व अन्तर्सम्बन्धी का विशिष्ट ज्ञान प्राप्त होता है। अतः सतत् सूचना-प्रसारण, सम्प्रेषण तथा निरन्तर प्रचार के इस विषम नागरिक-औद्योगिक सामाजिक युग में इस प्रकार की गुणात्मक सामग्री के अन्तर्वस्तु-विश्लेषण का सहयोग अनिवार्य है।

अन्तर्वस्तु विश्लेषण का आशय

कैपलन के शब्दों में, ''अन्तर्वस्तु-विश्लेषण एक विशेष संप्रेक्षण के अन्तर्गत निहित आशयों का क्रमबद्ध तथा मात्रात्मक रूप से विवेचनात्मक अध्ययन प्रस्तुत करने का प्रयास करता है।

वैपलेंस तथा **बेरिलसन** ने अन्तर्वस्तु-विश्लेषण की परिभाषा की अधिक विस्तृत करते हुए लिखा है, ''क्रमबद्ध अन्तर्वस्तु-विलेषण अधिकतर संयोग-रूप से प्राप्त सामग्री के विवरणों को ऐसा विशिट रूप प्रदान करने का प्रयास करता है, जिससे पाठक अथवा स्रोता के प्रति दिये गये उद्दीपकों की प्रकृति तथा आपेक्षिक शक्ति को वस्तुपरक आधार पर प्रस्तुत किया जा सके।

संप्रेक्षण से सम्बन्धित शब्द संकेतों से प्रायः दो प्रकार के अर्थों की अभिव्यक्ति होती है।

(i) **व्यक्त अर्थ** (Manifest meaning), *(ii)* **अन्तर्वस्तु अर्थ** (Latent Meaning) साधारणतः अन्तर्वस्तु-विश्लेषण सम्बन्धित अन्तर्वस्तु (Content) का उसके व्यक्त अर्थ में ही विवेचन करती है तथा कभी-कभी यह उनके शब्दार्थ-भेदक (Semiotic) अर्थों का भी अध्ययन करती है, परन्तु उनके सांकेतिक (Semiotic) अर्थों का विश्लेषण नहीं करती। यही कारण है कि **बेरिलसन** ने आगे चलकर अन्तर्वस्तु विश्लेषण को इस प्रकार परिभाषित किया "अन्तर्वस्तु विश्लेषण की परिभाषा को अधिक स्पष्ट करते हुए लिखा है, "अन्तर्वस्तु विश्लेषण अनुसंधान की वह प्रविधि है, जिससे संप्रेक्षण द्वारा प्राप्त व्यक्त सामग्री को वस्तुपरक, क्रमबद्ध तथा मात्रात्मक रूप प्रदान किया जाता है।

अन्र्तवस्तु विश्लेषण की विशेषतायें

अन्तर्वस्तु विश्लेषण की प्रमुख विशेषताएं निम्नवत हैं–

(i) इससे केवल समाज-विज्ञान सम्बन्धी सामान्यीकरण ही उपलब्ध होते हैं।

(ii) इससे मुख्यतः संप्रेक्षण के प्रभावों का ही निर्धारण किया जाता है।

(iii) इसका सम्बन्ध केवल भाषा के वाक्य-रचना सम्बन्धी तथा शब्दार्थ-भेदक (Semiotic) आयामों से ही रहता है।

(iv) यह प्रविधि वस्तुनिष्ठ (Obecdtive) होती है।

(v) इसके द्वारा क्रमबद्ध अध्ययन किया जाता है, तथा

(vi) यह एक मात्रात्मक अध्ययन होता है।

अन्तर्वस्तु-विश्लेषण के विकास की ऐतिहासिक पृष्ठभूमि

अध्ययन प्रणाली के रूप में विकसित अन्तर्वस्तु विश्लेषण विधि अध्ययन की अन्य विधियों की तुलना में नवीन है। इस अध्ययन पद्धति का क्रमिक व व्यवस्थिति उपयोग कोलम्बिया विश्वविद्यालय के विली (Willey) ने 1926 में किया। उसने 'दी कन्ट्री न्यूजपेपर' के माध्यम से प्राप्त सूचनाओं को विभिन्न संवर्गों में विभाजित किया और इससे उसने गृह मामलों, राजनीति, श्रम, अपराध, तलाक व खेल-कूद आदि विषयों के प्रति रोचक आँकड़े प्रस्तुत किये। इसके पश्चात् 1930 में लैसवेल (Lasswell) ने रेडियो के माध्यम से प्रसारित प्रचार तथा जनमत की रचना से सम्बन्धित सामग्री का सफलतापूर्वक अध्ययन व विश्लेषण के आधार पर अध्ययन को नवीन सवंर्ग प्रदान किये और इसी संवर्ग के तहत् नवीन प्रक्रियाओं का उपयोग

करके राजनीतिक मामलों के प्रति नवनी समस्याओं की ओर ध्यान आकर्षित किया। इस समय देश में रेडियों एक महत्त्वपूर्ण सूचना साधन के रूप में विकसित हो रहा था। अतः इसके द्वारा संप्रेक्षित प्रसारणों के प्रति समाज वैज्ञानिक का ध्यान आकर्षित होना स्वाभाविक ही था। इस समय पर अनेक राष्ट्रों की सरकारों द्वारा प्रचार के जन-सम्पर्क के साधन के रूप में व्यापक स्तर पर इसका उपयोग आरम्भ कर दिया गया था। द्वितीय महायुद्ध में जर्मनी में प्रचार के इस साधन का उपयोग अपनी चरम सीमा तक पहुँच गया था। अतः इसके द्वारा किये जाने वाली प्रचार का विश्लेषण करने के लिये चरम सीमा तक पहुँच गया था अतः इसके द्वारा किये जाने वाली प्रचार का विश्लेषण करने के लिये संयुक्त-राज्य अमेरिका के युद्ध-विभाग ने 'विदेशी प्रसारण सूचना सेवा' तथा 'प्रचार के संगठन तथा विश्लेषण अनुभाग' की स्थापना की। इसके अतिरिक्त, कालान्तर में व्यापारिक-क्षेत्रों में भी अन्तर्वस्तु-विश्लेषण के उपयोग को विशेष महत्त्व तथा बल दिया जाने लगा।

अन्तर्वस्तु विश्लेषण के उद्देश्य एवं लक्ष्य

***(i)* संप्रेक्षण-सामग्री के द्वारा उपनीतियों (Trends) का अध्ययन करना (To Describe Trends in Communication Content)**—यकोब्सन तथा लैसबेल (1949) ने रूस के नेताओं के द्वारा मई दिवस के अवसरों पर 1926 से लेकर 1943 तक दिये गये नारों की उपनीतियों का अध्ययन किया और इस अध्ययन के आधार पर पाया कि रूसी नेता पहले सार्वभौमिक क्रान्ति की बातें करते रहे, परन्तु आगे चलकर उनकी ये बातें केवल राष्ट्रीय क्रान्ति की परिधि में सिमट कर रह गयीं। इसी प्रकार, जब क्रिश तथा लेटिस (1947) ने प्रथम महायुद्ध तथा द्वितीय महायुद्ध में किये गये प्रचारों का तुलनात्मक अध्ययन किया, तब उनके देखने में आया कि द्वितीय महायुद्ध में किया गया प्रचार प्रथम महायुद्ध के प्रचार की अपेक्षा कम संवेगात्मक, कम नैतिकता का प्रचारक तथा अधिक सत्यपरक था। यही कारण है कि अन्तर्वस्तु-विश्लेषण से राष्ट्रीय भावनाओं आदि के दृष्टिकोणों में आने वाली सामाजिक उपनीतियों के अध्ययन में इससे विशेष सहयोग प्राप्त होता है।

***(ii)* साहित्य-सम्बन्धी विकास की खोज करना (To Trace the Development of Scholarship)**—अध्ययन की यह प्रणाली लोक प्रिय परम्पराओं, मान्यताओं, अभिरुचियों व अन्य मुख्य कार्य-कलापों के विश्लेषण में अति उपयोगी शास्त्रीय तथा बौद्धिक जानकारी प्रदान करने में सहयोग प्रदान करती है।

***(iii)* संप्रेक्षण-सामग्री के द्वारा अन्तरोष्ट्रीय भेदभावों का पता लगाना (To Disclose International Differences in Communication Content)**—अन्तर्राष्ट्रीय मंच पर घटित होने वाली एक घटना के प्रति विभिन्न राष्ट्रों की प्रतिक्रियाओं के क्रमबद्ध अन्तर्वस्तु अध्ययन व विश्लेषण से उनमें व्याप्त पारस्परिक भेद-भावों का अच्छी तरह पता लगाया जा सकता है।

***(iv)* संप्रेक्षण के साधनों अथवा स्तरों का तुलनात्मक अध्ययन (To Compare Media of 'Levels' of Communication)**—जन-सम्पर्क साधनों से प्राप्त सम्बन्धित संप्रक्षण-सामग्री के अध्ययन से उसकी सापेक्षिक प्रतिष्ठा व प्रभावशीलता की जानकारी मिलती है, उनके स्तरों के प्रति यह ज्ञान उपलब्ध होता है कि ये साधन किसी एक प्रचलित विचारधारा या विवाद-विषय के प्रति कितने निरपेक्ष हैं, या फिर, उसके आलोचक अथवा पोषक हैं।

***(v)* संप्रेक्षण के मापदण्डों की रचना तथा सहानुभूति (To Construct and Apply Communication Standards)**—जन सम्पर्क के साधन जहां सूचनाओं का प्रसारण करते हैं वहीं वे ऐसी सूचनाओं के प्रसारण व संप्रेक्षण को भी सन्तुलित भी करते हैं, तथा उनको 'सामाजिक उद्देश्य के सन्दर्भ में ही प्रस्तुत करते हैं। इस प्रक्रम में संप्रेक्षण के मापदण्डों की रचना तथा साथ-साथ उनकी अनुप्रयुक्ति भी होती रहती है, क्योंकि एक सम्बन्धित जन-सम्पर्क का साधन ऐसे मापदण्डों के अनुपालन को अपनी सामाजिक प्रतिष्ठा व नैतिक कर्त्तव्य का एक महत्त्वपूर्ण अंग समझता है।

***(vi)* तकनीकी अनुसंधान संक्रियाओं में सहायता** (To Aid in Technical Research Operation)—अन्तर्वस्तु विश्लेषण के द्वारा असंरचित साक्षात्कार द्वारा प्राप्त स्वतंत्र उत्तरों का संकेतीकरण तथा संवर्गोकरण किया जाता है, इससे एक समूह की अपनी सदस्यों के प्रति अन्तःक्रियाओं तथा उसको अपनी एकता, तनाव की स्थिति व मनोबल का पता लगता है, तथा इसके द्वारा उस समूह की दूसरी समूहों के प्रति अन्तःक्रियाओं का भी ज्ञान उपलब्ध होता है, जो समूह के सम्बन्ध में विशेष जानकरी प्रदान करता है।

***(vii)* प्रचार की प्रविधियों का अनाचरण करना (To Expose Propaganda Techniques)**—जन-सम्पर्क के साधनों व अन्य साधनों से प्राप्त सामग्री के अन्तर्वस्तु अध्ययन से उसमें निहित अव्यक्त अथवा गुप्त प्रचार के ज्ञान की जानकारी प्राप्त होती है। ऐसे विश्लेषण से व्यापार की 'कपट चालों' तथा 'अपोलो'

को सफलतापूर्वक जाना व समझा जा सकता है। इस सम्बन्ध में लैसबेल (19027) तथा व्हाईट (1949) ने क्रमशः प्रथम महायुद्ध व द्वितीय महायुद्ध के समय दिये गये सम्भाषणों में अर्न्तनिहित प्रचार का सूक्ष्म व गहन अध्ययन किया है।

***(viii)* संप्रेक्षण-सामग्री की पठनीयता का मापन करना (To Measure the 'Readability of Communication Materials)**—किसी भी संप्रेक्षित सामग्री को पढ़ने योग्य बनाने के लिये समाचार पत्रों तथा नवीन पत्रिकाओं से सूचनाएं संकलित की जाती थी। इसका उद्देश्य संप्रेक्षित-सामग्री के प्रति पाठकों की अभिरुचि को उभारना होता है, और इसके लिए संप्रेक्षित सामग्री को यथा सम्भव सरल, रुचिकर, अलंकृत तथा रूचिकर बनाने का प्रयास किया जाता है, तथा भाषा में 'व्यक्तिगत शब्दों तथा व्यक्तिगत वाक्यों' की भरमार रहती है। ऐसे व्यक्तिगत 'शब्दों' तथा 'वाक्यों' के मापदण्ड के आधार पर ही अन्तर्वस्तु विश्लेषण द्वारा संप्रेक्षित सामग्री की 'पठनीयता' का मापन किया जाता है।

***(ix)* साहित्यिक शैली के रूपों का पता लगाना (To Discover Stylistic Features)**—प्रायः देखा जाता है कि विचाराभिव्यक्ति व लेखन शैली प्रत्येक छात्र या विशेषज्ञ की अलग-अलग रहती है। विद्यार्थियों व विचारशील व्यक्तियों की महत्त्वपूर्ण साहित्यिक रचनाओं एवं कृतियों तथा प्रभावशाली सम्भाषणों की भाषा-शैली के प्रति आलोचनात्मक जिज्ञासा प्राचीन कालों से ही रही है। इस उद्देश्य की पूर्ति के लिए अन्तर्वस्तु विश्लेषण के द्वारा विभिन्न कालों के साहित्य में प्रचलित प्रधान साहित्यिक शैलियों के रूप के अध्ययन में विशेष जानकारी प्राप्त हुई है। इससे वैयक्तिक लेखकों, नाटककारों व कवियों की विभिन्न व विशिष्ट साहित्यिक शैलियों के प्रति प्रमुख रूपों को जानने में भी पर्याप्त सुविधा सुलभ हुई है।

***(x)* संप्रेक्षकों के उद्देश्यों तथा विशेषताओं को पहचानना (To Identify the Intentions and Other Characteristics of the Communicators)**— संप्रेक्षित सामग्री में संप्रेक्षकों के उद्देश्यों का पता लगाने के लिये अन्तर्वस्तु विश्लेषण प्रणाली अपनाई जाती है। राजनीतिक प्रचारों व व्यापारिक विज्ञानों में इस प्रकार के पारदर्शी उद्देश्यों व अन्य समरूप सम्बन्धित अर्थों के विवेचन सरलता से हो जाती है परन्तु कभी-कभी वास्तविक उद्देश्यों की जानकारी के त्रुटिपूर्ण होने की कुछ सम्भावना उत्पन्न होती है।

***(xi)* व्यक्तियों व समूहों की मनोवैज्ञानिक स्थिति का निर्धारण करना (To Determine the Psychological State of Persons and**

Groups)—कभी-कभी ऐसा भी होता है कि अन्तर्वस्तु-विश्लेषण का उपयोग व्यक्तियों व समूहों की मनोवैज्ञानिक स्थितियों को स्पष्ट करने में सहायक होता है। इसके लिए विभिन्न व्यक्तियों व एक विशेष समूह की इकाइयों का स्वतंत्र रूप से मुक्तोत्तर साक्षात्कार किया जाता है तथा उनके प्रति प्रक्षेपी परीक्षणों—जैसे, टी.ए.टी. व रोर्शा परीक्षणों द्वारा प्राप्त सामग्री के अन्तर्वस्तु-विश्लेषण द्वारा ऐसे व्यक्तियों व समूहों की प्रबल व प्रचलित मनोवैज्ञानिक स्थितियों का सुविधापूर्वक अध्ययन किया जाता है।

(xii) **प्रचार की स्थिति का पता लगाना (To Detect the Existence of Propaganda)**—इस प्रणाली के द्वारा जहाँ प्रचार की प्रविधि का ही अभिज्ञान उपलब्ध होता है। वहीं इसके द्वारा प्रत्यक्षतः प्रचार का भी पता लगता है। कभी-कभी ऐसे प्रचार समानान्तर तथा मिथ्या रेडियो स्टेशनों (False Radio Stations) द्वारा प्रसारित किये जाते हैं।

(xiii) **राजनीतिक तथा सैन्य-सम्बन्धी सूचना प्राप्त करना (To Secure Political and Military Intelligence)**—आज के नवीन शोध प्रणालियों तथा सूचना माध्यमों के विकास के क्षेत्र में एक राष्ट्र को अपने शत्रु-राष्ट्रों व पड़ोसी-देशों के कार्य-कलापों व गति-विधियों के प्रति निरन्तर सतर्क व सचेत रहना पड़ता है तथा उनके समाचार पत्रों व रेडियो तथा टेलीविजन प्रसारणों द्वारा संप्रेषित सामग्री के अन्तर्वस्तु-विश्लेषण के माध्यम से उनकी राजनीतिक स्थिरता तथा सैन्य-शक्ति व क्षमता का अनुमान लगाया जाता है तथा साथ ही साथ, यह भी जानने का प्रयास किया जाता है कि उनकी हमारे प्रचार के प्रति क्या प्रतिक्रिया है? हमारी सैनिक-शक्ति के प्रति उनका क्या आँकलन है? उनका अपना मनोबल कैसा है? तथा उनकी हमारी प्रति क्या राजनीतिक चालें सक्रिय जान पड़ती हैं?

(xiv) **विभिन्न समुदायों की अभिवृत्तियों, अभिरुचियों व मान्यताओं अथवा सांस्कृतिक प्रतिरूपों का प्रतिबिम्ब प्रस्तुत करना (To Reflect Attitudes, Interests and Values and Cultural Patterns of Populations)**—अन्तर्वस्तु विश्लेषण पद्धति विभिन्न समुदायों व समूहों के सांस्कृतिक प्रतिरूपों के अध्ययन में भी सहयोग प्रदान करता है। इसके लिए यहाँ यह संप्रेक्षित-सामग्री उपयोग में नहीं लायी जाती, जो कि सम्बन्धित समूह या समुदाय के सदस्यों द्वारा अपने आप स्वयं दी जाती है, बल्कि जोकि उनके लिए प्रायः अन्य द्वितीयक साधनों से प्राप्त होती है।

(xv) **ध्यान केन्द्र का पता लगाना (To Reveal the Focus of Attention)**—आज व्यक्ति का ध्यान प्राचीन काल में प्रायः व्यक्तियों के ध्यान का केन्द्र की तरह नहीं है क्योंकि उस समय व्यक्ति का ध्यान अपनी स्थानीय स्थिति अथवा अधिक से अधिक, अपने पड़ोसियों की समस्याओं तक ही सीमित था जो आधुनिक काल में जन सम्पर्क के प्रति शक्तिशाली साधनों के प्रबल उपयोग के कारण स्थानीय न रहकर, राष्ट्रीय व अन्तर्राष्ट्रीय हो गया है। अतः इस सन्दर्भ में अन्तर्वस्तु-विश्लेषण द्वारा उनके ध्यान के प्रतीकों (Symbols) व चिन्तन की दिशा (Directin) का भी कुशल अध्ययन किया जाता है।

***(xvi)* संप्रेक्षणों के प्रति अभिवृत्यात्मक तथा व्यवहारपरक अनुक्रियाओं का वर्णन करना (To Describe the Attitudinal and Behavioral Responses to Communication)**—जन-सम्पर्क साधनों द्वारा प्रकाशित व प्रसारित संप्रेक्षणों का व्यक्तियों की अभिवृत्तियों व व्यवहारों पर पड़ने वाला प्रभाव तात्कालिक अथवा दूरगामी होता है। इसके द्वारा सम्बन्धित व्यक्तियों के विचार व मत अधिक सशक्त, संशोधित व परवर्तित हो सकते हैं। अतः संप्रेक्षणों द्वारा प्रभावित ऐसी अनुक्रियाओं का अन्तर्वस्तु-विश्लेषण द्वारा सफल आँकन तथा स्पष्ट विवरण प्रस्तुत किया जा सकता है।

अतः अन्तर्वस्तु-विश्लेषण पद्धति के इन विभिन्न उपयोगों के परिप्रेक्ष्य में यह निश्चित रूप से कहा जा सकता है कि इस पद्धति के उपयोग का व्यवहारपरक विज्ञानों के विकास को गति प्रदान करता है।

अन्तर्वस्तु-विश्लेषण में वस्तुपरकता की आवश्यकता

वस्तुपरकता करने का माध्यम है। अन्तर्वस्तु-विश्लेषण में गुणात्मक सामग्री को वैज्ञानिक रूप प्रदान इस सन्दर्भ में वस्तुपरकता से यह अभिप्राय है कि विश्लेषण से सम्बन्धित विभिन्न संवर्गों (Categories) को इस प्रकार शुद्ध रूप से परिभाषित व निश्चित किया जाये कि अलग-अलग विश्लेषणकर्त्ताओं द्वारा एक संप्रेक्षित सामग्री के प्रति एक समान ही परिणाम प्राप्त हो सकें। इसके लिए यहाँ एक आवश्यक है कि सम्बन्धित संप्रेक्षित सामग्री का स्वरूप प्रत्यक्ष व व्यक्त (Manifest) हो, क्योंकि व्यक्त सामग्री को ही विभिन्न संवर्गों में निश्चित रूप से विभाजित किया जा सकता है।

संप्रेक्षित मूल सामग्री का परिमाणन को वस्तु परक बनाने के लिये भी अन्तर्वस्तु विश्लेषण की आवश्यकता होती है। **राइट'** के अनसार परिमाणन का कार्य

इस प्रकार सम्पन्न किया जाना चाहिए, जिससे संप्रेक्षित सामग्री का स्वरूप निम्नलिखित रूपों में परिणित हो सके जिससे उसका रूप पुनरावृत्ति योग्य बन सके, एवं दूसरे अनुसंधानकर्त्ताओं द्वारा भी सत्यापन करना संभव हो सके, जिससे सम्बन्धित सामग्री का वस्तुपरक-परिमापन किया जा सके, सम्बन्धित सामग्री का परिणतस्वरूप ऐसा हो, जोकि सैद्धांतिक ज्ञान के दृष्टिकोण से सार्थक व उपयोगी हो तथा जिसके द्वारा ऐसा विस्तृत सामान्यीकरण किया जा सके कि जिसकी अनुप्रयुक्ति सम्बन्धित संप्रेक्षित सामग्री के परे भी व्यापक रूप से की जा सके।

अन्तर्वस्तु विश्लेषण के चरण

एक दी गयी गुणात्मक सामग्री को सम्बन्धित इकाइयों तथा सवंर्गों में विभाजित तथा वितरित कर लेने के बाद उनको एक विश्लेषण रेखाचित्र में प्रस्तुत करना अनिवार्य होता है। इस उद्देश्य की पूर्ति के लिए पहले एक विश्लेषण रेखाचित्र की रचना करना भी आवश्यक होता है। यह रेखाचित्र प्रायः ऐसा होना चाहिए कि जिसके आधारपर दी गयी संप्रेक्षित (Communicated) सामग्री का वस्तुपरक अथवा वैज्ञानिक विश्लेषण पर्याप्त मात्रा में सफल व साध्य हो सके। इस सम्बन्ध में कार्ट राईट ने गुणात्मक सामग्री के अर्न्तवस्तु विश्लेषण को वैज्ञानिक आधार प्रदान करने के लिये इसे निम्नवत छः चरणों में वर्गीकृत किया है—

प्रथम (First) चरण-आवश्यक सामग्री को स्पष्ट रूप प्रदान करना (Specify the Needed Data)—इसके अन्तर्गत शोधकर्त्ता अनिवार्य विषय सामग्री को स्पष्ट करता है यदि सम्भव हो तो ऐसी अध्ययन सामग्री की एक सारणीबद्ध योजना भी इस चरण में प्रस्तुत की जानी चाहिए।

द्वितीय (Second) चरण-सारणीयन की योजनाओं का स्पष्ट आलेख प्रस्तुत करना (Map Out Plans for Tabulation)—इस चरण में शोधकर्ता को संकेतीकृत (Coded) सामग्री को प्रस्तुत करने के लिए व उससे सम्बन्धित तालिकाओं की रचनाओं के लिए अपनी योजनाओं को स्पष्ट रूप प्रदान करना होता है।

तृतीय (Third) चरण-रेखाचित्र की रूपरेखा प्रस्तुत करना (Skeletion of the OUtline)—इसके अन्तर्गत अध्ययनकर्त्ता को सम्बन्धित इकाइयों व संवर्गों के संदर्भ में मुख्य रूपरेखा के स्वरूप को प्रस्तुत करना होता है।

चौथा (Fourth) चरण-प्रत्येक चर के संवर्गों की पूर्ति करना (Fill in Categories for each Variable)—इस चरण में संकेतीकृत सामग्री के विभिन्न संवर्गों को उनके सम्बन्धित चरों के साथ सारणीयन किया जाता है।

पाँचवाँ (fifth) चरण-सामग्री को एक सूत्र में संयुक्त करने की प्रक्रिया को स्थापित करना (Establish Procedure for Unitizing the Material)—इस चरण के अन्तर्गत संकेतीकृत तथा सारणीबद्ध सामग्री को सम्बन्धित प्रसंग के अन्तर्गत एक सूत्र में इस प्रकार संयुक्त करने की प्रक्रिया को स्थापित करना होता है कि उनके आधार पर सम्बन्धित अध्ययन-सामग्री के प्रति आवश्यक व तर्क-संगत निष्कर्ष प्राप्त करना सम्भव हो सके।

छठवाँ (Sixth) चरण-विश्लेषण रेखाचित्र तथा संयुक्तता की प्रक्रिया का परीक्षण (Try Out of the analysis OUtline and the Unitizing Procedure)—अन्तिम चरण में, पूर्व में विकसित तथा संयुक्तता की प्रक्रिया का प्रारम्भिक स्तर पर परीक्षण किया जाता है, ताकि इसके द्वारा प्राप्त सूचना के सन्दर्भ में उनमें यथा सम्भव आवश्यक संशोधन व परिवर्तन किये जा सकें।

एक दो दी गयी गुणात्मक सामग्री को उपरोक्त चरणों के आधार पर इस प्रकार संकेतीकृत (Coded), संवर्गीकृत (Categorized) व सारणीबद्ध किया जाता है जिससे अंकों सांख्यिकीय व वस्तुपरक विश्लेषण तथा उपयुक्त सामान्यीकरण के प्रति आवश्यक तथ्य सरलतापूर्वक उपलब्ध हो सके, परन्तु अध्ययन व विश्लेषण इस प्रक्रम में विभिनन प्रकार की जटिलताएं पैदा होती हैं।

अन्तर्वस्तु-विश्लेषण की तकनीकी समस्याएँ

अन्तर्वस्तु विश्लेषण की प्रमुख समस्याएं निम्नवत हैं—

1. गुणात्मक विश्लेषण की समस्या—गुणात्मक विश्लेषण में निम्नवत समस्याएं उत्पन्न होती हैं—

(i) गुणात्मक विश्लेषण का अधिकांशतः स्वरूप अर्द्ध-मात्रात्मक (Semiquantitative) ही रहता है।

(ii) गुणात्मक विश्लेषण सापेक्षिक (Relative) अध्ययन की अपेक्षा सामग्री से सम्बन्धित एक विशेष गुण की उपस्थिति अथवा अनुपस्थिति पर ही आधारित होता है।

(iii) गुणात्मक विश्लेषण ज्यादातर अल्प व अपूर्ण प्रतिदर्शों पर ही सम्पन्न किया जाता है।

(iv) गुणात्मक विश्लेषण के द्वारा केवल साधारण व सर्वसामान्य सूचनाएँ ही उपलब्ध होती हैं, गहन व गम्भीर जानकारी प्राप्त करना इसके द्वारा सम्भव नहीं होता।

(v) गुणात्मक विश्लेषण में सम्बन्धित संवर्गों का स्वरूप मात्रात्मक विश्लेषण की भाँति कठोर न रहकर अधिकतर स्थूल व शिथिल ही रहता है।

(vi) अन्त में, गुणात्मक विश्लेषण का सम्बन्ध परिमाणात्मक सामग्री की अपेक्षा विचित्र व विषम सामग्री से ही रहता है।

2. विश्वसनीयता की समस्या (The Problem of Reliability)–प्रस्तुत संदर्भ में विश्वसनीयता से अभिप्रायः सम्बन्धित संप्रेक्षित सामग्री के प्रति विश्लेषण की सुसंगता (Consistency) से है। सुसंगता यहाँ दो प्रकार की होती है।

***(i)* संकलनकर्त्ताओं की सुसंगतता (Consistency among Coders)**–संकलनकर्ताओं की सुसंगता का आशय है विभिन्न संकेतनकर्त्ताओं द्वारा, दी गयी गुणात्मक सामग्री को एक समान संवर्गों (Categories) अथवा लगभग समरूप संवर्गों को एक समान संवर्गों व इकाइयों में संकेतीकरण किया जाना अथवा उनके द्वारा सुसंगत (Consistent) परिणाम प्राप्त होना चाहिए।

***(ii)* समय के अन्तर्गत सुसंगतता (Consistency)**–विश्वसनीयता की इस सुसंगता का अर्थ है कि एक या अनेक संकेतनकर्त्ताओं के द्वारा दी गयी गुणात्मक सामग्री के प्रति, विभिन्न अवसरों पर संकेतीकरण के आधार पर समान परिणाम ही प्राप्त होने चाहिए। यदि विभिन्न कालों के संदर्भ में भी उनके परिणामों में अनुरूपता रहती है, तब इससे दी गयी सामग्री के प्रति समय के अन्तर्गत सुसंगतता स्वतः ही सिद्ध ही जाती है।

वास्तव में, अनुसंधान के लिये अन्तर्वस्तु विश्लेषण पद्धति का उपयोग उसी स्थिति में न्यायोचित माना जा सकता है, जबकि इसके द्वारा प्राप्त परिणामों में उच्चस्तर की सुसंगतता अथवा विश्वसनीयता को स्थापित किया जा सके। अतः यहाँ यह जानना आवश्यक है कि अन्तर्वस्तु-विश्लेषण पद्धति में विश्वसनीयता के स्तर को किन स्थितियों में उच्च किया जा सकता है।

(iii) संकेतीकरण के नियम (Coding Rules) अधिक परिशुद्ध वस्तुपरक तथा पूर्ण होते हैं। परिणामतः इनमें जटिलता कम होती है।

(iv) संकेतीकरण के प्रक्रम में सुसंगतता लाने के लिए प्रति-संकेतीकरण (Check-coding) का उपयोग किया जाना चाहिए। इसके अन्तर्गत पूर्व-संकेतीकरण सामग्री का परीक्षक-संकेतनकर्त्ता के द्वारा यादृच्छिकृत आधार पर स्वतंत्र-संकेतीकरण किया जाता है और फिर इस प्रकार प्राप्त दोनों प्रकार के संकेतीकरणों का पारस्परिक मिलान किया जाता है तथा इससे पूर्व-संकेतीकृत सामग्री की सुसंगतता का परीक्षण किया जाता है।

3. प्रतिचयन की समस्या (The problems of Sampling)—अन्तर्वस्तु विश्लेषण के अन्तर्गत दी गयी गुणात्मक सामग्री के प्रति प्रतिचयन पद्धति की अनुप्रयुक्ति एक भ्रमकारी (Puzzling) समस्या होती है। यहाँ सर्वप्रथम यह समस्या उठती है कि दी गयी गुणात्मक सामग्री की किस इकाई को चयन का आधार माना जाय आधार पर किया जाय। इस सम्बन्ध में बेरिलसन (Berelson) का यह सुझाव है कि यहाँ प्रतिचयन का आधार तीन अलग-अलग इकाइयाँ हो सकती हैं। जो निम्नवत हैं—

***(i)* सम्बन्धित सामग्री के शीर्षकों (Titles) का प्रतिचयन**—इसके लिए सम्बन्धित शीर्षकों की खोज एक भौगोलिक क्षेत्र या देश के विभिन्न समाचार-पत्रों व पत्रिकाओं में की जानी चाहिए और फिर इन समाचार पत्रों व पत्रिकाओं के आधार पर शीर्षक का चयन यादृच्छिक आधार पर किया जाना चाहिए।

अन्तर्वस्तु-विश्लेषण की कठिनाइयों का समाधान

(i) अध्ययन में परिशुद्धता के आधार पर ही सवंर्गीकरण के कार्य को सम्पन्न किया जाना चाहिए, क्योंकि आवश्यकता से अधिक या कम परिशुद्धता का स्तर, आवश्यक तथा तर्क संगत अध्ययन में, एक प्रकार से, अनावश्यक व समस्यात्मक ही रहता है।

(ii) गुणात्मक सामग्री के परिमाणन (Qualification) के प्रक्रम में आवश्यकतानुसार ही वस्तुनिष्ठता रखी जानी चाहिए।

(iii) विभिन्न इकाइयों व संवर्गों के परिगणन का कार्य अत्याधिक सावधानीपूर्वक पूर्ण रूप किया जाना चाहिए।

(iv) संकेतीकरण (Coding) का कार्य अनुभवी संकेतनकर्त्ताओं (Coders) द्वारा ही सम्पन्न होना चाहिए तथा उनके संकेतीकरण की भी एक परीक्षक संकेतनकर्त्ता (Check coder) द्वारा जाँच (Checking) की जानी चाहिए।

(v) आवश्यकता पड़ने पर संकेतनकर्त्ता को संकेतन का कार्य के आरम्भ करने से पूर्व आवश्यक प्रशिक्षण भी दिया जाना चाहिए और प्रशिक्षण के पश्चात् संकेतन के कार्य के लिए उन्हीं संकेतनकर्ताओं का चयन किया जाना चाहिए। जो कुशल हो।

5

पुस्तकालय सूचना के नवीन आयाम

किसी भी क्षेत्र में वास्तविक तथा तथ्यपूर्ण जानकारी के लिए यह अनिवार्य होता है कि उसके विभिन्न आयामों या पक्षों का तार्किक तथा विश्लेषणात्मक अध्ययन किया जाय। पुस्तकालय विज्ञान को सारांश सेवा, सूचीबद्धता, सामयिक ज्ञान सेवा, रिफोग्राफी संचार तंत्र के रूप में किया जाता है। इस अध्याय में इन प्रमुख पक्षों को सविस्तार स्पष्ट किया जा रहा है।

सारांश सेवा

सूचना क्षेत्र में सारांश सेवा की अपनी एक अलग पहचान है। यह एक ऐसा माध्यम है जिससे पाठक को इतना बोध हो जाता है कि सम्बन्धित प्रलखे में किन बातों पर प्रकाश डाला जाता है इसे दूसरे शब्दों में सारांश भी कह सकते हैं। प्रलेखों के सारांश तैयार करने के कार्य को सारांशीकरण कहते हैं। प्रलेखन की दृष्टि से यह सार प्रलेख के प्रकाशित विवरणों के बाद दिया जाता है। इस प्रकार सारांश द्वारा दी जाने वाली सेवा को सारांश सेवा कहते हैं।

सारांश की प्रमुख परिभाषाएँ

रंगनाथन के शब्दों में—सारांश किसी कृति प्रायः पत्रिका आलेख के अनिवार्य

तथा महत्त्वपूर्ण विषय-वस्तु का सार होता है जिसके साथ ही इसके उपलब्ध होने के विवरण का संकेत किया गया होता है।

ई. एन. आर. के अनुसार—सार प्रकाशन अथवा लेखक सारांश होता है, जिसके साथ पर्याप्त पुस्तक परक विवरण मूल प्रकाशक अथवा लेख को खोलने के लिए दिया रहता है।

आर. एल. कॉलिज का विचार—मूल प्रलेख की मौलिक सामग्री को जिस क्रमानुसार प्रस्तुत किया गया होता है उसी क्रमानुसार लेखक की अपनी भाषा में उसके समस्त बिन्दुओं को सूत्रवत एवं संक्षिप्त रूप में प्रस्तुतीकरण को कहते हैं।

आर. ई. मेजेल डेटमस के शब्दों में—सारांश साधारणतः एक प्रकार का संक्षिप्तीकरण होता है जो किसी प्रलेख के उद्देश्य, क्षेत्र तथा निष्कर्षों को संक्षिप्त रूप से प्रस्तुत करता है।

अतः यह कहा जा सकता है कि—सारांश किसी प्रलेख/आलेख की समस्त वस्तुओं का संक्षिप्त सार होता है जिसमें सम्बन्धित प्रलेख/आलेख के समस्त महत्त्वपूर्ण तथा आवश्यक तथ्यों की सूचना क्रमबद्ध तरीके से क्रम में व्यवस्थित कर प्रस्तुत किया जाता है जिससे उपयोगकर्त्ताओं को सारांश पर दृष्टिपात कर मूल प्रलेख/आलेख की उपयोगिता के आधार पर उसका उपयोग करने में सुविधा प्राप्त हो सके। प्रलेख के पुस्तकात्मक विवरण का उल्लेख भी सारांश के साथ-साथ देना अनिवार्य होता है जिससे मूल प्रलेख/आलेख के अभिज्ञान एवं प्रप्ति में सहायता प्राप्त हो सके। इस प्रकार सारांश में लेखक, प्रलेख की मूल पत्रिका, खण्ड, अंक, वर्ष तथा पृष्ठ सम्बन्धी सूचनाओं के साथ-साथ लेख के तथ्य की भी सूचना प्राप्त हो जाती है।

सारांश के विभिन्न प्रकार

सारांश के विभिन्न रूप इस प्रकार हैं—

लेखक के अनुसार

(1) लेखक—वह सारांश जो मूल प्रलेख के लेखक द्वारा लिखा जाता है। इस सारांश के सारांश में लेखक द्वारा स्वयं लिखने पर समय की तो बचत होती है, परन्तु इतने उत्तम नहीं होते क्योंकि लेखक को सारांश लिखने का न तो कोई अनुभव होता है और न ही कोई प्रशिक्षण दिया जाता है तथा उसे सारांशीकरण करने के नियमों का ज्ञान भी नहीं होता है। अतः इस तरह के सारांश में कुछ कमियाँ रह जाती हैं।

(2) विशेषज्ञ सारकर्त्ता—इस तरह का सारांश विशेषज्ञ सारकर्त्ता द्वारा तैयार किया जाता है न कि लेखक द्वारा तैयार किया जाता है। इस तरह के सारांश उत्तम होते हैं क्योंकि विशेषज्ञ, प्रशिक्षण प्राप्त व्यक्ति होता है तथा उसे समस्त नियमों का बोध होता है। अतः विशेषज्ञ सारकर्त्ता द्वारा प्रस्तुत सार अधिक सरल, उत्तम व पूर्ण होते हैं तथा शीघ्रतम तैयार हो जाते हैं लेकिन व्यय साध्य अवश्य हो जाता है क्योंकि विशेषकर्त्ता को सारकरण कार्य करने का धन दिया जाता है।

उद्देश्य के अनुसार सारांश

(1) समीक्षात्मक सार—समीक्षात्मक सारों में सारकर्त्ता अपनी समीक्षा भी प्रस्तुत करता है इसलिए यह मूल्यांकन करने का कार्य करता है इसमें सारकर्त्ता की स्पष्ट छाप दिखाई पड़ती है।

(2) निर्देशात्मक सारांश—इस प्रकार के सारांश मूल प्रलेख के विषय का ज्ञान कराते हैं। प्रलेख की विषय वस्तु का संक्षेप में सार प्रस्तुत करते हुए इसमें प्रलेख के क्षेत्र का उल्लेख होता है, किन्तु ये बहुत अधिक Datas में नहीं लिये जा सकते हैं ये सामयिक सूचना सेवा के लिए अति लाभकारी माने जाते हैं।

(3) सूचनात्मक सारांश—इस प्रकार के सारांश का उद्देश्य मूल ग्रन्थ में पाये जाने वाली विषय वस्तु के बारे में परिमाणात्मक तथा गुणात्मक सूचना प्रदान करना होता है। इसके द्वारा प्रदान की गई सूचना इतनी पूर्ण होती है कि अधिकतर मूल/आलेख को Consult करना आवश्यक नहीं होता है इस प्रकार के सारांश मुख्यतः—प्रलेखों के क्षेत्र, उद्देश्य, प्रयुक्त विधियाँ, प्रस्तुतीकरण का प्रकार, निष्कर्ष आदि में किये जाते हैं। इनका औसत विस्तार 200 से 300 शब्दों में होता है। इनमें सांख्यिकीय विधियाँ आदि भी शामिल की जाती हैं। तथा ये सारांश अनुसंधान के प्रयोगात्मक कार्यों को समर्पित होते हैं।

स्वरूप के अनुसार

स्वरूप के मतानुसार सारांश को निम्न प्रकार विभाजित किया जाता है—

(1) ग्राफिक सारांश—रसायन शास्त्र के क्षेत्र में संचार के लिए एक संक्षिप्त भाषा उपलब्ध होती है। इसी के आधार पर इस प्रकार के Abstract निर्मित किये हैं। ये Molecular तथा Structual Formula की भाषा में प्रदर्शित किये जाते हैं।

(2) उद्धृत सारांश—इस प्रकार का सारांश मूल आलेख का संक्षित Condensed होता है इसके अन्तर्गत मूल प्रलेख के Key sentences तथा Paragraphs का चुनाव करके एक उचित क्रम में प्रदर्शित किया जाता है।

(3) टेलीग्राफिक सारांश—इस तरह के सारांश टेलीग्राफिक भाषा में बनाये जाते हैं तथा प्रलेख की विषयवस्तु से महत्त्वपूर्ण शब्द लेकर बनते हैं।

(4) ओटो-तरह—इस तरह के सारांश कम्प्यूटर द्वारा तैयार किये जाते हैं। यदि कम्प्यूटर को एक खोज के माध्यम की प्रयोग सरांश किया जाय तब ये Auto Abstract कहलाते हैं। इस प्रकार के सार में संक्षिप्तता पर ध्यान रखना पड़ता है। इसमें कम्प्यूटर की भाषा का ज्ञान होना बहुत जरूरी है इस विधि में सार के उपयोगकर्त्ता Computer's code, Artificial Language तथा वर्गीकरण आदि से परेशान हो जाते हैं।

(5) टिप्पणी सारांश—इस तरह के सारांश में मूल प्रलेख की प्रकृति तथा क्षेत्र को प्रदर्शित किया जाता है। ग्रन्थ के शीर्षक के कुछ शब्दों के प्रयोग द्वारा बढ़ा लिया जाता है। ये टिप्पणी प्रायः सूचनात्मक सार से छोटे होते हैं।

उत्कृष्ट सारांश का सृजन

उत्तम सारांश का निर्माण विशेषज्ञ सारकर्ता द्वारा ही संभव है। क्योंकि विशेषज्ञ सारकर्ता प्रशिक्षण प्राप्त व्यक्ति होता है। सारांश वस्तुतः संक्षिप्त, शुद्ध एवं वास्तविक होना चाहिए तथा साथ ही उपयोगकर्त्ताओं द्वारा इच्छित सूचना सामग्री खोजने में सहायक सिद्ध होने वाले रूप (Format) में ही प्रस्तुत किये जाने चाहिए।

उत्कृष्ट सारांश की विशेषताएँ

उत्कृष्ट सारांश की निम्नवत विशेषताएँ हैं–

(1) स्पष्टता—सारांश में मात्र संक्षिप्तता एवं शुद्धता होना ही उत्तम गुण नहीं है बल्कि इसमें स्पष्टता भी होनी चाहिए। अर्थात् सारांश स्पष्ट रूप से उपयुक्त शैली में प्रस्तुत किया जाना चाहिए जो पर्याय स्पष्ट तथा बोधगम्य हो। जहाँ तक सम्भव हो उसे पूरे वाक्यों में लिखा जाना चाहिए और प्रायः मूल लेखक के शब्दों का ही उपयोग करना चाहिए। सारांशकर्त्ता के शब्द अस्पष्ट हो सकते हैं जो मूल लेखक के उद्देश्य को व्यक्त करने में असमर्थ हो सकते हैं अतः इसका ध्यान सारांशकर्त्ता को रखना अनिवार्य होता है।

(2) प्राधिकरण—सारांशों में वर्णित तथ्यों, निष्कर्षों, सिद्धान्तों, आधार-सामग्रियों, तकनीकियों तथा विधियों को प्रामाणिक एवं मूल प्रलेख के अनुसार होना चाहिए। अतः सारांशीकरण पत्रिका के सम्पादकों तथा इनसे सम्बन्धित अन्य लोगों को विशेषज्ञ तथा प्रशिक्षण युक्त होना चाहिए। प्रमाणिकता बनाये रखने का प्रयत्न सदैव किया जाना चाहिए।

डॉ. रंगनाथन ने सारांश की विशेषताओं तथा गुणों का वर्णन करते हुए स्पष्ट किया है कि–सारांश उच्च स्तरीय होना चाहिए। मौलिक आलेख में विद्यमान सभी आवश्यक सूचनाओं का सारांश में समावेश होना चाहिए।

(3) विश्वसनीयता–सारांशीकरण एवं सारांश प्रस्तुतीकरण में इसके नियमों का पालन किया गया होना चाहिए जिससे सारांश की विश्वसनीयता समाप्त न हो। अतः सारांशकर्त्ताओं को इसके नियमों, तकनीकियों तथा सूत्रों का ज्ञान होना अनिवार्य है।

(4) शुद्धता–मूल आलेख की विषयगत विशेषताओं के अनुसार सारांशों का विशुद्ध होना अति आवश्यक है जिससे किसी भी तरह का संदेह जन्म न ले सके। मानवीय क्रिया-कलापों में कमियों का होना स्वाभाविक है अतः इन कमियों से बचने की युक्तियों का प्रयत्न सारकर्त्ता (Abstractor) को करना चाहिए। त्रुटियाँ होने की सम्भावना निम्न प्रकार की हो सकती हैं–

(अ) सारांशों–सारांशीकरण करते समय विषय-वस्तु की कमियाँ अधिक होती हैं। यदि सारांशकर्त्ता प्रशिक्षित है तो ऐसी कमियाँ कम हो सकती हैं। गणितीय आधार पर सामग्रियों तथाा व्यक्तिवाचक नामों में कमियाँ प्रायः होती रहती हैं अतः इनका सत्यापन अवश्य कर लेना चाहिए।

(ब) सन्दर्भ की त्रुटियाँ–सारांशों में पुस्तकालय उद्धरण बिल्कुल शुद्ध एवं वास्तविक होने चाहिए जिससे मूल आलेख का अभिज्ञान आसानी से किया जा सके। यदि इस प्रकार की कमी होने से मूल आलेख प्राप्त नहीं हो पाता है तो सारांशों की उपयोगिता समाप्त हो जाती है अतः सन्दर्भ की कमियों से बचने के उपाय करने चाहिए।

(5) संक्षिप्तता–सारांशों की सबसे महत्त्वपूर्ण विशेषता उनका संक्षिप्त होना है अर्थात् मूल आलेख की तुलना में सारांश अत्यन्त संक्षिप्त होना चाहिए, परन्तु यह मूल प्रलेख के मूल उद्देश्य तथा निष्कर्ष को पूरी तरह व्यक्त करने की सामर्थ अवश्य रखता हो। संक्षिप्त सारांश संक्षिप्त प्रतिरूप के रूप में उपयोग करने में सुविधाजनक रहता है। संक्षिप्तता से न केवल उपयोगकर्त्ता के समय की बचत होती है, बल्कि स्थान की भी बचत होती है, जिससे इसके प्रस्तुतीकरण, मुद्रण प्रकाशन का खर्च भी कम हो जाता है।

ऐतिहासिक पृष्ठभूमि की आवश्यकता सारांश में नहीं होती है क्योंकि उपयोगकर्त्ता का बौद्धिक स्तर पहले से ही उच्चकोटि का होता है। स्थान की बचत करने के लिए सारांशों में प्रतीकों तथा संकेताक्षरों का उपयोग किया जाता है इसीलिए

सारांशों को प्रस्तुत करने का प्रशिक्षण दिया जाना चाहिए। उपयुक्त तथा उचित मानकों तथा संकेताक्षरों एवं अन्य मुक्तियों का उपयोग करने से सारांश स्वतः ही संक्षिप्त हो जाते हैं।

सारांश के आकार के विषय में अन्तरात्मा है, कितने शब्दों में इन्हें प्रस्तुत किया जाना चाहिए वह मूल प्रलेख पर निर्भर करता है। लेकिन उत्तम सारांशों के आकार में एक शब्द से लेकर 10000 (दस हजार) शब्दों की भिन्नता होने का संकेत **बोर्को और बर्नियर** (Borko and Beriner) ने दिया है।

सारांशीकरण के उप-सिद्धान्त

सारांशीकरण के सिद्धांत

प्रसिद्ध शिक्षाशास्त्री डॉ. रंगनाथन ने वर्गीकरण की तरह ही सारांशीकरण के उपनियमों (Canons) का प्रतिपादन किया है। जो निम्नलिखित हैं–

(अ) स्वीकारात्मक नियम–डॉ. रंगनाथन ने इस उपसूत्र के अन्तर्गत सारांशीकरण के परिप्रेक्ष्य में निम्न तत्त्वों का प्रतिपादन किया है जिनका समावेश तथा उपयोग सारांश करते समय जरूर होना चाहिए।

(1) नये उपकरणों, तकनीकियों, विधियों तथा अन्य सहायक सामग्रियों का भी वर्णन उनकी विशेषताओं के साथ सारांशों में किया जाना चाहिए।

(2) ज्ञान के क्षेत्र में हो रही मौलिक एवं प्राथमिक प्रगतियों (Primary Advances) का वर्णन किया जाना चाहिए।

(3) यदि मूल आलेख में वर्णित सामग्री का क्षेत्र अन्तिम वर्ग (Ultimate Class) से छोटा हो तो सारांश में विषय का संकेत सीमित रूप में दिखाना चाहिए।

(4) महत्त्वपूर्ण आँकड़ों (Datas) को सारांशों में शामिल किया जाना चाहिए।

(5) द्वितीयक प्रगतियों (Secondary Advances) का भी वर्णन किया जाना चाहिए।

(ब) निषेधात्मक नियम–डॉ. रंगनाथन ने इस उपनियम के अधीन सारांशीकरण के परिप्रेक्ष्य में निम्न तत्त्वों का समावेश किया है जिनका उपयोग सारांशीकरण करते समय नहीं किया जाना चाहिए।

(1) उन सूचनाओं को जो लक्षित शीर्षकों (Feature Headings) तथा उनके क्रम से प्राप्त होती हैं उन्हें सारांश में शमिल नहीं करना चाहिए।

(2) ये सूचनाएँ जो आलेख की आख्या से परिलक्षित होती हैं उन्हें सारांश में सम्मिलित करना चाहिए।
(3) किसी सुपरिचित लेखक के नाम से सम्बन्धित सूचना का सारांशों में उपयोग नहीं करना चाहिए।
(4) सारांश की लम्बाई सीमित एवं संक्षिप्त रखने हेतु आलेख अथवा अध्ययन में प्रयुक्त नमूनों (Samples) का वर्णन सारांश में नहीं करना चाहिए।
(5) पूरे वाक्यों का प्रयोग सारांशों में नहीं करना चाहिए।
(6) स्पष्ट एवं अभिव्यक्ति को देखते हुए सारांशों में टेलीग्राफिक भाषा का उपयोग करना चाहिए। लेकिन अब इस तरह की प्रवृत्तियाँ जिनमें पूरे वाक्यों का उपयोग वर्जित तथा टेलीग्राफिक भाषा का उपयोग उचित माना जाता था अप्रचलित होती जा रही हैं।

सारांशीकरण के स्वरूप

सारांशीकरण के स्वरूपों को नीचे स्पष्ट किया जा रहा है—

(क) भाषा—

(1) भाषा में तोड़-मरोड़ चिन्ह तथा ट्रेडनामों का प्रयोग आवश्यक न होकर ऐच्छिक होना चाहिए।
(2) क्योंकि इससे लाभ व हानियाँ दोनों ही होते हैं।
(3) सारांश में मूल प्रलेख को पूरी तरह से प्रदर्शित करना चाहिए।
(4) सरल भाषा का प्रयोग करना चाहिए।

(ख) वाक्य—

(1) वाक्य पूरे तथा संक्षिप्त होने चाहिए।
(2) प्रारम्भिक वाक्य ऐसा होना चाहिए जिससे कि शीर्षक पुनरावृत्ति न हो क्योंकि आलेख का शीर्ष सारांश के साथ पढ़ा जाता है।

(ग) शब्द—

(1) शब्दों का क्रम व्यवस्थित होना चाहिए जिससे पाठकों द्वारा सरलता से पढ़ा व समझा जा सके।
(2) अनावश्यक शब्दों को छोड़ देना चाहिए, जैसे—The paper deals with आदि।
(3) शब्दों के उपयोग में मितव्ययिता होनी चाहिए।

(घ) आकार—सारांश का आकार कितना होना चाहिए अर्थात् सारांश कितने शब्दों में प्रस्तुत किया जाना चाहिए।

(1)	**बोर्को एवं वर्नीयर के** अनुसार सारांश	1-1000 शब्दों का होना चाहिए
(2)	प्रामाणिक आकार (धारावाहिकों के लिए)	50-150 शब्दों में
(3)	सूचनात्मक सार (DDC के अनुसार)	150-200 शब्दों में
(4)	सर्वोत्तम माना जाता है	200-250 शब्दों का आकार सर्वोत्तम माना जाता है।

(ङ) लेखन शैली–

(1) सारांश सरलतम शैली में लिखा जाना चाहिए।

(2) विशिष्ट क्रियाकलापों (Methodology) को बीते समय में लिखना चाहिए क्योंकि वे भूतकाल में ही पूरे किये जाते हैं।

(3) लेकिन निष्कर्ष को. हमेशा वर्तमान काल में प्रदर्शित करना चाहिए।

सारांश का मसौदा

(1) **उद्धरण**–इसमें निम्न प्रकार विवरण होता है–

Title, Author (s) in Natural Sequence (Address).

Shortest Form of Bulletin, Volume (Issue Number).

Number of Pages (Year of Publication) (Language of the Article)

(2) **उचित सरांश**–यह आलेख का संक्षिप्त सार होता है जो उचित ढंग (Proper Way) से प्रस्तुत किया जाता है।

प्रमुख सारांशीकरण सेवाएँ

प्रमुख सारांशीकरण सेवाएँ अग्रलिखित हैं–

(1) Biological Abstracts, Philadelphia, BIOSIS, USA.

(2) Physics Abstracts, London, U.K.

(3) Chemical Abstract, ACC, USA.

(4) Referatively Zhurnol, Moscow, USSR.

(5) Indian Science Abstracts, Delhi, India.

Chemical Abstracts का मूल्यांकन :

Chemical Abstracts को संक्षेप में CA कहते हैं जिसका मूल्यांकन नीचे प्रस्तुत किया जा रहा है–

1. विशेष लक्षण (Special Features)–

(1) यह निर्विवाद सत्य है कि CA रसायनशास्त्र तथा रसायन इंजीनियरिंग के क्षेत्र की विशालतम, प्रामाणिक, शुद्ध एवं विश्वसनीय सारांशीकरण सेवा है। इसलिए Computer Searchable Information Files तैयार किये जाते हैं।

(2) इसका प्रकाशन कम्प्यूटर के माध्यम से होता है।

(3) कम्प्यूटर द्वारा प्रक्रियाबद्ध होने के कारण नई प्रकाशित सेवाओं का संकलन एवं प्रकाशन बड़ा ही सरल हो गया है।

(4) इसका वार्षिक मूल्य दिन-प्रतिदिन इतना बढ़ रहा है। बहुत से पुस्तकालय इसे अपने यहाँ मंगाने में असमर्थ रहते हैं।

(5) प्रकाशन स्वच्छ, शुद्ध, आकर्षक एवं समयानुसार है।

(6) नवीनतम सूचना अविलम्ब प्राप्त हो जाती है।

(7) इसका संगठन विशेषताओं से युक्त है।

(8) फिर भी CA अपने विषय क्षेत्र रसायन शास्त्र तथा रसायन तकनीकी की एक अद्वितीय सारांशीकरण सेवा (Abstracting Service) है।

(9) इसका संगठन भी विशाल है।

2. व्यवस्थापन–इसका प्रकाशन साप्ताहिक होता है और इसके प्रत्येक अंक में दो खण्ड होते हैं–

(a) Abstract–इनका वर्गीकरण एक गुप्त वर्गीकरण योजना के अनुसार किया जाता है जो रसायन शास्त्र विषय के अनुसार होता है। इसका आंकलन 80 विषय समूहों में किया गया है। प्रत्येक अंक के पहले पृष्ठ पर प्रत्येक अंक के विभागों की सारणी का वर्णन किया जाता है।

(b) Index–इसके प्रत्येक खण्ड (26 साप्ताहिक) की विस्तृत अनुक्रमणिकाओं का भी प्रकाशन किया जाता है। इसकी अनुक्रमणिका अत्यधिक सुव्यवस्थित तथा क्रमबद्ध होती है और इच्छित सामग्रियों की अन्वेषण में पर्याप्त सहायक सिद्ध होती है। Abstract तथा Index के पृष्ठों की संख्या प्रायः एक ही रहती है।

3. विषय क्षेत्र–

(a) Astronomy
(b) Medicine
(c) Geology
(d) Physics
(e) Biology
(f) Physical Education
(g) Information Science
(h) Physical Technology

4. विश्लेषण–Physical Abstract एक मुद्रित Abstracting Service Periodical है जिसकी सामग्री Databases से प्राप्त की जाती है। डेटाबेसों के सभी Abstracting & Indexing प्रविष्टियों को Physical Abstracts प्रत्येक अंक में प्रकाशित किया जाता है। Physical Abstracts के सारांश संक्षिप्त तथा सूचनात्मक होते हैं और मौलिक प्रलेखों में वर्णित नवीन, तथ्यों, निष्कर्षों, प्रतिक्रियाओं, उपकरणों, सिद्धान्तों एवं अनुप्रयोगों को उपयुक्त भाषा एवं स्वरूप में प्रदर्शित करते हैं। प्रत्येक सारांश के संलेख में प्रलेख के अभिज्ञान हेतु पूर्ण पुस्तकात्मक विवरण प्रस्तुत किये जाते हैं जिसमें प्रमुख लेखक तथा प्रलेख की भाषा का भी संकेत होता है।

5. प्रामाणिकता–Physical Abstracting Services, American Physical Society, USA.

6. विवरण–

(a) पूरा नाम : Physical Abstracts

(b) प्रथम संस्करण : 1907 में

(c) प्रकाशक : American Physical Society, U.S.A.

(d) आवृत्ति : इसका प्रत्येक अंक प्रति सप्ताह प्रकाशित किया जाता है प्रत्येक साप्ताहिक अंक के दो भाग होते हैं–(i) Abstract (ii) Index इस प्रकार वर्ष में 52 अंक प्रकाशित किये जाते हैं तथा 52 अंकों का एक खण्ड (Volume) बनता है।

सूचीबद्धता

प्रत्येक सूचना-केन्द्र अथवा पुस्तकालय की अपनी एक सीमा होती है। इसको ध्यान में रखकर पुस्तकालय द्वारा जारी प्रसूची या सूची-पत्र पर विचार करें तो किसी भी प्रसूची में संबंधित विषय-वस्तु का विस्तृत उल्लेख संभव नहीं है। प्रलेखों की विषय-वस्तु का पूर्णतः विश्लेषण कर उनके अभिज्ञान एवं उपलब्धता के लिए एक उपकरण के रूप में कार्य करता है क्योंकि की कार्यकुशलता के कारण इच्छित सूचना को प्राप्त करने में सूचना पुनर्प्राप्ति का कार्य आसान हो जाता है।

अनुक्रमणिका का तात्पर्य

अनुक्रमणिका अंग्रेजी शब्द 'Index' का हिन्दी रूपान्तर है। अनुक्रमणिका एक व्यवस्थित तालिका होती है, जिससे किसी कृति में वर्णित प्रकरणों, नामों, पदों के वास्तविक स्थान, पृष्ठ तथा उपलब्ध होने का पूर्ण विवरण ज्ञात हो जाता है इसलिए सूचना पुनर्प्राप्ति का एक सशक्त एवं उपयुक्त उपकरण है।

सूचीबद्धता क्या है?—सूचीबद्धता शब्द को अंग्रेजी में Indexing कहते हैं जो Indix शब्द से बना है। सूचीबद्धता को अनुक्रमणिका करण भी कहते हैं। Index के लिए प्रविष्टियाँ तैयार करने की प्रक्रिया को Indexing कहते हैं। प्रलेखों के प्रस्तुतीकरण तथा अभिव्यक्ति के लिए प्रमुख रूप से सूचीबद्धता को ही अत्यन्त उपादेय पाया गया है। इस परिप्रेक्ष्य में सूचीबद्धता को प्रलेखों के प्रस्तुतीकरण की एक विधि एवं प्रक्रिया दोनों ही माना गया है। सूचीबद्धता की अवधारणा से होता है—

(1) Making design of Index

(2) Structure of Index

(3) Kinds of Index

(4) Editing of Index Cards

सूची की उपयोगिता

सूचना पुनर्प्राप्ति के क्षेत्र में सूचीबद्धता का उपयोगिता निम्नांकित बिन्दुओं से दृष्टिगोचर होता हैं।

(1) प्रलेखों में विद्यमान नवीनतम विषयों को ज्ञात करने में सूचीबद्धता का महत्त्व है।

(2) इस तरह सूची बद्धता एक लाभकारी सेवा है।

(3) सूचना पुनर्प्राप्ति का एक अत्यन्त उपयुक्त उपकरण है।

(4) प्रलेखों के प्रस्तुतीकरण और अभिव्यक्ति के लिए सूचीबद्धता काफी लाभकारी है।

(5) सूचना के त्वरित प्रकीर्णन के लिए सूचीबद्धता आवश्यक है।

(6) विशेषज्ञों को नई सूचना से परिचित कराने के लिए सूचीबद्धता आवश्यक है।

सूचीबद्धता पद्धतियाँ

सूचीबद्धता जिनमें कुछ पुरानी कुछ नई विधियां हैं। वे तथा कुछ वर्तमान विधियों का विकास किया गया है। सूचीबद्धता की पद्धतियां निम्नांकित प्रकार हैं—

(अ) परम्परागत प्रणालियाँ

1. Alphabetical Subject Indexing
2. Classidied Indexing
3. Chain Indexing
4. PRECIS
5. POPSI

(ब) अपरम्परागत प्रणालियाँ

1. Coordinate Indexing
2. KWIC OR KWOC
3. Citation Indexing

(स) यान्त्रिक प्रणालियाँ

1. Punched Card
2. Peak-a-boo
3. Zeto coding
4. Online

(अ) परम्परागत पद्धति—ये पद्धतियां बहुत पहले से व्यवहारित है। ये पद्धतियों मानव आश्रित होती है। इस पद्धतियों में मशीनों का प्रयोग नहीं होता है। इन पद्धतियों में प्रलेखों के सम्बन्ध में पूर्ण जानकारी देने की व्यवस्था रहती है। इन पद्धतियों का आधार 'ज्ञात क्रम में ज्ञात नाम' का सिद्धान्त है अर्थ यह है कि Index में प्रयुक्त पदों की जानकारी Indexer तथा Indexer User दोनों को होनी चाहिए। Index में प्रयोग कियो गये पद तथा User की खोज के पद समान होने चाहिए। उत्तरदायित्व Indexer का होता है कि वह का निर्माण करते समय से पूर्व उनमें समन्वय स्थापित करे। इसलिए इन विधियों को पूर्व समन्वित (Pre-Cordinate) अनुक्रमणिकाकरण पद्धति भी कहते हैं।

(ब) अपरम्परागति पद्धति—ये पद्धतियाँ परम्परा से प्रचलित नहीं है पर समय एवं आवश्यकता की माँग के अनुसार विकसित हुई हैं। इन पद्धतियों के विषय शीर्षकों के पदों के क्रम पहले से निर्धारित नहीं होते हैं बल्कि प्रत्येक पद के लिए अलग-अलग प्रविष्टि बनाई जाती हैं। अन्वेषण के समय ही उन पदों में समन्वय स्थापित करके इच्छित प्रलेख की सूचना प्राप्त की जा सकती है। ऐसी पद्धतियों को इसीलिए ही पश्च-समन्वित सूचीबद्धता अनुक्रमणिकाकरण पद्धति भी कहते हैं। इस प्रकार की पद्धति की कल्पना सर्वप्रथम (M. Taube) ने सन् 1953 में की थी।

(स) यान्त्रिक पद्धति—आजकल सूचना का प्रसार एवं सम्प्रेषण अधिक जटिल हो गया है अतः जटिलता के कारण मानवीय रूप में ये कार्य सम्पन्न नहीं किये जाते हैं, अतः कम्प्यूटर के माध्यम से किये जाते हैं। कम्प्यूटर के माध्यम से अनुक्रमणिकाकरण की नई मुक्तियाँ विकसित एवं प्रचलित हो रही है।

समन्वित सूचीबद्धता

ये पद्धतियाँ काफी समय पहले से प्रयोग में आ रही हैं तथा जिनमें मशीनों का उपयोग नहीं होता है अतः ये मानव अाश्रित होती हैं। इन पद्धतियों में प्रलेखों

के सम्बन्ध में पूरी जानकारी देने की व्यवस्था रहती है। इसमें प्रयुक्त पदों जानकारी Indexer तथा Indexuser दोनों को होनी चाहिए। इसके लिए यह आवश्यक है कि अनुक्रमणिका में प्रयुक्त पद तथा Indexer की खोज के सम्भावित पद समान होने चाहिए। इसके लिए अनुक्रमणीका के पदों में समन्वय स्थापित करना पड़ता है इसीलिए इन पद्धतियों को समन्वय सूचीबद्धता (Coordinate Indexing) कहते हैं।

ये पद्धतियाँ दो प्रकार की होती है—

(अ) पूर्व-समन्वित सूचीबद्धता—अनुक्रमणिका बनाते समय इस पद्धति का प्रयोग किया जाता है। इसके उदाहरण अग्रांकित हैं—

(1) Alphabetical Subject Indexing
(2) Alphabetical Specific Subject Indexing
(3) Alphabetical - Classed Subject Indexing
(4) Classified Indexing
(5) Chain Indexing
(6) POSPI
(7) PRECIS

(ब) पश्च-समन्वित सूचीबद्धता—अनुक्रमणिकाकरण बनाते समय जो समस्याएँ सामने आती हैं उन समस्याओं को दूर करने के लिए पश्च समन्वित सूचीबद्धता पद्धति का प्रयोग किया जाता है। इस पद्धति में जिस क्रम में विषय शीर्षक निर्मित किये जाते हैं उसी क्रम में यदि उपयोगकर्त्ता अनुक्रमणिका का प्रयोग करता है तो उसकी अभीष्ट सामग्री तथा सरलता शीघ्रता से प्राप्त हो जाती है अन्यथा उसे काफी कठिनाइयों का सामना करना पड़ता है।

इन्हीं कठिनाइयों को दूर करने के लिए 1953 में पश्च समन्वित सूचीबद्धता का प्रतिपादन किया गया। इस पद्धति में विषय शीर्षक के पदों का क्रम पूर्व निर्धारित नहीं होता बल्कि प्रत्येक पद के लिए अलग प्रविष्टि तैयार की जाती है। इससे Indexuses को उनका क्रम याद रखने की अनिवार्यता नहीं रहती है। अन्वेषण के समय उन पदों का समन्वय स्थापित करके अभीष्ट सामग्री प्राप्त की जा सकती है। इसलिए इसे पश्च समन्वित सूचीबद्धता कहते हैं। समन्वय स्थापित करने की प्रक्रिया से स्पष्ट है कि दोनों ही प्रकार की पद्धतियों में पदों का समन्वय स्थापित किया जाता है किन्तु अन्तर केवल अवस्थाओं का है। यह समन्वय सूची बनाते समय किया जाता है जबकि दूसरे प्रकार पश्चसमन्वित सूचीबद्धता में समन्वय पदों के

अन्वेषण के समय किया जाता है। KWIC, KWOC, Citation Indexing इसके उदाहरण हैं।

पूर्व तथा पश्च समन्वित प्रणाली में भिन्नता—इनमें मुख्य अंतर निम्नवत हैं—

1. इसमें Approach terms का निर्धारण Index तैयार करते समय किया जाता है। लेकिन इसमें Approach terms का निर्धारण प्रलेखों को खोजने के समय ही किया जाता है।

2. इसमें Approach terms का प्रयोग सीमित मात्रा में किया जाता है। लेकिन इसमें अधिकांशतः प्रचलित Approach terms का उपयोग किया जाता है।

3. प्रलेखों को खोजने के लिए (Approach terms) को अनुक्रमणीयक द्वारा निर्धारित किये जाते हैं। लेकिन प्रलेखों को खोजने के लिए Approach terms उपयोगकर्त्ता द्वारा स्वयं निर्धारित किये जाते हैं।

4. इस पद्धति में अनुक्रमणिका प्रयोग किये जाने वाले पदों तथा उपयोगकर्त्ता के खोज के पदों में Index का निर्माण करने से पूर्व समन्वय स्थापित किया जाता है इसलिए उसे पूर्व-समन्वित सूचीबद्धता कहते हैं। जबकि इस पद्धति में Index में प्रयोग किये जाने वाले पदों तथा उपयोगकर्त्ता के पदों में Index का निर्माण करते समय ही समन्वय स्थापित किया जाता है, इसलिए इसे पश्च-समन्वित कहते हैं।

5. पूर्ण समन्वित सूचीबद्धता वर्धनशीलता (Flexibility) बहुत कम हैं। लेकिन पश्चसमन्वित सूचीबद्धता में वर्धनशीलता बहुत अधिक है।

6. पूर्ण समन्वित सूचीबद्धता की पद्धति में Premutation तथा Combination वर्जित हैं। Permutation तथा Combination वर्जित नहीं है।

7. इसमें Indexer द्वारा एक विषय की एक ही प्रविष्टि निर्मित की जाती है। लेकिन इसमें Indexer द्वारा एक विषय के लिए कई प्रविष्टियाँ निर्मित की जाती हैं।

8. इसकी प्रक्रिया में कम्प्यूटर का उपयोग नहीं किया जाता है और किया भी जाता है तो बहुत ही कम। लेकिन इसकी प्रक्रिया में कम्प्यूटर का सर्वाधिक उपयोग किया जाता है।

सूचीबद्धता की प्रमुख सेवाएं

सूचना पुनर्प्राप्ति की दृष्टि से सूचीबद्धता अन्य पद्धतियों एवं प्रक्रियाओं के अपेक्षा अधिक लाभकारी सिद्ध हो रहा है। अतः इस पद्धति की रचना करते समय

विशेष ध्यान देना चाहिए। क्योंकि (Index) की कार्य कुशलता के कारण इच्छित सूचना को प्राप्त करने में सूचना पुनर्प्राप्ति का कार्य सरल हो जाता है।

सूचीबद्धता के उदाहरण–

(1) Applied Science & technology Index — Wilson & Cp., U.S.A.

(2) Biological and Agricultural Index — Wilson & Cp., U.S.A.

(3) Chemical Titles — Philadelphia, U.S.A.

(4) Science Citaltion Index — Philadelphia, U.S.A

(5) Indian Science Index — New Delhi, India.

सूचीबद्धता मूल्यांकन के मूलाधार

किसी भी पद्धतियों या विधियों की गुणवत्ता की जाँच मुल्यांकन के द्वारा ही संभव है। सूचीबद्धता मूल्यांकन के निम्नलिखित आधार होते हैं–

(1) प्रामाणिकता–क्या अनुक्रमिकाकरण का कार्य योग्य एवं व्यावसायिक ज्ञान रखने वाले विशेषज्ञों द्वारा किया गया है। इसके प्रकाशन आदि की व्यवस्था किसी ख्याति प्राप्त तथा अनुभवी संगठन द्वारा की गई है। यह संगठन इस दिशा में अधिक सक्रिय रहा है। इन तथ्यों के आधार पर यह कहा जा सकता है कि अनुक्रमणिका प्रामाणिक एवं विश्वसनीय होगी।

(2) क्षेत्र Scope–अनुक्रमणिका के विषय क्षेत्र की सीमा क्या है? क्या यह विशिष्ट विषय या सामान्य विषय तक सीमित है? क्या विदेशी भाषाओं की पत्रिकाओं को भी शामिल किया गया है? पत्रिकाओं का उद्‌गम स्थल तथा प्रकाशन की अवधि, क्या पूर्वव्यापी अथवा सामयिक पत्रिकाओं की अनुक्रमणिका तैयार की जाती है? इससे सूचीबद्धता पत्रिका का विस्तार क्षेत्र ज्ञात होता है। कितनी पत्रिकाओं को इसमें शामिल किया गया है तथा किस तरह की पत्रिकाओं को सम्मिलित किया गया है। इससे उनके स्तर लाभदायिकता का ज्ञान होता है। क्या अनुक्रमणिका सेवा सामयिक है अथवा पूर्वव्यापी है? आदि बातों के समावेश से अनुक्रमणिका का क्षेत्र ज्ञात होता है ओर इससे उसकी उपयोगिता और बढ़ जाती है।

(3) व्यवस्थापन–लेखक, आख्या, विषय सलेखों के प्रति निर्देश (Reference) को एक साथ ही एक क्रम में आँकलित करना अथवा पृथक्-पृथक् लेखक, विषयानुसार तथा लेखक एवं विषयानुसार पद्धति के अनुसार किया गया होना चाहिए।

(4) प्रारूप—व्यय शीर्षकों का आकार एवं टाइप इस ढंग का है कि देखने व समझने में सुविधाजनक है। अक्षरों का टाइप स्पष्ट अथवा सुडौल हैं यही आरूप के विचारणीय प्रश्न हैं।

(5) प्रविष्टियाँ—प्रविष्टियों का कौन-सा रूप प्रस्तुत किया गया है यह बात भी बहुत ही महत्त्वपूर्ण है। क्या लेखक/विषय/प्रतिनिर्देश प्रविष्टियों को शामिल किया गया है? क्या उन पत्रिकाओं की तालिका प्रस्तुत की गई है जिन्हें अनुक्रमणिका में शामिल किया गया है? ऐसी समचना सुलभ होने से इसकी उपयोगिता बढ़ जाती है।

(6) आलोचनात्मक लक्षण—किस समयावधि में इसका प्रकाशन होता है और किस प्रकार संचयी अंक प्रकाशित होते हैं तथा प्रकाशन समय से होता है अथवा नहीं। क्या सभी आलेखों को सूचीबद्ध किया जाता है या चुने हुए ही को शामिल किया जाता है और शामिल का आधार क्या है? विचारणीय प्रश्न हैं? विषय शीर्षकों का किस प्रकार से वर्णन किया गया है आदि बातें इस बिन्दु में महत्त्वपूर्ण हैं। संलेखों की शुद्धता और भी अति आवश्यक है। दूसरी अनुक्रम सूचियों से इसकी तुलना करनी चाहिए। किस सीमा तक उपयोग हेतु सुविधाजनक है आदि अनुक्रमणिकाओं की विशेषताएँ हैं जो मूल्यांकन के आवश्यक बिन्दु हैं।

चयनात्मक प्रसार सेवा

वर्तमान समय में अधिकांश पुस्तकालय में सामयिक सूचना सेवा उपलब्ध है। इस सेवा के माध्यम से पाठकों को सामयिक घटनाओं से अवगत कराया जाता है। इस सेवा के अन्तर्गत केवल एक ही प्रलेखीकरण सारणी से अनेक विशेषज्ञों को अपनी अभिरुचि के अनुसार इच्छित एवं उपादेय जानकारी का चुनाव और अवलोकन स्वयं करना पड़ता है जिससे उसे उसकी अभिरुचि की नई जानकारी प्राप्त हो सके। इसमें उपयोगकर्त्ता का कीमती समय उस प्रलेखीकरण सारणी से अपनी अभिरुचि की सामग्री खोजने में बर्बाद हो जाता है। उपयोगकर्त्ता के कीमती समय की बचत के दृष्टिकोण से एक नई तरह की सूचना सेवा की व्यवस्था लुहन (H.P. Luhn) ने की जिसे चयनात्मक सूचना प्रसार सेवा कहा जाता है।

इस सेवा के अन्तर्गत सिर्फ चुनी हुई पत्रिकाओं के लेखों तथा प्रलेखों के सम्बन्ध में जानकारियाँ प्रसारित की जाती हैं। इसमें प्रत्येक शोधकर्त्ता अथवा विशेषज्ञ को व्यक्तिगत स्तर पर उनके लिए उपयोगी प्रलेखों के विषय में जानकारी प्रदान की जाती है। यह सेवा पाठकोन्मुखी होती है, इसलिए पाठकों की रुचियों को ध्यान में रखना अनिवार्य होता है।

प्रमुख परिभाषाएँ

चयनात्मक सूचना प्रसार की सेवा की विचारधारा को सबसे पहले सूत्रबद्ध करने का श्रेय लुहन (H.P. Luhn) को ही है। चयनात्मक सूचना प्रसार की परिभाषा निम्नलिखित प्रकार दी गयी है–

लुहन के शब्दों में–चयनित प्रसार सेवा किसी संस्था द्वारा दी गई वह सेवा है जो नई सूचना को किसी स्रोत से प्राप्त कर संस्था के उन भागों तक पहुँचाती है जहाँ सामयिक उपयोग अथवा अभिरुचि के सन्दर्भ में उसकी उपयोगिता की सम्भावना अधिक हो।

रंगनाथन के शब्दों में–चयनित प्रसार सेवा उपयोगकर्त्ताओं को यथातथ्य, सर्वांगपूर्ण तथा शीघ्र सूचना प्रदान करने की सेवा है।

इस प्रकार चयनात्मक सूचना प्रसार सेवा उस सामयिक सेवा (CAS) का ही एक प्रकार है जो विशेषज्ञों/वैज्ञानिकों/ अनुसंधानकर्त्ताओं की विशेष अभिरुचि एवं कार्यक्षेत्र से ही सम्बन्धित अनेक स्रोतों से आवश्यक सूचना को चयन कर उन्हें अवगत कराने की दृष्टि से सूचना सेवा का आयोजन किया जाता है। अतः सूचना प्रसार सेवा में विशिष्ट उपयोगकर्त्ताओं की आवश्यकताओं की पूर्ति के असंख्य प्रलेखों में से चयन कर सूचनाएँ प्राप्त की जाती हैं और नियमित रूप से यह सूचना प्रदान की जाती है।

चयनात्मक प्रसार सेवा प्रणाली

अग्रलिखित दो प्रणाली की सहायता से उपयोगकर्त्ताओं को चयनात्मक प्रसार सेवा प्रदान की जाती है।

(1) परम्परागत प्रणाली–इस विधि में व्यक्तिगत अभिरूचि वाले विषयों की एक सूची तैयार कर ली जाती है और उसको ध्यान में रखते हुए पुस्तकालय में आने वाले सभी प्रकाशनों की जाँच कर छँटाई की जाती है। इस विधि का उद्देश्य उपयोगकर्त्ता को स्थान पर ही सूचना प्रदान करना होता है। इस प्रकार इस विधि से साहित्य विस्फोट एवं पाठक की विषय अभिरुचियों में जटिलता के बावजूद पाठकों उनके विशिष्ट विषय से सम्बन्धित सूचना प्राप्त हो जाती है।

(2) अपरम्परागत प्रणाली–यह विधि परम्परा अर्थात् मानव आधारित न होने के कारण अपरम्परागत विधि कहलाती है। इसमें कम्प्यूटर एवं पंच कार्डों की सहायता से सूचनाओं का संग्रहण एवं प्रसार कार्य सम्पन्न किया जाता है। दूसरे शब्दों में इसे यान्त्रिक विधि भी कहते हैं। परम्परागत विधि की सफलता पुस्तकालय

कर्मियों की स्मरण शक्ति तथा व्यक्तिगत सूझबूझ एवं उपयोगकर्त्ताओं के सहयोग पर निर्भर करती है। विभिन्न अभिरुचि वाले बहुसंख्यक उपयोगकर्त्ताओं के लिए इसे लागू करना कठिन हो जाता है। इस दृष्टि से यान्त्रिक विधि अधिक सफल प्रमाणित हुई है क्योंकि इसका आधार मानव मस्तिष्क न होकर कम्प्यूटर यंत्र होता है। इस विधि में प्रक्रिया निम्न प्रकार अपनाई जाती है–

(अ) प्रोफाइलों का पुनर्समायोजन–उपयोगकर्त्ता की माँग तथा उनसे प्राप्त उत्तरों का सावधानी से विश्लेषण किया जाता है। यदि आवश्यक होता है तो उपयोगकर्त्ता प्रोफाइल में सुधार या परिवर्तन कर उसका पुनर्समायोजन किया जाता है। और अभिरुचि एवं कार्यक्षेत्र में परिवर्तन होने पर प्रोफाइल में परिवर्तन किया जाता है।

(ब) पुनर्निवेशन अथवा प्रतिक्रिया–चयनित प्रसार सेवा प्रणाली की उपादेयता तथा सफलता के लिए उपयोगकर्त्ताओं को व्यक्तिगत रूप से उत्तर प्राप्त करने अथवा पुनर्निवेशन प्राप्त करने की व्यवस्था अति आवश्यक होती है इस प्रकार के यंत्र अथवा विधि का निर्माण करना होता है, जिससे अधिसूचना प्राप्त करने वालों की प्रतिक्रिया आसानी से प्राप्त हो सके। इसमें लुहन (H.P. Luhn) ने एक दूसरे प्रकार के उत्त्साह की भी कल्पना की है यदि प्रलेख उसकी अभिरुचि का नहीं **है तो वह यह भी संकेत कर सकता है कि सम्बन्धित प्रलेख किसी अन्य उपयोगिता के लिए उपादेय सिद्ध हो सकता है।**

(स) सूचना सम्प्रेषण–उपयोगकर्त्ता को व्यक्तिगत रूप से उसकी सूचना आवश्यकता और प्राप्त प्रलेखों में साम्य होने के पश्चात् सूचना प्रदान की जाती है सूचना में मात्र प्रलेख का सन्दर्भ होता है तथा सन्दर्भ के साथ सारांश अथवा आधार पद सम्मिलित किये जा सकते हैं। कभी-कभी सूचना भेजते समय प्रलेख की प्रति भी भेजी जाती है।

(द) मिलान–निर्धारित अवधि-साप्ताहिक अथवा पाक्षिक के अन्तराल में उपयोगकर्त्ता प्रोफाइल तथा प्रलेख प्रोफाइल के आधार शब्दों (Key Words) का आपस में मिलान किया जाता है जिससे उपयोगकर्त्ता की सूचना आवश्यकता तथा प्रलेखों की विषय-वस्तु की अनुरूपता ज्ञात हो सके। इस कार्य में कम्प्यूटर की सहायता ली जाती है जब दोनों प्रोफाइलों में पूर्ण अनुरूपता मेल स्पष्ट हो जाता है तब कम्प्यूटर सम्बन्धित उपयोगकर्त्ता का चयन स्वयं कर देता है।

(य) पाठक की माँग की पूर्ति–यदि उपयोगकर्त्ता किसी प्रलेख की माँग करता है तो उस प्रलेख को उपयोगकर्त्ता के पास भेजने की व्यवस्था की जाती है। यदि प्रलखे

उपलब्ध न हो तो उसकी टंकण, प्रति फोटोप्रति अथवा सूक्ष्म प्रति भेजी जाती है। प्रलेख प्रोफाइल का अध्ययन करना यहाँ आवश्यक हो जाता है।

(र) प्रलेखों की प्रोफाइल—पुस्तकालय में प्राप्त प्रलेखों का अध्ययन एवं विश्लेषण किया जाता है और उपयोगकर्त्ता की प्रोफाइल के प्रस्तुतीकरण के अनुसार प्रत्येक प्रलेख की विषय वस्तु (Contents) को उसी अनुक्रमणिकाकरण की भाषा (Indexing Language) के अनुसार प्रस्तुत किया जाता है, इससे मिलान एवं तुलना करने में सुविधा रहती है। प्रलेख विवरणों को एक प्रलेख प्रोफाइल में व्यवस्थित किया जाता है।

(ल) उपयोगकर्त्ता प्रोफाइल—सर्वप्रथम इसमें ऐसे उपयोगकर्त्ताओं को निश्चित करना पड़ता है जिन्हें ऐसी सेवाओं की आवश्यकता होती है। इसके बाद प्रत्येक उपयोगकर्त्ता की अभिरुचि के विषयों का पूरा विवरण तैयार कर प्रत्येक उपयोगकर्त्ता के नाम से अलग-अलग कार्ड तैयार किये जाते हैं और उन्हें पदों की पद्धति, प्रमुख शब्दों (Keywords) संकेतांकों आदि के रूप में प्रस्तुत किया जाता है। इसे ही उपयोगकर्त्ता की प्रोफाइल (वृतिका) कहते हैं। इसमें निहित प्रमुख शब्द (Key words) काफी महत्त्वपूर्ण होते हैं। व्यक्तिगत प्रोफाइलों को एक फाइल में व्यवस्थित कर लिया जाता है।

रिप्रोग्राफी

वर्तमान समय में रिप्रोग्राफी तकनीकी सम्प्रेषण माध्यमों में एक प्रमुख सेवा एवं साधन माना जा रहा है। प्रलेखन के क्रियाकलापों एवं सेवाओं हेतु वैज्ञानिकों एवं शोधार्थियों हेतु आजकल रिप्रोग्राफी सेवाओं का आयोजन एक अनिवार्य सेवा है। सुविधा एवं विकास की दृष्टि से प्रलेखन की सम्पूर्ण प्रक्रिया को विभाजित किया जाय तो उसके पाँच पक्ष बनते हैं जिनमें प्रतिलिपिकरण सेवा (Reprographic Service) अपना विशेष महत्त्व व स्थान रखती है।

रिप्रोग्राफी का शाब्दिक अर्थ

Reprography हिंदी के पुनरोत्थापन का अंग्रेजी रूपांतरण है।

Re + pro + graphy Reprography—

जहाँ Re का अर्थ Repeet पुनः

Pro का अर्थ Production (उत्पादन)

Graphy का अर्थ Drawèexpose (खींचना)

इस तरह (Reprography का सम्पूर्ण अर्थ पुनरुत्पादन करना है। इस शब्द का सर्वप्रथम प्रयोग 1954 में किया गया था जिसका साधारण अर्थ किसी भी प्रलेख को दोबारा प्रस्तुत करना होता है।

रिप्रोग्राफी का वास्तविक अर्थ

'रिप्रोग्राफी' सूचना के संग्रहण एवं पुनर्प्राप्ति का अच्छा साधन है। पहले इसको **कापीइंग** फोटोग्राफी ही माना जाता था लेकिन धीरे-धीरे इसकी परिभाषा में बदलाव होते आये हैं। अब रिप्रोग्राफी एक ऐसी कला है जो फोटो पद्धति में प्रलेख के पुनर्प्रतिलिपिकरण निकालने से सम्बन्धित होती है। इस प्रक्रिया में प्रलेख के पुनर्प्रतिलिपिकरण में प्रकाश (Light), गर्मी (Heat) अथवा रेडियेशन का प्रयोग किया जाता है। इसी आधार पर इनके नाम भी भिन्न-भिन्न रखे गये हैं।

रिप्रोग्राफी की परिभाषाएँ

Reprography की प्रमुख परिभाषाएँ निम्नवत हैं–

प्रलेखों की एक प्रति अथवा अनेक प्रतियों को छायांकन अथवा किसी अन्य विधि से तैयार करने की कला को रिप्रोग्राफी कहते हैं।

—Encyclopaedia of Librarianship

जी. टी. पीज के शब्दों में–रिप्रोग्राफी एक सामूहिक पद है जिसमें छाया प्रतियों एवं सूक्ष्म प्रतियों सहित सभी तरह के प्रलेखों की प्रतिकृतियों को तैयार करने की विधियाँ विद्यमान होती हैं।

एच. टी. वैरी के अनुसार–रसायन एवं भौतिकी के सिद्धान्तों का उपयोग कर प्रलेखों की प्रतियाँ तैयार करने की कला तथा विज्ञान को रिप्रोग्राफी कहते हैं।

आर. ई. स्टेक्नेस के शब्दों में–रिप्रोग्राफी का उपयोग सभी तरह के प्रलेखों की अनुकृति बनाने की प्रक्रियाओं के लिए किया जाता है जो छाया प्रतियाँ, सूक्ष्म प्रतियाँ तथा तापीय प्रतियाँ आदि हो सकती हैं।

उपर्युक्त परिभाषाओं के आधार पर हम कह सकते हैं कि प्रलेखों की प्रतिलिपि तैयार करने से सम्बन्धित सभी क्रियाकलापों, प्रविधियों तथा प्रक्रियाओं को रिप्रोग्राफी कहा जाता है।

रिप्रोग्राफी की प्रणालियाँ

रिप्रोग्राफी की पद्धतियां अग्रलिखित हैं–

(अ) श्रमपूर्ण प्रणालियाँ–जब किसी **प्रलेख की प्रतिलिपि** किसी मशीन की सहायता से न करके मनुष्य द्वारा स्वंय श्रम **करके तैयार** की जाती है तब ऐसी विधि

को Manual Process कहते हैं इन प्रक्रियाओं में हस्तलिपि अथवा टंकण मशीन द्वारा प्रतियाँ तैयार करने की विधि अपनाई जाती है इसमें टंकण द्वारा अनेक प्रतियों को तैयार करने हेतु कार्बन कागज लगाकर मूल प्रलेखों की प्रतियाँ तैयार की जाती हैं जो एक सरल विधि है। लेकिन इन विधियों में अधिक संख्या में प्रतियाँ बनाना सम्भव नहीं होता है। टंकण की कमियाँ भी इसमें हो जाती हैं। हाथ से लिखने पर अत्यधिक श्रम साध्य हो जाती है।

(ब) यांत्रिक प्रणालियाँ—जब किसी प्रलेख की प्रतिलिपि किसी मशीन की सहायता से की जाती है तब इसे यान्त्रिक प्रक्रिया कहते हैं। यान्त्रिक प्रक्रिया में स्ट्रेन्सिल डुप्लीकेटर सर्वाधिक प्रचलित विधि है जिसका उपयोग आज भी अधिकता के साथ होता है। इस विधि में सर्वप्रथम स्ट्रेन्सिल कागज पर विषय सागग्री को टाइप मशीन द्वारा रिबन हटाकर कर लिया जाता है जिससे स्ट्रेन्सिल में उन्हीं अक्षरों की कटिंग हो जाती है। उसके बाद उस स्ट्रेन्सिल से डुप्लीकेटर मशीन पर चढ़ाकर शीघ्र-से-शीघ्र में अनेक प्रतियाँ तैयार की जा सकती हैं।

(स) छाया चित्रांकन प्रणालियाँ—छाया चित्रांकन विधि प्रलेखों की अनुकृतियाँ तैयार करने की एक प्रमुख और पर्याप्त प्रचलित विधि तथा उपकरण है। इस विधि में सुग्राही कागज पर विकरण ऊर्जा अथवा रूप के किसी अन्य रूप की प्रक्रिया द्वारा प्रत्येक की Negative अथवा Positive आकृति बनाई जाती है। इस प्रक्रिया के प्रमुख तीन विधि हैं—

(1) प्रकाशीय प्रणाली—इस विधि में प्रतिलिपिकरण करने के लिए मूल प्रलेख तथा प्रिन्ट जाने वाले कागज के मध्य फोटो कैमरा स्थान लेता है और वह कैमरा मूल प्रलेख के पृष्ठ का फोटो खींचता है, जिसका निगेटिव निर्मित होता है तथा इसी निगेटिव के कारण प्रिन्ट के आकार को आवश्यकतानुसार छोटा से बड़ा किया जा सकता है और साथ ही प्रयोग में लाये जाने वाला कागज भी साधारण होता है। इस प्रक्रिया को दो श्रेणियों में विभक्त किया जा सकता है—

(a) सूक्ष्म छायांकन प्रणाली—इसके अन्तर्गत बहुत ही छोटे आकार की प्रतिलिपि तैयार करने को सूक्ष्म छायांकन (Microfilm) कहा जाता है। यह छाया चित्रण की एक पद्धति है जिससे कागज या फिल्म की सूक्ष्म प्रति तैयार की जाती है। इसे पढ़ने के लिए प्रोजेक्टर या माइक्रोफिल्म रीडर की आवश्यकता होती है।

यह विधि प्रक्रिया प्रचलित विधि है इससे प्रति मिनट में 20 फीट लम्बी प्रतियाँ तैयार की जाती हैं इस प्रक्रिया में मूल प्रलेख पर लिखी या छपी हुई सामग्री

का चित्र फिल्म पर अंकित कर लिया जाता है फिल्म Sensitized होती है। आकार की दृष्टि से भी यह अत्यधिक छोटा होने के कारण कोई भी उपयोगकर्त्ता इसे सरलता से पुस्तकालय के अन्दर ले जा सकता है।

(b) प्रतिलिपि प्रणाली—यह विधि बहुत समय से उपयोग में लाई जा रही है। इसमें एक विज्ञान कैमरा होता है जिसमें एक प्रिज्म के साथ लेन्स लगा होता है जिससे मौलिक प्रलेख लेन्स की समकोणीय स्थिति में आ जाता है इससे निगेटिव बनता है जो टोन में उल्टा होता है लेकिन सीधे तरीके से पढ़ा जा सकता है। इसकी प्रक्रिया इकाई कैमरे से जुड़ी होती है। फोटोस्टेट प्रक्रिया से यह लाभ होता है कि मूल प्रलेख की विभिन्न आकार की प्रतियाँ तैयार की जा सकती हैं। इसकी मशीन बहुत महँगी होती है।

(2) स्पर्श प्रणाली—जैसा कि इसके नाम से ही विदित हो रहा है इस विधि में मूल प्रलेख का प्रिन्ट लिये जाने वाले कागज के साथ सीधा सम्बन्ध स्थापित किया जाता है उनके मध्य में अन्य कोई यन्त्र नहीं रखा जाता है। प्रिन्ट लिये जाने वाला कागज एक विशेष तरह का होता है जो सामान्य कागज से मूल्यवान होता है। स्पर्श विधि के अधीन निम्न दो विधियाँ आती हैं—

(a) डायजो प्रिंटिंग—इस पद्धति में मूल प्रलेख के कागज का पारदर्शी होना बहुत आवश्यक है। इसलिए पारदर्शी कागज पर एक ही तरफ लिखा होना चाहिए। इस पद्धति में Heat Developed कागज पर मूल प्रलेख की छवि अंकित की जाती है किन्तु ये सामग्रियाँ बहुत अधिक Photo sensitive नहीं होती हैं। इसलिए इस प्रकार के कागज को Mercury Vapour में रखकर उस पर मूल प्रलेख की तसवीर उतार ली जाती है। यह पद्धति पुस्तकालयों एवं प्रलेखीकरण केन्द्रों में अधिक प्रचलित हुई जिसका मुख्य कारण इसमें प्रयुक्त सामग्री काफी सुगम व सस्ती रहती थी।

(b) रिफ्लेक्स प्रिटिंग—इस पद्धति का आविष्कार 1939 में हुआ था तथा सबसे पुरानी पद्धति मानी जाती है। इसमें पृष्ठ के दोनों ओर लिखित सामग्री पर प्रकाश डाला जाता है जिससे प्रतिछाया (Reflexion) के द्वारा दूसरे कागज पर छपाई सम्भव हो पाती है। जिस कागज का छपाई के लिए इसमें प्रयोग किया जाता है उसका सुग्राही (Sensitized) होना आवश्यक होता है।

(3) तापीय प्रणाली—यह विधि बिल्कुल शुष्क प्रतियों (Dry copies) को तैयार करने की सर्वाधिक लोकप्रिय युक्ति है इसमें ताप संग्राही कागज (Heat Sentve) का उपयोग किया जाता है जिसमें कार्बन अथवा सैटलिक स्याही का

उपयोग कर मौलिक प्रलेख की उत्तम प्रतियों को बनाया जाता है। इस विधि में मूल प्रलेख की प्रति 4 सेकेण्ड में तैयार की जा सकती है अतः यह तीव्र एवं शुष्क होती है–

(4) विद्युतीय छायांकन प्रणाली– विद्युतीय छायांकन की विधियों में बड़ी तीव्रता एवं शीघ्रता से स्थायी शुष्क प्रतियाँ तैयार की जाती हैं। इसमें Xerographic Process सबसे महत्त्वपूर्ण एवं प्रचलित हैं। जीरोग्राफी का अभिप्राय शुष्क लिखावट होता है। 1950 में हैलायड कम्पनी ने जीरोग्राफी मशीन को तैयार किया। इस विधि में प्रलेख के कागज को इसकी प्लेट के साथ विशेष प्रकार के कैमरे के सामने निश्चित समय तक खुला रखा जाता है तो विद्युत आवेश प्रकाश सुग्राही परत में से होकर प्रदीप्त भाग में जाता है इससे निगेटिव व पॉजीटिव आवेश आपस में मिल जाते हैं तब प्रदीप्त क्षेत्र में आवेश घनत्व कम हो जाता है अन्त में प्रकाश सुग्राही परत पर आरम्भिक प्रतिबिम्ब के अनुरूप एक स्थायी विद्युतीय प्रच्छन्न प्रतिबिम्ब बन जाता है।

इसके प्लेट को विकसित किया जाता है। इस पर टेनिक पाउडर डाला जाता है जिससे पाउडर के कण प्लेट के आवेश युक्त क्षेत्र पर इकट्ठे हो जाते हैं। इसके बाद प्रतिबिम्ब की प्रति प्राप्त करने हेतु सादे कागज को प्लेट की सतह के सम्पर्क में लाते हैं जिस पर पाउडर के कण प्लेट के आवेश युक्त क्षेत्र पर इकट्ठे हो जाते हैं। इसके बाद प्रतिबिम्ब की प्रति प्राप्त करने हेतु सादे कागज को प्लेट की सतह के सम्पर्क में लाते हैं जिस पर पाउडर प्रतिबिम्ब होता है। इस सम्पर्क से पाउडर से अधिक से अधिक कण प्लेट की सतह को छोड़कर कोरे कागज पर चिपक जाते हैं और पाउडर प्रतिबिम्ब कागज पर उतर आता है। इस प्रतिबिम्ब को स्थायित्व प्रदान करने हेतु इसे गर्म करना पड़ता है। इस प्रकार जीरोग्राफी के द्वारा प्रतियाँ की जाती हैं।

(5) स्थानान्तरण प्रणाली–छाया लिपिकरण की वह विधि जिसमें छाया का स्थानान्तरण प्रतिलिपिक कागज पर किया जाता है स्थानान्तरण विधि कही जाती है। यह विधि सबसे सस्ती, सरलतापूर्वक तीव्रता से तैयार की जाने वाली प्रक्रिया है। यह उत्तम प्रतियाँ तैयार करने की उत्तम विधि है। इस विधि में दो पर्तदार कागज Silver Helide emulsion coated negative sheet की आवश्यकता होती है। निगेटिव शीट को मूल प्रलेख के साथ स्पर्श कराकर प्रकाश में दिखाया जाता है जिससे उस पर निगेटिव चित्र स्वतः तैयार हो जाता है। इस निगेटिव कागज को पॉजिटिव कागज के साथ रासायनिक घोल से निकाला जाता है। निगेटिव एवं पॉजिटिव कागज की शीटों को एक साथ जोड़कर लगभग 30 सेकेण्ड तक मशीन की दाब लगाई जाती

है। जिससे निगेटिव कागज की प्रतिबिम्ब पॉजिटिव कागज पर अंकित हो जाती है। इस प्रकार एक निगेटिव से दो या तीन प्रतियाँ की जा सकती हैं।

रिप्रोग्राफी सेवा उपलब्ध कराने के प्रमुख कारण

पुस्तकालयों एवं सूचना केन्द्रों में रिप्रोग्राफी सेवा उपलब्ध कराने के निम्न कारण होते हैं–

(1) दूरस्थ पाठक के लिए रिप्रोग्राफी के द्वारा दूसरी प्रति तैयार कराकर, पठनीय सामग्री उपलब्ध कराई जा सकती है।

(2) चूँकि आजकल पुस्तकों के मूल्य में दिन प्रतिदिन बढ़ोत्तरी होती जा रही है, अतः ऐसे पुस्तकों को सभी पुस्तकालय खरीदने में असमर्थ रहते हैं अतः उन पुस्तकों की प्रतिलिपि रखकर जो कम व्यय में ही तैयार हो जाती हैं रखी जा सकती हैं और पुस्तकालय के बजट में कमी की जा सकती है।

(3) रिप्रोग्राफी के द्वारा पुस्तकालयों के मध्य Inter Library Loan बहुत कुछ सीमा तक सम्भव हो सका है।

(4) युद्ध की आशंका के समय आवश्यक प्रलेखों को बढ़ोत्तरी कर सँभाल कर रखा जा सकता है और रिप्रोग्राफी के द्वारा उनकी प्रतिलिपियाँ तैयार करके काम चलाया जा सकता है।

(5) आधुनिक समय में सभी पुस्तकालयों के लिए अपने सीमित बजट के कारण यह सम्भव नहीं होता है कि वह हर प्रकाशित प्रलेख को क्रय सके। अतः अन्य पुस्तकालय दूसरे पुस्तकालय से जहाँ वह प्रलेख उपलब्ध है रिप्रोग्राफी के द्वारा उपलब्ध कराया जा सकता है।

(6) रिप्रोग्राफी विधि के आगमन से यह सम्भव हो पाया है कि उसकी प्रतिलिपियाँ ही पाठकों की माँगों की पूर्ति करती रहती है और मूल प्रलेख पुस्तकालय में सुरक्षित एवं लम्बे समय तक उपलब्ध रह सकता है।

(7) कई बार ऐसा होता है कि किसी अमुक प्रलेख की एक ही समय में दो पाठकों की अनिवार्यता है तो दूसरे पाठक को उसकी दूसरी प्रति रिप्रोग्राफी के द्वारा तैयार करके प्रदान की जा सकती है।

(8) चूँकि पुस्तकालय एक वर्धनशील संस्था होती है अतः आज के युग में इतना साहित्य प्रकाशित हो रहा है कि प्रत्येक पुस्तकालय के लिए सभी उपलब्ध साहित्य को खरीद जाना तथा उसे रखना असम्भव होता है। इसलिए प्रलेखों को पुनरुत्पादन की स्थान सम्बन्धी समस्या का कुछ सीमा तक हल सम्भव होता है।

(9) आधुनिक समय में बहुत से ग्रन्थ बहुत भारी होते हैं। यदि किसी भी उपयोगकर्त्ता को इस ग्रन्थ के केवल कुछ पृष्ठों की आवश्यकता है Reprography के द्वारा उसकी प्रतिलिपि करके उपलब्ध कराई जा सकती है।

(10) पुस्तकालयों में बहुत से ग्रन्थ दुर्लभ ग्रन्थ (Rare Books) होते हैं तथा प्राचीन होने के कारण उनकी अवस्था भी जर्जर हो जाती है। इस तरह की पाठ्य सामग्री को रिप्रोग्राफी के द्वारा दूसरी प्रति तैयार कर प्रयोगार्थ दोबारा स्थापित किया जा सकता है।

(11) वे प्रलेख जो किसी भी पाठक को प्रदान नहीं किये जा सकते हैं उन्हें रिप्रोग्राफी के द्वारा उसकी दूसरी प्रति उपलब्ध की जा सकती हैं।

सामयिक ज्ञान सेवा

उपयोगकर्त्ताओं की सूचना की आवश्यकता उनके घटनाओं की आवश्यकता के अनुरूप होती है। सूचना की आवश्यकता के लिए उपयोगकर्त्ताओं के उपागम चार प्रकार के होते हैं—सामयिक घटना, नित्यप्रति घटना, परिपूर्ण घटना एवं समयानुसार घटना। विद्वानों, शोधकर्त्ताओं एवं विशेषज्ञों की सर्वाधिक सूचना आवश्यकता सामयिक घटना की ही होती है अब प्रश्न उठता है सामयिक घटना किसे कहते हैं—

सामयिक घटना

कोई भी उपयोगकर्त्ता जिसमें विशेषकर वैज्ञानिक, शोधकर्त्ता तथा विशेषज्ञ होते हैं पूरे विषय क्षेत्रों से अवगत होने की तुलनाओं अपने विषय/ प्रकरण से सम्बन्धित नित्यप्रति की उन्नति बदलाव विस्तार, आविष्कार तथा खोजों से परिचत रहना चाहता है। उसकी प्रमुख अभिरुचि इसी में होती है। अतः अपनी अभिरुचि की पूर्ति के लिए अपने विषय/ प्रकरण से सम्बन्धित मौलिक पत्रिकाओं, सारांशीकरण/ अनुक्रमणिकाकरण सेवा-पत्रिकाओं आदि का सूचना स्रोतों के रूप में वह उपयोग करते हैं और इन सूचना स्रोतों से नियमित सम्पर्क बनाए रखते हैं। लेकिन ऐसा वे किसी विशिष्ट सूचना को खोजने के लिए नहीं करते बल्कि अपने आपको नई सूचनाओं से सम्पर्क रखने के लिए करते हैं। इसके लिए उन्हें विभिन्न स्रोतों से नियमित सम्पर्क बनाये रखना पड़ता है।

इसे ही उपयोगकर्त्ता का सामयिक उपागम कहते हैं। सामयिक उपागम में उपयोगकर्त्ता को सभी नये प्रकाशनों की जानकारी रखना अनिवार्य होता है। इसमें किसी विशिष्ट जानकारी को प्राप्त करने का उद्देश्य नहीं होता है इसमें सूचना अपेक्षाकृत गहन न होकर सामयिक होती है तथा सूचना की जिज्ञासा मात्र सारांश

आदि से ही पूरी हो जाती है। अतः सामयिक उपागम में जानकारी अनिवार्यता और जिज्ञासा की पूर्ति मात्र प्रसार उपकरणों से ही हो जाती है जिसे आजकल **सामयिक ज्ञान परिचार्य** (Current Awareness Service) के नाम से जाना जाता है।

सामयिक चेतना सेवा

अनुसंधानकर्त्ता, वैज्ञानिक, विशेषज्ञ पुस्तकालय के विशिष्ट उपयोगकर्त्ताओं में आते हैं। अतः उनकी माँग के अनुरूप उनके विषय क्षेत्रों की नित्यप्रति की प्रगति से परिचित तथा अद्यतन रखने के लिए पत्रिकाओं आदि सामयिक साहित्य की सामग्री को तालिकाबद्ध रूप में प्रदर्शित कर सुलभ करना **सामयिक ज्ञान-सेवा** कहलाता है। यद्यपि इसकी अनेक परिभाषा प्रचलित है तथापि से मान्य नहीं है।

सूचना प्रसार की जिस सेवा के माध्यम से उपयोगकर्त्ताओं को उनके प्रमुख व मूल कार्यक्षेत्रों, अभिरुचियों तथा उनके सम्बन्धित विषयों की प्रगतियों, विकासों एवं नये तरीकों की ज्ञान सामग्रियों से पूरी तरह परिचित तथा अद्यतन रखा जाता है उसे सामयिक ज्ञान सेवा कहते हैं।

डॉ रंगनाथन ने सामयिक ज्ञान सेवा की परिभाषा देते हुए कहा है कि "उपयोगकर्त्ताओं को उनके कार्यक्षेत्रों में अवगत की तरह नवीनतम विचाराधाराओं और सभी तरह की उनसे सम्बन्धित सामग्रियों से शीघ्रातिशीघ्र परिचित कराने का प्रयास करना ही सामयिक ज्ञान सेवा कहलाता है।" उनके अनुसार यह एक तरह की प्रलेखन सामयिकी (Documetation Periodical) होती है जो पाठकों की आवश्यकता के अनुसार बिना किसी चुना व युक्त के अथवा किसी प्रकरण विशेष से सम्बन्धित किसी निश्चित अवधि में प्रकाशित प्रलेखों का तालिकाकरण होती है।

सामयिक ज्ञान सेवा सूचना पद्धति की एक विधि तत्काल प्रक्रिया है जिनके माध्यम से प्रलेखों के प्रकाशन के तत्काल ही उपयोगकर्त्ताओं को परिचित किया जाता है। इसे इस प्रकार से उपयुक्त मात्रा और स्वरूप में प्रस्तुत किया जाता है जो सूचना के सामयिक उपागम की पूर्ति करता है और सरल बनाता है।

प्रमुख संगठन प्रक्रिया

कुछ प्रमुख आयोजन संगठन निम्नलिखित हैं–

(1) प्रलेखों का परिसंचरण–इस पद्धति में प्रलेखों को भी उपयोगकर्त्ताओं के अवलोकन के लिए एक निश्चित क्रम में भेजा जाता है जब सभी उपयोगकर्त्ताओं के उपयोग का कोई लेख या प्रलेख है और वे उसे पढ़ना चाहते हैं तो वे सामयिक

विषय सूची में इच्छित क्रम संख्या में चिन्ह लगाकर पुस्तकालय को लौटा देते हैं। पुस्तकालय में यदि फोटोकापी मशीन उपलब्ध है तो उससे उस चिन्हित लेख की फोटोकापी बनाकर सम्बन्धित पाठक को भेज दी जाती है अन्यथा सम्बन्धित प्रलेख को ही पाठक के पास अवलोकनार्थ भेज दिया जाता है।

(2) सारांशीकरण पत्रिका–इस पद्धति में लेखों एवं अन्य प्रलेखों की सार पत्रिका नियमित अथवा अनियमित रूप से प्रकाशित करके पाठकों में बाँटी जाती है। उपयोगकर्त्ता उसके सार पढ़कर समझ जाते हैं कि सामग्री उनके लिए लाभप्रद है अथवा नहीं। यदि लाभप्रद प्रतीत होती है तो बाद में मूल-प्रलेख सम्बन्धी अपनी माँग को पुस्तकालय को भेज देते हैं।

(3) चुनी हुई सूचना प्रकीर्णन–इस प्रक्रिया में केवल चुनी हुई पत्रिकाओं के लेखों तथा प्रलेखों के सम्बन्ध में सूचनाएँ प्रसारित की जाती हैं। इसमें प्रत्येक शोधकर्त्ता अथवा विशेषज्ञ को व्यक्तिगत स्तर पर उनके लिए उपयोगी प्रलेखों के विषय में जानकारी प्रदान की जाती है। यह सेवा पाठकोन्मुखी होती है। इसीलिए उपयोगकर्त्ताओं की रुचियों को ध्यान में रखना अनिवार्य होता है।

सामायिक ज्ञान सेवा पुस्तकालय सेवा की सबसे उत्तम साधन है। वर्तमान समय में प्रत्येक पुस्तकालय में इस सेवा का उपलब्ध रहना परम आवश्यक है।

सूचना उपयोजन विधि

आधुनिक समय में सूचना उपयोजन की विभिन्न विधियाँ विकसित हो रही हैं। किसी भी प्रलेख की उपयोगिता एवं महत्ता उसमें जानकारी सूचना की आवश्यकता पर विद्यमान है। प्रलेखों में विद्यमान ज्ञान एवं विद्यमान सामग्रियों का उपयोग तभी सम्भव हो पाता है जब इनके सम्बन्ध में जानकारी प्राप्त करने की सुविधा हो अर्थात् सूचना के सम्प्रेषण एवं संचार की व्यवस्था उपलब्ध हो। जानकारी के सम्प्रेषण एवं संचार की प्रक्रियाओं को किसी पद्धति/ विधि युक्तियों से पूरा किया जाता है जिन्हें सामान्यतः सूचना उपयोजन पद्धति (Information Retrieval System) कहते हैं।

1950 ई० में सर्वप्रथम काल्विन मूर्स ने इस पद्धति का प्रयोग किया था। सूचना उपयोजन पद्धति में दो शब्द है सूचना तथा पुनर्प्राप्ति, जिससे पुनः प्राप्त करने की प्रक्रिया का ज्ञान होता है अर्थात् विशाल एवं व्यापक असंख्य प्रलेखों अथवा सूचना सामग्रियों में से इच्छित सूचना को खोजकर पुनः प्राप्त करना ही सूचना उपयोजन कहलाता है।

परिभाषाएँ

जे. एच. शेरा के अनुसार—सूचना प्राप्ति आवश्यकतानुसार सम्बन्धित आधार-सामग्री के स्थान निर्धारण एवं चुनाव की प्रक्रिया है।

काल्विन मूर्स के अनुसार—संगृहीत ज्ञान में से विशिष्ट विषय से सम्बन्धित जानकारी को खोजकर निकालना ही सूचना उपयोजन है।

एफ. डब्ल्यू लेन्कास्ट के शब्दों में—साहित्य अन्वेषण के क्रिया-कलापों को सुविधाजनक सिद्ध करने हेतु अभिकल्पकृत एवं निर्मित किसी भी विधि अथवा पद्धति को सूचना उपयोजन विधि कहते है।

बी. सी. विकारी के अनुसार—ऐसी विधि एवं उनसे सम्बन्धित क्रियाएँ, जो किसी विशिष्ट विषय के प्रलेखों तक पहुँचाने में सहायता करे, सूचना पुनर्प्राप्ति या उपयोजन कहलाती है।

इन परिभाषाओं के आधार पर हम कह सकते हैं कि अनिवार्य एवं इच्छित सूचना को प्राप्त करने के लिए जिन विधियों, पद्धतियों एवं प्रक्रियाओं का अनुपालन किया जाता है उन्हें सूचना उपयोजन कहते हैं इनका अभिप्राय साहित्य की खोज के लिए अपनायी जाने वाली सभी प्रकार की प्रक्रियाओं, विधियों एवं तकनीकियों से होता है। पुस्तकालय सेवा/ सूचना सेवा के सन्दर्भ में **सूचना उपयोजन** पद का अर्थ किसी भी विशाल साहित्य संग्रह से इच्छित एवं उपयुक्त सूचना को विषय प्रतिनिधित्व के लिए खोजकर निकालना है और इस सूचना को उपयोगकर्त्ताओं को तथा अन्य सामग्रियाँ सूचना पद्धति उपयोजन अथवा विधियाँ हैं। इसी प्रकार सारांशीकरण एवं अनुक्रमणिकरण सेवाएँ भी सूचना उपयोजन की पद्धतियाँ है।

उपयोजन प्रक्रिया के कार्य

सूचना उपयोजन प्रक्रिया में निम्नलिखित 5 कार्यों का योगदान होता है जो प्रक्रिया के क्रम से सम्बन्धित होते हैं—

(1) प्रसार—प्रसार से अभिप्राय भौतिक प्रकार तथा वितरित विधि से आँकलन है।

(2) संचिका व्यवस्था—सामग्रियों का संग्रह अथवा उनके प्रस्तुतीकरण का संग्रहण जो वस्तुतः उनका भौतिक आँकलन होता है।

(3) विधि—व्यवस्था से जो कुछ प्राप्त हो सकता है उसे प्राप्त करना।

(4) सूचना प्रस्तुतीकरण/ सूचना बद्धता—अधिग्रहण कृत सामग्रियों की एक व्यवस्था जो किसी प्रतिनिधित्व स्वरूप अथवा आकार के अनुसार की जाती हैं यह अनुक्रमणिकाकरण भाषा होती है।

(5) अधिग्रहण—सूचना को प्राप्त करना।

उपयोगकर्त्ताओं के लिए आवश्यक उपागम

उपयोगकर्त्ताओं की सूचना आवश्यकताओं के अनुरूप और उनकी पूर्ति के अनुसार ही सूचना पद्धतियों की उपयुक्त युक्तियों (Devices) तथा उपकरणों का उपयोग करना चाहिए, जिनसे सूचना आवश्यकताओं की पूर्ति अनेक उपागमों के अनुसार हो सके। इसके लिए अनेक प्रकार कल प्रलेखीकरण के विभिन्न रूप के सेवा उपकरणों को निर्मित किया गया है जो उपयोगकर्त्ताओं की विषयानुसार विशिष्ट उपागमों की पूर्ति करते हैं। ये उपागम निम्नवत हैं—

(1) सामयिक उपागम—उपयोगकर्त्ता को अपने विषय क्षेत्र की नित्यप्रति की प्रगति, विस्तार, आविष्कार तथा खोजों से परिचित रहना पड़ता है अतः उसे ऐसे विषयों के क्रिया-कलाप से रखना सूचना केन्द्रों अथवा पुस्तकालयों का दायित्व होता है। इस उपागम में उपयोगकर्त्ता को जानकारी की सतत आवश्यकता होती है अतः जानकारी गहन न होकर सामयिक होती है जो केवल सूचना प्रसार के उपकरणों सारांशीकरण तथा अनुक्रमणिकरण से ही पूर्ण हो जाती है। जिसे आजकल सामयिक सूचना सेवा के नाम से जाना जाता है।

(2) नियमित उपागम—इस तरह का उपागम उपयोगकर्त्ताओं की नित्यप्रति की सूचना अनिवार्यताओं से सम्बन्धित होता है जिसकी अनुसंधान क्रिया-कलापों में अनिवार्यता होती है जैसे— सांख्यिकीय आँकड़े, किसी पदार्थ की विशेषताएँ, खोजों के निष्कर्ष, मुद्रा की स्थितियाँ, आयात-निर्यात, फार्मूले, पेटेन्ट आदि। ऐसी स्थिति में जानकारी अत्यन्त विशिष्ट होती है। इसकी नित्य प्रति की माँग के कारण ही इसे नित्यप्रति उपागम कहते हैं। यह अल्पकालीन तथा दीर्घकालीन सन्दर्भ सेवाओं का ही प्रतिरूप कहा जा सकता है।

(3) विस्तृत उपागम—जब उपयोगकर्त्ताओं को प्रलेखों की आवश्यकता किसी बड़ी जानकारी के लिए होती है तब इसे उपयोगकर्त्ताओं का विस्तृत उपागम कहा जाता है। जब कोई विशेषज्ञ, शोधकर्त्ता अथवा इनका कोई समूह मिश्रित प्रयत्न कर कोई अध्ययन एवं खोज किसी उद्देश्य की पूर्ति के लिए करते हैं तब उन्हें सभी मूल प्रलेखों अथवा पर्याप्त साहित्य का अवलोकन करने पर दृष्टिपात पड़ सकती है। इस

तरह की माँग को विस्तृत उपागम कहा जाता है। इस प्रकार की उपागम की पूर्ति में अनुक्रमणिकाकरण सेवा को सबसे अधिक प्रभावशाली माना गया है।

(4) समयानुसार उपागम—समयानुसार उपागम के अन्तर्गत कभी-कभी उपयोगकर्त्ता अति अनिवार्य विषय/प्रकरण से सम्बन्धित संक्षिप्त लेकिन पूरी सामग्री को देखने के लिए माँग करता है। जिस प्रकरण पर उपयोगकर्त्ता द्वारा विषय सामग्री की माँग की जा रही है वह उसके विषय क्षेत्र की भी हो सकती है अथवा उसके विषय क्षेत्र से बाहर की भी हो सकती है। अतः वह ऐसे विषय की जानकारी की विधियों/सामग्रियों को प्राप्त करने के लिए सूचना पद्धतियों की सहायता लेना चाहता है।

अतः उपर्युक्त उपागमों की पूर्ति के लिए केवल कुछ ही तरह की सूचना सेवा विधियों से पूरी नहीं की जा सकती हैं। आज विभिन्न प्रकार की प्रलेखन सेवाओं के अनेक उपकरणों को निर्मित किया गया है जो उपयोगकर्त्ताओं के विभिन्न उपागमों की पूर्ति करते हैं।

पुस्तकपरक संचार तंत्र

ज्ञान एक वर्द्धनशील एवं गतिशील होता है। यह क्रमशः विभिन्न क्षेत्रों में प्रसरण करता है तथा समृद्धिशाली होता है। दूसरे विश्वयुद्ध के बाद बढ़ती हुई जनसंख्या की जीवनोपयोगी आवश्यकताओं को पूर्ण करने हेतु उद्योगों सहित विभिन्न क्षेत्रों में नियोजित शोध में नियमित अभिवृद्धि होती रही है। इस प्रकार यह नवीन ज्ञान शीघ्रातिशीघ्र यथातथ्य और पूरी तरह से काम में आ सके इसके लिए प्रभावी तथा सुसंगठित संचार तत्र की स्थापना अनिवार्य है। प्रभावी संचार तन्त्र में न केवल उपयोगी सूचना को पाठकों तक पहुँचाया जा सकता है बल्कि नियमित बढ़ रहे अवांछनीय साहित्य पर भी अंकुश रखा जा सकता है। इस प्रकार के हावी संचार उपकरण के निम्नांकित प्रमुख प्रयोजन है—

(i) प्रकाशनों के मूल रूप एवं उनके वितरण की प्रकृति का मानवीकरण।

(ii) समस्त विषयों एवं राष्ट्रों से सम्बन्धित प्रलेखों का पूरा समावेशन।

(iii) अवांछित तथा निम्न स्तरीय प्रकाशनों की रोकथाम द्वारा पाठ्य-सामग्री की मात्रा में कमी करना।

(iv) वैज्ञानिक सूचना को शीघ्रातिशीघ्र शोधकर्त्ताओं तक पहुँचाना।

पुस्तकपरक नियन्त्रण सूचना के विनियम एवं नियन्त्रण हेतु विश्वव्यापी तन्त्र को प्रेरित करता है। वस्तुतः पुस्तकपरक नियन्त्रण का आशय है बोध रूपों में उपलब्ध

बोध का क्रमबद्ध पुस्तक सूचियों के माध्यम से प्रलेखों से सम्बन्धित सभी सूचनाएँ प्रभावकारी ढंग से प्राप्त करना। ऐसा अभिलेख तैयार करना ही पुस्तकपरक नियन्त्रण कहलाता है जो कि प्रलेखों अथवा पत्रिकाओं की विषय-वस्तु का स्थान बताता है।

पुस्तकालय संचार तंत्र की आवश्यकता

पुस्तकालय संचार तंत्र की आवश्यकता निम्नलिखित कारणों से है—

(1) राष्ट्रों की सुरक्षा नीतियों का सूचना के स्वतन्त्र संचार में अवरोधक होना।

(2) सूचना संग्रहण तथा अनुक्रमणिकाकरण हेतु अन्तर्राष्ट्रीय मानक विधियों का अभाव।

(3) वैज्ञानिकों के पास आय की कमी।

(4) वैज्ञानिकों की संकीर्ण विचारधारा।

(5) बजट सीमाएँ तथा सीमित विदेशी मुद्रा।

(6) प्रतिवेदन एवं पूर्व-प्रकाशित साहित्य की उत्पत्ति।

(7) भाषा की भिन्नता।

(8) सम्मान तथा पद पाने के लिए लिखे गये अवांछित निम्न स्तरीय प्रकाशनों की बाढ़।

(9) तीव्र साहित्यिक अभिवृद्धि।

(10) साहित्य के वर्गीकरण में एकरूपता का अभाव।

(11) वैज्ञानिक संचार के अधिकाधिक यन्त्रीकरण पर मतभेद।

(12) सूचीबद्धता तथा सारांशीकरण सेवाओं की समावेशन सम्बन्धी अपूर्णता।

(13) सूचना के प्रकाशन में पक्षपात।

(14) वैज्ञानिक अन्वेषण में विषय-उद्देश्य की द्विरावृत्ति।

(15) लेखों का अपने विषय के अलावा अन्य विषय की पत्रिकाओं में प्रकाशित होना।

(16) सारांशीकरण में मोड़ (Slant) के कारण एक ही लेख के सारांश को अनेक विषयों की सारांशीकरण पत्रिकाओं में प्रकाशित होना।

(17) संचार में अपव्यय तथा धीमीगति।

उपरोक्त परेशानियों एवं बाधाओं की वजह से हर प्रकार के आलेखों का पुस्तक ज्ञान संचार यंत्र अति आवश्यक है। यद्यपि इसके लिए कोई पूरी तरह प्रभावी कार्यक्रम या उपाय नहीं खोजे जा सके हैं लेकिन कुछ सीमित प्रयोग इस क्षेत्र में आन्श्य किए गये हैं।

विएनवर्ज पुस्तक ज्ञान संचार यंत्र का प्रोजक्ट

विएनवर्ज, 1963 में अमेरिका में नियुक्त एक पैनल के सभापति थे जो अमेरिका के वैज्ञानिक संचार व्यवस्था के अध्ययन की लिए निर्मित की गई थी। उन्होंने अनुभव किया कि वैज्ञानिक एवं तकनीकी सूचना प्रसारण के मार्ग में अवरोधक तत्त्व उपस्थित हैं। अतः उन्होंने वैज्ञानिक सूचना सम्बन्धी दोषों के निदान के लिए सुझाव दिये तथा सरकार को सूचना प्रसारण में संलग्न संगठनों को मजबूत बनाने सम्बन्धी अनुरोध किए जो निर्देश अथवा सुझाव निम्नलिखित है–

(1) सम्पादकों से संबद्धता–सम्पादकों एवं निर्णायकों को चाहिए कि वे ऐसे लेखों को लेखकों को लौटा दें जिनके शीर्षक अधूरे अथवा अस्पष्ट दिए गये हैं। लेखकों को लेख के साथ आधार शब्द (Key Words) देने के लिए भी कहा जाना चाहिए जिससे लेख के अन्त में अनुक्रमणिका दी जा सके। लेखक को लेख के साथ सारांश भी देना चाहिए।

(2) प्रौद्योगिक विद्यालयों से जुड़ें–सभी तकनीकी विद्यालयों में स्नातकों के लिए विचारों को अच्छी तरह से संचार करना अनिवार्य कर दिया जाना चाहिए जिससे वैज्ञानिक एवं अभियन्ता सटीक तथा स्पष्ट शब्दों में अपने विचार प्रकट कर सकें। उन्हें न मात्र अनिवार्य उपकरणों एवं तकनीकियों का ही ज्ञान होना चाहिए साथ ही उन्हें पाठ्यक्रम के साहित्य के प्रयोग में शिक्षित किया जाना चाहिए।

(3) सरकारी एवं गैर सरकारी संगठनों से जुड़े–वे सरकारी एवं गैर सरकारी संगठन जो कि सूचना प्रसारण में संलग्न है, को उच्चस्तरीय सर्वेक्षणात्मक एवं सारांशात्मक पुस्तकों के लेखन तथा प्रकाशन को प्रोत्साहन देना चाहिए। वैज्ञानिक संगठनों के पुस्तक समीक्षकों को सहायता प्रदान करनी चाहिए।

(4) लेखकों से संबद्धता–विएनवर्ज ने लेखकों को सुझाव दिया कि वे अपने लेख इस तरह लिखें जिससे उनमें विद्यमान विचारों को उपयोजन एवं प्रसारण सुलभ हो सके। इस उद्देश्य के लिए उनको लेखों के शीर्षक में विशिष्ट एवं स्पष्ट शब्दों का प्रयोग करना चाहिए जिसके लेख के सारांश तथा विषय-वस्तु का सही अनुमान लगाया जा सके। लेखकों को निरर्थक तथा निम्नस्तरीय लेख नहीं लिखने चाहिए।

(5) केन्द्रीय निक्षेपागार का निर्माण–एक केन्द्रीय निक्षेपागार स्थापित किया जाना चाहिए जो कि विशिष्ट क्षेत्रों में प्रलेख प्राप्त करे तथा इन लेखों के सारांश निर्मित निरन्तर प्रसारित करे तथा आवश्यकता पड़ने पर लेख की प्रतिलिपि भी प्रदान करे तथा इस प्रकार यह एक वितरण केन्द्र के रूप में कार्य करें।

(6) सारांशीकरण पत्रिकाओं से सम्बन्धित—सारांशीकरण पत्रिकाओं के प्रकाशन में एकरूपता होनी चाहिए तथा सारांश का आकार भी संक्षिप्त होना चाहिए।

वाङ्मयात्मक नियन्त्रण की धारणा में यूनीसिस्ट तथा मार्क प्रोजेक्ट विशेष रूप से उल्लेखनीय हैं। यूनीसिस्ट जो कि विश्वविज्ञान सूचना पद्धति (World Science Information System) का संक्षिप्त रूप है सूचना नियन्त्रण के क्षेत्र में एक अग्रणी योजना है। मार्क-II योजना का मुख्य उद्देश्य पुस्तकपरक सूचना को मशीन द्वारा पढ़ने योग्य रूप (Machine Readable Form) में विनियम करना है जिससे शीघ्रतापूर्वक नवीन प्रकाशनों की सूचना प्रदान की जा सके।

अनुवाद

अनुवाद का आशय

किसी एक भाषा के मूलपाठ की सामग्री को किसी दूसरी भाषा के समानार्थी मूलपाठ की सामग्री में विस्थापित/परिवर्तित करना ही अनुवाद कहलाता है। अनुवाद के द्वारा किसी अमुक भाषा में जिसे स्रोत भाषा (Source Language) कहते हैं वर्णित तथा व्यक्त विचारों को किसी दूसरी भाषा जिसे लक्षित भाषा (Aimed Language) कहते हैं, में बदला जाता है। अनुवाद करने का कार्य आसान नहीं होता है। एक भाषा से दूसरी भाषा में रूपान्तर करने में शब्दावली, अभिव्यक्ति, भावार्थ तथा विषय से सम्बन्धित कठिनाइयाँ उत्पन्न होती हैं जो भाषा की अपनी विशेषताओं के कारण होती हैं। इस तरह किसी भाषा के प्रलेख अथवा पाठ्य-सामग्री का किसी अन्य भाषा/ भाषाओं में सदृश्य प्रलेख/ सामग्री के रूप में रूपान्तरण को अनुवाद कहते हैं।

अनुवाद की परिभाषाएँ

(1) **निडु के शब्दों में**—अभिप्राय एवं शैली को दृष्टिगत रखते हुए स्रोत भाषा की सामग्री को रूपान्तरित भाषा के उपयुक्त स्वाभाविक समानार्थी रूप में प्रस्तुत करना ही अनुवाद कहलाता है।

(2) **According to Needham**—Translation consits in producing in respect of language the closet natural equivalent to the massage of the source language first in meaning and secondly in style.

अनुवाद के प्रकार

अनुवाद दो प्रकार का होता है—

(i) शाब्दिक अनुवाद, (ii) भावार्थ अनुवाद।

(i) शाब्दिक अनुवाद—इसके अन्तर्गत भाषा की अभिव्यक्ति को पूर्णत;, अर्थतः, अक्षरशः एवं शब्दशः अनुवाद करना होता है। (ii) भावार्थ अनुवाद—इसके अन्तर्गत किसी भाषा की सामग्री को लक्षित भाषा के रूप में अनुवाद किया जाता है। इस तरह के अनुवाद संकुचित तथा विस्तृत दोनों हो सकते हैं लेकिन वैज्ञानिक एवं प्रौद्योगिकी के क्षेत्र में ज्ञान के प्रसार की दृष्टि से अनुवादों को दो श्रेणियों में विभाजित किया जा सकता है—

(1) सम्पूर्ण अनुवाद—सम्पूर्ण अनुवाद के अन्तर्गत पत्रिकाओं के सम्पूर्ण अनुवाद जिसमें मुखपृष्ठ से लेकर अन्तिम पृष्ठ तक का अनुवाद किया जाता है। कुछ पत्रिकाओं में इस तरह के अनुवाद प्रस्तुत किये जाते हैं जैसे—American Institute of Physics का रूसी भाषाओं का अनुवाद। Soviet Journal of Remote Sensing का रूसी भाषा के प्रत्येक पृष्ठ का अनुवाद। इस तरह के अनुवाद से किसी देश में हो रहे वैज्ञानिक अन्वेषण की सामग्रियों से दूसरे राष्ट्रों एवं भाषाओं के वैज्ञानिकों तथा अन्य राष्ट्रों की वैज्ञानिक अन्वेषण प्रगति से प्रेरणा भी मिलती है।

सम्पूर्ण अनुवाद में चयनात्मक दृष्टि से अनुवाद नहीं किया जाता है। पत्रिकाओं के स्तरीय प्रलेखों को ही अनुवाद हेतु महत्त्वपूर्ण माना जाता है। अनुवाद की ऐसी स्थिति में समय का अन्तर बहुत अधिक होता है। जबकि वैज्ञानिक आलेखों की सामयिकता अत्यधिक महत्त्वपूर्ण एवं सूचनाप्रद होती है। साथ ही अनेक भाषाओं में एक ही साथ अनुवाद करना अत्यन्त कठिन होता है तथा प्रकाशन में भी समस्याएँ आती हैं। परिणामतः आलेखों/ प्रलेखों की माँग के अनुसार सेवा का आयोजन श्रेयष्कर माना जाता है।

(2) तदर्थ अनुवाद—तदर्थ अनुवाद के अन्तर्गत सामान्यतया शीध-पत्रिकाओं में प्रकाशित व्यक्तिगत आलेखों के कुछ चुने हुए प्रलेखों को शामिल किया जाता है। इस तरह के अनुवाद की कुछ अपनी विशेषताएँ होती हैं। इस तरह के अनुवाद करने में समय, श्रम व धन की बचत होती है और चयनित अनुवाद किए हुए आलेखों में से उपयोगकर्त्ताओं द्वारा इच्छित आलेखों के चुनाव करने में कोई कठिनाई नहीं होती है। लेकिन किस आधार पर आलेखों का चुनाव अनुवाद के लिए किया जाना चाहिए और उसे कौन चुनाव करे, ये विचारणीय प्रश्न होते हैं। उपयोगकर्त्ताओं के कार्य क्षेत्र के अनुसार सूचना आवश्यकता में भिन्नता होती है तथा जो प्रलेख किसी उपयोगकर्त्ता के लिए सूचनाप्रद होता है अन्य किसी के लिए अनावश्यक हो सकता है। शैक्षिक

वैज्ञानिकों की अनिवार्यता औद्योगिकी के क्षेत्र में कार्यरत वैज्ञानिकों से अलग प्रकार की हो सकती हैं। अतः माँग के आधार पर सामग्रियों की अनूदित प्रतियाँ सुलभ करना श्रेयस्कर सिद्ध होता है।

अनुवाद की उपयोगिता

प्रथम युद्ध के समय तक वैज्ञानिक सम्प्रेषण के क्षेत्र में केवल कुछ ही यूरोपियन भाषाएँ मानी जाती थीं क्योंकि उस समय वैज्ञानिक अनुसंधानों की मात्रा उतनी नहीं थी जितनी की आज है। इसलिए आज की स्थिति काफी बदलाव के दौर से गुजर रही है, तथा वैज्ञानिक सम्प्रेषण के लिए बहुत सी भाषाएँ उभरकर सामने आई हैं। यह मुख्यतः विश्वयुद्ध के उपरान्त हुए अनुसंधान के क्रियाकलापों के कारण हुआ है। वैज्ञानिक साहित्य का इतनी भाषाओं में प्रकाशन होने के परिणामस्वरूप इनके प्रबन्ध, संचय एवं सूचना उपयोग में बहुत सी कठिनाइयाँ उत्पन्न हुई हैं। ऐसा अनुमान लगाया जाता है कि विश्व में विभिन्न भाषाओं में लगभग 15 लाख लेख प्रतिवर्ष विज्ञान तथा तकनीकि के क्षेत्र में विश्व की लगभग 70 भाषाओं में प्रकाशित होते हैं जिनमें से 50% केवल अंग्रेजी भाषा और शेष दूसरी विदेशी भाषाओं में प्रकाशित होते हैं जिनमें जर्मन, फ्रेन्च, रूसी, जापानी, चीनी तथा अन्य यूरोपीय भाषाएँ हैं।

J.E. Holmstrome के अनुसार वर्तमान इंजीनियरिंग साहित्य का 2/3 भाग अंग्रेजी में प्रकाशित होता है लेकिन विश्व के 2/3 भाग में Professional Engineers अंग्रेजी नहीं पढ़ सकते हैं तथा वे जो अंग्रेजी पढ़ लेते हैं विश्व की दूसरी विदेशी भाषाओं को नहीं पढ़ सकते।

ब्रिटेन में उसके वैज्ञानिकों पर एक सर्वेक्षण किया गया जिसमें यह स्पष्ट किया गया कि प्रत्येक 10 वैज्ञानिकों में से मात्र एक ही ऐसा था जो रूसी भाषा के ग्रन्थ समझ व पढ़ सकता था। 3 से 2 जर्मन समझ सकते थे तथा 10 में से 9 मात्र फ्रेन्च भाषा जानते थे। विश्व में वैज्ञानिक एवं तकनीकी के क्षेत्र में कार्यरत वैज्ञानिकों, विशेषज्ञों, अनुसंधानकर्त्ताओं में से कोई भी ऐसा नहीं है जिसे अनेक या दो से अधिक विदेशी भाषाओं का पूर्ण एवं कामचलाऊ ज्ञान हो। ज्यादातर ऐसे लोगों को केवल एक ही भाषा का ज्ञान होता है।

ऐसी स्थिति में वैज्ञानिक एवं प्रौद्योगिकीय साहित्य की अनूदित सामग्रियाँ ही इनकी सूचना सेवा करती हैं। कहने का तात्पर्य यह है कि पूर्ण प्रकाशित वैज्ञानिक एवं तकनीकी साहित्य के पूर्ण अभिगम के लिए केवल एक मात्र उत्तर अनुवाद सेवाओं की व्यवस्था करना है जिसके लिए यह आवश्यक है कि वैज्ञानिकों/ तकनीकी

विशेषज्ञों एवं अन्वेषणकर्त्ताओं के उपयोग एवं जानकारी के लिए अन्य भाषाओं की सामग्रियों के अनुवाद समय से सुलभ कराये जायँ। और इसीलिए प्रलेखीकरण एवं सूचना केन्द्रों में आज अनुवाद सेवाओं के आयोजन पर भी जोर दिया जाता है।

भारत में अनुवाद सेवाएँ

यद्यपि कि विश्व में प्रकाशित पूर्ण साहित्य का लाभ उठाना भारत के लिए बेहद अनिवार्य हैं, परंतु विश्व में अनेक भाषाओं में साहित्य प्रकाशित होने के कारण बिना अनुवाद सेवाओं के यह सम्भव नहीं होता। वर्तमान समय में कुल प्रकाशित साहित्य को मात्र 40%ही अंग्रेजी भाषा में प्रकाशित होता है तथा कुछ ही भारतीय वैज्ञानिक तथा विशेषज्ञ अन्य भाषाओं का ज्ञान रखते हैं इसलिए उन्हें नये प्रकाशित साहित्य से वंचित रह जाना पड़ता है। अतः समस्त भारतीय वैज्ञानिकों को पूर्ण अनुसन्धान साहित्य की जानकारी अनुवाद के माध्यम से देना अति अनिवार्य है। भारतवर्ष में पश्चिमी राष्ट्रों तथा अन्य यूरोपीय राष्ट्रों की तुलना में अनुवाद की समस्या बहुत जटिल है क्योंकि भारतीय वैज्ञानिक मुख्य रूप से अंगेजी भाषा के अलावा अन्य विदेशी भाषाओं में या तो ज्ञान नहीं रखते हैं या बहुत उथला ज्ञान रखते हैं।

इसके अलावा अनुसन्धान प्रकाशन के क्षेत्र में विदेशी भाषाओं का उपेक्षित महत्त्व भी नियमित बदलता रहता है तथा अनुवादकों को बहुत सी समस्याओं एवं कठिनाइयों का सामना करना पड़ता है जबकि पश्चिमी देशों में वैज्ञानिकों को मातृ भाषा के अलावा दूसरी विदेशी भाषाओं का अच्छा ज्ञान होता है। अतः वहाँ के वैज्ञानिकों की समस्या भारतीय वैज्ञानिकों की तुलना में कम होती है। इसके अलावा वे भाषाविद् जिन्हें कि अपनी भाषा में पूर्ण ज्ञान होता है वे वैज्ञानिक की समस्या भारतीय वैज्ञानिकों की तुलना में कम होती है। इसके अलावा वे भाषाविद् जिन्हें कि अपनी भाषा में पूरा ज्ञान होता है वे वैज्ञानिक शब्दों तथा पदावलियों का ज्ञान कम रखते हैं। इस प्रकार अनुवाद से जुड़ी बहुत-सी परेशानियां हमारे भारतीय वैज्ञानिकों के समझ में आती हैं।

अनुवाद की वर्तमान स्थिति

वर्तमान भारत में राष्ट्रीय स्तर पर अनुवाद सेवाएँ **इन्सडौक तथा आइस्लिक** द्वारा विज्ञान संस्थान बंगलौर एवं सांख्यिकी संस्थान, कोलकाता द्वारा क्षेत्रीय स्तर पर प्रदान की जाती है। अतः कहने का आशय यह है कि भारत में राष्ट्रीय एवं क्षेत्रीय स्तर पर अनुवाद सेवाएँ मात्र कुछ अनुवाद संस्थाओं द्वारा ही प्रदान की जाती

हैं। अतः ये संस्थाएँ सम्पूर्ण भारत में अनुवाद सेवाएँ प्रदान करने में पूर्णतः समर्थ नहीं होती।

(1) आइस्लिक द्वारा प्रदान सेवाएँ—अनुवाद कार्यों हेतु आइस्लिक में भी एक विभाग अनुवाद कार्य विभाग है। यह विभाग अनुवाद के साथ-साथ पूरा सूचीकरण विवरण प्रदान करता है, जैसे—लेखक, शीर्ष, खण्ड, संख्या, पृष्ठ संख्या का प्रकाशन वर्ष तथा वह भाषा जिससे अनुवाद किया गया है। यह बंगाली भाषा से भी अंग्रेजी में अनूदित प्रतियाँ प्रदान करता है। यहाँ अनुवादों की सूचियों की टाइप तथा माइक्रोफिल्म प्राप्त की जा सकती है, लेकिन इसकी दर निर्धारित नहीं है। यहाँ चीनी, चैक, फ्रान्स, जर्मन, हंगेरियन, जापानी, फौलिस, पुर्तगाली, रूमानी, स्पेनिश आदि भाषाओं से अंग्रेजी में अनुवाद करने की व्यवस्था है।

(2) इन्डोक द्वारा प्रदान सेवाएँ—भारत में वैज्ञानिक लेखों के अनुवाद कार्यों को इन्सडौक के अधीन कर दिया गया है जो राष्ट्रीय स्तर पर अनुवाद सेवाएँ प्रदान करता है। यह अनुसन्धान निबन्धों तथा लेखों को निम्नलिखित विदेशी भाषाओं से अंग्रेजी भाषा में प्रदान करता है। ये भाषाएँ हैं—चीनी, डेनिस, डच, फ्रेन्च, जर्मन, नार्वेजियन, इटालियन, पुर्तगाली, स्पेनिश, रूसी, स्वीडिस, जापानी आदि। इन्सडौक ने इन भाषाओं के अनुवाद के लिए वैज्ञानिक अनुवादकों का एक पैनल तैयार हुआ है जो कि समस्त वैज्ञानिक लेखों का अंग्रेजी में अनुवाद करता है। इन्सडौक में अनुवाद शुल्क भी बहुत कम लिया जाता है। इन्सडौक अनुवाद की एक पाक्षिक सारणी भी निकालता है। एक पूरा विभाग अनुवाद कार्यों में संलग्न है। यह अनुवाद की माँग को प्राप्त करके अनूदित प्रतियाँ उपलब्ध कराता है।

(3) भारतीय विज्ञान संस्थान, बंगलौर—यह संस्थान फ्रान्स, जर्मन, पौलिस, इटालियन, रूसी, स्पेनिश आदि भाषाओं से अंग्रेजी में अनुवाद प्रदान करता है। यहाँ भी अनुवाद कार्य के लिए दर निर्धारित है।

(4) भारतीय सांख्यिकीय संस्थान कोलकाता—यह संस्थान मात्र अपने शोधकर्त्ताओं के लिए ही अनुवाद सेवा प्रदान करता है। यह निम्न भाषाओं से अंग्रेजी में अनुवाद प्रदान करता है बुल्गेरियन, चीनी, फ्रेन्च, जर्मन, इटालियन, पुर्तगाली, रोमानी, रूसी तथा स्पेनिश आदि। यह अनुवादों की सूची अपने मासिक प्रकाशन में प्रदान करता है।

अनुवाद क्षेत्र की प्रमुख समस्याएँ

भारत में ज्यादा ध्यान भाषा शिक्षण पर नहीं दिया जाता जिसकी वजह से भारत के रहने वाले वैज्ञानिकों में दूसरे देश की भाषाओं के अनुभव या ज्ञान का अभाव रहता

है। अधिकतर भारत के लोग विदेशी भाषा के नाम पर केवल अंग्रेजी भाषा से ही परिचित हैं। भारत में विभिन्न क्षेत्रीय भाषाओं का प्रयोग एवं स्कूलों में शिक्षा दी जाती है। जो अनुवाद की समस्या को और जटिल कर देती हैं। भारत में अनुवाद सेवाओं में निम्न प्रकार की समस्याएँ पैदा होती हैं–

(1) विशिष्टीकरण–यदि अनुवादक विषय विशेषज्ञ होता है तो उसमें भाषा की प्रवीणता नहीं होती लेकिन भाषा की प्रवीणता होने पर वह अपने विषय क्षेत्र में ज्यादा ज्ञान नहीं रख पाता है। अतः तकनीकी शब्दों तथा पदावलियों का सही-सही रूप में व्यक्त करना सम्भव नहीं हो पाता है। भारत में भाषाओं की संख्या सर्वाधिक है।

(2) विभागों का अभाव–राष्ट्रीय स्तर पर **इन्सडॉक एवं आइस्लिक** तथा क्षेत्रीय स्तर पर भारतीय विज्ञान संस्थान तथा सांख्यिकी संस्थान के अलावा भारत में अन्य कई संस्था अनुवाद सेवाएँ प्रदान नहीं करती हैं। इसलिए अनुवाद की समस्याएँ आती हैं जो विशेषकर राष्ट्रीय स्तर पर अधिक हैं। इन संस्थाओं का अभाव है इसलिए इनकी संख्या में वृद्धि की जानी चाहिए।

(3) पैनल में बदलाव–इन्सडौक में अनुवादकों का पैनल मात्र दो वर्षों के लिए किया जाता है। अतः जब तक अनुवादक कार्यों में अभ्यस्त हो पाते हैं तब तक उनको मुक्त कर दिया जाता है। ऐसी स्थिति में निश्चित रूप से अनुवाद कार्यों की गुणवत्ता पर प्रभाव पड़ता है।

(4) अधिक समय की खपत–व्यवहार में यह देखा गया है कि अनुवाद की माँग तथा उपलब्धि में बहुत देरी कर बहुत सी समस्याएँ उत्पन्न करता है क्योंकि अधिक समय लग जाने से शोधकर्त्ता के अनुसन्धान कार्यों में व्यवधान उत्पन्न होता है इसका प्रमुख कारण भारतीय वैज्ञानिकों में भाषाओं की प्रवीणता की कमी है।

(5) अनुवादकर्त्ताओं की योग्यता–भारत में इन्सडौक ही मात्र वैज्ञानिक साहित्य का अनुवाद करने की व्यवस्था करता है, परन्तु इस संस्था के तैयार किये गये पैनल में अनुवादकों की योग्यताएँ उत्तम नहीं हैं क्योंकि उन्हें विदेशी भाषाओं का ज्ञान अल्प है। इन्सडौक के अनुवादक पैनल के लिए जो वैज्ञानिक आवेदन करते हैं उनमें से मात्र 20% व्यक्ति ही विदेशी भाषा में निपुण होते हैं।

राष्ट्रीय सन्दर्भ प्रणाली

राष्ट्रीय ही नहीं, अपितु अंतर्राष्ट्रीय स्तर पर भी राष्ट्रीय संदर्भ ग्रंथ प्रणाली का महत्त्व बढ़ रहा है। विदेशीय स्तर पर संदर्भ प्रणाली को प्रोजेक्ट और निर्माण हेतु संदर्भ

पद्धतियों के भागों में जो उन्नति हुई है उनमें प्रत्येक देशों में अपनी-अपनी देशीय संदर्भ प्रणाली उन्नतिशील करने का इशारा मिला है। अन्तर्राष्ट्रीय स्तर पर स्थापित सूचना पद्धति में सक्रिय भाग लेने के लिए प्रत्येक राष्ट्र में एक सुसंगठित एवं सुव्यवस्थित राष्ट्रीय सूचना पद्धति की परमावश्यकता होती है। अमेरिका तथा ग्रेट ब्रिटेन जैसे राष्ट्रों में जहाँ सूचना सेवाएँ अत्यधिक विकसित एवं मजबूत हैं वहाँ भी पूरे राष्ट्र में फैली हुई अनेक तरह की सेवाओं का एकीकरण करने के प्रयत्न किये गये हैं। किसी भी राष्ट्र के बहुमुखी विकास के लिए अनुसंधान एवं विकास (D and R) कार्यक्रमों को प्रोत्साहित करने और सफल बनाने के लिए सूचना सेवाओं को एकीकृत कर प्रत्येक राष्ट्र में एक राष्ट्रीय सूचना पद्धति की स्थापना करना अति अनिवार्य है।

राष्ट्रीय सन्दर्भ प्रणाली का आशय

एक कार्यक्रम को आयोजित करके हर देश में राष्ट्रीय सन्दर्भ प्रणाली की विचारधारा को यूनेस्कों ने सन् 1974 में निर्माण किया इस प्रणाली के प्रयोजनों को भी निश्चित किया। इस सामान्य सूचना कार्यक्रम के दो प्रमुख लक्ष्य निर्धारित किये गये थे जिनमें से एक, राष्ट्रों में प्रलेखन एवं पुस्तकालय सेवाओं की स्थिति को उन्नत एवं उपयोगी बनाने में सहायता करना था या दूसरे शब्दों में राष्ट्रीय सूचना पद्धति (National Information System) को स्थापित करना था जिसे संक्षेप में नटिस (NATIS) कहते हैं।

राष्ट्रीय सूचना पद्धति की योजना की विचारधारा को प्रेरित करने के लिए यूनेस्को ने सदस्य राष्ट्रों को ऐसी योजनाओं एवं पद्धतियों को विकसित करने हेतु सुसंगठित किया गया है जिससे सदस्य राष्ट्र सक्रियतापूर्वक अन्तर्राष्ट्रीय सहयोग में अधिक से अधिक भाग ले सकें तथा शिक्षा, ज्ञान एवं संस्कृति के विकास में पुस्तकालयों के योगदान को अधिकाधिक बढ़ावा दे सकें और अपने राष्ट्रीय गौरव एवं संस्कृति की सुरक्षा हेतु पुस्तकालयों की सेवाओं को विकसित एवं प्रोत्साहित कर सकें।

अनुवाद के अवधारणीय कारक

किसी भी राष्ट्र में राष्ट्रीय सूचना पद्धति के नियोजन से पूर्व निम्न कारकों पर विचार किया जाना अति आवश्यक है–

(1) अन्तर्राष्ट्रीय योगदान–प्रत्येक राष्ट्र की राष्ट्रीय सूचना पद्धति को अन्तर्राष्ट्रीय सूचना नेटवर्क के साथ सहयोग प्रदान अवश्य करने का प्रावधान होना चाहिए तथा सूचना के सम्प्रेषण हेतु अन्तर्राष्ट्रीय मानकों का अनुपालन अवश्य करना चाहिए।

(2) नेटवर्क—राष्ट्र के सूचना केन्द्रों का अनेक नेटवर्क प्रणालियाँ होनी चाहिए, जिसमें राष्ट्रीय, राज्य तथा अन्य सूचना केन्द्रों का नेटवर्क होना चाहिए।

(3) सूचना प्रौद्योगिकी का उपयोग—राष्ट्रीय सूचना प्रणाली में आज की सूचना प्रौद्योगिकी की प्रत्येक पद्धतियों का प्रयोग करना चाहिए। कम्प्यूटर एवं माइक्रोप्रोसेसर का उपयोग, अनेक तरह की ऑनलाइन सेवाएँ, छायाचित्रों की सुविधा प्रदान करने में सूचना तकनीकी के विभिन्न कारकों एवं संसाधनों का उपयोग जरूर किया जाना चाहिए।

(4) डाक की दरों में कटौती—सूचना के स्वतन्त्र प्रसार एवं सम्प्रेषण हेतु सूचना केन्द्र को प्राप्त होने वाली डाक में डाक की दरों में राष्ट्रीय सरकार को छूट देनी चाहिए।

(5) सूचना विज्ञान का राष्ट्रीय आयोग—जिस तरह किसी राष्ट्र में पुस्तकालयों के विकास के लिए पुस्तकालय अधिनियम की परमावश्यकता होती है उसी तरह सर्वोत्तम राष्ट्रीय सूचना पद्धति के लिए राष्ट्र में राष्ट्रीय उद्देश्यों की पूर्ति हेतु सूचना विज्ञान का राष्ट्रीय आयोग स्थापित किया जाना चाहिए।

(6) स्वैच्छिक संस्थाओं को अनुदान देना—स्वैच्छिक एवं व्यावसायिक संस्थाएँ राष्ट्र की सूचना सेवा को सशक्त बनाने एवं प्रोत्साहित करने में महत्त्वपूर्ण योगदान करते हैं, इसलिए ऐसी संस्थाओं को उनके कार्यों को पूरा करने हेतु आर्थिक अनुदान प्रदान करनी चाहिए।

(7) नीति—सूचना प्रसार सेवा के परिप्रेक्ष्य में राष्ट्र की राष्ट्रीय सूचना नीति का निर्धारण होना आवश्यक है, जिसे निश्चित एवं सूत्रबद्ध किया जाना चाहिए। इसके लिए राष्ट्र की राष्ट्रीय सरकारों को नियमों एवं अधिनियमों को लागू करना चाहिए जिससे राष्ट्र के समस्त नागरिकों की सूचना की पूर्ति होती रहे। राष्ट्रीय सूचना नीति को अन्य नीतियों की तरह राष्ट्र के संविधान में स्थान दिया जाना चाहिए तथा साथ ही राष्ट्र की पंचवर्षीय योजनाओं में भी इसके लिए धन की व्यवस्था की जानी चाहिए।

(8) वरीयता—जैसा कि हम जानते हैं किसी भी राष्ट्र के ग्रन्थालय जिन्होंने अब सूचना केन्द्रों का रूप ले लिया है प्रमुख संसाधन होते हैं, तथा ये सूचना केन्द्र राष्ट्र के बहुमुखी विकास के आवश्यक आधार होते हैं। अतः राष्ट्रीय पुस्तकालय एवं सूचना पद्धति के विकास को अधिक वरीयता दी जानी चाहिए जिससे राष्ट्र का प्रत्येक नागरिक इसका लाभ उठा सके।

(9) आवश्यक प्रोजेक्ट—जिस तरह किसी भी कार्य को पूरा करने से पहले उसकी योजना बनाना अति अनिवार्य है उसी तरह जो राष्ट्र अपनी राष्ट्रीय सूचना पद्धति स्थापित अथवा संगठित करना चाहते हैं उन्हें अपने राष्ट्र की वैज्ञानिक, प्रौद्योगिक, आर्थिक उन्नति तथा विकास एवं श्रेष्ठता प्राप्त करने के लिए पुस्तकालय एवं सूचना पद्धति को आधुनिक बनाने तथा सूचना प्रसार के लिए उसकी योजना बनाना अति आवश्यक है।

(10) श्रेष्ठ दृष्टिकोण—जो भी राष्ट्र राष्ट्रीय सूचना पद्धति संगठित करना चाहता है उस राष्ट्र के नागरिकों में सूचना के अधिकतम उपयोग करने का दृष्टिकोण होना चाहिए। नागरिकों के दृष्टिकोण में परिवर्तन होने से ही विकसित एवं विकासशील राष्ट्रों में सूचना तथा ज्ञान का उपयोग करने का जो अन्तर है वह समाप्त हो सकता है। नहीं तो यह अन्तर तब तक बना रहेगा जब तक कि विकासशील राष्ट्रों में सूचना के उपयोग करने के दृष्टिकोण में बदलाव नहीं होगा।

(11) कानूनी विधि—राष्ट्र में स्थित सभी पुस्तकालयों, सूचना एवं प्रलेखीकरण केन्द्रों में आपस में समन्वय स्थापित करने और उपलब्ध सूचना संसाधनों एवं सुविधाओं का अधिक से अधिक उपयोग करने के लिए विश्व के अधिकांश राष्ट्रों ने अपनी राष्ट्रीय सूचना पद्धति को सुव्यवस्थित ढंग से सुनियोजित करने का प्रयत्न किया है। ऐसी योजनाओं को सफल बनाने के लिए राष्ट्र में पुस्तकालय कानून का लागू होना अति अनिवार्य माना गया है। इसलिए वर्तमान अनिवार्यता के परिप्रेक्ष्य में परिवर्तनशील सूचना की आवश्यकता की पूर्ति हेतु राष्ट्रीय स्तर पर राष्ट्रीय पुस्तकालय कानून पारित किया जाना चाहिए तथा राज्यों में भी पुस्तकालय कानून पूरक के रूप में पारित किया जाना अति आवश्यक है।

(12) उद्देश्य—किसी भी राष्ट्र की राष्ट्रीय सूचना नीति में पुस्तकालय सेवाओं का मानक पूरे राष्ट्र के लिए निर्धारित किया जाना चाहिए और 6 1/4 प्रतिशत राष्ट्रीय आय का बजट सूचना सेवाओं पर व्यय किया जाना चाहिए। राष्ट्रीय सूचना केन्द्र में राष्ट्र की वैधानिक सूचना, शासकीय प्रलेख, सांख्यिकीय आधार सामग्री तथा विकास प्रक्रियाओं की सूचनाओं की सामग्रियों का निर्मूल्य अभिगम प्रदान करने का नियम होना चाहिए।

6

प्रमुख पुस्तकालय सूचना केन्द्र

भारतीय राष्ट्रीय वैज्ञानिक प्रलेखन केन्द्र

भारतीय राष्ट्रीय वैज्ञानिक प्रलेखन केन्द्र को संक्षेप में इन्सडॉक कहते हैं। इस केन्द्र की स्थापना सन् 1952 में की गयी जिसमें यूनेस्को का विशेष योगदान रहा इन्सडॉक वैज्ञानिक एवं औद्योगिक अनुसंधान परिषद की सूचना समूहों के प्रमुख घटकों में से है। 1963 ई. में इसे पूरी तरह से स्वतंत्र व स्वायत्तशासी बना दिया गया, जो आज भी इसी रूप में कार्य कर रहा है। इससे इसके कार्य क्षेत्र का विस्तार हुआ हैं। इसके अन्तर्गत कम्प्यूटर पर आधारित सूचना क्रियाकलाप, राष्ट्रीय विज्ञान ग्रन्थालय का गठन, सूचना-विज्ञान में नियमित रूप से पूर्णकालिक प्रशिक्षण तथा इन्सडॉक के सभी विषयों में अल्पकालिक प्रशिक्षण के कार्यक्रमों को सम्मिलित किया गया है। इसके तीन क्षेत्रीय केन्द्र—बंगलौर, कलकत्ता तथा मद्रास में स्थापित किए गए हैं, जिनका कार्य उस क्षेत्र के सूचना-साधनों का सर्वेक्षण एवं उपयोग करने के साथ ही उस क्षेत्र की सूचना की आवश्यकता की पूर्ति करना है।

इन्सडॉक के उद्देश्य

इस संस्था को स्थापित किये जाने के निम्नलिखित उद्देश्य हैं—

1. राष्ट्र की वैज्ञानिक कृतियों (प्रकाशित एवं अर्द्धप्रकाशित) के प्रतिवेदनों का एक राष्ट्रीय संग्रह (National repository) संस्थापित करना तथा एक माध्यम सारणि (Channel) के रूप में इस सूचना को देश के अन्दर तथा बाहर सुलभ करना।

2. देश में सूचना-नेटवर्क तथा सेवाओं की क्षमता तथा उत्पादनशीलता को बढ़ाने के लिए उपयुक्त प्रौद्योगिकियों प्रबन्ध-पद्धतियों तथा विधियों को विकसित एवं प्रोन्नत करना।

3. सूचना-विज्ञान एवं सेवाओं के क्षेत्र में उन्नत स्तर के कार्यों के सम्पादन एवं अवबोध के लिए प्रशिक्षित मानव शक्ति को उन्न्त करना।

4. प्रलेखन व ग्रन्थालय विभाग के साथ-साथ सूचना विज्ञान एवं अनुसंधान का विकास करना।

5. सूचना प्रणालियों एवं सेवाओं को स्थापित व विकसित करना।

6. विज्ञान एवं प्रौद्योगिकी क्षेत्र में सभी प्रकार के उपयुक्त उपयोगी तथा सम्भव सूचना-सेवाओं को आयोजित एवं सुलभ करना।

7. विज्ञान एवं प्रौद्यौगिकी के क्षेत्र में उपयुक्त एवं उपयोगी सूचना-स्रोतों के संकलन को विकसित एवं सम्बद्ध करना जिसका प्रमुख उद्देश्य समस्त राष्ट्रीय प्रलेखों को सुव्यवस्थित बनाया जाना हो।

8. वैज्ञानिक विषयों के अन्तर्राष्ट्रीय सूचना विनिमय में सक्रियतापूर्वक एवं प्रभावशाली ढंग से भाग लेना एवं योगदान करना।

अनुसंधान एवं विकास (Research and development) के लिए इन्सडॉक एक महत्वपूर्ण संस्था है, जो औद्योगिक व वैज्ञानिक सूचनाओं से संबद्ध है।

इन्सडॉक प्रमुख रूप से उद्योग व अनुसंधान के विकास हेतु कार्य करता है। इस सन्दर्भ में इसकी प्रमुख गतिविधियों को निम्न प्रकार स्पष्ट किया गया है–

सूचना सेवाएँ

इन्सडॉक का क्षेत्र व्यापक हो जाने के कारण यह एक वृहद क्षेत्र में सूचना उपलब्ध करा है। इन्सडॉक शोध-संगठनों एवं संस्थाओं, विश्वविद्यालयों, औद्योगिक संगठनों, शासक विभागों, वैज्ञानिकों तथा प्रौद्योगिकीय विदों को व्यक्तिगत रूप से व्यापक एवं विस्तृत प्रलेखन एवं सूचना सेवाएं सुलभ कराता है। विज्ञान एवं प्रौद्योगिकी की सूचना के सभी प्रकार के उपयोगकर्ताओं को इसकी सेवाएँ उपलब्ध हैं। लोगों तथा

संस्थाओं द्वारा विशेष अनुरोध पर मांगी गई सूचना सेवाएं निर्धारित शुल्क का भुगतान करने पर दी जाती हैं।

प्रलेखन रिपोग्राफिक तथा छायांकन के क्षेत्र में भी महती भूमिका निभाई है। इस दिशा में इसका सहयोग सराहनीय है। यह प्रलेखों के क्षेत्र में विभिन्न सूचनाओं को प्रदान करता है। वांङ्मयसूचियों के संकलन की सेवाएँ सीमित रूप से सुलभ की जाती है। मद्रास का क्षेत्रीय केन्द्र सी ए 'सर्च डेटाबेस' (CA Search Database) की चयनात्मक सूचना प्रसार सेवाएँ (SDI Services) आयोजित करता है। बंगलौर का क्षेत्रीय केन्द्र द्वारा मुद्रण और दिल्ली कार्यालय से प्रलेखों की आपूर्ति, वांङ्मयसूचियों का संगलन, अनुवाद सेवाएँ 'रिप्रोग्राफी' तथा मुद्रण का आयोजन किया जाता है।

क्षेत्रीय केन्द्र

कुछ ऐसे क्षेत्रीय केन्द्र स्थापित किये गये हैं, जो इन्सडॉक की सेवाओं से उपयोग कर्ताओं को लाभ प्राप्त करने में सहायता करते हैं प्रलेखों की प्रतियों की आपूर्ति के लिए क्षेत्रीय केन्द्र कार्य करते हैं। ये संघ प्रसूचियों के संकलन एवं निर्माण हेतु आधार-सामग्रियों का संग्रह भी करते हैं।

भारतीय विज्ञान संस्थान के बंगलौर परिसर में 1964 में एक क्षेत्रीय केन्द्र की स्थापना की गयी है। यह केन्द्र क्षेत्रीय स्तर पर प्रलेखों की प्रतियों की आपूर्ति, वांङ्मय सूचियों का संकलन, छायाचित्र, वैज्ञानिक प्रकाशनों का मुद्रण आदि कार्य करता है। 1978 में कलकता का क्षेत्रीय केन्द्र इण्डियन इन्सिटिट्यूट ऑफ केमिकल बायलॉजी (Indian Institute of Chemical Biology) चयनात्मक सूचना प्रसार सेवा (SDI Service) का आयोजन करने में अधिक सक्रिय रहा है।

नियोजन, समन्वय तथा अन्य क्रियाकलाप

इन्सडॉक के कुछ अन्य क्रियाकलापों को निम्न प्रकार स्पष्ट किया गया है–

(1) परामर्श सेवाएँ (Advisory and Consultancy Services)–इन्सडॉक अन्य संस्थाओं को सूचना प्रणालियों एवं सेवाओं की व्यवस्था तथा अयोजन में प्राविधिक परामर्श भी उपलब्ध कराता है। इन्सडॉक के विशेषज्ञ एवं अधिकारी अनेक परामर्शदायी तथा विशेषज्ञ समितियों से सम्बद्ध हैं। जैसे–M.P. Council of Science and Technology Documentation Project, Environment Information System of the Department of Environment, Information System of the Department of Nonconventional Energy Sources, Biotechnolgy Information System and R & D Management Information System of Department of Science and Technology, NISSAT Adhoc Committees, UGC science Information Centre Project in the Indian Institute of Science, Bangalore, UGC Panal of Library and Information Science आदि।

(2) अन्तर्राष्ट्रीय एवं राष्ट्रीय संस्थाओं से सम्बन्ध–इन्सडॉक ने कई अन्तर्राष्ट्रीय संस्थाओं तथा संगठनों के साथ सम्बन्ध स्थापित किया है। इसका सम्बन्ध इन्टरनेशनल फेडरेशन फॉर डाक्यूमेन्टेशन (FID) से है। इन्सडॉक "FID Commission on Asia and Oceania (FFD/CAO)" का सदस्य है। यूनेस्को के सामान्य सूचना कार्यक्रम (General Information Programme—GIP) में इन्सडॉक की महत्वपूर्ण भूमिका है। यूनेस्को की "Regional Network for Exchange of information and Experience in Science and Technology in Asia and Pacific (ASTINFO)" परियोजनाओं में इन्सडॉक एक सहयोग केन्द्र के रूप में कार्यकर रहा है। इन्सडॉक को शब्दावलियों के संकलन तथा एशिया एवं प्रशान्त महासागर के क्षेत्रों में चल रहे शोधों की सूचनात्मक स्रोतों की सूची प्रस्तुत करने का कार्य दिया गया है। विनिती (VINITI) से इसको पूर्ण सहयोग प्राप्त है। इन्सडॉक में अधिकतर यूरोपीय तथा दूसरे देशों से द्विपक्षीय विनिमय कार्यक्रमों में सम्बन्ध स्थापित किया है।

इन्सडॉक इन्टरनेशनल सीरियल्स डेटा सिस्टम (ISDS) के एक राष्ट्रीय केन्द्र के रूप में भारत में प्रकाशित पत्रिकाओं अथवा धारावाहिकों के इन्टरनेशनल स्टैण्डर्ड सीरियल नम्बर (ISSN) का पंजीकरण एवं निर्धारण करता है। सार्क देशों (SAARC) के प्रलेखन केन्द्रों का इन्सडॉक एक केन्द्रत बिन्दु है। इन्सडॉक राष्ट्रीय सूचना विकास के कार्यक्रमों एवं नियोजनों में बड़ी तत्पश्ता के साथ सहयोग देता है जिसमें "NISSAT, NIC, ENVIS, DRDO (DESIDOC), DOE, ICAR, ICMR, NASSDOC, BARC, IARI, NML," इलेक्ट्रोनिक्स आयोग के नेशनल इन्फार्मेटिक्स सेन्टर (National Informatics Centre of Electronics Commission) एवं इन्डियन स्टेण्डर्ड ब्यूरो के नाम उल्लेखनीय हैं।

(3) श्रव्य एवं दृश्य सेवाएं (Audio-Visual Services)–सूचना का उपयोग करने हेतु इन्सडॉक उपयोगकर्ता के लिए प्रशिक्षण टेप तैयार करता है। अन्य वैज्ञानिक संस्थाओं के अनुरोध पर उनके कार्यक्रमों के लिये टेपों/स्लाइड (Slides) को तैयार किया जाता है।

(4) अनुसंधान एवं विकास—इन्सडॉक सूचना विज्ञान के क्षेत्र में अनेक अनुसंधानों एवं गहन अध्ययनों को सम्पन्न करता है। 'बिब्लियोमेट्रिक्स' (Bibliometrics), शब्दावलियों की रूपरेखा एवं अभिकल्प (Design and Development of the auri) सूचना का आर्थिक पक्ष तथा उपयोगकर्ताओं के अध्ययन आदि पर अनुसंधान एवं ग्रहन अध्ययन सम्पन्न किया जाता है।

इस प्रकार यह कहा जा सकता है कि इन्सडॉक वैज्ञानिक एवं प्रौद्योगिकी सूचना तथा प्रलेखन सेवा के क्षेत्र में एक प्रमुख राष्ट्रीय संस्था है। जिसका महत्व-अन्तर्राष्ट्रीय स्तर पर भी है। इसमें कार्यरत प्राविधिक प्रशासनिक तथा अन्य कर्मिकों की संख्या 560 है। 1984-85 में इन्सडॉक का बजट प्रावधान 237.881 लाख रुपये का था।

इन्सडॉक को विविध पहलुओं का अध्ययन करने से यह निष्कर्ष निकलता है कि इन्सडॉक एक ऐसी अन्तर्राष्ट्रीय संस्था है जो शोधार्थियों व अध्येयताओं को विभिन्न सुविधाएं प्रदान करता है।

राष्ट्रीय सामाजिक विज्ञान प्रलेखन केन्द्र

राष्ट्रीय सामाजिक विज्ञान प्रलेखन केन्द्र को संक्षेप में नासडॉक (National Social Science Documentatin Center) कहते हैं। इसकी स्थाना सन् 1970 में की गयी। इसे स्थापित करने का श्रेय भारतीय सामाजिक विज्ञान अनुसंधान को दिया जाता है। नई दिल्ली में फिोजाबाद रोड पर इसका मुख्यालय स्थित है। नासडॉक का प्रमुख उद्देश्य है। इन्सडॉक द्वारा प्रस्तावित कार्यों को गति प्रदान करना है।

नासडॉक के प्रमुख कार्य

नासडॉक को पहले सोशल साइन्स डाकूमेन्टेशन की संज्ञा दी गई थी। सामाजिक विज्ञानों के क्षेत्र में अनुसंधानों के क्रियाकलाप को प्रायोजित एवं प्रोत्साहित करना नासडॉक का प्रमुख लक्ष्य एवं कार्य है। यह सामाजिक विज्ञानों के सूचना-प्रसार हेतु प्रलेखन के कार्य एवं सेवा का आयोजन करता है, जो नासडॉक के माध्यम से सम्पन्न होता है।

नासडॉक के कुछ प्रमुख कार्यों को निम्न प्रकार स्पष्ट किया गया है—

(1) नासडॉक द्वारा सन्दर्भ एवं सूचना-सेवा के लिए संदर्भ-सामग्रियों का संग्रह एवं संकलन किया जाता है। भारतीय विश्वविद्यालयों द्वारा जिन प्रकरणों/विषयों पर

शोध-उपाधियाँ (Doctoral degrees) स्वीकृत की जाती हैं, उन शोध प्रबंधों का संग्रह किया जाता है। उन शोध प्रबन्धों (Doctoral dissertations/theses) का भी संग्रह किया जाता है, जो भारतीय प्रकरणों से सम्बन्धित होते हैं और जिन्हें विदेशी विश्वविद्यालयों/संस्थाओं द्वारा स्वीकृत किया जाता है। इस प्रकार देशी तथा विदेशी अप्रकाशित शोध-प्रबन्धों का संग्रह किया जाता है।

सामाजिक विज्ञान की दूसरी अनुसंधानिक संस्थाओं, द्वारा प्राप्त प्रतिवेदनों का संग्रह भी नासडॉक द्वारा होता है। जिसके कारण शोध कार्यों में पारदर्शिता आती है। परिषद् द्वारा प्रदत्त अनुदानों से आयोजित गोष्ठियों तथा सम्मेलनों में प्रस्तुत एवं विवेचनाकृत आलेखों का भी संग्रह किया जाता है। सामाजिक विज्ञानों के क्षेत्र की अनुसंधानोपयोगी शोध पत्रिकाओं/सामयिकियों का संग्रह किया जाता है।

(2) अनेक प्रकार के प्रकाशनों के विनिमय तथा आदान-प्रदान हेतु राष्ट्रीय तथा अन्तर्राष्ट्रीय संस्थाओं एवं संगठनों के कार्यक्रम में शामिल होना। इस प्रकार का सम्बन्ध 2000 संस्थाओं से स्थापित किया गया है।

(3) विश्वविद्यालयी पुस्तकालयों में परिषद् के सूचनात्मक एवं वांङ्मयात्मक सामग्रियों का एक 'कर्नर' (ISSR Corner) स्थापित करना, जिससे शोधार्थियों को आवश्यक सूचना प्राप्त हो सके।

(4) सतत् शिक्षा कार्यक्रम (Continuing Education Programme) के अन्तर्गत समय-समय पर व्यावसायिक प्रशिक्षण पाठ्यक्रमों का आयोजन करना, इसका प्रमुख कारण कर्मचारियों को नव्य प्रणालियों की जानकारी देना था।

(5) भारतीय सामाजिक विज्ञान अनुसंधान परिषद् (ICSSR) के प्रकाशनों को शुष्क/निःशुल्क सुलभ करना तथा ग्रन्थ प्रदर्शनियों में भाग लेना।

(6) सामाजिक विज्ञान संस्थानों को प्रलेखन एवं सूचना केन्द्रों की स्थापना में सलाह एवं दिशानिर्देशन प्रदान करना।

(7) प्रलेखन के क्षेत्र में प्रलेखन-सेवा तथा शोध-सूचना के लिए प्रस्तुत परियोजना-प्रस्तावों को प्रक्रियाबद्ध जांच करना; जिससे वित्तीय अनुदान एवं सहायता प्रदान की जा सके।

(8) शोधकर्ताओं को अपने शोध-प्रकरण सम्बन्धी सामानों को संकलन व अध्ययन के लिए अन्य ग्रन्थालयों का उपयोग करने हेतु अनुदान एवं आर्थिक सहायता प्रदान करना।

(9) व्यावसायिक संगोष्ठियों/सम्मेलनों में शोध-आलेखों को प्रस्तुत करने तथा इनकी गतिविधियों में सक्रिय रूप से भाग लेने हेतु कर्मियों को सहायता एवं सुविधाएं

प्रदान करना तथा कर्मियों को अल्पकालिक पुनरचर्या (Short refresh cc.urses) में भाग लेने हेतु प्रायोजित करना।

(10) अन्तर्राष्ट्रीय प्रलेखन एजेन्सियों को सामाजिक विज्ञान के विभिन्न विषयों के सम्बन्धित भारतीय प्रकाशनों की वांङ्मयात्मक सूचना प्रदान करना, जिससे सामाजिक विज्ञान के विषयों में सार्वभौमिक वांङ्मयात्मक नियंत्रण में सुविधा प्राप्त हो सके। इस दृष्टि से नासडॉक, "इन्टरनेशनल कमेटी फॉर सोशल साइन्स इनफारमेशन एण्ड डाकूमेन्टेशन, पेरिस (International Committee for Social Science Information and Documentation, Paris) को आवश्यक प्रलेख देता है, जिससे अन्तर्राष्ट्रीय पुस्तक सूचियों को एकल किया जा सके। नासडॉक मैड्रिड (Madrid) तथा पेरिस से प्रकाशित होने वाली वांङ्मयसूचियों—International Bulletin of Bibliography on Education तथा International Geographical Bibliography के लिए वांछित सामग्री एकत्रित करता है।

(1) शोधकर्ताओं तथा अन्य अध्येताओं के लिए वांछित प्रलेखों को चुनी हुई वांङ्मयसूचियों को सुलभ कराना।

(2) अनुरोध एवं मांग किये जाने पर अध्येताओं/उपभोगकर्ताओं को चुनी हुई वांङ्मयसूचियों को सुलभ कराना।

(3) नासडॉक अनुसंधान सूचना शृंखला (Research Information Series) के कार्यक्रम के अन्तर्गत अनेक प्रलेखों को प्रकाशित कर सामाजिक विज्ञान के क्षेत्र की सामग्रियों पर वांङ्मयात्मक नियंत्रण (Bibliographical control) रखने का सक्रिय प्रयास करता है। यह संस्थान इस प्रकार के कार्यों को सरल बनाने हेतु 70 आख्याओं को प्रकाशित कर चुका है।

(4) अनुलिपियाँ तैयार करने तथा रिप्रोग्राफिक सेवा का आयोजन (Providing duplicating and reprographic facilities) करना।

नासडॉक ग्रन्थालय की विशेषताएँ

नासडॉक ग्रन्थालय की विशेषताओं को निम्न प्रकार स्पष्ट किया गया है–

(1) सामयिकी साहित्य संग्रह (Periodical Literature)–सामाजिक विज्ञान की सामयिकियों/पत्रिकाओं के लगभग एक लाख पूर्व खण्डों का संग्रह किया गया है। अधिकांश भारतीय सामाजिक विज्ञान की सामयिकियों को नियमित रूप से प्राप्त किया जाता है। इसमें प्राप्त तालिकाओं को प्रस्तुत करने की व्यवस्था की गयी है।

(2) संदर्भ-स्रोतों का संकलन (Collection of Reference Sources)–इसके तहत विश्वकोशों, वांङ्मयसूचियों, अनुक्रमणिकाएं तथा सारांशों विषय शब्दकोशों आदि का संकलन किया गया है। नासडॉक ग्रन्थालय में सामाजिक संकेतों सामाजिक विज्ञान की शोध विधियों तथा अन्य दूसरी विशिष्ट कृतियों का संकलन भी किया गया है। नासडॉक के अनुसंधान सूचना शृंखला के अन्तर्गत संकलित एवं प्रकाशित–Bibliographies in SSDC : Reference in SSDC, तथा Social Science Research Methodology : a bibliography संदर्भ उपकरण के रूप में सूचनाप्रद एवं उपयोगी कृतियां हैं।

(3) सूक्ष्म प्रारूपों के प्रलेख (Documents in Microforms)–नासडॉक के ग्रन्थालय में सूक्ष्म प्रारूपों अर्थात् 'माइकोफिश/माइकोफिल्म' के आरूपों में–Annals of Indian Administration, Anthropolocigal Society of Bombay Journal, Bombay Geographical Society Journal, Economic Working Paper (UK), Gujarat Research Society Journal, Psychological Abstracts आदि लगभग 11 प्रमुख कृतियों को सुलभ किया गया है।

(4) अन्तर-ग्रन्थालय संसाधन केन्द्र (Inter-Library Resources Centre)–इस केन्द्र की स्थापना सन् 1975 में की गयी। इसे स्थापित करने में जवाहर लाल नेहरू विश्वविद्यालय का विशेष योगदान रहा है। इसमें अनेक महत्वपूर्ण कृतियों को अन्य 38 ग्रन्थालयों से प्राप्त कर संकलित किया गया है, जो संदर्भ-सामग्री के रूप में पर्याप्त सूचनाप्रद हैं।

(5) परिषद् के प्रकाशन (ICSSR Publications)–नासडॉक के पुस्तकालय में उन्हीं पत्रिकाओं व पुस्तिकाओं का संग्रह किया जाता जो भारतीय सामाजिक विज्ञान अनुसंधान परिषद द्वारा प्रकाशित की जाती हैं। "Guide to books and journals aiddèpublished by ICSSR" से परिषद् के प्रकाशनों को ज्ञात किया जा सकता है।

(6) शोध-प्रबन्धों एवं शोध शोध-प्रतिवेदनों का संकलन–नासडॉक का ग्रन्थालय शोधार्थियों हेतु प्रमाणित व सत्य सूचना प्रदान करता है, जो इसकी एक प्रमुख विशेषता कही जा सकती है। इस समय 2500 शोध-प्रबन्धों तथा 1500 शोध-प्रतिवदेनों को संकलित किया गया है। दूसरी वांङ्मयसूची–Theses in SSDC and Research Project Reports in SSDC : and an Annotated Bibliography" की आख्या से प्रकाशित की गयी है।

रक्षा वैज्ञानिक सूचना एवं प्रलेखन केन्द्र

रक्षा वैज्ञानिक सूचना एवं प्रलेखन केन्द्र को संक्षेप में डेसीडॉक (Defence Scientific information and Documentation) कहते हैं। पहले इसकी स्थापना वैज्ञानिक सूचना ब्यूरो के नाम से की गयी थी, जिसे स्थापित करने का श्रेय भारत के प्रतिरक्षा अनुसंधान एवं विकास संगठन को प्राप्त है। यह वैज्ञानिक सूचना ब्यूरो प्रतिरक्षा मन्त्रालय के अनुसंधान एवं विकास कार्य में लगे अभिकरणों एवं वैज्ञानिकों के सहयोग हेतु प्रतिरक्षा से सम्बन्धित वैज्ञानिक एवं तकनीकी की सूचनाओं का संग्रह करता हैं ब्यूरो इन सूचनाओं को उन तक पहुँचाता भी है। ब्येरो को 1967 में पुनर्गठित किया गया। पुनगर्ठन के बाद इसका नाम प्रतिरक्षा वैज्ञानिक सूचना एवं प्रलेखन केन्द्र हो गया। अब इसके कार्यक्षेत्र तथा दायित्व को विस्तृत कर दिया गया है।

यह केन्द्र सन् 1970 से प्रतिरक्षा अनुसंधान एवं विकास संगठन के एक संस्था के रूप में कार्य कर रहा है। इसका एक स्वतन्त्र निदेशक है। डेसीडॉक मेटकाफ हाउस (Metcalfe House, Delhi) दिल्ली में स्थित है। वैज्ञानिकों द्वारा जितने भी प्राविधिक प्रस्तुतिकरण भारत सरकार के प्रति-रक्षा मंत्रालय, नई दिल्ली को दिए जाते हैं, उनमें डेसीडॉक की सेवाओं तथा क्रिया-कलापों का उल्लेख होता है। प्रतिरक्षा अनुसंधान एवं विकास संगठन के मुख्य कार्यालय द्वारा जितने भी प्राविधिक एवं वैज्ञानिक प्रलेखों का प्रकाशन किया जाता है डेसीडॉक की सेवाओं का वर्णन होता है।

डेसीडॉक के कार्य तथा उद्देश्य

डेसीडॉक एक उपयोगी संस्था है, जो 'अनुसंधान एवं विकास संगठन' के एक अंग के रूप में कार्य करती है। यह प्रतिरक्षा अनुसंधान के वैज्ञानिकों हेतु प्रकाशित एवं अप्रकाशित सभी स्रोतों से वैज्ञानिक एवं तकनीकी सूचनाओं के संग्रह का कार्य करती है। इन सूचना-सामग्रियों को न केवल प्रतिरक्षा अनुसंधान संगठन के प्रयोगशालाओं तथा संगठनों में प्रसारित एवं वितरित करना डेसीडॉक का कार्य है, बल्कि प्रतिरक्षा मंत्रालय की अन्य एजेन्सियों, जैसे– प्रतिरक्षा उत्पादन विभाग (Dept. of Defence Production), प्रतिरक्षा आपूर्ति विभाग (Dept. of Defence Supplies), तथा प्रतिरक्षा सार्वजनिक उपक्रम खण्ड (Defence Public sector Undertakings) को भी उन सूचना-सामग्रियों से अवगत करना तथा इसके लिए उनका प्रसार करना डेसीडॉक का मुख्यदायित्व है।

डेसीडॉक प्रतिरक्षा विज्ञान एवं प्रौद्योगिकी के लिए सूचना प्रणालियों का भी विकास करता है। प्रतिरक्षा की आवश्यकता की पूर्ति के लिए उपयुक्त सूचना विज्ञान के अनुसंधान एवं विकास के कार्य को सम्पन्न करना भी इससे अपेक्षित है। ग्रन्थालय एवं सूचना क्रियाकलापों का आयोजन एवं समन्वय करना भी डेसीडॉक का कार्य है।

डेसीडॉक अनेक कार्यों को सम्पन्न करता है। इसके कुछ प्रमुख कार्यों व उद्देश्यों को निम्न प्रकार समझा जा सकता है–

(1) सूचना संग्रह (Collection of Information)— डेसीडॉक प्रतिरक्षा वैज्ञानिकों के कार्यों में सहयोग हेतु आवश्यक सभी तकनीकी व वैज्ञानिक सूचनायें देता है। डेसीडॉक के अधीन प्रतिरक्षा विज्ञान ग्रन्थालय (Defence Science Library) पुस्तकों, पत्रिकाओं, प्रतिवेदनों, पेटेन्टों आदि का अधिग्रहण करती है, जो सूचना-सेवाओं के आयोजन का मूल आधार है। डेसीडॉक के सूचना वैज्ञानिक इस ग्रन्थालय में प्राप्त की जाने वाली सामग्रियों/प्रलेखों को नियमित रूप से अवलोकन एवं विश्लेषण करते हैं तथा DRDO की विभिन्न परियोजनाओं तथा क्रियाकलापों से सम्बन्धित सूचना का संग्रह करते हैं। वर्तमान में इस ग्रन्थालय में 800 नवीन सामयिकियो को नियमित रूप से प्राप्त किया जाता है, जो रूसी, फ्रेन्च, जर्मन, जापानी, चीनी तथा अंग्रेजी की होती है। प्रत्रिकाओं के साथ-साथ विश्व के अनेक-भाषाओं में प्राप्त लेखो का भी संकलन किया जाता है।

(2) सूचना का प्रक्रियाकरण (Processing of Information)— डेसीडॉक सूचना प्राप्त करने वाले समस्त स्रोतों को अनेक स्वरूपों में प्रक्रियाबद्ध करता है। जैसे–सारांशों (abstracts), अनुक्रमणिकाएं (indexes), संक्षिप्त सार (digests), प्रतिवेदन का संक्षिप्त स्वरूप, सामयिक चेतना सेवाएं आदि, जिनके माध्यम से सूचनात्मक सामग्रियों का प्रसार एवं सम्प्रेषण किया जाता है।

(3) सूचना का प्रसार एवं सम्प्रेषण (Dissemination of Information)— रक्षा वैज्ञानिक डेसीडॉक के अधिकारियों व विशेषज्ञों से जिस प्रकार के सूचनाओं की मांग करते हैं वे उन्हें उपलब्ध कराते हैं। सूचना प्रत्याशा सेवा (anticipatory information service) के उद्देश्य से डेसीडॉक सारांशों एव अनुक्रमणिकाओं के बुलेटिन प्रकाशित करता है। डेसीडॉक प्रतिवेदनों के संक्षिप्त स्वरूप, चयनात्मक सूचना प्रसार सेवाओं तथा प्राविधिक सार आदि का आयोजन सक्रियता के साथ करता है। DRDO के कार्यालय तथा प्रयोगशालाओं के उपयोगकर्ताओं, प्रतिरक्षा मंत्री के वैज्ञानिक परामर्शदाता एवं अनुसंधान तथा विकास के मुख्य नियंत्रकों

(Chief Controllers of R&D) को वांछित एवं उपयुक्त सूचना प्रदान करने के लिये डेसीडॉक निरन्तर साहित्य की खोज हेतु प्रयास रहता है।

डेसीडॉक प्रतिवेदनों पेटेन्टों एवं पत्रिकाओं व अन्य रूप में प्राप्त बाह्य सूचनाओं का प्रकाशन तो करता ही है, साथ ही वह DRDO के प्रयोगशालाओं तथा संस्थाओं में जिस प्रकार की सूचना तथा ज्ञान सामग्रियां अनुसंधान आदि के रूप में प्रस्तुत की जा रही हैं, उनसे प्रतिरक्षा सेवाओं में कार्यरत उपयोगकर्ताओं को सुरक्षा की स्थिति को दृष्टिगत रखते हुए, अवगत एवं चैतन्य करने का प्रत्येक संभव प्रयास करता है। इस प्रकार की आन्तरिक सूचना प्रसार के लिए पृथक-पृथक बुलेटिन डेसीडॉक प्रकाशित करता है। प्रतिरक्षा के विषयों से सम्बन्धित देश में किए जा रहे अनुसंधान एवं अध्ययन से अवगत करने तथा प्रतिरक्षा विज्ञान को लोकप्रिय बनाने की दृष्टि से डेसीडॉक कुछ सामान्य सामयिकियों का प्रकाशन भी करता है, जिनके द्वारा इन सूचनाओं की सामग्री का प्रचार-प्रसार किया जाता है।

अन्य क्रियाकलाप (Other Activities)— प्रतिरक्षा की आवश्यकता के अनुसार सूचना विज्ञान में अनुसंधान एवं विकास का कार्य, प्रलेखन/सूचना के विषय का प्रशिक्षण; परामर्श कार्य, तथा DRDO के ग्रन्थालय एवं सूचना के क्रियाकलापों का समन्वय करना आदि प्रमुखतः सम्मिलित हैं। डेसीडॉक सामान्य समस्याओं पर विचार विमर्श तथा उसका हल निकालने के लिए ग्रन्थलयों तथा प्राविधिक सूचना केन्द्रों के अध्यक्षों की बैठकों का आयोजन करता है। इस प्रकार डेसीडॉक रक्षा से सम्बन्धित विभागो व संगठनों से सम्पर्क भी स्थापित करता है।

सूचना प्रसार की सामग्रियाँ एवं उनके प्रकार (information Packages)— डेसीडॉक सूचना के पैकेज के रूप में सूचना का प्रसार करता है उसके इस प्रसार कार्य को निम्न प्रकार समझा जा सकता है–

(1) चयनात्मक सूचना प्रसार सेवाएं (SDI Services)— यह व्यक्तिगत सेवा का एक ढंग है जो प्रतिरक्षा वैज्ञानिकों, अनुसंधानकर्ताओं, व विशलेषकों को उनकी इच्छा एवं आवश्यकतानुसार उपलब्ध कराई जाती है। अब तक SDI सेवा मात्र DRDO के प्रमुख अधिकारियों तक ही सीमित थी। 15 प्रोफाइलों (profiles) की कम्पूयटर के माध्यम से प्रस्तुत SDI सेवा का आयोजन आजकल किया जाता है। प्रतिवर्ष अनुसंधान एवं विकास के अनेक परियोजनाओं की पूर्ति की दृष्टि से 100 से अधिक प्रोफाइलों को प्रस्तुत करने की तैयारी की जा रही है।

(2) पेटेन्टस इनफारमेशन एलर्ट (Patents Information AlertBimonthly)—यह सूचना का एक ऐसा स्रोत है, जो अनुसंधान एवं

विकास कार्यों के लिये काफी उपयोगी साबित होता है। अतः इस क्षेत्र में सारांशकरण सेवा के रूप में "पेटेन्टस इनफारमेशन एलर्ट" द्वैमासिक पत्रिका के रूप में प्रकाशित की जाती है, जिसमें विदेशी एवं भारतीय पेटेन्टों का विवरण दिया जाता है। इस बुलेटिन के माध्यम से रक्षा वैज्ञानिकों को विभिन्न देशों के स्वीकृत पेटेन्टों की जानकारी उनकी अभिरुचि के अनुसार प्राप्त होती है। डेसीडॉक पेटेन्टों के विवरणों की प्रतियां वैज्ञानिकों एवं उपयुक्त व्यक्तियों को उनकी माग पर उपलब्ध कराता है।

(3) डिफेन्स रिपोर्ट्स अब्सट्रैक्टस (Defence Reports Abstracts Bimonthly)— प्रत्येक-अनुसंधान एवं विकास संगठन के प्राविधिक प्रतिवेदन प्राथमिक सूचना के महत्त्वपूर्ण स्रोत होते है। अमेरिका के नासा (NASA), नटिस (NTIS), रैन्ड (RAND) और ब्रिटेन के DRIC पर्याप्त मात्रा में प्राविधिक प्रतिवेदन प्रस्तुत करते हैं। वैज्ञानिकों के लिए इनके प्रतिवेदन पर्याप्त महत्त्वपूर्ण होते हैं। अतः इस बुलेटिन को प्रकाशित किया जाता है, जिसमें इन सारांशों तथा प्राविधिक प्रतिवेदनों का विवरण प्रस्तुत किया जाता है। सारांशकरण पत्रिक इस दृष्टि से बहुत महत्त्वपूर्ण सिद्ध होती है।

(4) डेसीडॉक लिस्ट (DESIDOC List—Bi-monthly)— यह एक-अनुक्रमणिकाकरण सामयिकी है जिसका प्रकाशन डेसीडॉक द्वारा पात्रिका के रूप में होता है, जिसके अन्तर्गत प्रतिरक्षा विज्ञान एवं अभिरुचि के प्रकरणों पर सामयिक पत्रिकाओं में जो आलेख प्रकाशित होते हैं, उनके सन्दर्भों/उद्धरणों को प्रस्तुत किया जाता है। इन सन्दर्भों को प्रमुख शब्दों की अनुक्रमणिका (key-word index) के रूप में विषयानुसार आकलित किया गया है।

(5) प्रतिवेदनों का प्रस्तुतीकरण (State of the Art. Reports)— डेसीडॉक ने विशेषज्ञों तथा इस क्षेत्र से सम्बन्धित दूसरे उपयोगकर्ताओं को जानकारी उपलब्ध कराने हेतु निम्नलिखित प्रतिवेदनों को प्रकाशित किया है–

(1) Thermal Imaging System, (2) Defence R&D in Coming Decades (3) Remotely Piloted Vehicles, (4) Reconaissance Sensor System, (5) Chinese Space Programme, (6) Falk-lands War: ALiterature Survey Report.

डेसीडॉक के सूचनाप्रद प्रकाशन

प्रतिरक्षा शोध एवं विकास संगठन की तरफ से डेसीडॉक प्रमुख छः पत्रिकाओं का प्रकाशन करता है, जिन्हें निम्नलिखित शीर्षकों द्वारा समझा जा सकता है–

1. DRDO Newsletter (Quarterly)— यह DRDO का आन्तरिक बुलेटिन है, जो उसके अनेक क्रियाकलापों की सूचना व समाचार प्रस्तुत करता है।

2. डेसीडॉक बुलेटिन (DESIDOC Bulletin)— इस बुलेटिन द्वारा डेसीडॉक की सेवाओ की सूचना दी जाती है। इसमें डेसीडॉक द्वारा आयोजित अनुदित सामग्रियों की तालिका भी प्रकाशित की जाती है। डेसीडॉक बुलेटिन में प्रलेखन तथा सूचना विज्ञान के प्रकरणों की जरूरी प्रविधियों का इनमें विवरण होता है।

3. डिफेन्स साइन्स जर्नल (Defence Science Journal)—इसमें विज्ञान के विभिन्न विषयों से सम्बन्धित लेखो का प्रकाशन किया जाता है। डिफेन्स साइन्स जर्नल प्रतिरक्षा विज्ञान से सम्बन्धित एक त्रैमासिक पत्रिका है। आलेखों की समीकाएं भी इसमें प्रकाशित होती है। प्रमुख वैज्ञानिकों एवं विशेषज्ञों के आलेख विशिष्ट अंक के रूप में भी 1984 से प्रकाशन किया जा रहा है।

4. आर. एण्ड डी. बुलेटिन (R&D Bulletin)— वैज्ञानिकों एवं सैनिको के मध्य संप्रेषण के कमी को पूरा करने का कार्य यह त्रैमासिक पत्रिका करती है।

5. आर. एण्ड डी. डाइजेस्ट (R&D Digest)— D.R.D.O. की उपलब्धियों से रक्षाकर्मियों को अवगत कराना इस पाक्षिक पत्रिका का महत्त्वपूर्ण लक्ष्य है।

6. पापुलर साइन्स एण्ड टेक्नॉलॉजी (Popular Science and Technology)—इस अर्धवार्षिक पत्रिका का प्रकाशन, सैनिको, सशस्त्र सेनाओ को सूचना के लिये व उनमे प्रतिरक्षा विज्ञान की लोकप्रियता बढ़ाने के लिये होता है।

लघु उद्योग राष्ट्रीय प्रलेखन केन्द्र

वैश्विक स्तर पर भारत की जनसंख्या सबसे अधिक है। भारत एक कृषि प्रधान देश है। यहां की आर्थिक व्यवस्था कृषि पर ही आधारित है। यहां के अधिकांश लोगों की रोजी-रोटी की सहारा मात्र कृषि है। हालांकि हमारे देश में औद्योगिकरण का विकास की विस्तृत स्तर पर हुआ है, परन्तु ग्रामीण क्षेत्रों में मात्र कृषि ही एक कार्य है जो लोगों की आजीविका का साधन बना है। ऐसे क्षेत्रों में लघु व कुटीर उद्योग का विशेष महत्त्व है। इस प्रकार के उद्योगों का विकास ग्रामीण व शहरी दोनों इलाकों में हुआ है। भारत सरकारने इसके विकास हेतु कई प्रकार की योजनायें भी बनायी हैं। एक लघु-उद्योग विस्तार प्रशिक्षण केन्द्र हैदराबाद में स्थित है। इसी के अन्तर्गत 1971 में लघु उद्योग राष्ट्रीय प्रलेखन केन्द्र की स्थापना की गयी। उसे सेन्डॉक

(SENDOE) भी कहते हैं। लघु उद्योगों के प्रबन्धकों, अभिकरणों, प्रशिक्षण तथा परामर्शदात्री संगठनों की सूचना एवं आवश्यकता को पूरा करने का दायित्व सेन्डाक का ही है।

उद्देश्य

लघु उद्योग राष्ट्रीय प्रलेखन केन्द्र की स्थापना के विभिन्न उद्देश्य है, जिनमें से कुछ प्रमुख उद्देश्यों को निम्न पंक्तियों स्पष्ट किया जा सकता है—

(1) लघु उद्योगों के प्रौद्योगिकी एवं प्रबन्धकीय विकास एवं उन्नयन के लिए उपयोगी एवं सहायक प्रलेखों, आधार-सामग्रियों (data) तथा अन्य प्रकार के आवश्यक सूचनात्मक विवरणों का संग्रह करना, सुरक्षित रखना तथा उनका समन्वय करना।

(2) लघु उद्योगों के प्रबन्ध एवं विकास के क्रियाकलापों में संलग्न संगठनों तथा व्यक्तियों के लिए सूचना का प्रसार एवं वितरण करना।

(3) दूसरे राष्ट्रीय संगठनों तथा संस्थानों के सूचना-क्रियाकलापों के साथ समन्वय तथा सहयोग स्थापित करने के लिए एक राष्ट्रीय केन्द्र के रूप से सक्रिय रहना तथा अन्य देशों के इस प्रकार के केन्द्रों के साथ सम्पर्क स्थापित करना।

सेन्डॉक लघु उद्योगों के प्रोत्साहन एवं विकास से सम्बद्ध अभिकरणों के लिये सूचना प्रसार एवं वितरण केन्द्र के रूप में कार्य करता है। अतः यह लघु उद्योगों के विकास के सभी पक्षों—प्रबन्ध, उत्पादन, कार्मिक वित्तीय स्थिति, विपणन, प्रौद्योगिकी, प्रविधियां एवं कौशल, यंत्र एवं उपकरण, शासकीय एवं संस्थागत कार्यक्रम एवं नीतियां, सांख्यिकी आधार सामग्रियां, जैसे—उद्योगों के प्रकार, क्षमता, उत्पादन, नियति, रोजगार तथा पूंजी निवेश आदि से सम्बन्धित सूचना संग्रहण करके उनके प्रक्रियाबद्ध कर वितरित करता है।

सेन्डॉक व्यापारिक एवं वित्तीय संस्थाओं व बैंको तथा विकास अभिकर्ताओं के समाचार विवरणो के संकलन का भी कार्य प्रभावी ढंग से करता है। इसके प्रसारों के संकलन 30,000 से अधिक हैं और 6000 से अधिक अन्य प्रकार के प्रतिवेदनों को संग्रहीत किया गया है। सम्बन्धित विषय-क्षेत्रों की दृष्टि से सेन्डॉक एक हजार से अधिक शोध-पत्रिकाओं को नियमित रूप से मंगवाता है। व्यापारिक साहित्य के अतिरिक्त प्राविधिक प्रतिवेदनों एवं टिप्पणियों को भी सेन्डॉक संकलित करता है। सेन्डॉक व्यापारिक एवं वित्तीय संस्थाओं व बैंको तथा विकास अभिकर्ताओं के समाचार विवरणों के संग्रह का भी कार्य करता है

ट्रेल्स (Trails)—ट्रेल्स सेन्डॉक प्रलेखी संकलन की एक प्रमुख पद्धति है। इसका प्रत्येक अक्षर विशिष्ट प्रकार के प्रलेखों का संकेत करता है–T–व्यापारिक साहित्य (Trade Literature), R— प्रतिवेदन साहित्य (Report Literature), A— क्षेत्र साहित्य, (Sundry Litrature)। अर्थात् सेन्डॉक इन सभी प्रकार की सामग्रियों का संकलन करता है। पत्रिकाओं, प्रतिवेदनों प्रकाशित एवं अप्रकाशित, व्यापारिक साहित्य, समाचारपत्रों की कतरनें, रीप्रिन्ट आदि को संग्रहीत किया जाता है और इनकी व्यवस्था भी इस ढंग से की जाती है, जिससे उन्हें प्राप्त करने में किसी प्रकार की कठिनाई का अनुभव न हो। इस प्रकार इसकी संग्रह-प्रणाली को "TRAILS" कहते हैं।

केन्द्रीय सूचना संचिका (Central Information File)— सेन्ट्राक जिन सामग्रियों का संकलन करता है। उनका सुव्यवस्थिति ढंग से सूक्ष्म अध्ययन किया जाता है और चुनी हुई सामग्रियों का संकेतात्मक सारांश तैयार कर अनुक्रमणिका पत्रक प्रस्तुत किया जाता है। जिन शब्दावलियों का उपयोग अनुक्रमणिका में किया जाता है, वे नियंत्रित शब्दावली सूची के पद नहीं होते हैं, बल्कि अल्प नियंत्रित शब्दावलियों का प्रयोग किया जाता है। अतः विषय-शीर्षकों के लिए पदों का चयन करना पड़ता है। सभी पत्रकों को एक केन्द्रीय सूचना संचिका में संग्रहीत किया जाता है। इन्हें 3500 विषय-शीर्षकों के अन्तर्गत आकलित किया गया है। इस प्रकार केन्द्रीय सूचना संचिका इसकी सभी प्रलेखन क्रिया कलापों रूप-सेवाओं का आधार है।

कार्मिक व्यवस्था (Organisation of Personne's)— सेवा-व्यवस्था के आधार पर निम्नलिखित वर्गों में कार्मिकों का कार्य का वर्गीकरण किया जाता है–

(1) ग्रन्थालय; (2) प्रलेखन (documentation); (3) आधार-सामग्रियों का प्रक्रियाकरण (data processing); (4) संस्थागत सम्प्रेषण (Organisational Communication); (5) प्रकाशन, तथा (6) छायाचित्र सुविधाएं (reprographic facilities)। इन कार्यों के लिए प्रशिक्षित एवं योग्य कर्मियों को नियुक्त किया गया है।

प्रशिक्षण कार्यक्रम

सेन्डॉक विभिन्न प्रकार प्रशिक्षण शिविरों का आयोजन भी करता है, जिसके अन्तर्गत औद्योगिक सूचना का प्रसार और संग्रह क्षेत्र के कार्मियों का प्रशिक्षण होता

है। सूचना-संग्रह एवं सूचना पुनर्प्राप्ति की प्रणालियों (Information Storage and Retrieval Systems) पर राष्ट्रीय प्रशिक्षण का आयोजन किया जा चुका है।

थोड़े में यह कहा जा सकता है कि सेन्डॉक उद्योगों की उन्नति के क्षेत्र में राष्ट्रीय स्तर के प्रलेखन एवं सूचना प्रसार सेवा केन्द्र के रूप में विशिष्ट योगदान देता है।

विशिष्ट ग्रन्थालयों तथा सूचना केन्द्रों का भारतीय संघ

विशिष्ट ग्रन्थालयों तथा सूचना केन्द्रो का भारतीय संघ को संक्षेप में आयसलिक कहा जाता है। आयसलिक की स्थापना का प्रमुख उद्देश्य जान संकलन एवं प्रसार की व्यवस्था को व्यापक बनाना था। तीन दशकों से 'आयसलिक' अपना कार्य सक्रिय रूप से कर रहा है। इसका संगठन एसोसिएशन आफ स्पेशल लाइब्रेरीज उसका संगठन एसोसिएशन आफ स्पेशन लाइब्रेरीज एण्ड इनफारमेशन व्यूराक्त, ब्रिटेन की पद्धतिया किया गया है। प्रारम्भ में कुछ उत्साही ग्रन्थलियों ने वैज्ञानिक संस्थाओं, विद्वत-परिषदों, शैक्षणिक एवं (व्यापारिक संस्थाओं, औद्योगिक संगठनों, एवं शोध-संस्थाओं से सम्बन्धित विशिष्ट ग्रन्थालयों के क्रियाकलापों एवं सेवाओं को प्रोत्साहित एवं समन्वित करने के उद्देश्य से इसकी स्थापना की थी। उनका उद्देश्य था कि वह विशिष्ट ग्रंथालयों की कला (Speical Librarianship) प्रलेखन एवं सूचना-विज्ञान के प्रमुख अध्ययन एवं शोध केन्द्र के रूप में कार्यरत हो सके। साथ ही देश में इस क्षेत्र में कार्यरत कर्मियों के लिए व्यावसायिक मंच भी तैयार करना था, जिससे उन्हें अपनी योग्यता एव क्रियाशीलता की उन्नति करने का मौका प्राप्त होता रहे।

आयसलिक के प्रमुख उद्देश्य

विशिष्ट पुस्तकालयों एवं सूचना केन्द्रों का भारतीय संघ (आयसलिक) के प्रमुख उद्देश्यों को निम्नलिखित पंक्तियों में स्पष्ट किया जा सकता है—

(1) विशिष्ट ग्रंथालयों तथा प्रलेखन केन्द्रों में कार्यरत कर्मियों की प्राविधिक कार्यकौशल एवं क्षमता का उन्नयन एवं संवर्धन करना तथा उनके व्यावसायिक कल्याण की रक्षा करना।

(2) ग्रन्थालयों, सूचना केन्द्रों, प्रलेखन केन्द्रों, वैज्ञानिकों, शोधार्थियों, विशेषज्ञों तथा अन्य इस प्रकार के क्रियाकलापों में अभिरुचि रखने वालों को सक्रिय एवं सार्थक सम्पर्क करने का एक मंच एवं क्षेत्र प्रदान करना।

(3) विशिष्ट ग्रन्थालयों, प्रौद्योगिक, वैज्ञानिक एवं शोध-संस्थाओं, विद्वत् परिषदों, व्यापारिक संगठनों, औद्योगिक शोध-संस्थानों, तथा अन्य सूचना एवं प्रलेखन केन्द्रों में पारस्परिक सहयोग, सहायता को प्रोत्साहित करना तथा इसके क्रियाकलापों को समन्वित करना।

(4) ज्ञान के क्रमबद्ध अधिग्रहण, व्यवस्था तथा प्रसार के क्रियाकलापों को प्रोत्साहित एवं संवर्द्धित करना।

(5) ग्रन्थालय एवं सूचना-सेवाओं तथा प्रलेखन कार्य को उन्नतशील बनाना।

(6) विशिष्ट ग्रंथालयों तथा प्रलेखन की प्रविधियों के एक शोध-केन्द्र के रूप में कार्य करना।

(7) वैज्ञानिक, प्राविधिक तथा अन्य क्षेत्रों के सूचना केन्द्र के रूप में कार्य करना।

आयसलिक के स्वरूप

आयसलिक एक प्रभावी एवं सक्रिय संघ है, जिसकी देख रेख एक परिषद करती, जो सदस्यों की सामान्य निकाय की धुरी है। इस संघ की एक कार्यपषिद तथा वित्त समिति है। छह क्षेत्रीय सचिवों को चुना जाता है। कार्यपरिषद् में चुने हुए सदस्यों के अतिरिक्त चार मनोनीत सदस्य होते हैं। इसके सदस्यों में आजीवन सदस्य, साधारण सदस्य, समाजसेवी संस्थाएं, लाभ अर्जित करने वाली संस्थाएं आदि आती हैं।

आयसलिक के क्रियाकलाप—आयसलिक के कार्यक्रम विभिन्न क्षेत्रों से सम्बन्धित है, जिनमें से कुछ प्रमुख कार्यक्रमों को निम्न शीर्षकों द्वारा स्पष्ट किया जा सकता है—

(1) **शिक्षा कार्यक्रम**—आयसलिक ग्रन्थालय एवं सूचना विज्ञान क्षेत्र के लिये प्रशिक्षण कार्यक्रम की व्यवस्था भी करता है। प्रलेखन एवं सूचना-विज्ञान के प्रमुख प्रकरणों पर अभिमुखीकरण एवं पुनश्चर्या (Orientation and Refresher Courses) के कार्यक्रम समय-समय पर आयोजित किये जाते हैं। इससे इस क्षेत्र में नवीन विषय-विकास प्रविधियों तथा प्रणालियों से अवगत होने का सम्बन्धित व्यक्तियों को सुअवसर प्राप्त हुआ है। फ्रेंच, जर्मन तथा रूसी भाषा के पाठ्यक्रम बहुत पहले से चलाए जा रहे हैं। द्विवार्षिक सम्मेलन नियमित रूप से होता है, जिसमें अनेक प्रकरणों एवं पद्धतियों पर आलेख प्रस्तुत किए जाते हैं, जिन पर व्यापक विचार

विमर्श किया जाता है। तथा आवश्यकतानुसार राष्ट्रीय सेमिनारों का भी आयोजन किया जाता है।

(2) **ग्रंथालयों में समन्वयन तथा सहयोग के कार्यक्रम**—यह संघ पुस्तकालय सेवाओं अथवा कार्यों को प्रभावशाली एवं सक्रिय बनाने के लिए स्थानीय, राष्ट्रीय एवं अन्तर्राष्ट्रीय सभी स्तरो पर सहयोग एवं समन्वय स्थापित करने का प्रयास करता है। अन्तर-ग्रन्थालय-आदान-प्रदान नियमावली (inter-library-loan-code) को प्रस्तुत कर इस कार्य को नियमित सम्पन्न करने में आयसलिक के योगदान की प्रशंसा की गई है।

(3) **छायाचित्र एवं अनुवाद सेवाएँ**—सन् 1958 से आयसलिक ने इस सेवा को प्रदान करना शुरू किया है। तब से इन सेवाओं का सक्रिय आयोजन किया जा रहा है। छायाचित्र सेवा (reprographic services) के अन्तर्गत शोध एवं सूक्ष्म सामग्रियों तथा अन्य प्रकार की सामग्रियों की प्रतियां सुलभ की जाती है। सभी प्रमुख विदेशी भाषाओं की अंग्रेजी में अनुदित प्रतियों को उपलब्ध किया जाता है।

(4) **प्रलेखन एवं सूचना-सेवा कार्यक्रम**—ग्रंथालय, प्रलेखन तथा सूचना-विज्ञान के कार्यक्रम के अन्तर्गत आयसलिक नियमित रूप से अवरोध करके वांगमयात्मक सेवाओं का आयोजन करता है। इसके अन्तर्गत परामर्श से सम्बन्धित सेवाये भी प्रदान की जाती है।

(5) **प्रकाशन कार्यक्रम**—सम्प्रेषण प्रसार की दृष्टि से आयसलिक विभिन्न उपयोगी प्रकाशनों को आयोजन में सक्रिय रहा है वे प्रकाशन कुछ इस प्रकार हैं—

(i) **IASLIC Bulletin**— सदस्यों को अनेक प्रकार की सूचनाओं को प्रदान—करने हेतु उस त्रैमासिक पत्रिका का प्रकाशन किया जाता है। इसमें प्रलेखन, सूचना तथा ग्रन्थालय सेवा पद्धतियों एवं विज्ञान पर शोध-आलेख भी प्रकाशित होते हैं। यह पत्रिका सदस्यों को निःशुल्क दी जाती है।

(ii) **Indian Library Science Abstracts (ILSA)**— सारांशकरण सेवा पत्रिका में त्रैमासिक प्रकाशन द्वारा सभी भारतीय भाषाओं में प्रकाशित आलेखों के सारांश प्रस्तुत किये जाते हैं।

(iii) **IASLIC Newsletter**— ग्रन्थालयों की गतिविधियों एवं प्रकरणों तथा घटनाओं में समाचार प्रकाशित किए जाते हैं। यह सदस्यों को निःशुल्क दी जाती है।

विशिष्ट प्रकाशन—आयसलिक द्वारा प्रकाशित विशिष्ट प्रकाशन कुछ इस प्रकार हैं—

(1) Directory of Special and Research Libraries India, 1962;

(2) Fundamentals of Special Librarianship and Documentation /A.K. Mukherjee, 1969;

(3) Education for Librarianship/N.C. Chakravarty;

(4) Methods of Scientific Communication/K. Bhattacharya;

(5) Glossary of cataloguing Terms in Indian Regional Languages;

(6) Development of medical societies and medical priodicals in India, 1780-1920/A. Neelameghan;

(7) Information Sciences: a unified view through a systems approach/G. Bhattacharya.

राष्ट्रीय विज्ञान एवं प्रौद्योगिकी सूचना तन्त्र

राष्ट्रीय विज्ञान एवं प्रौद्योगिकी सूचना तंत्र की स्थापना के विषय में भारत सरकार ने पहली बार सन् 1971 में गम्भीरता से विचार किया और देश में राष्ट्रीय सूचना सेवाओं की स्थापना हेतु अगस्त में ही यूनेस्को **(UNESSCO)** से अनुरोध किया गया कि वह 'भारतीय राष्ट्रीय वैज्ञानिक प्रलेखन केन्द्र' **(INSDOC)** नई दिल्ली को परामर्श देने के लिए अल्पकालिक प्रतिनिधि मण्डल भेजें। मार्च, अप्रैल 1972 में यूनेस्को ने इस कार्य के लिये **पीटर लेजर** (Peter Lazer) को भारत भेजा गया, उन्होंने सर्वेक्षण के पश्चात् विज्ञान और प्रौद्योगिकी हेतु व्यापक राष्ट्रीय योजना की रूपरेखा प्रस्तुत की इसी बीच भारत ने अक्टूबर 1971 में विज्ञान एवं प्रौद्योगिकी राष्ट्रीय समिति **(NCST)** नामक एक शिखर समिति का गठन किया जिसे राष्ट्रीय विज्ञान एवं प्रौद्योगिकी के लिए पंचवर्षीय एवं दीर्घकालीन दोनों प्रकार की योजनाएं तैयार करने और उन्हें निरन्तर अद्यतन बनाये रखने का कार्य सौंपा गया। विज्ञान एवं प्रौद्योगिकी राष्ट्रीय समिति ने 1974-79 की पंच वर्षीय योजना के आधार पर योजना बनायी।

इसके लिये समिति ने विभिन्न क्षेत्रीय योजनाओं के निर्माण के लिए अनेक नामिकाओं **(Panel)** व कार्यकारी समूहों का गठन किया। इन नामिका समूहों में एक नामिका समूह सूचना क्षेत्र से सम्बन्धित था। 1973 में इस नामिका समूह ने अपने प्रतिवेदन में विज्ञान एवं प्रौद्योगिकी विभाग **(DST)** के अधीन एक वैज्ञानिक एवं प्रौद्योगिकी के राष्ट्रीय सूचना तन्त्र (**NISSAT**) के स्थापना के लिये प्रतिवेदन किया। अतः राष्ट्रीय महत्व की इस प्रणाली को पांचवी पंचवर्षीय योजना (1974-79) में

प्रस्तावित, विज्ञान एवं प्रोद्योगिकी योजना के अन्तर्गत सम्मिलित कर निसात की स्थापना का प्रारम्भ 1975 में कर दिया गया और पद्धति के विस्तार का परीक्षण सूचना विशेषज्ञों एवं क्षेत्रीय प्रतिनिधियों के परामर्श करने के बाद जून 1977 में अधिकारिक रूप में योजना आयोग, वित्त मंत्रालय, विज्ञान एवं प्रौद्योगिकी विभाग द्वारा मूल्यांकन के पश्चात लागू कर दिया गया।

इस कार्यक्रम की प्रमुख विशेषता उपलब्ध सूचना सेवाओं तथा सुविधाओं का सफल क्रियान्वयन है। राष्ट्र में वैज्ञानिक सूचना के क्षेत्र में विद्यमान विभिन्न कार्यरत संस्थाएं इसके अन्तर्गत सम्मिलित की गई है। आवश्यकतानुसार वर्तमान वैज्ञानिक सूचनाओं में विस्तार तथा उपेक्षित क्षेत्रों में नये केन्द्रों की स्थापना इस कार्यक्रम का एक पहलू है। आणविक विज्ञान, कृषि, चिकित्सा, जन स्वास्थ्य, सुरक्षा विज्ञान आदि इसके प्रमुख विषय हैं।

निसात के उद्देश्य

निसात के सामान्य तथा विशिष्ट दो प्रकार के उद्देश्य होते हैं। यहाँ हम दोनों को पृथक-पृथक रूप में स्पष्ट कर रहे हैं–

सामान्य उद्देश्य निसात के सामान्य उद्देश्य निम्नवत हैं–

1. सूचना विज्ञान, प्रौद्योगिकी और संप्रेषण विज्ञान में शिक्षण एवं प्रशिक्षण की सुविधाओं को विकसित करने में सहायता और सक्रिय समर्थन प्रदान करना ताकि राष्ट्रीय विज्ञान सूचना नीति (National Science Information Policy) के सुचारू क्रियान्वयन के लिए योग्य एवं प्रशिक्षित कर्मचारियों की पूर्ति हो सके।

2. राष्ट्रीय तथा अन्तर्राष्ट्रीय सहयोग और सूचना के विनिमय के लिए आपसी सम्बन्धों को प्रोत्साहित करना।

3. अधिकतम मात्रा में उपलब्ध सूचना सेवाओं एवं प्रणालियों का प्रयोग करना एवं नवीन सूचना सेवाओं एवं विधियों को उन्नत करना है।

4. राष्ट्रीय सूचना सेवाओं को सुसंगत बनाना ताकि वह सूचना के उत्पादकों, संसाधकों, संवाहकों और उपभोक्ताओं की वर्तमान एवं भावी आवश्यकताओं की पूर्ति मे समर्थ हो सके।

5. सूचना सेवाओं की कुशलता एवं सेवाओं द्वारा प्रदत्त की जाने वाली सेवा की गुणवत्ता दोनों में वृद्धि और सुधार करने हेतु सूचना विज्ञान एवं सम्प्रेषण के क्षेत्र में अनुसन्धान, विकसित और नवीनीकरण के कार्यों में सहयोग प्रदान करना और इसके विकास में सकारात्मक भागीदारी निभाना।

6. निसात का प्रमुख काम सूचना एवं तकनीकी की क्षेत्र में शोध परिवर्धन एवं नवीनीकरण के काम में सहयोग एवं प्रोत्साहन देना है।

विशिष्ट उद्देश्य–निसात के विशिष्ट उद्देश्य निम्नवत हैं–

1. सूचना सेवाओं का संयोजन–सूचना सेवाओं के संयोजन से सम्बन्धित निसात के प्रमुख उद्देश्य निम्नवत हैं–

(i) उपयोगकर्ताओं के सम सामयिक सूचना आवश्यकताओं एवं मांगों की पूर्ति समुचित रूप से हो सके, इसके हेतु आवश्यक सूचना उपकरणों, प्रौद्योगिकी एवं सेवाओं को समय समय पर होने वाले परिवर्तनों के अनुकूल विकसित करना।

(ii) सूचना की शीघ्र अवाप्ति **(Access)** पुनर्प्राप्ति **(Retrieval)** एवं कम्प्यूटर सेवाओं की यथोचित प्रबंध करना।

(iii) विषय सम्बन्धित राष्ट्रीय सूचना केन्द्रों को संचार सुविधाओं से सम्पन्न करना है।

(iv) विभिन्न सूचना और समरूप सेवाओं में कार्यरत राष्ट्रीय एवं अन्तर्राष्ट्रीय संगठनों के साथ सहयोग करना।

(v) विभिन्न भाषाओं में अनुवाद के लिए सुविधा प्रदान करना।

(vi) राष्ट्रीय परिदाय ग्रन्थालय **(Lending Library)** सेवाओं की स्थापना।

(vii) राष्ट्रीय परामर्श संस्थानों की स्थापना करना।

2. सूचना संसाधनों का विकास– निसात के निम्नवत उद्देश्य ऐसे हैं जो सूचना संसाधनों के विकास से सम्बद्ध है–

(i) विभिन्न संस्थाओं को विशिष्ट विषय क्षेत्रों में अध्ययन सामग्री के विशाल संग्रहों के निर्माण के लिए उतरदायित्वों को सुनिश्चित करना।

(ii) वैज्ञानिक, प्रौद्योगिकी, पर्यावरण सम्बन्धी और सामाजिक आर्थिक आधार सामग्री के लिए आधार सामग्री अधिकोषों **(Data Banks)** की स्थापना करना।

(iii) विभिन्न विषय क्षेत्रों में ऐसे विशेषज्ञों और विद्वानों के सम्बन्ध में जानकारी एकत्रित करना, ताकि आवश्यकता पड़ने पर सूचना स्रोतों और परामर्शदाताओं की भांति कार्य करना संभव हो सके।

(iv) नीतिवेत्ताओं, विशेषज्ञों आदि के उपयोग के लिए सभी महत्वपूर्ण वैज्ञानिक प्रकाशन की प्रति की सुनिश्चिता का निर्धारण करना।

(v) NISAT का प्रमुख कार्य सूचना संस्थानों एवं ग्रन्थालयों के लिए अनुपयोगी सामानों के लिए क्षेत्रीय निक्षेपगारों की स्थापना करना होता है ताकि सूचनाएं निश्चित समय सीमा में संप्रेषित की जा सकें।

3. मानव शक्ति का विकास– इस क्षेत्र के विकास से सम्बन्धित निसात के प्रमुख उद्देश्य निम्नवत हैं–

(i) सूचना विज्ञान में अनुसंधान की गतिविधियों को सहायता प्रदान कर प्रोत्साहित करना।

(ii) सूचना विभाग में सम्मेलनों, परिचर्चाओं, संगोष्ठियों, कार्यशालाओं आदि का आयोजन करना।

(iii) विशषज्ञों को प्रशिक्षित करना और सूचना विज्ञान, पुनर्प्रतिचित्रांकन तथा अनुवाद के क्षेत्र में विभिन्न स्तरों के योग्य व प्रशिक्षित कर्मचारी पर्याप्त मात्रा में मिल सकें।

(iv) सूचना विज्ञान सम्बन्धी योजनाओं को सहयोग एवं प्रोत्साहन प्रदान करना।

4. सूचना उपयोगकर्ताओं से सम्बन्धित उद्देश्य–सूचना उपयोगकर्ताओं से सम्बन्धित उद्देश्य इस प्रकार हैं–

(i) विज्ञान प्रौद्योगिकी और प्रबन्ध सूचना के वर्तमान और सम्भावित उपयोगकर्ताओं को पहचानना।

(ii) विज्ञान, प्रोद्यौगिकी, औद्योगिकी एवं व्यवसाय प्रबन्ध के क्षेत्रों में कार्यरत कर्मचारियों को सूचना के कार्य प्रभाव तथा उन पर पड़ने वाले प्रभावों से अवगत कराना।

यूनिसिस्ट

यूनिसिस्ट विज्ञान तथा प्रौद्योगिकी क्षेत्र से सम्बन्धित वह सहकारितापूर्ण कार्यक्रम है, जो यूनेस्को के संरक्षण में कार्य करता है। यूनिसिस्ट का मुख्य उद्देश्य विश्व की सूचना सामग्री एवं संसाधनों को प्रयोग हेतु सम्बन्ध करने के लिए प्रणाली को प्रोत्साहित करना है। आज विश्व के 58 सदस्य राष्ट्रों में 86 यूनिसिस्ट समितियां तथा राष्ट्रीय केन्द्र सूचना के क्षेत्र में व्यापक सहयोग प्रदान कर हैं।

यूनिसिस्ट की स्थापना

सर्वप्रथम 1964 में कार्लोवी वेरी, चेकॉस्लाविया में 13वें विज्ञान एवं वैश्विक विषयों पर आयोजित सम्मेलन में, यह बताया गया कि वर्तमान सारकरण सेवाएं तथा यांत्रिक संकेतन एवं अनुक्रमणीकरण पद्धतियां पृथक-पृथक रूप से कार्य कर रही

हैं और एकरूप में संगृहीत सूचना को दूसरे रूप में संगृहीत सूचना के साथ स्वतंत्र रूप से विनिमय नहीं कर पा रही हैं। इसलिए सम्मेलन ने सूचना संग्रह तथा पुनर्प्राप्ति की एकीकृत प्रणाली को विकसित करने के लिए तत्काल कदम उठाने की अनुशंसा की विभिन्न प्रकार के वैज्ञानिकों तथा दूसरे अनुसंधान व शोधकर्ताओं हेतु इसकी आवश्यकता महसूस की गयी।

यूनेस्को एवं अन्तर्राष्ट्रीय वैज्ञानिक संघ परिषद तथा यूनेस्को, जिन्हें इस कार्य हेतु सर्वाधिक उपयुक्त समझा गया, को वैज्ञानिक व तकनीकी सूचना के संचार को अन्तर्राष्ट्रीय रूप देने हेतु आवश्यक कार्यवाही करने के निर्देश दिए गए। इक्सू के सन् 1966 में बम्बई में सम्पन्न हुए 11वें सम्मेलन में यह प्रस्ताव किया गया कि इसका प्रमुख उद्देश्य विश्व के विज्ञान से सम्बन्धित क्षेत्र में समस्त सूचना के संग्रह व पुनर्प्राप्ति में विभिन्न कार्यों के मध्य समन्वय स्थापित करना था। यूनेस्को के मुख्यालय पेरिस में 4-8 अक्टूबर, 1971 में जिस सम्मेलन का आयोजन हुआ उसके पीछे विशेषज्ञों का अनुरोध विशेष महत्त्वपूर्ण था। इस आयोजन का प्रमुख उद्देश्य वैश्विक स्तर पर वैज्ञानिक एवं तकनीकी प्रलेखन तथा सूचना स्थानान्तरण के मूल भूत तरीके में स्वरूपगत परिवर्तन करना था। यूनेस्को के इस सम्मेलन में 85 राष्ट्रों के 326 प्रतिनिधि तथा अन्तर्राजकीय स्तर के 40 प्रतिनिधियों ने आपका भागीदारी ज्ञापित की। विश्व विज्ञान सूचना प्रणाली की स्थापना की सम्भाव्यता के सम्बन्ध में यूनेसको तथा अन्तर्राष्ट्रीय वैज्ञानिक संघ परिषद के सम्मिलित कअध्ययन के परिणामों पर विचार करना तथा इसकी स्थापना के लिए संस्तुति इस सम्मेलन का प्रमुख उद्देश्य था। इस सम्मेलन में यूनेस्को के लिए 18-23 सदस्यी संचालन समिति के चुनाव का भी सुझाव पारित किया गया जिसका कार्य यूनेस्को के कार्यक्रमों का निरीक्षण करना तथा आवश्यकता पड़ने पर दीर्घकालीन योजना (Long term plan) की सीमाओं के अन्तर्गत प्राथमिकताओं में परिवर्तन करना था।

वस्तुतः वैज्ञानिक तथा तकनीकी सूचना के कार्यों के विश्लेषण से पता चलता है कि यूनेस्को तथा इक्सू (I.C.S.U) में विशेष एकरूपता हैं। इस लिए यूनेस्को तथा इक्सू संगठनों के श्रम ने अनावश्यक दुरुपयोग को रोकने के लिए सन् 1967 में 13 सदस्यीय यूनेस्को/इक्सू केन्द्रीय समिति (Unesco/ICSU Central Committee) का गठन हेरिस बाउन की अध्यक्षता में किया गया ताकि विश्व विज्ञान सूचना पद्धति की सम्भावना का अध्ययन संयुक्त रूप से किया जा सके। लगभग चार वर्षों के अध्ययन के बाद सन् 1970 में जो प्रतिवेदन 'Unisist-Study report on the feasibility of a World Science information System' के

नाम से प्रकाशित किया गया। उसकी रूपरेखा सन् 1971 में प्रकाशित की गई। सूचना स्थानान्तरण की प्रमुख समस्याएं एवं उनके आधुनिक समाधानों सम्बन्धी महत्त्वपूर्ण सूचनाएं ये दोनों प्रलेख प्रदान करते हैं। इस प्रतिवेदन में इसी प्रकर के विश्व विज्ञान सूचना पद्धति की सम्भावना व्यक्त की गई। यह सूचना पद्धति वर्तमान एवं भावी सेवाओं के स्वैच्छिक सहयोग पर आधारित लचीला तन्त्र (Flexible net work) है। इन दोनों प्रकार की संस्थाओं के उद्देश्यों तथा कार्यक्रमों में पर्याप्त समानता है।

सूचना क पारदर्शिता में यूनिसिस्ट पूरी तरह से मात्र इसी लिये नहीं सफल है कि इसमें नम्यता तथा उच्च स्तरीय प्रतिमानों का अभाव है। यह विश्व के वैज्ञानिकों के मध्य सूचना के स्वतन्त्र विनिमय की पुरानी परम्परा का आधुनिक प्रस्तुतीकरण है। यूनिसिस्ट को वैज्ञानिक सूचना के विकास में उत्प्रेरक की तरह कार्य करने तथा वर्तमान में सहयोग की दिशाओं को समन्वित करने हेतु लचीले कार्यक्रम की तरह नियोजित किया गया है।

यूनिसिस्ट विशाल केन्द्र या उच्च स्तरीय तंत्र न होकर एक ऐसा कार्यक्रम है, जिसका उद्देश्य लचीली तथा शिथिलतापूर्वक जुड़ी हुई सूचना सेवाओं का तन्त्र स्थापित करना है। यूनिसिस्ट प्रारम्भ में यह केवल विज्ञान, अभियांत्रिकी तथा प्रौद्योगिकी के क्षेत्र में ही कार्यरत था, इसके महत्त्व को देखते हुए 1975 में समाज विज्ञान को भी इसमें पर्याप्त महत्त्व दिया गया।

1975 में यूनेस्को द्वारा नाटिस (NATIS) व यूनिसिस्ट दोनों के कार्यक्रम में कुछ द्विरावृत्ति उत्पन्न हुयी जिसे ध्यान में रखते हुए, 1976 में यूनेस्को के 19वें सामान्य सम्मेलन में नाटिस को यूनिस्टि के साथ मिलाने की अनुशंसा की गई। परिणामस्वरूप दोनों के विलय (Merger) से एक नये कार्यक्रम 'सामान्य सूचना कार्यक्रम/यूनिसिस्ट-II' (PGI/Unisist-II) का आविर्भाव हुआ।

यूनिसिस्ट के प्रमुख कार्य

विज्ञान एवं सूचना पद्धति के क्षेत्र के यूनिसिस्ट के प्रमुख कार्य निम्नवत हैं—

1. तन्त्र के भीतर उन प्रकाशित तथा प्रकाशनीय सूचना तथा आँकड़ों के विनिमय को प्रोत्साहन देना, जो कि वैज्ञानिको एवं अभियन्ताओं को उपयोगी सूचना उपलब्ध कराता है।

2. वैज्ञानिक सूचना के अन्तर्राष्ट्रीय विनिमय के लिए प्रयुक्त शब्दावली तथा विज्ञान व प्रौद्योगिकी के विभिन्न क्षेत्रों एवं विषयों में विद्यमान अनेकरूपताओं को समाप्त करने का प्रयास करना।

3 सभी देशों के वैज्ञानिकों के मध्य प्रकाशित अथवा प्रकाशन योग्य वैज्ञानिक सूचना तथा आँकड़ों का बिना किसी अवरोध के विनिमय करना।

4. भावी सूचना पद्धतियों के नियोजन में वैज्ञानिकों की भावी पीढ़ी का योगदान।

5. विभिन्न केन्द्रों के मध्य एवं भीतर वैज्ञानिक सूचना के सम्प्रेषण में वैधानिक तथा प्रशासनिक अवरोधों को न्युनतम करना।

6. सूचना पद्धति के उपयोग एवं विकास में वैज्ञानिकों की बढ़ती हुई साझेदारी, विशेष रूप से वैज्ञानिक सूचना संश्लेषण एवं मूल्यांकन में उनका योगदान।

7. सभी देशों में यांत्रिक पद्धतियों के उपयोगार्थ आवश्यक आधार के रूप में स्थापित सूचना एवं आंकड़ों हेतु शिक्षित, श्रम शक्ति एवं अन्तः स्रोतों को विकसित करना।

8. सूचना सेवाओं को प्राप्त करने के इच्छुक विकासशील व विकसित राष्ट्रों को सहयोग प्रदान करना।

9. कार्यभार के विभाजन एवं आवश्यक सेवाएं प्रदान करने के उद्देश्य से सेवा के विभिन्न क्षेत्रों में तथा विभिन्न देशों के सूचना तन्त्रों के मध्य सहकारी समझौतों को प्रोत्साहित करना।

10. विज्ञान के विभिन्न क्षेत्रों एवं विभिन्न देशों में विकसित सूचना प्रस्तुतीकरण पद्धतियों के मध्य संगतता (Compatibility) को बढ़ावा देना।

11. तन्त्र के भीतर वैज्ञानिक सूचना एवं आँकड़ों के आदान-प्रदान को बढ़ावा देने हेतु तकनीकी मानकों का सहकारी विकास एवं देख-रेख करना।

यूनिसिस्ट के प्रमुख उद्देश्य

यूनिसिस्ट स्टडी रिपोर्ट ने जिन 22 अनुशंसाओं का उल्लेख किया, उसके अनुसार यूनिसिस्ट के छः उद्देश्य हैं, जो निम्नवत हैं–

1. विकासशील राष्ट्रों को सूचना सेवाओं के विकास हेतु अन्तर्राष्ट्रीय सहयोग, 2. यूनिसिस्ट संगठन सम्बन्धी उद्देश्य, 3. व्यावसायिक समूहों के उत्तरदायित्व सम्बन्धी उद्देश्य, 4. मंस्थात्मक वातावरणीय उद्देश्य, 5. इस पद्धति के उपकरणों का

सुधार एवं विकास से सम्बन्धित उद्देश्य, 6. सूचना सेवाओं की दक्षता सम्बन्धी उद्देश्य।

यूनिसिस्ट का संगठन

किसी भी कार्य के सफल संपादन के लिए एक उच्चस्तरीय रूपरेखा तैयार करनी होती है। इसी आधार पर यूनिसिस्ट के भी अपने कार्य करने की एकरूप रेखा व ढाँचा है इसके निम्नवत तीन भाग हैं–

1. परामर्श समिति (Advisory Committee)— यूनेस्को के डाइरेक्टर जनरल को परामर्श देने तथा यूनिसिस्ट कार्यक्रम के मूल्यांकन कि यूनिसिस्ट किस सीमा तक अपने उपयोगकर्ताओं की जरूरतों की पूर्ति करने में समर्थ है, के लिए यह समिति कार्य करेगी। इस समिति की नियुक्ति यूनेस्को के डाइरेक्टर जनरल के द्वारा की जाती है

2. संचालन परिषद् (Stearing Committee)— इसमें शिक्षा, संस्कृति, विज्ञान एवं प्रौद्योगिकी क्षेत्र के कार्यक्रमों को निर्देशित करने व योजना बनाने के लिए 30 सदस्य होंगे;

3. प्रशासकीय कार्यालय (Executive Office)—इस कार्यालय का कार्य यूनिसिस्ट के स्थाई सचिवालय की भूमिका का निर्वहन करना है तथा यह कार्यालय कार्यक्रमों के प्रशासन एवं बजट के लिए उत्तरदायी होगा;

यूनिसिस्ट द्वारा प्रदत्त प्रमुख सेवायें

सूचना के क्षेत्र में यूनिसिस्ट का कार्य सूचना कर्मचारियों के प्रशिक्षण में सहायता करना, रखरखाव की योग्यता के विकास में सहयोग देना; तथा मानकों व मानदण्डों के प्रयोग में सहायता देना है। इसके साथ-साथ यह सूचना सम्बन्धी नीति व योजनायें बनाने में भी सहयोग प्रदान करता है।

विनीति

आज विकास के लिये व्यापक स्तर पर जो कार्य किये जा रहे हैं उसके परिणाम स्वरूप विभिन्न क्षेत्रों में नवीन प्रतिमानों की स्थापना हो रही है, शोध की आधुनिक प्रविधियों के प्रादुर्भाव के कारण सूचना स्रोतों का विशेष पारदर्शी होना नितांत अनिवार्य हो चुका है। प्रायः यह देखा जाता है कि किसी भी देश विशेष के उत्थान हेतु वहां की

शोध पद्धतियों हेतु किसी मजबूत आधार की जरूरत होती है। विषय विशेष को समझने के लिए व्यापक सूचना ही आधार है, लेकिन इसको पाने में समय के दुरूपयोग होने की सम्भावना बनी रहती है। साथ ही सूचना प्राप्ति के विभिन्न तरीकों तथा साधनों से अवगत न होने के कारण सम्भव है, कि आवश्यक या वांछित सूचना प्राप्त भी न की जा सके। विभिन्न देशों ने जो राष्ट्रीय प्रलेखों व सूचना केन्द्रों की स्थापना की उसका उद्देश्य वैज्ञानिकों तथा अनुसंधानकर्ताओं की समस्याओं का निराकरण करना है।

नाजी आक्रमण के परिणाम स्वरूप बिगड़ती व्यवस्था को संतुलित करने के उद्देश्य से सोवियत संघ में 1950 में राष्ट्रीय आर्थिक संरचना को मजबूत बनाने हेतु विभिन्न प्रकार के प्रयत्न किये जाने लगे तथा उस समय यह पूर्णरूप से स्पष्ट था कि विज्ञान ही राष्ट्र के तकनीकी विकास के लिए प्रमुख कारक (Factor) है। देश-विदेश में हो रहे विभिन्न विषयों के शोध से सम्बन्धित सही तथा पूर्ण जानकारी के जल्दी प्राप्त होने से ही नवीन अनुसंधानों तथा नवीन ज्ञान का उचित उपयोग सम्भव है। इस उद्देश्य की पूर्ति के लिए अर्थात् विभिन्न वैज्ञानिक विषयों से सम्बन्धित सूचना के संग्रहण, प्रस्तुतीकरण (Processing) तथा वितरण के उद्देश्य से 1952 में मास्को में विनीति नामक संस्था स्थापित की गयी।

विनीत जो एक राष्ट्रीय प्रलेखन केन्द्र है की स्थापना से पहले विभिन्न प्रकार की समितियाँ कार्यों का संचालन कर रही थीं, यद्यपि ये समितियां स्वतंत्र रूप से कार्य करती थीं, परन्तु इनमें अन्तर्सम्बन्ध अवश्था राष्ट्रीय सूचना सेवा को एकीकृत करने तथा राष्ट्रीय व्यवस्था का रूप प्रदान करने की ओर सोवियत वैज्ञानिकों ने प्रयत्न किया जिसका परिणाम यह हुआ कि मन्त्री परिषद की आज्ञा तथा निर्देशानुसार एक राष्ट्रीय वैज्ञानिक सूचना व्यवस्था की स्थापना की गई।

विनीति संस्था को विज्ञान अकादमी के तहत् कार्य करने की वजह से सूचना संस्था की संज्ञा दी गई। कुछ समय पश्चात् सन् 1955 में इसे 'वैज्ञानिक तथा तकनीकी सूचना संस्था का संघ' (All Union Institute for Scientific & Technical Information) नाम दिया गया। रूसी भाषा में इसे 'क्सिोइयूज्न्यी इन्सटीट्यूट नाउकनोई टेक्नीस्कोई इनफोरमैटोसी' (Vsesoniuznyi Institute Nauchnoi Tekhnicheskoi Informatosi) कहा जाता है। इसे संक्षेप में विनीति कहते हैं सन् 1952 में स्थापित इस संस्था ने 1953 से कार्य करना प्रारम्भ किया। यह 'सोवियत संघ की वैज्ञानिक शोध समन्वय समिति' (USSR State Committee for Coordination of Scientific Research) के अधीन कार्यरत है। विनीति के

प्रथम निदेशक सोवियत विज्ञान अकादमी के विज्ञान के उपसचिव प्रो. अलेक्जेण्डर मिखाइलोव थे।

स्थापना के समय इसका कार्यक्षेत्र भौतिक, रसायन गणित एवं कुछ अन्य क्षेत्रों तक ही समिति था जो व्यावहारिक विज्ञान से पृथक था जबकि औद्योगिक प्रगति के लिए व्यावहारिक विज्ञान के विषय क्षेत्र से सम्बन्धित जानकारी सर्वाधिक आवश्यक है। प्रो. मिखाइलोव के सुझाव पर संस्था का विषय क्षेत्र व्यावहारिक विज्ञान के विषयों की ओर विस्तृत किया गया तथा पावर इन्जीनियरिंग, रेडियो इलेक्ट्रोनिक्स तथा कम्प्यूटर प्रौद्योगिकी आदि विषयों से सम्बन्धित सामग्री की प्राप्ति की ओर विशेष ध्यान दिया जाने लगा। विषय क्षेत्र के साथ-साथ सूचना स्रोत के क्षेत्र को भी विकसित किया गया।

विनीति के उद्देश्य

विनीति की स्थापना के प्रमुख उद्देश्य निम्नवत हैं—

(1) वैज्ञानिक तथा प्रौद्योगिकी सूचना-तन्त्र से सम्बन्धित विशेषज्ञों के ज्ञान संबर्धन हेतु प्रशिक्षण की व्यवस्था करना।

(2) सूचना की अवाप्ति, पंजीयन (Registration) तथा विश्लेषी-संश्लेषणात्मक प्रणाली से प्रस्तुतीकरण (Analytico-synthetic processing) संग्रहण तथा उपयोगकर्ताओं को प्रकाशनों, चुम्बकीय टेप आदि के जरिए या निश्चित संस्थाओं (Agencies) के नेटवर्क के द्वारा सूचना प्रदान करने के प्रावधान से सम्बन्धित वैज्ञानिक तथा प्रायोगिक कार्यों (Scientific & practical work) का संयोजन (Organisation) करना।

(3) सम्बन्धित क्षेत्र में वैज्ञानिक शोध को प्रोत्साहन देना तथा उसके सम्पादन में सहयोग प्रदान करना जिससे 'इन फोर मैटिक्स' तथा वैज्ञानिक सूचना के क्षेत्र में पैदा होने वाली समस्याओं का निराकरण सम्भव हो सके। स्नातक व स्नातकोत्तर स्तर छात्रों हेतु यह आवश्यक सूचना प्रदान करना भ्री इसका प्रमुख लक्ष्य है।

विनीति के कार्य

वैज्ञानिक सूचना के कार्य में संलग्न तौर-तरीकों तथा उपकरणों (Methods & equipments) में उत्तमता लाने के लिए शोध परियोजनाओं का संगठन व संचालन करना, प्राकृतिक विज्ञान (Natural science) एवं प्रौद्योगिकी के क्षेत्र में विश्व साहित्य का पूर्ण तथा व्यवस्थित सारकरण करना तथा सन्दर्भ सेवा तथा विशिष्ट

सूचना उपलब्ध कराने में सहायक सारकरण पत्रिका का निर्माण तथा प्रकाशन करना विनीति के प्रमुख कार्य हैं।

विनीति का संगठन

विनीति अपने कार्यों का सफल संचालन कर सके। इसके लिये इसके निम्नवत विभाग बनाये गये। अवत्ति विभाग, तकनीकी अन्य सूची विभाग सारकण विभाग अनुवाद विभाग, प्रकाशन विभाग, निर्देशन विभाग, शीघ्र सेवा विभाग। शीघ्र सेवा विभाग को एक्स प्रेस सेवा एवं सिग्नलसेवा नामक दो भागों में बांटा गया है।

विनीति उस वैज्ञानिक, तकनीकी सूचना के स्वचालित तंत्र का संगठन है, जिसकी स्थापना सोवियन संघ में की गयी है।

कार्य प्रक्रिया

वस्तुतः विश्व के सम्पूर्ण साहित्य का प्रस्तुतीकरण विनीति का प्रमुख कार्य है। विनीति प्रतिवर्ष 130 देशों के द्वारा 66 भाषाओं में प्रकाशित लगभग 40,000 ग्रन्थ (Titles) तथा 1,00,000 अन्य प्रकाशन प्राप्त करता है। इसके अलावा लगभग, 2,50,000 एकस्वों (Patents) से सम्बन्धित सूचना भी इकट्ठा करता है। विभिन्न सूचना स्रोतों के प्राप्त महत्वपूर्ण आंकड़े चयनित करके यह विशिष्ट सूचना बुलेटिन में प्रकाशित करता है। संस्था में प्रकाशनों की बढ़ती संख्या से प्रकाशन विधि सम्बन्धी समस्याएं उत्पन्न हो गयी हैं। प्रारम्भ में मास्को के 10 तथा अन्य स्थानों के कुछ प्रकाशन गृहों के द्वारा यह कार्य सम्पादित किया जाता था लेकिन कुछ समय पश्चात प्रकाशन में हो रही देरी को दूर करने के लिए विनीति में स्वयं का प्रकाशन-गृह स्थापित किया गया है।

इण्टरनेशनल फेडरेशन फॉर डॉक्यूमेन्टेशन

हेनरी ला फान्टेन (Henri La Fontaine) तथा पाल ओटलेट के सम्मिलत प्रयासों के परिणाम स्वरूप 1885 में ब्रूसेल्स (बल्जियम) में एक अन्तर्राष्ट्रीय वाङ्मय सूची की आवश्यकता को ध्यान में रखते हुए एक सम्मेलन आयोजित किया गया। वस्तुतः इसी समय से इस क्षेत्र में विकास कार्य शुरू हुआ। इस सम्मेलन का उद्देश्य बौद्धिक तथा सामाजिक विकास के प्रोत्साहन देना था।

1924 में इसे पुनर्जीवित किया गया। इसके संविधान में परिवर्तन कर एक संघात्मक अन्तर्राष्ट्रीग संगठन का रूप दिया गया और पांच राष्ट्र इम्के सदस्य बनाए

गये। 1931 में इसका नाम परिवर्तित कर इन्टरनेशनल इन्सटिट्यूट ऑफ डाकूमेन्टेशन (International Institute of Documentation) कर दिया गया, जिसे पुनः 1938 में वर्तमान नाम 'इन्टरनेशनल फेडरेशन फॉर डाकूमेन्टेशन (International Federation for Documentation—FID) दिया गया।

एक अन्तर्राष्ट्रीय वाङ्मयसूची का निर्माण एवं संकलन इस संस्थान ने 1918 तक पत्रकों पर किया लेकिन प्रथम विश्व युद्ध के प्रारम्भ होने के कारण यह कार्य स्थगित कर दिया गया। स्थगन के समय तक इस वाङ्मयसूची के अन्तर्गत 150 लाख संदर्भों का विवरण प्रस्तुत किया जा चुका था। विशिष्ट प्रकरणों पर सन्दर्भों को उपलब्ध कराना भी इस संस्थान का कार्य था। फलतः इस कार्य को करने हेतु सार्वभौमिक ग्रन्थालय की आवश्यकता का भी अनुभव किया गया। वैज्ञानिक गठ उस समय सन्दर्भों संकलन का कार्य स्वतः ही किया करते थे। अतः इसके समक्ष अनेक कठिनाइयां उत्पन्न होने लगीं। इस कार्य को पूरा करने के लिये पर्याप्त सूचना स्रोत वच उचित सहयोग की आवश्यकता थी। इस संस्था को प्रथम विश्वयुद्ध ने निष्क्रिय कर दिया इसके कार्यालय को भी ब्रूसेरूस (बेल्जियम) से हटा कर हेग (हालैण्ड) में स्थापित तो किया गया, परन्तु इसके संघीय स्वरूप में किसी प्रकार का परिवर्तन नहीं किया गया। मूलतः इसका यूरोपीय देशों तक ही सीमित होने का प्रमुख कारण इसकी अन्तर्राष्ट्रीयता थी।

द्वितीय विश्व युद्ध के बाद जब एफ.आई.डी. ने दुबारा प्रयत्न कर अपने कार्यों का संचालन प्रारम्भ किया तो अनेक अन्तर्राष्ट्रीय संघों--संयुक्त राष्ट्र संघ (United Nations), यूनेस्को (UNESCO), एफ. ए. ओ. (FAO) आई. एल. ओ. (ILO), विश्व स्वास्थ्य संगठन (WHO) आई. सी एस. यू. (ICSU) ने इसे मान्यता प्रदान की। इन्टरनेशनल स्टैण्डर्ड्स आर्गनाइजेशन ने प्रलेखन हेतु मानकों को तैयार करने के लिए सहयोग एवं सहायता की।

यह माना गया कि एफ. आई. डी. (FID) की गतिविधियां प्रलेखन की दृष्टि से प्रमुखतः यू. डी. सी. (UDC) के विकास तथा प्रचार तक ही सीमित हैं। अतः प्रलेखन के अन्तर्राष्ट्रीय क्षेत्र में इसका प्रभाव एवं महत्त्व घटता जा रहा है। परिणामतः इसने प्रलेखन के अन्य पक्षों एवं क्रियाकलापों की ओर भी ध्यान दिया सारांशकरण सेवाओं, व्यावसायिक प्रशिक्षणों तथा प्रलेखों के छायाचित्रों को प्रस्तुत करने के लिए इसने कार्यदलों को संगठित किया।

भारत 1952 से ही इन्सडॉक का सदस्य रहा इसके पहले से ही डॉ. एम. आर. रंगनाथन् को इसके वर्गीकरण के सामान्य सिद्धान्त (IFDèCA) के कार्य को करने हेतु एफ. आई. डी. के साथ सम्बद्ध किया गया था।

1958 में वाशिंगटन मे दीर्घावधि नीतियों के प्रस्तुतीकरण के लिए एक वृहद् आयोजन हुआ। जिसे 1959 में वारसा-सम्मेलन (Warsaw Conference) में स्वीकृत किया गया। इसकी प्रमुख संस्तुतियों में—इसकी गतिविधियों को पर्याप्त विस्तृत करना, सदस्यों की संख्या को बढ़ाना, पश्चिमी यूरोप के अतिरिक्त अन्य क्षेत्रों में इसके भाग लेने की क्षमता को विकसित करना, इसे अधिक प्रभावशाली एवं उपयोगी बनाना आदि मुख्य थीं। इसके विकास के लिये इसके पूर्व भी व्यापक प्रयास किये जा चुके है। क्षेत्रीय आधार पर प्रतिनिधित्व प्रदान किया गया है। अमेरिका एवं एशिया में क्षेत्रीय कार्यालय स्थापित करने का प्रस्ताव भी है।

एक आई डी ने अन्तर्राष्ट्रीय स्तर पर प्रलेखन क्षेत्र में व्यापक सहयोग प्रदान किया है। 1954 में इसके 21 राष्ट्रीय सदस्य थे, जिनकी संख्या अब 79 हो गयी है। 82 देशों की 390 संस्थाएं इससे सम्बद्ध हैं। अन्तर्राष्ट्रीय सदस्यों की संख्या 7 है।

एफ. आई. डी. के लक्ष्य व कार्यक्रम

इस संस्थान का प्रमुख कार्य अन्तर्राष्ट्रीय सहयोग, अध्ययन व शोध के आधार पर सूचना विज्ञान से सम्बन्धित सभी संगठनों व पद्धतियों को प्रोत्साहन प्रदान करना है।

सूचना-विज्ञान एवं सूचना-प्रणालियों से सम्बन्धित संस्थाओं, संगठनों एवं व्यक्तियों को अन्तर्राष्ट्रीय स्तर पर समूहबद्ध कर एफ. आई. डी. विचारों एवं अनुभवों के विनिमय के लिए अन्तर्राष्ट्रीय मंच प्रदान करता है और व्यक्तियों व संस्थाओं में समन्वय स्थापित करता है।

यह सूचना विज्ञान से संबंधित वह संघ है जो अन्तर्राष्ट्रीय व्यवस्था से संबद्ध है। वरीयता के आधार पर एफ.आई.डी. निम्नवत क्षेत्रों में कार्य करता है।

(a) सूचना-विज्ञान का सैद्धान्तिक एवं भाषाशास्त्रीय आधार। (b) सूचना का प्रक्रियाकरण एवं प्रयोगिकी। (c) सूचना के उपयोगकर्ताओं एवं विशेषज्ञों का प्रशिक्षण एवं शिक्षण। (d) सूचना प्रणाली तथा नेटवर्क अभिकल्प तथा व्यवस्था और (e) सूचना आवश्यकता तथा उपयोगकर्ताओं की प्रवृत्तियों में समन्वय रखना।

संगठनात्मक स्वरूप

अपने कार्यक्रमों को क्रियान्वित करने हेतु एफ. आई. डी. द्वारा निम्नलिखित आयोगों का गठन किया गया है—

1. FIDCLA Commission for Latin America;
2. FIDCAD Commission for Asia and Oceania:
3. FIDCAF Commission for Africa.

प्रत्येक आयोग के अपने अलग-अलग कार्यक्रम हैं।

इसके अतिरिक्त सूचना विभाग में निम्नवत समितियां ऐसी हैं जो अपनी संगठन प्रणाली का स्वतः निर्धारण करती हैं–

(1) FIDSD सामाजिक विज्ञानों के प्रलेखन की समिति इस क्षेत्र के सूचना तथा प्रलेखन सेवाओं को प्रोत्साहित करती है।

(2) FIDRI सूचना-विज्ञान के सैद्धान्तिक आधारों का विकास तथा इसका अन्य वैज्ञानिक विषयों के साथ सम्बन्ध एवं प्रभाव का अध्ययन इस समिति द्वारा किया जाता है।

(3) FIDPD पेटेन्टों के सूचना तथा प्रलेखन की यह समिति पेटेन्टों के सूचना के उपयोग पर बल देती है।

(4) FIDII उद्योग सूचना (Information for Industry)–उद्योगों में उपयोगी सूचना आवश्यकता के निर्धारण हेतु अन्तर्राष्ट्रीय मंच संस्थापित कर विधियों एवं साधनों का मूल्यांकन आदि का कार्य समिति करती है।

(5) FIDET (शिक्षण एवं प्रशिक्षण समिति)–प्रलेखन एवं सूचना-विज्ञान के प्रशिक्षण की समस्याओं तथा प्रकरणों एवं विधियों का अध्ययन तथा अनुसन्धान आयोजित करती है।

(6) FIDTD सूचना एवं प्रलेखन की पारिभाषिक पदावली (Terminolgy of Information and Documentation)–यह समिति पारिभाषिक पदों के सिद्धान्त, विधियों, समस्याओं तथा स्थिति के क्षेत्र में अनुसन्धान का आयोजन करती है।

(7) FIDCR (वर्गीकरण-अनुसन्धान)–इस समिति का कार्य वर्गीकरण एवं अनुक्रमणिकाकरण के क्षेत्र में अनुसन्धान हेतु प्रयोजन, व्यवस्था तथा प्रोत्साहन प्रदान करना है।

(8) FIDCCC (केन्द्रीय वर्गीकरण समिति)–इसकी यूनिवर्सल डेसीमल क्लासीफिकेशन की 30 संशोधन-समितियां हैं, जो इस वर्गीकरण योजना का संशोधन, विकास निरीक्षण तथा प्रचालन करती हैं।

(9) FIDIM सूचना सांख्यिकी (Informetrics)–सूचनासांख्यिकी इस समिति का कार्य सूचना-विज्ञान में सांख्यिकी के अनुप्रयोग के लिए अन्तर्राष्ट्रीय मंच संस्थापित कर विधियों एवं साधनों का मूल्यांकन करना है।

एफ. आई. डी. के प्रमुख प्रकाशन

1. एफ. आई. डी. द्वारा किये जाने वाले कुछ प्रमुख प्रकाशन निम्नवत हैं–

(1) F&D Projects in Documentation and Librarfanship (Bimonthly),

(2) FID

(3) FID Directory 1981-82,

(4) Internationl Forum of Information and Documentations (Quarterly),

2. एफ. आई. डी. ने कुछ मोनोग्राम भी प्रकाशित किये हैं, जो निम्नवत हैं–

(1) Guide to Agricultural Information Sources in Asia Oceania, 1980

(2) Current Issues and Trends in Education and Training for Information Works in Developing and Developed Countries, 1981.

(3) Computers and the UDC : A decade in Progress, 1963-73

(4) Criteria of the Quality of Information System and Processes, 1981.

एफ.आई.डी. के उपरोक्त सिद्धांतों, कार्यों तथा सूचना स्रोत के रूप में दिये जाने वाले सहयोग के अध्ययन से स्पष्ट होता है कि International Federation For Documentation (F.I.D.) द्वारा अनुसंधान कर्ताओं को दिया जाने वाला सहयोग उनके शोध कार्यों की जटिलता निश्चित रूप से कम करता है।

अन्तर्राष्ट्रीय कृषि विज्ञान एवं टेक्नोलोजी सूचना तंत्र

कृषि विज्ञान के क्षेत्र में आज जो प्रगति हमें दिखाई दे रही है वह नवीन तकनीकी के प्रयोग सफल प्रयोग का परिणाम है। अन्तर्राष्ट्रीय कृषि विज्ञान एवं टेक्नोलॉजी सूचना तंत्र (A.GRIS) की स्थापना भी इसी सन्दर्भ में की गयी है। इस संस्थान की स्थापना का प्रमुख लक्ष्य खाद्य एवं कृषि संगठन (F.A.O.) द्वारा कृषि विज्ञान एवं प्रौद्योगिकी के विकास को बढ़ावा देना है। ताकि वैज्ञानिकों (विशेषकर विकासशील देशों में कार्यरत) को नवीनतम सूचना शीघ्रातिशीघ्र उपलब्ध करवायी जा सकें। साथ ही, विकासशील देशों में जहाँ सूचना सेवाओं तथा तंत्रों का पर्याप्त विकास नहीं हुआ है, वहाँ कृषि सूचना के रख-रखाव एवं समुचित प्रबन्ध हेतु राष्ट्रीय सामर्थ्य का विकास करना भी इस तंत्र का एक प्रमुख उद्देश्य है। एग्रिस ने कृषि व सूचना के क्षेत्र में कई महत्त्वपूर्ण कार्य किये हैं, जिसके कारण वैश्विक स्तर पर इसे पर्याप्त सहयोग मिल रहा है।

एग्रिस की प्रमुख विशेषताएँ

आज वैश्विक स्तर पर AGRIS ने जो ख्याति अर्जित की है उसका प्रमुख कारण इस सूचना तंत्र में निम्नवत विशेषता का होना है—

1. यह एक ऐसा अन्तर्राष्ट्रीय सहकारी (Cooperative) तन्त्र है जो विभिन्न देशों, राष्ट्रीय तथा अन्तर्राष्ट्रीय संस्थाओं एवं संगठनों को सहयोग प्रदान करता है।

2. यह तंत्र में सम्मिलित की जाने वाली सूचना का चुनाव एवं संकलन स्थानीय स्तर पर राष्ट्रीय/क्षेत्रीय निवेश केन्द्रों (National/Regional Input Centers) द्वारा किया जाता है। इस प्रकार यह तन्त्र अधिकाधिक विकेन्द्रीकरण (Decentralization) के सिद्धान्त पर कार्य करता है।

3. एग्रिस सहयोगी देशों एवं संस्थाओं में कार्यरत ग्रन्थालयों, प्रलेखनकर्ताओं एव सूचना वैज्ञानिकों हेतु कार्यक्रमों का आयोजन करता है।

4. यह एक कम्प्यूटरीकृत सूचना संग्रह एवं पुनर्प्राप्ति तंत्र है।

5. यहाँ मासिक पत्रिका का प्रकाशन भी इसके द्वारा किया जाता है,

6. इस तन्त्र में सूचना निवेश हेतु एग्रिस ने उन समुचित मानकों, प्रारूपों एवं नियमों का विकास किया है जिनके पालन करने से विभिन्न निवेश केन्द्रों द्वारा भेजी गई सूचना में एकरूपता (Uniformity) लाई जाती है।

7. इस संस्थान के रख-रखाव एवं प्रबन्ध हेतु सूचना विज्ञान की आधुनिकतम तकनीकों का प्रयोग किया जाता है।

8. इस तन्त्र द्वारा विभिन्न सूचनाएं जैसे—सामयिक अनभिज्ञता सेवा (Current Awareness Service), प्रदान की जाती है।

9. इसमें विषय-अनुक्रमणीकरण (Subject indexing) हेतु पर्याप्त शब्दकोश, (Thesaurus) का प्रयोग किया जाता है।

10. इस तंत्र का स्वरूप विकासात्मक तथा उद्देश्योन्मुख है।

11. उपर्युक्त सूचनों को मशीन द्वारा पढ़ने योग्य (Machin-readable) माध्यमों जैसे— चुम्बकीय फीते, संहत तश्तरी आदि पर भी उपलब्ध करवाया जाता है।

आवश्यकता

आज विभिन्न प्रकार की आवश्यकताओं के साथ-साथ खाद्यान्न की आवश्यकता भी काफी बढ़ी है। ऐसी परिस्थिति में यह आवश्यक है कि कृषि यद्यपि खाद्यान्नों

के उत्पादन में पहले की अपेक्षा काफी बढ़ोत्तरी हुयी है, परन्तु अभी भी इसमें और वृद्धि की आवश्यकता है। अनुसंधानों में बढ़ोत्तरी होने से सभी प्रकार की सेवाओं को उपलब्ध नहीं कराया जा सकता है। इतना ही नहीं, एक अन्तर्राष्ट्रीय तन्त्र की अनुपस्थिति में ऐसी कई असम्बन्धित सूचना सेवाओं का प्रसार होने लगा जिनकी व्याप्ति सन्तोषजनक नहीं थी। कृषि विज्ञान एक ऐसा अन्तर्विषयी (Interdisciplinary) तथा बहुआयामी विषय है, जिसमें फसल के उत्पादन के साथ-साथ भौगोलिक स्थिति, वायुमण्डल, मिट्टी आदि का अध्ययन भी किया जाता है।

कृषि विज्ञान में फसल के उत्पादन के साथ-साथ भौगोलिक स्थिति, वायुमण्डल, मिट्टी आदि का अध्ययन भी किया जाता है। इसलिये सूचना को किसी एक राष्ट्र की सीमाओं के भीतर नहीं रखा जा सकता है। अतः इस विषय से सम्बन्धित ज्ञान एवं सूचना के प्रभावी नियंत्रण, प्रसार तथा आदान-प्रदान हेतु एक ऐसे तंत्र के स्थापना की आवश्यकता अनुभव की गई, जो पूर्णतया अन्तर्राष्ट्रीय हों, जिसमें सम्बद्ध समस्त सूचना चाहें वह किसी भी भाषा में हो तथा कहीं से भी प्रकाशिता हुई हो, को सम्मिलित किया जाए। इनकी समस्याओं के महत्त्व को स्वीकारते हुए खाद्य एवं कृषि संगठन (FAO) के महानिदेशक ने सन् 1999 में विशेषज्ञों का एक दल नियुक्त किया। इस दल से विचार-विमर्श एवं अध्ययन के पश्चात् सन् 1970 में यह सुझाव दिया कि एक अन्तर्राष्ट्रीय कृषि विज्ञान एवं टेक्नोलॉजी सूचना तन्त्र (International Information System for Agricultural Science and Technology—AGRIS) की स्थापना अत्यन्त आवश्यक है, जहाँ तक इसकी गतिविधियों का प्रश्न है तो इसे निम्नवत दो रूपों में स्पष्ट किया जा सकता है–

(1) इस क्षेत्र में उपलब्ध अतिविशिष्ट सूचना सेवाओं, केन्द्रों एवं तन्त्रों का समन्वयीकरण किया जाता है, जिससे कि उस पुनरावृत्ति से बचा जा सके, जिसकी उस समय आवश्यकता न हो,

(2) कृषि विज्ञान के क्षेत्र में विस्तृत एवं व्यापक आधार सामग्री (Database) का संग्रहण जिससे सामयिक अभिज्ञता सेवा (Current awereness service) प्रदान करना संभव हो सके।

भारत का योगदान

कृषि प्रधान देश होने के कारण एग्रिस तथा भारत का अन्योन्याश्रित सम्बन्ध है। एग्रिस विगत 16 वर्षो से कृषि वैज्ञानिकों को सूचनात्मक सुविधा प्रदान कर रहा है। तथा कृषि सूचना के क्षेत्र में अपना एक विशिष्ट स्थान बना चुका है। इस तन्त्र

की स्थापना के विकासशील राष्ट्रों में सूचना गतिविधियों को सुचारू रूप से चलाने हेतु आधारभूत संरचना के विकास में पर्याप्त सहायता प्राप्त हुई है। एग्रिस द्वारा प्रदत्त प्रशिक्षण कार्यक्रमों से इन राष्ट्रों के सैकड़ों ग्रन्थालयी, प्रलेखनकर्ता तथा सूचना वैज्ञानिक लाभ प्राप्त कर रहे हैं।

सन् 1974 में भारत सरकार ने एग्रिस के कृषि मंत्रालय ने एग्रिस के विकास में सहयोग के लिये अपनी प्रतिबद्धता जतायी थी। इसी उद्देश्य हेतु भारतीय कृषि अनुसंधान परिषद् (Indian Council of Agriculture Research) के अधीन कृषि अनुसन्धान सूचना केन्द्र (Indian Council of Agriculture Research) के अधीन कृषि अनुसन्धान सूचना केन्द्र (Agriculture Research Information Centre) सन् 1975 से कृषि विज्ञान एवं तकनीक से सम्बन्धित भारत में प्रकाशित पाठ्य सामग्री को एग्रिस तन्त्र में निवेशित करता रहा है। यह केन्द्र सन् 1984 के अन्तर तक लगभग 30,000 सन्दर्भ एग्रिस में निवेश हेतु भेज चुका है तथा प्रतिवर्ष लगभग 3500 सन्दर्भ भेजता है। भारत एग्रिस को 3-4 प्रतिशत योगदान देता है। ताकि उसका विकास सुनिश्चित हो सके।

अन्तर्राष्ट्रीय नाभिकीय सूचना तन्त्र

सूचना क्षेत्र के विकास में अन्तर्राष्ट्रीय नाभिकीय सूचना तंत्र (International Nuclear Information System) जिसे संक्षेप में इनिस (INIS) कहते हैं, का विशेष महत्त्व है। यह आणुविक विज्ञान तथा प्रौद्योगिकी के क्षेत्र में कार्य करता है। संयुक्त राष्ट्रसंघ की अन्तर्राष्ट्रीय परमाणु ऊर्जा एजेन्सी (International Atomic Energy Agency—I.A.E.A) द्वारा स्थापित इस सूचना तंत्र का मुख्यालय वियना (आस्ट्रिया) में है, जो इसके सम्बर्धन के लिये प्रयास करता है।

सन् 1962 में संयुक्त राज्य अमेरिका तथा सोवियत संघ के सहयोग से अन्तर्राष्ट्रीय परमाणु ऊर्जा एजेन्सी ने नाभिकीय सूचना तंत्र की स्थापना की रूपरेखा तैयार की गयी थी। सन् 1968 में अन्तर्राष्ट्रीय कार्यकारी समूह (International Working Group) ने इस योजना को कार्य रूप में परिणित करने के लिए प्रारम्भिक रूपरेखा तैयार की। इसको 1969 ई. में अन्तर्राष्ट्रीय परमाणु ऊर्जा द्वारा मान्यता प्रदान की गयी। सन् 1969 में ही भारत सहित 20 देशों ने इनिस की स्थापना हेतु अपना सहयोग प्रदान किया, जिसके परिणाम

स्वरूप अगले वर्ष अप्रैल 1970 में इनिस ने अपना कार्य प्रारम्भ कर दिया। इसका प्रथम निर्गत (Output) इनिस एटमइन्डेक्स (INIS Atomindex) मासिक रूप में प्रकाशित किया गया। सितम्बर 1973 में इनिस एटमइन्डेक्स में एक विषय सूची (Subject Index) का प्रतिपादन किया गया। 1975 में इनिस एटमइन्डेक्स में क्रमिक सारकण तथा इनिस मैगनेटिक टेप में 'मशीन सुवाच्य (Machine Readable Abstract) शुरू किया गया। 1978 में प्रयोगात्मक इनिस/एग्रिस (Experimental INIS/AGRIS) की स्थापना की गई। उपरोक्त प्रयासों के परिणामस्वरूप इनिस के क्षेत्र में व्यापक विकास हुआ तथा इसका क्षेत्र भी व्यापक हो गया।

इनिस की संरचना

इनिस का अपना एक सम्पूर्ण तन्त्र (Network) बना हुआ है जिसमें ग्रन्थियां (Nodes) एक-दूसरे को सूचित करती रहती हैं। ये ग्रन्थियाँ राष्ट्रीय, क्षेत्रीय या अन्तर्राष्ट्रीय स्तर की हो सकती हैं। प्रत्येक स्थानीय ग्रन्थि केन्द्र (Local node centre) पर एक इनिस सम्पर्क अधिकारी (INIS Liason Officer) होता है। यह सम्पर्क अधिकारी ही अपने देश के नाभिकीय तथा प्रौद्योगिकी से सम्बन्धित सम्पूर्ण साहित्य को एकत्रित करके केन्द्रीय ग्रन्थि (Central node) (जो कि इनिस-सचिवालय है) के पास भेजता है। ये स्थानीय ग्रन्थि प्राप्त सूचनाओं तथा सामग्रियों को पाठकों तक पहुँचाने में सहायक होती है।

इस सूचना तंत्र में किसी प्रकार की समस्या इस लिये नहीं उत्पन्न होती है कि इसमें विभिन्न ग्रन्थियां एक दूसरे से सम्बद्ध होती है। तकनीकी कार्यकारी समूह (Technical Working Group) संचालन सम्बन्धी कार्यों के लिए प्रायः मिलते रहते हैं। वर्ष में सामान्य कार्य विधि तथा तकनीकी मामलों के लिए सभी इनिस-सम्पर्क-अधिकारियों की एक बैठक बुलाई जाती है। जो कई दृष्टियों से उपयोगी होती है। इस बैठक के माध्यम से इनिस के सचिव तथा संबंधित अधिकारियों के मध्य समन्वय स्थापित करने में सहायता मिलती है। ऐसा होने से बहुत सी तकनीकी समस्याओं आदि का तुरन्त समाधान मिल जाता है। इसी बैठक में नीतिगत मामलों (Policy matters) पर सलाहकार समिति द्वारा विचार-विमर्श किया जाता है। यह सलाहकार समिति एजेन्सी के महानिदेशक (Director

General) को सलाह देती है तथा एक निश्चित समयावधि पर इनसे मिलती रहती है तथा नवीनीकरण के साथ-साथ समायोजन के तथा प्रवृत्तियों का सत्यापन सामान्य दिग विन्यास में परिवर्तित करती हैं।

सदस्यता

सन् 1983 के प्राप्त आंकड़ों के अनुसार 67 राष्ट्रीय तथा 14 अन्तर्राष्ट्रीय स्तर की संस्थाएं इसकी सदस्य हैं। इन सदस्यों राज्यों के द्वारा एक वर्ष में लगभग 75,000 से अधिक मदों का निवेश किया जाता है।

सम्मिलित किये जाने वाले विषय

अन्तर्राष्ट्रीय नाभिकीय सूचना तंत्र में वे सभी विषय आते हैं, जिनका सम्बन्ध विज्ञान क्षेत्र से होता है। इनके विभिन्न स्वरूपों में प्राथमिक प्रलेखों के सभी स्वरूप—सामयिक प्रकाशनों, रिपोर्ट्स, सम्मेलन में प्रस्तुत पत्रों (Conference papers), लेखों आदि को सम्मिलित किया जा सकता है। इसके आंकड़े वैज्ञानिक संस्थाओं, औद्योगिक, प्रायोगिक, सरकारी संस्थाओं, शोध संस्थानों, विश्वविद्यालय यहां तक वैज्ञानिकों और शोधकर्ताओं से व्यक्गित रूप से भी एकत्रित किये जाते हैं। इसमें सरकारी प्रलेखों, राष्ट्रीय योजनाओं, बजट अनुमानों आदि को भी सम्मिलित किया जाता है, परन्तु इसके कुछ वर्गीकृत प्रलेख जैसे—सरकारी गोपनीय रिपोर्ट आदि को सम्मिलित नहीं किया जाता है। इसके विषय क्षेत्र के अन्तर्गत उच्च ऊर्जा नाभिकीय विधियां, इजीनियरिंग एवं प्रौद्योगिकी नाभिकीय विधि, उच्च भौतिक ऊर्जा, नाभिकीय भौतिकी, रसायन पदार्थों और धातुओं भू-विज्ञानों, सामान्य भौतिकी, न्यूटोन, व्यावहारिक जीव विज्ञानों (Applied life sceinces), दवाओं में नाभिकीय साधन आदि को सम्मिलित किया जाता है।

इनिस के प्रमुख उद्देश्य

अन्तर्राष्ट्रीय नाभिकीय सूचनातंत्र (International Information System for Agricultural science and Technology) के प्रमुख उद्देश्य निम्नवत हैं—

(1) सूचनाओं को प्राप्ति के लिए विकेन्द्रीकरण की नीति का पालन करना तथा सूचना संचार के लिए वियना स्थित केन्द्र की सेवाओं का उपयोग करना,

(2) शोध परिणामों के प्रभावकारी उपयोग के लिए सहयोग देशों को शीघ्र सूचनाएं प्रदान करना,

(3) कम्प्यूटर उपयोग के लिए मानक निर्धारित करना तथा नियम बनाना और 'मशीन-पठनीय-सूचना' सेवा (Machine Readable Information Service) प्रदान करना,

(4) विश्व स्तर पर प्रकाशित आणविक साहित्य का अनुक्रमणीकरण तथा सारांशीकरण करना,

(5) अन्तर्राष्ट्रीय स्तर पर प्रलेख सूचना पुनर्प्राप्ति सेवा प्रदान करना।

वैज्ञानिक संघों की अन्तर्राष्ट्रीय परिषद्

आज किसी भी विषयवस्तु व तथ्यों की प्रामाणिकता तथ्य मानी जाती है जब वह विज्ञान के प्रतिमानों के अनुसार होता है या उस पर खरा उतरता है। इस कार्य के लिये विभिन्न प्रकार की संस्थाएं कार्यरत होती हैं। इस समय न केवल भारत अपितु विश्व के सभी देशों में वैज्ञानिक संगठनों की व्यापक पैमाने पर स्थापना की गयी है तथा इसके उत्तरोत्तर विकास पर भी ध्यान दिया जा रहा है। इस सन्दर्भ में अन्तर्राष्ट्रीय स्तर पर भी कुछ संगठन बनाये गये हैं जिसमें वैज्ञानिक संघों की अन्तर्राष्ट्रीय परिषद् भी एक है। विश्व के सभी देश विज्ञान के क्षेत्र में मिल जुलकर कार्य करें, इस दिशा में International Council of Scientific Unions-I.C.S.U. ने महत्त्वपूर्ण भूमिका निभाई। इसके साथ ही 1900 में इन्टरनेशनल एसोसिएशन ऑफ एकेडमीज (International Association of Acadmics) ने तत्कालीन अनेक अकादमियों को सम्बद्ध करने का विशेष प्रयास किया।

अनेक क्षेत्रों एवं प्रमुख विषयों के वैज्ञानिकों का एक अन्तर्राष्ट्रीय संघ सर्वप्रथम 1919 में ब्रूसेल्स (बेल्जियम) में इन्टरनेशनल रिसर्च काउन्सिल (International Research Council) के नाम से स्थापित किया गया। 1931 में इसे समाप्त करके विशेषज्ञों तथा वैज्ञानिकों को सहयोग देने के उद्देश्य से इन्टरनेशनल काउन्सिल ऑफ साइन्टिफिक यूनियन्स (ICSU) की स्थापना की गयी।

अन्तर्राष्ट्रीय संगठन होने के कारण इक्सू का (UCSU) वैज्ञानिक आधार भी अन्तर्राष्ट्रीय है, जिसमें 17 स्वायत्तशासी अन्तर्राष्ट्रीय वैज्ञानिक संघ, 68 राष्ट्रीय

सदस्य, चार राष्ट्रीय एसोशिएट—जैमिका, मलेशिया, नेपाल, अपर-बोल्टा सम्मिलित हैं।

वैज्ञानिक कार्यों के साथ-साथ सूचना तथा प्रलेखन में भी यह संस्थान महत्त्वपूर्ण भूमिका का निर्वाह करता है। अतः सूचना-विज्ञान एवं प्रलेखन के क्षेत्र की इन्टरनेशनल फेडरेशन फॉर लाइब्रेरी एसोशिएशन्स एण्ड इन्सटिट्यूशन्स (IFLA) को सहयोगी सदस्य बनाया गया है। इसके अलावा इन्टरनेशनल फेडरेशन फॉर डाकूमेन्टेशन (FID) और उद्‌देशय व कार्य इन्टरनेशनल फेडरेशन फॉर इनफारमेशन प्रोसेसिंग (IFIP) को सहयोगी बनाया गया है।

वैज्ञानिक संघों की अन्तर्राष्ट्रीय परिषद् का प्रमुख लक्ष्य मानवीय कल्याण व वैज्ञानिक विचारधाराओं का परिपोषण तथा विकास है। विचारधाराओं के विनिमय, वैज्ञानिक सूचना के सम्प्रेषण मानकों के विकास के केन्द्र-बिन्दु के रूप में कार्य करना भी इस संघ का उद्देश्य है।

आई.सी. एस यू को निम्नवत स्रोतों से आर्थिक सुविधाएं प्राप्त होती हैं—

(1) निवेशों से प्राप्त राजस्व,

(2) राष्ट्रीय सदस्यों से प्रदत्त योगदान,

(3) वार्षिक शुल्क,

(4) दान स्वरूप प्राप्त धनराशि धरोहर तथा राष्ट्रों द्वारा प्रदत्त आर्थिक सहायता।

क्रियाकलाप एवं योगदान

ICSU की यह परिषद विभिन्न प्रकार के कार्यक्रमों को आयोजित करती है। इसका कार्य यह है कि यह विभिन्न प्रकार के विज्ञान से संबंधित स्रोतों व अनुसंधानों के कार्यक्रमों व आयोजनों का समन्वय करता है। साथ ही अन्तर्राष्ट्रीय महत्त्व के कार्यों में सक्रियता प्रदान करती है तथा इसके अभिकल्प को प्रस्तुत करती है। इस प्रकार के कार्यक्रमों में प्रमुखतः इन्टरनेशनल जियोफिसिकल इयर (International Geophysical Year—IGY), तथा इन्टरनेशनल बायोलॉजिकल प्रोग्राम (International Biological Programme—IBP इत्यादि है।

अन्तर्राष्ट्रीय क्षेत्रों के सहयोगात्मक अनुसंधानों को समन्वित एवं सुविधाजनक बनाने की दृष्टि से परिषद् (ICSU) समितियों एवं आयोगों को संगठित करती है जो वैज्ञानिक संघों के नियंत्रण के अन्तर्गत नहीं आती हैं। उदाहरण के

लिये—अण्टार्कटिक (Antarctic), सामुद्रिक (Oceanic), अन्तरिक्ष एवं जल अनुसन्धान (Space and Water Research), पर्यावरण की समस्याएँ (Problems of the Environment) आदि। यह समन्वय के क्षेत्र में विज्ञान शिक्षण, संख्यात्मक तथ्य, प्रौद्योगिकी से सम्बन्धित है।

अन्तर्राष्ट्रीय संगठनों से सम्बन्ध

वैज्ञानिक संघों की अन्तर्राष्ट्रीय परिषद विभिन्न संगठनों के पारस्परिक सहयोग पर बढ़ावा देता है। सन् 1934 में परिषद् ने 'आर्गनाइजेशन फॉर इन्टेलेक्चुयल का-आपरेशन ऑफ दी लीग ऑफ नेशन्स'' (Organisation for Intellectual COoperation of the League of Nations) के साथ अपना सम्बन्ध स्थापित किया था। लेकिन 1939 में द्वितीय विश्व युद्ध के कारण इस सम्बन्ध में बाधाएं उत्पन्न हो गयीं। इसके महत्त्व व उपादेयता को ध्यान में रखते हुए 1947 में यूनेस्कों ने एक प्रत्यक्ष अनुबंध स्थापित किया।

सन् 1966 में परिषद् की 11वीं सामान्य सभा की बैठक बम्बई में सम्पन्न हुई, जिसमें एक समिति का गठन अन्तर्राष्ट्रीय विज्ञान सूचना प्रणाली (World Science Information System) की सम्भावना को निश्चित करने पर विचार विमर्श किया गया। परिणामतः परिषद् एवं यूनेस्को की एक संयुक्त समिति अन्तर्राष्ट्रीय सूचना प्रणाली (UNISIST) की स्थापना हेतु इसका गठन किया गया।

प्रमुख प्रकाशन

विज्ञान संबंधी सूचनाओं के सम्प्रेषण के उद्देश्य से यह परिषद् विभिन्न प्रकार के प्रकाशन करती है तथा शोधकर्ताओं व अध्येताओं को आवश्यक सामग्री प्रदान करती है। इनमें परिषद् के सदस्यों की सूची "Yearbook", "ICSU Statutes and Rules of Procedure, ISSU Bulletin" आदि शामिल हैं।

परिषद् का विकास

हालाँकि इस परिषद का विकास तो इसकी स्थापना के लाभ से ही होता रहा है, परन्तु इधर लगभग छह दशकों की अवधि में परिषद् 12 राष्ट्रीय सदस्यों तथा चार अन्तर्राष्ट्रीय वैज्ञानिक संघों के एक संगठन से विकसित एवं सशक्त होकर आज 72

राष्ट्रीय सदस्यों एवं 18 अन्तर्राष्ट्रीय वैज्ञानिक संघों का एक प्रमुख एवं विशाल संगठन बन गया है। एक अराजकीय संगठन के रूप में विज्ञान की प्रगति एवं विकास में अपना सशक्त योगदान देने हेतु बिना किसी राजनीतिक उद्देश्य के, वैज्ञानिकों को सहयोग प्रदान करना इसका प्रमुख उद्देश्य रहा है।

सदस्यता

वैज्ञानिक संघ के अन्तर्राष्ट्रीय परिषद के सदस्यों में राष्ट्रीय स्तर के प्रमुख सदस्य, वैज्ञानिक संघों के प्रतिनिधि व अनुक्रमणिकाकरण सेवाओं के संगठन शामिल होते है। बोर्ड के सेवा सदस्यों में प्राकृतिक एवं भौतिक विज्ञानों, गणित एवं प्रौद्योगिकी की विश्व की प्रमुख सारांशकरण एवं अनुक्रमणिकाकरण सेवाएं सम्मिलित हैं, जो सभी प्रमुख भाषाओं की हैं और 20 लाख अनुक्रमणिकाकरण एवं सारांशों को प्रतिवर्ष प्रस्तुत करती हैं।

इसके लिए एक बोर्ड मंच भी प्रभावी होता है, तथा इसके द्वारा द्विपक्षीय एवं बहुपक्षीय अनुबन्धों तथा सहयोग को प्रोत्साहित किया जाता है। इस क्षेत्र में अनुसंधान तथा विकास के अनुभवों में लाभ उठाने, तथा अन्तर्राष्ट्रीय क्रियाकलापों से अवगत होने के लिए भी यह बोर्ड एक पंच का कार्य करता है।

इण्टरनेशनल फेडरेशन ऑफ लाइब्रेरी एसोशिएशन्स एण्ड इन्सटिट्यूशन्स

सन् 1926 में "इन्टरनेशनल कांफ्रेंस ऑफ लाइब्रेरियन्स एण्ड बुक लवर्स नाम का एक सम्मेलन, प्रांग में आयोजित किया गया था। सम्मेलन में राष्ट्रीय ग्रन्थालय संघों के प्रतिनिधियों की एक अन्तर्राष्ट्रीय समिति (International Committee Representative of National Liberary Associations) गठित करने का प्रस्ताव पारित किया गया, सन् 1927 में एडिन वर्ग में सम्पन्न हुये। ब्रिटिश लाइब्रेरी एसोशिएशन सम्मेलन (British Library Association Conference) में 15 देशों के संघों के प्रतिनिधियों ने इन्टरनेशनल लाइब्रेरी एण्ड बिब्लियोग्राफिकल कमेटी के नाम से एक समिति का गठन किया। इस समिति का सम्मेलन 1930 में स्टाकहोम में सम्पन्न हुआ, जिसमें इसके नाम को परिवर्तित कर इन्टरनेशनल फेडरेशन ऑफ लाइब्रेरी एसोशिएशन्स (IFLA) रखा गया। इसके बाद सन् 1976 में अलग दूसरा नाम ''इण्टरनेशनल फेडरेशन ऑफ

लाइब्रेरी ऐसोशिएशन्स एण्ड इन्सटिट्यूशन्स रख दिया गया जिसका मुख्यालय हेग में स्थापित है।

गैर-शासकीय संगठन होने के कारण इफ्ला किसी न तो किसी राष्ट्र विशेष के लिये कार्य करने को विवश है तथा न ही इस पर किसी राष्ट्र का दबाव है। यह अपने प्रमुख गतिविधियों के फलस्वरूप दिन-प्रतिदिन फलता-फूलता एवं उन्नति करता जा रहा है। इसके सदस्यों की संख्या भी अब एक हजार से अधिक है और इसमें 100 देशों से अधिक राष्ट्रों का प्रतिनिधित्व है। ग्रन्थालयों के संघों, ग्रन्थालयों से सम्बन्धित संघों एवं समान संस्थाओं को इसकी सदस्यता प्रदान की जाती है। एक संस्थागत संघ के रूप में इसका पंजीकरण नीदरलैण्ड्स में किया गया है और इसका मुख्य कार्यालय हेग (Hague) में है।

प्रमुख उद्देश्य

इफ्ला की स्थापना के प्रमुख उद्देश्य निम्नवत हैं—

1. कार्मियों के निरन्तर एवं सतत् शिक्षा को सुदृढ़ एवं शक्तिशाली बनाना।

2. विदेश स्तर पर एवं प्रक्रियाओं के क्षेत्र में जिस प्रकार एवं माध्यम से ग्रन्थालयीकला (Librarianship) का प्रतिनिधित्व सम्भव हो सकता है, उसके लिए संगठन अथवा निकाय प्रदान करना।

3. ग्रन्थालयों की सामग्रियों का संरक्षण एवं परिरक्षण (conservation and preservation) आदि के कार्य को विकसित करना, प्रोत्साहित करना तथा इनके लिए मार्गदर्शिका तैयार करना।

4. विदेश स्तर पर एवं प्रक्रियाओं के क्षेत्र में सांख्यिकीय संकलन एवं संग्रह, वांगमयात्मक आधार-सामग्रियों को अभिलेखबद्ध एवं सम्प्रेषित करना।

5. पुस्तकालय एवं सूचना-सेवा की गतिविधियो के सम्पूर्ण क्षेत्रों के अन्तर्गत विदेशी अवबोध, सहयोग, बातचीत शोध तथा प्रगति पर बल देना।

यह संस्था अपने उद्देश्यों की पूर्ति के प्रति प्रतिबद्ध है। पुस्तकालय से सम्बन्धित सम्पूर्ण राष्ट्रों को सदस्यता देकर इफ्ला इन उद्देश्यों को पूरा करने के लिए सहयोग करता है। इन उद्देश्यों का मूल लक्ष्य इन क्रियाकलापों में सार्वभौमिकता तथा समानता स्थापित करना है। अपने उद्देश्यों की पूर्ति के लिए इफ्ला अन्य संगठनों एवं संस्थाओं—अन्तरशासकीय एवं अशासकीय (inter-governmental and non-governmental) संगठनों के साथ अपना सहयोग प्रदान करता है।

संरचना

सन् 1976 में इफ्ला का संगठनात्मक स्वरूप विभाग (Divisions), उपविभाग (Sections) एवं राउण्ड टेबुल्स (round tables); तथा अन्तर्राष्ट्रीय कार्यालय एवं कार्यक्रम (International offices and Programmes) के रूप में व्यवस्थित किया गया। ये दोनों इकाइयाँ काफी महत्त्वपूर्ण हैं। इफ्ला के उपविभाग वस्तुतः दूसरी प्रमुख व्यावसायिक इकाइयां (professional units) हैं। 27 उपविभागों तथा 7 राउण्ड टेबुलों को सात विभागों में संगठित किया गया है। कुछ उपविभाग ग्रन्थालयों के प्रकारों–सार्वजनिक पुस्तकालय, राष्ट्रीय पुस्तकालय, विश्वविद्यालयी पुस्तकालय, बाल पुस्तकालय आदि से सम्बन्धित हैं। अन्य उपविभाग पुस्तकालय के क्रियाकलापों, जैसे–प्रसूचीकरण, संरक्षण, वांगमयसूचियों, विदेशीय लेनदेन एवं विनियम, मानकीकरण, आदि से जुड़ा हैं। प्रत्येक उपविभाग सम्बन्धित क्षेत्र के कार्यक्रमों के आयोजन हेतु स्वयं आवश्यक प्रयास करते हैं ताकि निश्चित तौर पर इसके उद्देश्यों की प्राप्ति हो सके।

क्षेत्रीय गतिविधियों एवं प्रक्रियाओं का विभाग एक अलग विभाग है जो उन्नतिशील राष्ट्र के पुस्तकालयों से जुड़े कार्यक्रमों को सम्पन्न करता है।

इफ्ला के व्यावसायिक कार्यक्रमों के आयोजन एवं व्यवस्था हेतु दो व्यावसायिक इकाइयों का गठन किया गया है।

इन्टरनेशनल आफिस फॉर यू.बी.सी. सार्वभौमिक वांगमयात्मक नियंत्रण के क्षेत्र में अनेक प्रकार के कार्यों का आयोजन करता है। प्रकाशनों के सार्वभौमिक सुलभता के कार्यक्रम (Programme of Universal Availability of Publications) का निर्देशन इफ्ला आफिस फॉर यू.ए.पी. (IFLA Office for UAP) करता है। इफ्ला आफिस फॉर इन्टरनेशनल लेन्डिंग (IFLA Office for International Lending) एक दूसरी व्यावसायिक इकाई है। अन्तर्राष्ट्रीय अदान-प्रदान के कार्यक्रमों को क्रियाशील बनाने के अतिरिक्त यह इकाई यू.ए.पी. (UAP) के कार्यक्रमों में सहायता प्रदान करती है। इफ्ला का अन्तर्राष्ट्रीय "मार्क" कार्यक्रम (IFLA International MARC Programme) यंत्रेण पठनीय प्रसूची से सम्बन्धित है।

इफ्ला की संरचना के सन्दर्भ में ऊपर जानकारी दी गयी है वह अनेक कार्यक्रमों एवं उद्देश्यों पर आधारित है। इसकी एक महापरिषद् (General Council) है, जो सदस्य-संघों के प्रतिनिधियों की सभा है। इसकी एक कार्यकारी परिषद् है,

जिसका एक अध्यक्ष होता है तथा छः उपाध्यक्ष होते हैं। उपविभागों के सचिव एवं अध्यक्ष भी होते हैं।

यूनेस्को

यूनेस्को एक अन्तर्राष्ट्रीय संस्था है जो संयुक्त राष्ट्र संघ के अधीन कार्य करता है। इसकी स्थापना सन् 1946 में हुयी। इस संस्था का कार्यालय पेरिस में स्थापित है। यूनेस्को संयुक्त राष्ट्र संघ की चौदह सुसंगठित एजेन्सियों में से एक सशक्त एवं पर्याप्त सक्रिय एजेन्सी है। इसका विशिष्ट कार्यक्षेत्र शैक्षणिक, वैज्ञानिक तथा सांस्कृतिक क्रियाकलापों को प्रोत्साहित, विकसित तथा उन्नत करना है।

पुस्तकालय एवं सूचना सेवाएं

पुस्तकालय, सूचना तथा प्रलेखन सेवाओं एवं अभिलेखागारों की स्थापना, विकास एवं क्रियान्वयन करने में यूनेस्को का योगदान अत्यधिक सराहनीय है, जिसे निम्नलिखित बिन्दुओं में स्पष्ट किया गया है–

प्रलेखन एवं ग्रन्थालय सेवाओं का सैद्धान्तिक पक्ष एवं स्वरूप–प्रलेखन एवं ग्रन्थालय सेवाओं को एक नवीन दिशा तथा सैद्धान्तिक आधार प्रदान करने के लिए यूनेस्को के घोषणापत्र में सार्वजनिक ग्रंन्थालयों के उद्देश्यों, आकारों तथा स्थापना की नवीन पद्धतियों का विशेष उल्लेख किया गया है, जिनके आधार पर इन सेवाओं का आयोजन किया जाना चाहिए।

सामूहिक पुस्तकालय (Public Libraries)–यह पुस्तकालय सामान्य व्यक्तियों के लिए अत्यधिक महत्त्वपूर्ण इसलिये यूनेस्को ने इसके विकास के प्रति विशेष ध्यान दिया है। सन् 1950 की अवधि में अविकसित देशों में सार्वजनिक ग्रन्थालयों की स्थापना के क्षेत्र में यूनेस्को ने अनेक प्रशंसनीय प्रयास किए हैं।

भारत की राजधानी दिल्ली में "दिल्ली पब्लिक लाइब्रेरी (Delhi Public Library)" को एक परीक्षण परियोजना (pilot project) के रूप में स्थापित करने में एक प्रशंसनीय योगदान रहा है, जो आजकल दक्षिणी-पूर्व एशिया का विशालतम एवं सर्वाधिक व्यस्त सामूहिक एवं सार्वजनिक पुस्तकालय है। ऐसे पुस्तकालयों की नाइजीरिया (Nigeria) में एनूगु तथा कोलम्बिया (Columbia) में मेडलिन (Medellin) में स्थापना कर यूनेस्को ने सार्वजनिक ग्रन्थालयों की उपयोगिता को

अधिक महत्त्व एवं समर्थन प्रदान किया है और सदस्य-राष्ट्रों में इनकी स्थापना एवं विकास की ओर प्रोत्साहित एवं अग्रसित किया है।

शिक्षा के उपकरण के रूप में पुस्तकालयों का प्रयोग—सन् 1971 में आयोजित पनामा सेमिनार में शैक्षणिक प्रलेखन एवं सूचना पर विचार-विमर्श करते हुए अधिगम की नवीन विचार धारा को मान्यता दी गयी, जिसके अन्तर्गत अध्यापन की विधियों-प्राविधियों, तथा अध्यापन-ज्ञानार्जन में अध्यापकों एवं छात्रों द्वारा प्रयुक्त उपकरणों में ग्रन्थालयों के उपयोग को महत्वपूर्ण माना गया। सेमीनार में इससे सम्बन्धित मान्यता दिये गये सिद्धान्तों का अनुप्रयोग यूनेस्को/यू.एन.डी.पी. प्रोग्राम के माध्यम से पैरागुवे (Paraguay) में किया जा रहा है। इस प्रयोग का अनुसरण करने से ग्रन्थालयों तथा शिक्षण प्रलेखन सेवाओं की दृष्टिकोण एवं विचारधारा सम्पूर्ण रूप से बदल गयी है क्योंकि इन दोनों की शिक्षण-प्रशिक्षण की गतिविधियों को एक विशिष्ट हिस्सा कहा गया है।

विश्वविद्यालयी एवं विशिष्ट ग्रंथालय (University and Special Libraries)—इस सन्दर्भ में यूनेस्को विभिन्न रूप के निरन्तर गतिविधियों एवं प्रक्रियाओं का आयोजन करता रहा है, जैसे—सेमीनार एवं संगोष्ठियां, प्राविधिक सहायता मिशन (technical assistance mission), अनुदान, अनेक प्रकार के प्रकाशन आदि। इनका लक्ष्य सदस्य-राष्ट्रों के विश्वविद्यालयी एवं विशिष्ट ग्रन्थालयों की सेवाओं को उन्नयन एवं सक्रिय तथा कुशल बनाना रहा है। परिणामतः ग्रन्थालयों के लक्ष्यों, कार्यों, विश्वविद्यालयी क्रियाकलापों एवं जीवनधारा में उनका स्थान एवं भूमिका, अनेक प्रकार की सेवाओं के आयोजन में अनेक प्रकार की विधियों का उपयोग एवं अनुसरण तथा उनके आर्थिक प्रावधान की आवश्यकताओं के क्षेत्र में एक नवीन दिशा प्राप्त हुई है।

पेन्ना (Carlos Victor Penna) की कृति "प्लानिंग आफ लाइब्रेरी एण्ड डाकूमेन्टेशन सर्विसेज" में इसका विवेचन किया गया है।

यूनेस्कों प्रारंभिक दौर से पुस्तकालय विकास के क्षेत्र में अत्यधिक सराहनीय करता चला आ रहा है। विशिष्ट पुस्तकालयों को सुदृढ़ एवं सक्रिय बनाने के दृष्टिकोण से क्षेत्रीय सेमिनारों तथा राष्ट्रीय प्रलेखन केन्द्रों तथा राष्ट्रीय सूचना प्रणालियों के आयोजनों एवं स्थापना पर यूनेस्को ने पर्याप्त योगदान किया हैं। इस दिशा में कोलम्बो, उगाण्डा, काहिरा में अन्तर्राष्ट्रीय सेमिनारों का आयोजन किया गया है। विशिष्ट ग्रंथालयों के विकास के लिए क्षेत्रीय सेमिनारों का भी आयोजन किया गया है।

राष्ट्रीय पुस्तकालय (National Libraries)—राष्ट्रीय पुस्तकालयों की स्थापना व विकास यूनेस्कों की विशेष भूमिका है। नेशनल इनफॉरमेशन सिस्टम (NATIS) के अन्तर्गत राष्ट्रीय ग्रन्थालयों की भूमिका महत्त्वपूर्ण मानी गयी है। राष्ट्रीय वांगमयात्मक उत्पादनों के संग्रह, अधिग्रहण तथा संरक्षण, प्रकाशनों के अन्तर्राष्ट्रीय विनिमय (international exchange of publications) तथा सामयिक एवं पूर्वव्यापी राष्ट्रीय वांगमयसूचियों के संकलन का माध्यम राष्ट्रीय संग्रहालय ही है। राष्ट्रीय वांगमयसूचियों के संकलन पर यूनेस्को ने अधिक जोर दिया है। अन्तर्राष्ट्रीय स्तर पर प्रकाशनों के विनिमय हेतु यूनेस्को ने नियम बनाये हैं। वांगमयसूचियों के संकलन हेतु यूनेस्को ने इफ्ला के सहयोग से महत्वाकांक्षी परियोजना सार्वभौमिक वांगमयात्मक नियंत्रण (UBC) को आरम्भ किया है। अन्तर्राष्ट्रीय सहयोग के लिए यूनेस्को ने राष्ट्रीय पुस्तकालयों को अधिक महत्त्वपूर्ण माना है।

अन्तर्राष्ट्रीय सहयोग (International Cooperation)—यूनेस्को ऐसी अन्तर्राष्ट्रीय संस्था है, जो अपने सभी सदस्य देशों को पूर्ण सहयोग देता है। अन्तर्राष्ट्रीय सहयोग के क्षेत्र में यूनेस्को तथा इन्टरनेशनल काउन्सिल ऑफ साइन्टिफिक यूनियन्स (International Council of Scientific Unions—ICSU) के सम्मिलित अध्ययन के आधार पर यूनिसिस्ट (UNISIST—United Nations International Science of Information on Science and Technology) की स्थापना वैज्ञानिक एवं प्राविधिक सूचना के अन्तर्राष्ट्रीय सहयोग के लिए एक सतत् अन्तर-राजकीय कार्यक्रम (inter-governmental programme) के रूप में की गयी थी। इसका प्रमुख एवं विशिष्ट उद्देश्य सहयोग के जगत में प्रचलित अवधारणाओं का समन्वीकरण वैज्ञानिक एवं प्राविधिक सूचना के विकास के लिए एक योजक का कार्य करना, सूचना प्रणालियों को आन्तरिक रूप से सम्बद्ध करने की स्थिति को उत्पन्न करना तथा विश्व के सूचना-संसाधनों के अभिगम (access) को सरल एवं क्रियान्वित करना रहा है। यूनिसिस्ट के क्षेत्र के अन्तर्गत मुख्यतः विज्ञानों, व्यावहारिक विज्ञानों, अभियांत्रिकी, प्रौद्योगिकी की सूचना प्रणालियों को सम्मिलित किया गया है। लेकिन अन्य विषयों के क्षेत्रों को भी इसमें सम्मिलित किए जाने का लक्ष्य है। स्थापना का अन्तिम लक्ष्य है स्वैच्छिक सहयोग के आधार पर सूचना सेवाओं का एक विस्तारशील नेटवर्क इसकी स्थापना का प्रमुख उद्देश्य है।

यूनिसिस्ट की कार्यविधियां

यूनिसिस्ट की प्रमुख कार्य विधियां निम्नवत हैं—

1. राष्ट्रीय अथवा क्षेत्रीय सूचना नीतियों एवं आवश्यक साधनों के विकास हेतु आवश्यक कदम उठाना।

2. सूचना स्थानान्तरण/संप्रेषण के संस्थागत तथा आवश्यक साधनों को उन्नयन एवं सशक्त तथा सक्रिय करने हेतु आवश्यक कदम उठाना।

3. आगामी सूचना नेटवर्क के नियोजन एवं प्रचालन के लिए आवश्यक विशिष्टीकृत मानव संसाधनों को विकसित करना।